Interaktionsordnungen

Andreas Hanses • Kirsten Sander (Hrsg.)

Interaktionsordnungen

Gesundheit als soziale Praxis

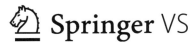

Herausgeber
Andreas Hanses,
Kirsten Sander,
Institut für Sozialpädagogik, Sozialarbeit
und Wohlfahrtswissenschaften
TU Dresden,
Dresden, Deutschland

ISBN 978-3-531-16968-2 ISBN 978-3-531-93383-2 (eBook)
DOI 10.1007/978-3-531-93383-2

Die Deutsche Nationalbibliothek verzeichnet diese Publikation in der Deutschen Nationalbibliografie; detaillierte bibliografische Daten sind im Internet über http://dnb.d-nb.de abrufbar.

Springer VS
© VS Verlag für Sozialwissenschaften | Springer Fachmedien Wiesbaden 2012
Das Werk einschließlich aller seiner Teile ist urheberrechtlich geschützt. Jede Verwertung, die nicht ausdrücklich vom Urheberrechtsgesetz zugelassen ist, bedarf der vorherigen Zustimmung des Verlags. Das gilt insbesondere für Vervielfältigungen, Bearbeitungen, Übersetzungen, Mikroverfilmungen und die Einspeicherung und Verarbeitung in elektronischen Systemen.

Die Wiedergabe von Gebrauchsnamen, Handelsnamen, Warenbezeichnungen usw. in diesem Werk berechtigt auch ohne besondere Kennzeichnung nicht zu der Annahme, dass solche Namen im Sinne der Warenzeichen- und Markenschutz-Gesetzgebung als frei zu betrachten wären und daher von jedermann benutzt werden dürften.

Einbandentwurf: KünkelLopka GmbH, Heidelberg

Gedruckt auf säurefreiem und chlorfrei gebleichtem Papier

Springer VS ist eine Marke von Springer DE. Springer DE ist Teil der Fachverlagsgruppe Springer Science+Business Media.
www.springer-vs.de

Inhalt

Einleitung 7

I Grundlegungen

Interaktionsordnung. Zur Logik des Scheiterns und Gelingens
professioneller Praxen
Kirsten Sander 15

Gesundheit als soziale Praxis. Zur Relevanz von Interaktions- und
Wissensordnungen professionellen Handelns als soziale Praxis
Andreas Hanses 35

Die Problematisierung gesundheitlicher Risiken
Friedrich Schorb und Henning Schmidt-Semisch 53

Vertrauen unter komplexen Reflexionsverhältnissen oder: die
gesellschaftliche Konditionierung der Arzt-Patient-Interaktion
Werner Vogd 71

II Empirische Perspektiven

Interaktionsdynamiken in der Triade Kind-Eltern-Arzt in
Kindervorsorgeuntersuchungen
Helga Kelle und Marion Ott 89

„Ich habe jetzt sicher keine Patienten mehr, die so gar nicht mögen,
was ich tue." Perspektiven auf die ärztliche Praxis
Nicole Witte 107

Geschlechterarrangements im Krankenhaus. Sozialräumliche Grenzen
von ‚weiblicher Sorgearbeit' und ‚männlicher Professionalität'
Kirsten Sander 125

„Ich hab' das aber auch anders erlebt" – Wissensformen im
Pflegeunterricht
Ingrid Darmann-Finck 145

Interaktionsprozesse in der Altenpflege
Bettina Hünersdorf 159

Nichtsprachliche Interaktion und das Entstehen von Bedeutung
in der Pflege
Matthias Zündel 179

Auswirkungen des „Stellvertretungsparadoxes" auf
das Arbeitsbündnis in der Sozialen Arbeit
Nina Wyssen-Kaufmann 197

Mensch-Tier-Interaktionen in der subjektiven Wahrnehmung
psychisch auffälliger Kinder und Jugendlicher
Sandra Wesenberg und Frank Nestmann 219

Krankheitsarbeit von Patienten und Patientinnen mit rheumatoider
Arthritis – Ein ungesehenes Thema in der Interaktion
Petra Richter, Maren Stamer und Norbert Schmacke 239

Sterben – das Ende von Interaktion in biographischen
Selbstpräsentationen?
Kathleen Paul, Katrin Heuer und Andreas Hanses 259

AutorInnenverzeichnis 279

Einleitung

Interaktionsordnungen sind soziale Arrangements, die im Verborgenen und zugleich sehr wirkungsvoll das Gelingen von intersubjektiven Begegnungen ermöglichen. Mit dem Konzept der „Interaction Order" hat Erving Goffman versucht, dieses Alltagsphänomen zu erklären: Wie kommt es, dass bei aller denkbaren Offenheit, Vieldeutigkeit und Unbestimmtheit Interaktionen in unseren Alltags- und Lebenswelten ‚funktionieren'? Sein Erklärungsansatz hebt hervor, dass die Geordnetheit von Interaktionen durch ein soziales Wissen strukturiert wird; dieses vermittelt, wie in den jeweiligen Situationen angemessen interagiert werden kann. Soziale Akteure erwerben für die notwendigen sozialen Aushandlungen eine ‚Rahmungskompetenz', ein Handlungswissen, dass den impliziten Logiken des Handlungsvollzugs folgend eher ‚hinter dem Rücken der Akteure' stattfindet und Interaktionen ‚ordnet'.

Unsere Alltagserfahrungen zeigen aber auch, dass Interaktionen nicht nur ‚gelingen', sondern auch dramatisch ‚misslingen'. Die Bezugsrahmen der InteraktionsteilnehmerInnen können grundlegend unterschiedlich sein und produzieren eine unter Umständen nur schwer zu glättende ‚soziale Krise'. Der theoretische Rückgriff auf das Konzept der Interaktionsordnung eröffnet eine heuristische Perspektive, die in den Fokus nimmt, dass soziale Praxen weniger in den Personen, sondern vor allem in den Situationen begründet liegen. Die Situationen des Alltags sind nicht trivial, sondern ein strukturierter und strukturierender ‚Raum', dem Gelingen und Misslingen gleichermaßen innewohnt.

Der Titel des vorliegenden Bandes *„Interaktionsordnungen – Gesundheit als soziale Praxis"* greift dieses heuristische Potential auf. Im Zentrum steht der forschende Blick auf soziale Praxen in konkreten professionellen Kontexten des Gesundheitsbereichs – ein gesellschaftlicher Bereich, in dem das Soziale weitgehend unbeachtet ist und gleichsam angesichts gegenwärtiger Herausforderungen grundlegender Analysen bedarf. ‚Gesundheit als soziale Praxis' hebt hervor, dass eine wie auch immer verstandene professionelle Herstellung von ‚Gesundheit' und ‚Gesundheitsbildung' grundlegend durch die sozialen Situationen strukturiert wird, in denen sie stattfindet.

Debatten zum Gesundheitsbereich und zum Thema ‚Gesundheit' besitzen gegenwärtig eine große Aktualität. Einerseits bestimmen Diskurse über das verheißungsvolle gesunde Leben den öffentlichen Raum, zum anderen taucht ‚Gesundheit' eher im Zusammenhang mit der Androhung eines möglichen Kollapses des Versorgungssystems auf. Beide Themenbereiche produzieren ihre eigene

‚Dignität'. Bei dem ersten Sachverhalt stehen gesundheitspolitische Setzungen und diskursive Aushandlungen über einen verantwortungsvollen – gesundheitsbewussten – Bürger im Vordergrund; bei dem noch dringlicher erscheinenden Thema der Sicherung der Versorgungssysteme bestimmen finanzpolitische Debatten und Umstrukturierungen der Organisationsabläufe in den Institutionen das aktuelle Geschehen. Angesichts der Wucht dieser strukturellen Herausforderungen scheint die Frage nach der Bedeutung von ‚sozialen Situationen' und ihrer scheinbaren ‚Kleinräumigkeit' keine wirkliche Relevanz zu besitzen. Doch bei genauerer Analyse zeigt sich, dass der Blick auf die Interaktionsverhältnisse bedeutsame Perspektiven eröffnet. Drei Aspekte können kurz umrissen werden:
1. Die weitreichenden Veränderungen von Organisationsabläufen im Gesundheitswesen werden immer wieder beklagt. Allerdings liegen kaum (qualitative) Analysen darüber vor, wie genau die strukturellen Veränderungen die alltäglichen Interaktionsverhältnisse beeinflussen. Zu fragen ist, welche Widersprüche sie herausfordern und wie sie von den sozialen Akteuren eigenwillig aufgegriffen oder subversiv gebrochen werden.
2. Angesichts der zunehmenden Komplexität professioneller Herausforderungen avanciert der Gesundheitsbereich gegenwärtig verstärkt zu einem Ort multiprofessioneller Abstimmungen. Auch hier stellt sich die empirisch kaum untersuchte Frage, wie Multiprofessionalität in ‚Situationen' interaktiv hergestellt oder vermieden wird.
3. Auch die Arzt-Patient-Beziehung erfährt aktuell eine grundlegende Veränderung: Die Medizin sieht sich einerseits verstärkt mit komplexen Problemlagen der PatientInnen konfrontiert und muss sich andererseits dem Anspruch einer PatientInnen- und Nutzerorientierung stellen. Die Aufrechterhaltung der Rolle des Professionellen als kompetenter Wissens- und Entscheidungsträger ist komplexer und widersprüchlicher geworden.

Systematische Analysen zu Interaktionsordnungen, ihren Rahmenbedingungen und den widerspruchvollen Herstellungspraxen von ‚Gesundheit' können weitreichende theoretische aber auch handlungsfeldbezogene Perspektiven eröffnen. An diesem Erkenntnispotential will das vorliegende Buch anknüpfen. Entstanden ist die Idee zu diesem Werk im Rahmen einer produktiv und anregend verlaufenden Arbeitsgruppe zum Thema „Interaktions- und Wissensordnungen im Gesundheitswesen – rekonstruktive Analyse ihrer Praxen und deren Bildungspotentiale" auf dem 21. Kongress der Deutschen Gesellschaft für Erziehungswissenschaft (DGfE) in Dresden (2008).

Im Zentrum des vorliegenden Bandes stehen empirische Untersuchungen und Einblicke aus Forschungszusammenhängen zu unterschiedlichen Handlungsfeldern des Gesundheitsbereichs. Neben den ‚klassischen' Institutionen Krankenhaus, Altenheim und Psychiatrie werden Interaktionen in Arztpraxen,

Hospizen, Pflegeschulen und der ambulanten Versorgung untersucht. ‚Gesundheit als soziale Praxis' wird als professionelle Praxis aus der Perspektive und mittels der Handlungen von KlientInnen und/oder Professionellen, als interprofessionelle Praxis zwischen Berufsgruppen und als Bildungspraxis verstanden. Zur Erfassung und Dokumentation von Interaktionsverläufen werden methodisch Interviewverfahren sowie ethnographische und videoanalytische Zugänge umgesetzt und in qualitativen wie auch quantitativen Untersuchungsdesigns ausgewertet.

Den sehr unterschiedlichen theoretischen Konzeptionen und methodischen Zugängen zum Untersuchungsgegenstand ‚Interaktion' werden vier *theoretische Grundlegungen* vorangestellt (Teil I): Der Beitrag von Kirsten Sander *„Interaktionsordnung. Zur Logik des Scheiterns und Gelingens professioneller Praxen"* entfaltet das Konzept der Interaktionsordnungen entlang der Theoriebildung von Erving Goffman und eröffnet Perspektiven für eine rahmenanalytische Reflexion professioneller Praxen. Der Beitrag von Andreas Hanses *„Gesundheit als soziale Praxis. Zur Relevanz von Interaktions- und Wissensordnungen professionellen Handelns als soziale Praxis"* thematisiert die Notwendigkeit einer heuristischen Perspektive, die grundlegend Gesundheit als soziale Praxis analysieren kann. Friedrich Schorb und Henning Schmidt-Semisch nehmen mit ihrem Beitrag *„Die Problematisierung gesundheitlicher Risiken"* eine weitere Perspektive ein. Sie interessiert, wie sich gegenwärtige Gesundheitsdiskurse organisieren und welche Relevanz sie für professionelle Praxen einnehmen können. Mit dem letzten Beitrag der Grundlegungen wird thematisch auf das ‚klassische' Feld von Interaktionsverhältnissen eingegangen. Werner Vogd thematisiert mit seinem Beitrag *„Vertrauen unter komplexen Reflexionsverhältnissen oder: die gesellschaftliche Konditionierung der Arzt-Patient-Interaktion"* wie doppelte Kontingenz und gesellschaftliche Erwartungen an die Arzt-Patient-Beziehung eine unauflösbare Spannung produzieren und ‚Vertrauen' perspektivisch in weitergehenden Kommunikationsnetzwerken organisiert werden muss.

Die *Empirischen Perspektiven* (Teil II) beginnen mit einer von Helga Kelle und Marion Ott vorgestellten Studie zu *„Interaktionsdynamiken in der Triade Kind-Eltern-Arzt in Kindervorsorgeuntersuchungen"*. Der Beitrag reflektiert die unterschiedlichen Interaktionsbeteiligungen der Akteure während der ärztlichen Vorsorgeuntersuchungen und verdichtet anhand der Analysen von Beobachtungsprotokollen differente Körper-Koppelungen von Kindern, Eltern und medizinischem Personal. Nicole Witte führt in ihrem Beitrag *„‚Ich habe jetzt sicher keine Patienten mehr, die so gar nicht mögen was ich tue.' Perspektiven auf die ärztliche Praxis"* biographie- und interaktionsanalytische Zugänge zur Untersuchung der ärztlichen Praxis zusammen. Am Beispiel eines biographischnarrativen Interviews mit einer Ärztin und der Videoanalyse ihrer Praxis wird exemplarisch untersucht, in welchen (Passungs-)Verhältnissen die Gesamtbiographie und das alltägliche Interaktionshandeln stehen. Kirsten Sander geht in ihrem Beitrag zu „*Geschlechterarrangements im Krankenhaus. Sozialräumliche Grenzen von ‚weiblicher Sorgearbeit' und ‚männlicher Professionalität'*" der Frage nach, wie in den interprofessionellen Interaktionen von pflegerischem und ärztlichem Personal die Geschlechtlichkeit der Akteure mit Relevanz versehen werden kann. Mittels Ausschnitten aus ExpertInnen-Interviews und Beschreibungen aus Teilnehmenden Beobachtungen wird rekonstruiert, wie die Grenzen zwischen ‚Weiblichkeit' und ‚Männlichkeit' im professionellen Kontext Bedeutungen erhalten.

Der Beitrag von Ingrid Darmann-Finck „,*Ich hab' das auch anders erlebt'* – *Wissensformen im Pflegeunterricht*" untersucht Interaktionen von SchülerInnen und LehrerInnen in der Pflegeausbildung. Die transkribierten Unterrichtsgespräche werden daraufhin analysiert, wie in ihnen der unhintergehbare Widerspruch zwischen Regelwissen und implizitem Erfahrungswissen verhandelt wird. Bettina Hünersdorf schließt mit ihrem Beitrag zu „*Interaktionsprozessen in der Altenpflege*" ebenfalls an die Pflegebildung an: Sie untersucht mittels ethnographischer Beschreibungen die Herstellung von Arbeitsbündnissen zwischen Pflegekräften und BewohnerInnen in Altenpflegeheimen. Am Beispiel eines Aushandlungsprozesses zum gesundheitsbewussten Verhalten wird der kommunikativ erzeugte Gegensatz zwischen dem Willen einer Bewohnerin und ihrem, aus der Perspektive der Pflegekräfte in Frage stehenden Wohl als Machtkonflikt herausgearbeitet. Der Beitrag von Matthias Zündel „*Nichtsprachliche Interaktion und das Entstehen von Bedeutung in der Pflege*" problematisiert das an Bewusstheit orientierte Interaktionsverständnis im Kontext der Pflege von Menschen, die nicht in der Lage sind, verbal zu kommunizieren. Beispielhaft werden unterschiedliche, mittels Videointeraktionsanalyse erhobene Daten daraufhin ausgewertet, wie die Pflegekräfte mit der Herausforderung der einseitigen sprachlichen Interaktion umgehen. Es wird ein interaktionsorientiertes Bewegungshandeln profiliert, welches die Zeichen und Gesten der zu Pflegenden mit Bedeutung versieht und in den Handlungsablauf aufnimmt.

Lagen die bisher thematisierten Interaktionsordnungen im Kontext medizinischer und pflegerischer Tätigkeiten, so eröffnet der Beitrag von Nina Wyssen-Kaufmann den professionellen Bereich der Sozialen Arbeit. Mit dem Thema „*Auswirkungen des ‚Stellvertretungsparadoxes' auf das Arbeitsbündnis in der Sozialen Arbeit*" wird im Kontext der Erwachsenpsychiatrie anhand der Analyse einer Gesprächssituation die Schwierigkeit der Herstellung eines Arbeitsbündnisses herausgearbeitet. Besonderer Hintergrund der Interaktionssituation ist der Sachverhalt, dass die Sozialarbeiterin nur in Stellvertretung anwesend ist und dies subtile Folgen nach sich zieht. Der Beitrag von Sandra Wesenberg und

Frank Nestmann zu *"Mensch-Tier-Interaktionen in der subjektiven Wahrnehmung psychisch auffälliger Kinder und Jugendlicher"* eröffnet eine andere Perspektive auf den Zusammenhang von Gesundheit(sbildung) und sozialer Praxis: Gefragt wird, ob und wenn ja, welche positiven Auswirkungen die Interaktionen mit Haustieren für die Gesundheit und das Wohlbefinden von psychisch auffälligen Kindern und Jugendlichen haben. Mittels statistischer Verfahren werden standardisiert erhobene Selbstauskünfte der Kinder und Jugendlichen ausgewertet.

Die beiden letzten Beiträge des vorliegenden Bandes thematisieren ‚Interaktionen' vor dem Hintergrund autobiographischer Selbstbeschreibungen chronisch oder schwer erkrankter Menschen. Der Artikel *"Krankheitsarbeit von Patienten und Patientinnen mit rheumatoider Arthritis – Ein ungesehenes Thema in der Interaktion"* von Petra Richter, Maren Stamer und Norbert Schmacke stellt die narrativen Selbstpräsentationen von PatientInnen mit rheumatischer Arthritis in den Mittelpunkt der Analyse, um von hier aus auf die Notwendigkeit nutzerInnenorientierter Interaktionsverhältnisse in ärztlichen Behandlung aufmerksam zu machen. Der Beitrag von Kathleen Paul, Katrin Heuer und Andreas Hanses zum Thema *"Sterben – das Ende von Interaktion in biographischen Selbstpräsentationen?"* legt den analytischen Fokus auf einen anderen Bereich: Interaktionordnungen interessieren als Darstellungsmodi in autobiographischen Stegreiferzählungen. Im Kontext des Sterbens schwer erkrankter Menschen und den damit einhergehenden Modifikationen der Gegenwarts- und Zukunftsperspektiven kommt es zur Umstrukturierung biographischer Selbstpräsentationen. Ein Darstellungselement droht nachhaltig an Relevanz zu verlieren: Die Präsenz von Interaktionen.

Abschließend möchten wir uns an dieser Stelle bei den Autorinnen und Autoren für ihre Mitarbeit an diesem Buch und für ihre Geduld mit dem Fertigstellungsprozess recht herzlich bedanken. Besonderer Dank gilt an dieser Stelle Pia Rohr für ihren großen Einsatz, mit dem sie uns mit fachkundigen redaktionellen Hinweisen unterstützte.

Dresden, im Oktober 2011

Kirsten Sander und Andreas Hanses

I Grundlegungen

Interaktionsordnung. Zur Logik des Scheiterns und Gelingens professioneller Praxen

Kirsten Sander

Professionelle Interaktionen sind anforderungsreich. Sie ‚scheitern' überaus häufig, glaubt man z.B. dem umfangreichen Forschungsfundus zu Arzt-Patient-Interaktionen (vgl. Nowak 2010). Das, was darin gelingen soll, ist offensichtlich durch viele störende Aspekte irritiert oder irritierbar. Die wechselseitigen Erwartungen und Handlungsstrategien von Behandelnden und Behandelten scheinen oftmals unvereinbar. Die „doppelte Kontingenz" (Luhmann 1988) der Situationen, in der die Beteiligten nicht sicher wissen können, woran sich die anderen InteraktionsteilnehmerInnen wirklich orientierten,[1] führt zu einer prinzipiellen Deutungsoffenheit, die Verunsicherung mit sich bringen kann. Zugleich ist eine eigensinnige Stabilität von professionellen Situationen und den darin geltenden sozialen Ordnungsmustern zu beschreiben (vgl. Sander 2009).

Der Beitrag beschäftigt sich mit dem Phänomen, dass professionelle Face-to-Face-Interaktionen trotz ihrer Komplexität und prinzipiellen Deutungsoffenheit häufig reibungslos ablaufen. Gefragt wird, wie eine Logik des Scheiterns und Gelingens beschrieben werden kann. ‚Scheitern' und ‚Gelingen' sind dabei nicht als normative Bewertungskategorien gedacht, die einen aus der Behandlungsperspektive zu beschreibenden Misserfolg oder Erfolg aufgreifen, sondern als im Folgenden weiter zu konkretisierende Eigenschaften von Interaktionen. Für die Erörterungen werden die Konzeptionen des Soziologen Erving Goffman vorgestellt. Mit der von ihm entwickelten „Interaction Order" (Goffman 1983) kann sowohl die prinzipielle Deutungsoffenheit von professionellen Interaktionssituationen wie die geordnete und leichtgängige Routinisiertheit von Handlungsvollzügen analysiert werden.

Der besondere Gewinn von Goffmanschen Konzepten für die Analyse und Interpretation professioneller Praxen liegt in seinen am originären Gestand der Face-to-Face-Interaktion entwickelten genauen Beschreibungen von Interaktionsverläufen. Sie können als „dichte Beschreibungen" (Geertz 1983) die Komplexität des Geschehens sehr präzise aufgreifen. Durch Goffmans weitgehend

---

1 Siehe den Beitrag von Werner Vogd (2012) in diesem Band, in dem er beschreibt, wie ein Vertrauensverhältnis zwischen PatientInnen und ÄrztInnen überhaupt möglich ist.

normative Enthaltsamkeit und seine kunstvoll verfremdete Analysesprache, z.B. in Form der Bühnenanalogie, werden neue, überraschende Blickwechsel möglich. Sie verweisen auf die Reflexivität sozialer Ordnung und können die alltäglichen Gewohnheiten und die im Alltagshandeln angenommenen Selbstverständlichkeiten aufschlüsseln (vgl. von Kardorff 1991).

Die für die professionelle Praxis bezeichnende Bezogenheit von KlientInnen und Professionellen, in der eine spezifische Dienstleistung erbracht werden soll, bietet einen zentralen Anknüpfungspunkt zu Goffmans Fragestellungen: Wie werden gemeinsam soziale Güter wie z.B. ‚Gesundheit', ‚Lebensqualität', ‚Sicherheit' und ‚Professionalität' hergestellt? Wie entstehen für die Interaktionen tragfähige Rollen (z.B. KlientInnen/Professionelle)? Wie werden die professionsbezogenen Unterscheidungen von KlientInnen als gesund/krank, normal/verrückt, hilfsbedürftig/selbstständig definiert? Und nicht zuletzt, wie werden die Organisationsprinzipien einer lokalen Institution, wie z.B. dem Krankenhaus, der Psychiatrie, der Arztpraxis oder dem Sozialdienst verhandelt?

Im Folgenden werden auf unterschiedlichen Ebenen Bezüge zwischen Goffmans Konzepten und professionellen Interaktionskontexten hergestellt. Mit den hier aufgezeigten Verbindungen zwischen theoretisierenden Aussagen zur Interaktionsordnung und praktischen Interaktionsvollzügen im Kontext von Gesundheit soll keine grundlegende Systematik entwickelt werden. Ebenso kann der weit verzweigte und bedeutende Einfluss von Goffmans Arbeiten auf z.B. die Medizinsoziologie und die Professionsforschung hier nicht dokumentiert werden. Es geht vielmehr darum, ein Kaleidoskop an analytischen Potentialen und praxisrelevanten Fragestellungen für professionelle Interaktionskontexte aufzuzeigen, die mit der Herstellung von ‚Gesundheit', ‚Wohlbefinden' und ‚Sicherheit' befasst sind. Die exemplarisch aufgegriffenen Goffmanschen Überlegungen können als heuristische Konzepte sowohl für Forschungen wie für Praxisfelder eine „theoretische Sensibilität" (Kelle 1992: 278) herstellen.

Im ersten Teil wird das grundlegende Verständnis von Interaktion mit der „Rahmen-Analyse" (Goffman 1977) aufgegriffen und mit den Aspekten „Komplexität" (1.1.) und „Wechsel von Sinnkontexten" (1.2) auf professionelle Praxen bezogen. Im zweiten Teil wird das Goffmansche Identitätskonzept kurz vorgestellt, um daran anschließend drei Eigenschaften professioneller Praxis interaktionstheoretisch zu reflektieren: Das Verhältnis von Person und Rolle, die in den professionellen Situationen ‚mitspielen' (2.1.), die Entstehung und der Verlauf von KlientInnenkarrieren (2.2.) und die Ordnung des sozialen Raums durch die Eigenschaften von Territorien, (geschlechtlichen) Körpern und Institutionen. Der Beitrag schließt im dritten Teil mit Überlegungen, wie die Erkenntnisse auf Praxisreflexionen angewandt werden können.

1 Professionelle Interaktionsrahmen

Interaktionen sind soziale Situationen, in denen Individuen körperlich anwesend sind, so dass sie sich wechselseitig wahrnehmen können (vgl. Goffman 1994: 55). Für die Beschreibungen von Interaktionsordnungen ist nicht das handelnde Subjekt Ausgangspunkt der Analyse, sondern die soziale Situation, in der die Handelnden zu sein *glauben*. Goffman geht davon aus, „daß wir gemäß gewissen Organisationsprinzipien für Ereignisse – zumindest für soziale – und für unsere persönliche Anteilnahme an ihnen Definitionen einer Situation aufstellen" (ebd.: 19). Die Organisationsprinzipien bezeichnet er als „Rahmen". Wodurch – so die zentrale Frage – wird ein sozialer Vorgang zu einer geordneten Alltagserfahrung? Soziale Ordnung entsteht dann, wenn wir auf die Frage „Was geht hier eigentlich vor?" eine Antwort erhalten, wie wir „weiter in der Sache vorgehen" (ebd.).

Als Interaktionspartner können wir uns in Kontexten, in die wir als „Kenner alltäglicher und kollektiver Handlungs- und Situationstypen" (Soeffner 1989: 143) geraten, ohne weiteres auf das implizite Rahmungswissen verlassen.[2] Und auch darauf, dass die jeweils anderen innerhalb eines (relativ) gleichen Bezugssystems handeln. Die Interaktionspartner tragen „ihre Bezugssysteme aktiv in ihre unmittelbare Umwelt hinein, und das verkennt man nur, weil die Ereignisse gewöhnlich diese Bezugssysteme bestätigen, so daß die Hypothesen im glatten Handlungsverlauf untergehen" (Goffman 1977: 50). Es wird eine wechselseitige Rekursivität von Interaktionswissen und Interaktionserfahrungen angenommen, die soziale Interaktionen trotz ihrer potentiellen Vieldeutigkeit häufig unproblematisch macht. Der Interaktionsrahmen ist in diesem Sinne oftmals „klar"[3] definiert.

Ein Beispiel für einen „klaren Rahmen" ist die grundlegende Anerkennung der Unterscheidung von Professionellen und Klienten und die damit verbundenen unterschiedlichen Handlungen in einer Situation. Der Rahmen ist durch ein allgemein geteiltes Rahmungswissen strukturiert.[4] Innerhalb des Rahmens wird

---

2 Willems vergleicht die Goffmansche Rahmentheorie systematisch mit den Bourdieuschen Theorieansätzen. Als eine zentrale Differenz erörtert er die Konzeption des Rahmungswissens: „Während Goffman mit (...) Rahmungen ein allgemeines, integratives und (daher) symbolisch ‚unschuldiges' Basiswissen thematisch privilegiert, fokussiert Bourdieu in seinen Analysen sozialer Distinktionen auf diesem Wissen aufbauende Sondercodes der Sinntransformation" (Willems 1997: 214).
3 Hierzu Goffman: „Nennt man einen Rahmen klar, so heißt das nicht nur, jeder Beteiligte habe eine hinlänglich richtige Vorstellung von dem, was vor sich geht, sondern im allgemeinen auch, er habe eine hinlänglich richtige Vorstellung von den Vorstellungen der anderen, einschließlich deren Vorstellungen von seiner eigenen Vorstellung" (Goffman 1977: 369).
4 Zum Begriff des Wissens und zu den Zusammenhängen von Wissens- und Interaktionsordnungen siehe den Beitrag von Andreas Hanses (2012) in diesem Band.

die professionelle Situation erzeugt und zugleich situativ bestätigt. Eine grundlegende, gemeinsame Vorstellung dessen, was in der professionellen Situation passieren soll (und was nicht), steht bereits vor ihrem Beginn weitgehend fest. Irritationen und Verwirrungen tauchen dann auf, wenn es zu einem „Rahmenbruch" (ebd.: 376 ff.) kommt, wenn beispielsweise ein Professioneller in einem ‚Beratungsgespräch' den Klienten selbst um Hilfe fragt. Die grundlegende Störung in der Erfahrungsorganisation, in der die Frage nach dem, ‚was hier eigentlich vorgeht' in den Vordergrund gerät, macht die prinzipielle Kontingenz und Zerbrechlichkeit von Interaktionsrahmen erfahrbar.

Interaktionsrahmen bestätigen sich sozusagen ‚hinter dem Rücken der Akteure' und werden zugleich durch die kulturell erworbene und weitreichend geteilte „Rahmungskompetenz" (Lenz 1991: 284) der Interaktionsteilnehmer hergestellt. Um das Verhältnis von übersubjektiver Geordnetheit und subjektiven Deutungen zu erfassen, ist es sinnvoll, zwischen dem Rahmen und dem konkreten Vorgang der Rahmung (framing) zu unterscheiden:

> „Während Rahmen als sozial vorgegebene Strukturen definiert sind, die sich durch relative Objektivität, Autonomie und Immunität gegenüber der faktischen (Inter-)Aktion auszeichnen, erscheint die Rahmung, die erlebende und handelnde Umsetzung von Sinn, aus Goffmans Sicht als kontingent, subjektiv anforderungsreich und anfällig" (Willems 1997: 90).

Rahmen fungieren in diesem Sinne als eine Realitätsgarantie, sie bieten eine Orientierungs- und Entlastungshilfe. Durch die Vorabdefinition einer Situation als beispielsweise „Erstgespräch bei Aufnahme in der Psychiatrie"[5] sind sowohl für die Professionellen wie für die KlientInnen bestimmte Handlungen erwartbar, andere eher unwahrscheinlich. Rahmung beschreibt hingegen die beständig aktualisierende Herstellungspraxis, mit der die InteraktionsteilnehmerInnen sich gegenseitig die Definition der Situation anzeigen (vgl. Soeffner 1989). Die alltäglich zu leistende Deutungsarbeit muss Erwartungssicherheit herstellen, obwohl das, was ‚eigentlich vor sich geht' nicht fertig vorgegeben ist, sondern erst ‚situativ' zu erfassen ist. Der „Goffmensch" (Hitzler 1992: 451) steht damit prinzipiell auf schwankendem Boden und führt ein „riskantes Leben" (ebd.).

---

5 Die Komplexität dieses Rahmens untersucht der Beitrag von Nina Wyssen-Kaufmann (2012) in diesem Band.

1.1 Komplexität

Die Komplexität des Interaktionsgeschehens entsteht, da jeder Handelnde zugleich Sender und Empfänger ist. Die Gleichzeitigkeit und Rekursivität von Wahrnehmung und Handlung in Situationen strukturieren die Rahmungsaktivitäten. Was zeige ich von mir, was besser nicht? Was nehme ich wahr, was zeigt der oder die andere? Worum geht es hier eigentlich ‚wirklich'? Goffman hebt die hohe Relevanz von Aushandlungsprozessen heraus, er verweist auf prinzipielle Uneindeutigkeit und Missverständlichkeit sozialer Handlungen. Es ist anzunehmen, dass es in professionellen Situationen einfachere und überaus komplizierte Rahmenstrukturen gibt. Je komplexer die Rahmenstrukturen sind, je anfälliger sind sie für Störungen, da ihre Aufrechterhaltung in höherem Maße von dem Gelingen eines wechselseitigen In-Übereinstimmung-Bringens von Bedeutungsgehalten der InteraktionsteilnehmerInnen abhängt.

Die spezifische Komplexität von professionellen (und anderen) Situationen lässt sich weitergehend mit den Rahmenwechseln beschreiben. Sie werden durch „Anfangs-, Zwischen- und Endklammern" (vgl. Goffman 1977: 282 ff.) gekennzeichnet. Um einen Vorgang, der auf eine bestimmte Art gerahmt wird, von anderen, ihn umgebenden Ereignissen abzugrenzen, werden Grenzzeichen genutzt. Durch räumliche und zeitliche Anfangs- und Endklammern sowie innere Klammern, die eine Pause oder eine Modulation des Rahmens kennzeichnen, wird der Status der Situation aufgebaut oder beendet. Beispielsweise wird durch die Anfangsklammer ‚Begrüßung' eine Gesprächssituation eröffnet, der schnelle Blick auf die Uhr kann als Endklammer fungieren. Diese „Konventionen zur Abgrenzung einer Episode" (ebd.) markieren eine Innen-Außen-Differenz, der innere Vorgang des Interaktionsgeschehens wird von der äußeren Welt abgetrennt.

Professionelle Situationen werden durch sehr spezifische Anfangs- und Endklammern aufgebaut, hierin vermitteln sich die Beteiligten wechselseitig, wie sie die nachfolgende Situation verstehen. Häufig rahmen Professionelle die Situationen durch sprachliche Anfangsklammern: ‚Dann nehmen Sie bitte erst mal Platz' eröffnet z.B. eine Gesprächssituation. Rahmenwechsel werden ebenfalls sprachlich und/oder szenisch vor allem von den Professionellen eingebracht.[6] Irritationen oder auch ‚Rahmenspannungen' entstehen vor allem dann, wenn die KlientInnen dem Rahmenwechsel nicht folgen oder aber ihrerseits

---

6 Interessant ist, wenn sowohl die verbalen wie non-verbalen Interaktionen, die Rahmen und Rahmenwechsel anzeigen sollen, gar keine oder nur eine rudimentäre Bestätigung durch die anderen InteraktionsteilnehmerInnen erfahren. Wie gelingen Interaktionen ohne einen Abgleich von Vorstellungen der InteraktionsteilnehmerInnen? Siehe hierzu den Beitrag von Matthias Zündel (2012) in diesem Band.

andere Rahmen definieren (wollen), z.B. eine ‚sofortige professionelle Intervention' erwarten und nicht ein ‚Diagnosegespräch'.

Welche Bedeutung die jeweils genutzten Konventionen zur Abgrenzung der Episode haben, wird immer dann sehr schnell deutlich, wenn Störungen durch die Außenwelt in die Situation eindringen. Goffman versteht den Rahmen als eine z.T. überaus durchlässige Membrane (Goffman 1973: 81). Ob eine soziale Begegnung stabil eingerahmt bleibt oder es zu einem Rahmenbruch kommt, ist „in erster Linie im Sinne des Funktionierens der Membrane zu verstehen, die sie einschließt" (ebd.: 89). Hier sei die These vertreten, dass professionelle Situationen häufig durch ihre quasi als semi-permeable Membrane fungierenden Rahmen gekennzeichnet sind, d.h. sie sind relativ stabil und grundlegend durch Mehrgleisigkeit und damit verbundenen Veränderungen der Interaktionsbeteiligungen aufgebaut. Es werden im Interaktionsverlauf Türen geöffnet und geschlossen, Zwischenfragen gestellt, Telefonate geführt, ein Beratungsgespräch wird parallel durch diagnostische oder auch dokumentarische Handlungen begleitet. Die Komplexität der Rahmenstruktur birgt das besondere Potential, an und in professionellen Situationen zu ‚scheitern': KlientInnen klagen, nicht ‚wirkliche' Antworten auf ihre Fragen bekommen zu haben, Professionelle sehen sich mit unverständigen, nicht kooperativen KlientInnen konfrontiert.

Um die verborgenen Ordnungsstrukturen sozialer Wirklichkeit zu analysieren, sind insbesondere die Interaktionen interessant, die von den Beteiligten als ‚nicht gelungen' wahrgenommen werden. Wenn ‚es klemmt' und bei den Beteiligten „Verwirrung und Verdruß" (Goffman 1977: 378) herrscht, zeigen sich die in den Ordnungsstrukturen verwirklichten Normalitätserwartungen besonders deutlich. Anders gesagt: Das Scheitern von gelingenden Interaktionen birgt das Potential, die in der Routine und Leichtgängigkeit liegenden Normen von angemessenem oder erwartetem Verhalten zu erfassen. Hieran kann ein kritisch-reflexiver (Professions-)Bildungsansatz anschließen (siehe Kap. 3).

1.2 Wechsel der Sinnkontexte

Professionelle Interaktionssituationen sind im dargestellten Sinn zunächst relativ eindeutig durch spezifische Rahmen definiert, z.B. als ‚körperliche Untersuchung', als ‚Fallgespräch' oder als ‚Beratung'. Die wechselseitig angezeigten Hinweise darauf, in welchem Rahmen man sich gemeinsam befindet bzw. glaubt zu befinden, sind für das Gelingen der Situationen zentral. Bei genauerer Betrachtung finden in professionellen Interaktionen aber nicht nur mehrgleisige, parallel verlaufende Handlungen und ein häufiger Wechsel von Situationen statt, sondern zudem werden einzelne Handlungen in andere Sinnkontexte transformiert. In seinen Studien beschäftig sich Goffman vor allem mit diesen Verschiebungen und Wandlungen sozialer Situationen.

Ausgehend von der Beschreibung natürlicher oder sozialer primärer Rahmen, die eine von den InteraktionsteilnehmerInnenn grundlegend geteilte „Kosmologie" (Goffman 1977: 27) herstellen, werden Handlungen durch die Interaktionen in unterschiedliche „Seinsebenen" (ebd.: 602) transformiert. Durch so genannte Modulationen (keying) oder Täuschungen (fabrications) kann „eine bestimmte Tätigkeit, die bereits im Rahmen eines primären Rahmens sinnvoll ist, in etwas transformiert [werden, K. S.], das dieser Tätigkeit nachgebildet ist, von den Beteiligten aber als etwas ganz anderes gesehen wird" (ebd.: 55). Jede Form der Transformation legt eine weitere Schicht um das ‚eigentliche' Stück Handlung. So kann bspw. eine als Scherz inszenierte ärztliche Untersuchung vor ihrer Aufführung geprobt werden. Der Bedeutungsgehalt der Handlung – „ihr Status als Bestandteil der wirklichen Welt" (ebd.: 96) – kann durch Mehrfachtransformationen unbegrenzt verändert werden.[7] Entscheidend für das wechselseitige Verstehen der InteraktionsteilnehmerInnen sowie für die Analyse von Interaktionen ist der äußere Rahmenrand. Er vermittelt die Einordnung des Vorgangs in der Welt.[8] Täuschungen lassen sich in Täuschungen in guter Absicht (z.B. der Scherz) und Täuschungen in schädigender Absicht (z.B. die Hochstapelei) unterscheiden (vgl. ebd.: 98ff.).

Als Modulationsform wird in der medizinischen Diagnostik häufig auf das „So-tun-als-ob" zurückgegriffen, z.B. bei einem Belastungs-Elektrokardiogramm. Eine spezifische Form des „So-tun-als-ob" wird im Rahmen der ärztlichen Vorsorgeuntersuchungen von Kindern (vgl. Kelle 2010) durch Spielaufforderungen umgesetzt.[9] Schweda (2010) untersucht, wie die Kinder vom ärztlichen Personal und den anwesenden Eltern ermuntert werden zu spielen, obgleich die Handlung ‚eigentlich' in einem diagnostischer Rahmen organisiert ist. Die Kinder spielen in der ärztlichen Praxis, um bestimmte, für die medizinische Untersuchung bedeutsame Fähigkeiten zu zeigen. Besonders deutlich wird die Rah-

---

7 Grundlegende Modulationsformen sind das „So-tun-als-ob" (z.B. ein Spiel) der „Wettkampf" (z.B. im Sport), die „Zeremonie" (z.B. eine Vereidigung), die „Sonderaufführung" (z.B. das Einüben von professionellen Handlungen vor anderen) und das „In-einen-anderen-Zusammenhang-stellen" (z.B. eine nur zeitweise angewandte Einhaltung von Regeln) (vgl. Goffman 1977: 60ff.).
8 „Man kann sich mit zwei Seiten des Vorgangs beschäftigen. Eine ist die innerste Schicht, in der sich ein dramatisches Geschehen abspielen kann, das den Beteiligten gefangen nimmt. Die andere ist die äußere Schicht, gewissermaßen der Rand des Rahmens, der uns sagt, welchen Status das ganze eigentlich in der äußeren Welt hat, wie kompliziert auch die Schichtung nach innen sei" (Goffman 1977: 96).
9 Zu weiteren Ergebnissen des DFG-Forschungsprojektes „Prozessierung von Entwicklungsnormen in kinderärztlichen Vorsorgeuntersuchungen" siehe den Beitrag von Helga Kelle und Marion Ott (2012) in diesem Band.

mungsspannung (oder könnte man von einer „Täuschung in guter Absicht" sprechen?), wenn ein Ergebnis erzielt wurde und der Spielrahmen zugunsten eines anderen diagnostischen Rahmens gewechselt oder abgebrochen wird (vgl. ebd.). Ein Beispiel für die Modulationsform „Sonderaufführung" (Goffman 1977: 60ff.) ist die Übung von professionellen Handlungen durch Novizen. Sie führen die Handlungen sozusagen zu Demonstrations- und Übungszwecken vor den ExpertInnen auf. Die bei einer Chefarztvisite von einem Medizinstudent vorgetragenen diagnostischen Befunde zu einer Patientin sind als eine „Sonderaufführung" organisiert. Zugleich, sozusagen im inneren des Vorgangs, handelt es sich hierbei um eine ‚wirkliche' Visite, die jederzeit wieder auch den äußeren Rahmenrand, den Status den der Vorgang in der Welt hat, bestimmen kann, z.B. indem der Chefarzt das Wort ergreift und sich seinen KollegInnen und/oder der Patientin zuwendet (vgl. Sander 2008).

2 Das geheiligte Selbst: Identität und der Blick der anderen

In der Goffmanschen Analysen ist das Selbst beständig Prüfungen ausgesetzt: Es muss sich alltäglich in Face-to-Face-Kontakten bewähren und mehr noch, es wird durch den Blick der anderen mitkonstituiert. Beständigkeit und Eigenheit von Identität hängen nicht nur von den eigenen Aktivitäten ab, sondern werden entscheidend durch das Zutun anderer mitbestimmt. Die Bildung und Aufrechterhaltung eines Selbst ist grundlegend auf die durch die gesellschaftlichen Institutionen vermittelten Fremdidentifikationen angewiesen:

> „Jedes Selbst entwickelt sich im Rahmen eines institutionellen Systems, sei dies eine soziale Institution, wie eine Heilanstalt, oder ein Komplex von persönlichen und beruflichen Beziehungen. Daher kann man behaupten, daß das Selbst definiert wird durch die in einem sozialen System für dessen Mitglieder verbindlichen Gegebenheiten" (Goffman 1972: 166).

Die Perspektive auf die Notwendigkeit der Identifikation durch andere sowie durch gesellschaftliche Institutionen hebt die Verletzbarkeit von Identität hervor. In der Sprache der Goffmanschen Bühnenanalogie bedarf es für eine erfolgreiche Selbst-Darstellung einer geeigneten Bühne sowie eines Publikums, das die gerade zur Aufführung gebrachte Rolle ‚glaubt' und bestätigt. Ein Zusammenbruch von Begegnung gefährdet die Identität existentiell. Im Rückgriff auf Durkheims Ausführungen zur Rolle des Heiligen in der modernen Gesellschaft (Durkheim 1984) beschreibt Goffman das Selbst als ‚Maß aller Dinge': Für seine Selbstsicherheit und das Gefühl von Kontinuität und Eigenheit ist es auf die ehrerbietende Hochachtung, Anerkennung und (Opfer-)Gabe der anderen angewiesen. Immer geht es darum, zu einer möglichst günstigen Einschätzung durch andere zu erlangen, das Gelingen von Interaktionen ist hierfür von vitaler Bedeutung (vgl. Hettlage 2007).[10]

Die mit dem „geheiligten Selbst" thematisierte Verletzbarkeit der Identität wird von Goffman durch ein Identitätskonzept ausgeführt, welches zwischen sozialen und persönlichen Fremdidentifikationen und Ich-Identität als ein über den Lebensverlauf erworbenes Selbstgefühl unterscheidet (Goffman 1967: 132). Der Blick der anderen auf das Selbst identifiziert die soziale Identität, die Rollen ebenso wie die persönliche Identität, d.h. die individuellen Eigenheiten einer Person, mit der sie sich von anderen unterscheidet – das „Jemand-von-einer-Art"-Sein (ebd.: 74). Goffman interessiert sich für die Spannung, die zwischen den identifizierenden Blicken der anderen und dem Selbstgefühl eines Individuums liegt. Aus diesem Grund unterscheidet er zwischen der Person als Darstellerin ihres Selbst (self as performer) und der Darstellung einer bestimmten Rolle (self as performed). Das als „Rollendistanz" (Goffman 1973: 121) bekannt gewordene Organisationsprinzip erklärt, wie es dem Einzelnen gelingt zu zeigen, dass hinter der präsentierten Szene und der darin gespielten Rolle ein ‚wirkliches' Ich existiert.[11] Dieses ist für den ‚selbstheiligenden' Erfolg von Interaktionen überaus bedeutsam:

> „Es geht nicht eigentlich darum, was der Beteiligte wirklich ist. Seine Partner werden das kaum herausfinden, sofern es überhaupt erkannt werden kann. Wichtig ist das durch sein Verhalten gegenüber den anderen vermittelte Gefühl, was für eine Person hinter der gerade gespielten Rolle steht" (Goffman 1977: 329).

In Interaktionen nehmen wir wahr, dass hinter der Rolle eine ‚authentische' Person steht, die über das Rollenverhalten hinausragt (ebd.: 315).[12] Wir erwarten – und darin liegt unsere Rahmungsaktivität – dass sich in jeder Situation auch

---

10 Goffman beschreibt den ‚kleinen Gott des Alltags' so: „Er schreitet mit derselben Würde und empfängt viele kleine Gaben. Er sieht eifersüchtig auf die Verehrung, die man ihm schuldet, und wenn man sich ihm in der richtigen Weise nähert, ist er gnädig bereit, denen zu vergeben, die ihn beleidigt haben könnten" (Goffman 1967: 95).
11 In Abgrenzung zur Psychoanalyse definiert Goffman auch das „Ich" als Situations- bzw. Gesellschaftsvariable: „Es gibt eine Beziehung zwischen Person und Rolle. Doch sie hängt von dem Interaktionssystem ab – dem Rahmen –, in dem die Rolle gespielt wird und das Ich des Darstellers ein wenig sichtbar wird. Das Ich ist also keine halb hinter den Ereignissen verborgene Entität, sondern eine veränderliche Formel, mit der man sich auf die Ereignisse einläßt. (...) Die Kultur selbst schreibt vor, für was für eine Art von Wesen wir uns zu halten haben (Goffman 1977: 617).
12 Der Beitrag von Nicole Witte in diesem Band greift diese Perspektive auf, auch wenn grundlegend andere Schlussfolgerungen gezogen werden: Die Biographie einer Ärztin als Referenz für Authentizität wird mit den videoanalytisch ausgewerteten Interaktionsverläufen aus ihrer Arztpraxis, in denen sie als Ärztin *und* biographisches Subjekt handelt, in einen interpretativen Zusammenhang gebracht (vgl. Witte 2012).

etwas von der ‚wirklichen' Person offenbart. Durch den gut geölten „Apparat der Selbstinszenierung" (Goffman 1969: 232) werden diese Realitätsvorstellungen in fast allen Interaktionen bestätigt. Goffman fasst das Verhältnis von Person und Rolle und die darin liegenden Abhängigkeiten pointiert als „Person-Rolle-Formel" (Goffman 1977: 297ff.) zusammen.

2.1 Wer spielt mit? Die Person-Rolle-Formel

Für die professionellen Interaktionen lässt sich das Spannungsverhältnis von Person und Rolle beispielhaft mit der Frage aufgreifen: Wer spielt mit? D.h., mit wem haben wir es eigentlich zu tun, wenn wir als Professionelle ‚klienten- oder auch nutzerinnen- und fallorientiert' handeln? Die unterschiedlichen Konzeptionen im Gesundheits- und Sozialwesen zur Einbeziehung des ‚ganzen Menschen' und seiner ‚wirklichen' Bedürfnisse in die professionellen Interventionen (vgl. exemplarisch zur Debatte in der Pflege: Benner et al. 1996) verändern das Verhältnis von Person und Rolle. Hier sei die These vertreten, dass die Person, mit der man es in humanistischer Absicht zu tun haben möchte, stärker an die Rolle, die in spezifischer Hinsicht eine professionelle Intervention anfragt, gebunden wird.

Die Zunahme der Abhängigkeit von Person und Rolle lässt sich am Beispiel der Compliance exemplarisch verdeutlichen: Die Mitwirkungsbereitschaft der KlientInnen wurde in vielen Gesundheits- und Sozialarbeitskontexten zu einer überaus relevanten Identifizierungskategorie. Eine hohe Compliance von KlientInnen ist ein zentraler Erfolgsparameter für die angestrebten Wirkungen von professionellen Gesundheitsinterventionen (vgl. exemplarisch Scherenberg 2003). Versteht man die Mitwirkungsbereitschaft oder – mit der Goffmanschen Bühnenanalogie formuliert – Mitspielbereitschaft als eine spezifische Ausgestaltung der „Person-Rolle-Formel" (Goffman 1977: 297ff.), geht es nicht mehr nur darum, welche Mitarbeit der Klient bei der Therapie leistet bzw. nicht leistet. Zu untersuchen wäre, welche Vorstellungen und Erwartungen die Professionellen an die Person des Klienten haben, die über das von ihm gezeigte Rollenverhalten hinausgehen, sowie umgekehrt, welche Vorstellungen und Erwartungen die KlientInnen von den Personen haben, die ihnen in der Rolle des professionelle Personals begegnen. Die Wechselseitigkeit des Gefühls, dass die Personen, die hinter den gerade dargestellten Rollen (KlientIn/TherapeutIn) authentisch und der Situation angemessen sind, wäre in dieser Perspektive das, was dann als Compliance beschrieben werden könnte. Anders gesagt: Mit der Erwartung oder auch der normativen Verpflichtung zur Mitwirkung an einer erfolgversprechenden Behandlung wird dem Darsteller der KlientInnenrolle in besonderer Form auferlegt, in den Interaktionen mit den Professionellen eine Person ‚durchscheinen' zu lassen, die die geforderte Mitarbeit glaubwürdig übernimmt. Von ‚welcher Art' diese Person sein muss, damit sie überzeugt, hängt von den jeweiligen Situationskontexten ab. Compliance ist in dieser Hinsicht weder Leistung noch Versagen des einzelnen Klienten, sondern ein durch die Interaktionsrahmen und ihre Organisationsprinzipien hervorgebrachtes Gesamtergebnis.

Das Kontinuum von Abhängigkeit und Unabhängigkeit zwischen Personen und Rollen, die sie übernehmen können, lässt sich in den unterschiedlichen professionellen Kontexten untersuchen: Einem Patienten auf einer gefäßchirurgischen Krankenhausstation, von dem bekannt ist, dass er Drogen konsumiert, wird eine aufwendige, nicht zwingend notwendige Gefäßoperation eher nicht zugestanden, da die hinter der Patientenrolle durchscheinende (drogenabhängige) Person eine erfolgreiche Mitarbeit unwahrscheinlich erscheinen lässt und damit der medizinische Erfolg der Intervention grundlegend in Frage steht. Auch für das professionelle Personal ist die Abhängigkeit von Person und Rolle mitunter stark: Jemand, der in einer sozialpsychiatrischen Beratungsstelle arbeitet, wird vermutlich sehr genau darauf achten, sich nicht selbst als jemand darzustellen, der behandlungsbedürftige psychische Probleme hat; ein Chefarzt wird seine Leidenschaft fürs Glückspiel vielleicht im KollegInnenkreis als originären Ausdruck „Jemand-von-einer-Art" zu sein, erzählen, vor den PatientInnen aber eher nicht thematisieren.

An den Beispielen wird deutlich, dass der zentrale Unterschied zwischen KlientInnen und Professionellen darin liegt, dass letztere das für die Selbst-Sicherheit so bedeutsame Identitätsmanagement (vgl. Goffman 1967: 93) in der Hand behalten. Die Gefahr der Verletzung von Identität, von Imageverlust und Kränkung nimmt im hohen Maße zu, wenn wir nicht selbst entscheiden können, wem wir was von uns zeigen. Für die professionellen Interaktionen verweist die „Person-Rolle-Formel" zum einen daraufhin, welchen Verhaltensspielraum man sich wechselseitig in den zumeist sehr klar definierten Rollen von KlientInnen und Professionellen zugesteht. Und zum anderen darauf, dass die hinter der Rolle immer durchschimmernde ‚wirkliche' Person, nicht zu sehr im Widerspruch mit dem in der Rolle angelegten Verhalten stehen darf. Das wahrgenommene und zugeschriebene Maß an Abhängigkeit und Unabhängigkeit von Person und Rolle wird in professionellen Situationen insbesondere dann bedeutsam gemacht, wenn die Wahrhaftigkeit und Überzeugungskraft der Beteiligten situativ oder grundlegend in Frage steht.[13]

---

13 Siehe den Beitrag von Bettina Hünersdorf (2012) in diesem Band, in dem sie untersucht, wie in einer Kommunikationssituation die Glaubwürdigkeit und Autonomie einer Altenheimbewohnerin von den Pflegekräften in Frage gestellt wird.

2.2 Der Lauf der Dinge: KlientInnenkarrieren

In seinem Aufsatz „Die moralische Karriere des Geisteskranken" (Goffman 1972: 125 ff.) stellt Goffman Analysen zu den gesellschaftlicher Etikettierungs- und Ausgrenzungsprozesse und deren weitreichenden Folgen für die Identität vor. Seine Untersuchung zum abweichenden Verhalten von Menschen, die als „Geisteskranke" behandelt werden, und das damit verbundene Konzept der „(Kranken-)Karriere" wurden insbesondere in der Psychiatrie zum Paradigma. Die Logik der „Karrieren" von psychisch Kranken führte zu theoretischen Erklärungen des Verlaufs von Erkrankungsprozessen sowie zu Ansätzen der Verbesserung professioneller Praxen. Die Psychiatriereform wurde wesentlich von der in „Asyle" (ebd.) formulierten Institutionalisierungskritik beeinflusst (vgl. Schülein 2007).

Drei Aspekte, die dazu führen, dass alltägliche und institutionelle Formen der Ausgrenzung und der Zuschreibung von Andersartigkeit zu selbstläufigen „Karrieren" führen, sollen hervorgehoben werden:
1. Für Goffman ist ‚Abweichung' das Resultat von gesellschaftlichen und sozialen Konstruktionen. Sie spiegeln die jeweiligen Normen einer Gesellschaft sowie normative Verhaltenserwartungen für spezifische Situationen wieder, die vom Abweichler ‚gebrochen' werden. Die konsequente Nicht-Übernahme von (sozial-)psychologischen und psychiatrischen Erklärungsmustern in der Goffmanschen Perspektive ermöglicht einen gesellschaftskritischen Blick auf ‚Störungen', den professionellen und institutionalisierten Umgang damit und die eklatanten Folgen für die Wahrnehmungen und Handlungsentwürfe des betroffenen Selbst.
2. Die Identifikationen wirken immer auch – und das zeigt Goffman besonders deutlich an stigmatisierten Menschen (Goffman 1967) – auf die Personen zurück und bestimmen deren Selbst-Darstellungen. Die sukzessive Übernahme der Zuschreibungen in den Selbstverständnissen der Betroffenen entfalten ihre, das Selbst beschädigende Wirkungen und vermindern die Handlungsalternativen der Betroffenen. Das paradoxe Phänomen besteht darin, dass das Individuum als stigmatisiertes Individuum eine Prägung oder auch Festlegung durch diejenigen institutionalisierten professionellen Kontexte erfährt, die es von seinem Stigma befreien wollen. Der Prozess der ‚Verwirklichung' von Stigmata, d.h. die in vielfältigen professionellen Bezügen hergestellte Bestätigung, ist sowohl aus der Innensicht der Betroffenen wie aus der Perspektive der Institutionen zu beschreiben: „Ein politischer Häftling muß ein Hochverräter sein; wer im Gefängnis sitzt, muß ein Gesetzesbrecher sein; wer in der Heilanstalt ist, muß geisteskrank sein" (Goffman 1972: 97).

3. Das, was in professioneller Hinsicht, der ‚Fall' ist, ergibt sich durch die Vorstellung, dass jeder Mensch eine einmalige Persönlichkeit besitzt. Das Gegenwärtige wird mit dem Vergangenen verknüpft, indem wir meinen, darin ein durch den Charakter der Person begründetes Verhalten zu beobachten. Hiermit „haben wir ein rahmenmäßiges tückisches Spiel begonnen, das jedes beliebige Bild zu zeichnen erlaubt" (Goffman 1977: 486). Goffman betrachtet es als eine „Hauptbeschäftigung des Alltagslebens" (ebd.: 487), dass wir durch Hinweise aus der Vergangenheit einen Charakter definieren. Auch die befremdlichste Verhaltensweise einer bekannten Person lässt sich als Neuentdeckung einer Seite betrachten, die schon immer da war. Die Konstruktion einer Fallgeschichte ist in diesem Sinne eine Geschichte der Bestätigungen von Vorannahmen: Sie „ermöglicht es, systematisch ein Bild von der Vergangenheit des Patienten zu konstruieren, welches demonstriert, daß sein Verhalten von einem Krankheitsprozeß infiltriert wurde, bis dieses sein Verhalten, als System, völlig pathologisch wurde. Anscheinend normales Verhalten wird als bloße Maske oder Tarnung der sich dahinter verbergenden Krankheit angesehen. (...) Und dies ermöglicht eine neue Sicht des ‚eigentlichen' Charakters des Patienten" (Goffman 1972: 356).

Während das von Corbin/Strauss (1998) in der Untersuchung von chronisch Kranken entwickelte „Trajectory-Modell" (ebd.) die innerpsychischen Vorgänge des zunehmenden Verlustes von Handlungsfähigkeit und Sinnorientierung beschreibt, hebt Goffman mit seinen Analysen die Macht der Akten und Institutionen, die sie verwalten, hervor. Die biographische „Verlaufskurve" (Schütze 1999), d.h. die zunehmende Aufschichtung von Überlastungen durch chronische Erkrankungsprozesse und das Hineintrudeln in Abhängigkeiten und Orientierungslosigkeit, ist in diesem Sinne vor allem ein durch die Normalitätserwartungen der Gesellschaft und die Logik des in professionellen Kontexten vermittelten Zwangs ausgelöster Selbstverlust. Wie diese Entmächtigung von Alltagserfahrungen organisiert ist, beschreibt Goffman in seinen Analysen der Psychiatrie als „totale Institution" (vgl. Goffman 1972). Eine Begrenzung von Stigmatisierungsprozessen auf die Psychiatrie ist aber zu eng gedacht: Die Logik der Konstruktion von Fallgeschichten und ihre Folgen für das Selbst finden sich in allen professionellen Handlungskontexten, die mit chronischen Prozessen von Abweichung zu tun haben – dieses können Krankheit, Pflege- und Hilfsbedürftigkeit oder Delinquenz sein. Das grundlegende Scheitern der institutionalisierten professionellen Interaktionen ist in der Goffmanschen Perspektive vergleichbar. Wie Professionen, die mit einer Geschichte von KlientInnen bzw. deren ‚Klientwerdungen' zu tun haben (wollen), der Logik von Karrieren begegnen oder sie sogar verhindern, ist eine wichtige Frage an Forschungen und Praxisreflexionen.

2.3 Die Ordnung des sozialen Raums: Territorien, (geschlechtliche) Körper, Institutionen und ihre Eigenschaften

Die von Goffman entwickelte Interaktionsordnung fokussiert die Körperlichkeit und Räumlichkeit des Sozialen. Goffman hebt die „folgenschwere Offensichtlichkeit" (Goffman 1994: 58) hervor, die entsteht, wenn ein Individuum in die Gegenwart eines anderen gerät. Der Körper zeigt an, wie wir die Situation verstehen, er verrät uns und versichert uns zugleich. Die „Territorien des Selbst" (Goffman 1974: 54ff.) schützen und begrenzen die räumliche Sphäre des Selbst. Sie umgrenzen den physischen wie sozialen Raum, auf den wir einen Anspruch erheben. Plätze, Flächen und Orte werden zu Territorien, indem sie bestimmte, einem Individuum oder einer Gruppe zugesprochene Elemente aufnehmen und diese anderen anzeigen. Sie markieren eine Grenze des physischen und sozialen Platzanspruches, der in Face-to-Face Situationen potenziell bedroht ist.[14]

Die Gegenseitigkeit der am Körper und seinem Ausdruck festzumachenden Wahrnehmungsprozesse und ihre Rekursivität ('ich nehme wahr, dass du wahrnimmst, dass ich dich wahrnehme') birgt in der Goffmanschen Analyseperspektive beständig das Potenzial der Verletzbarkeit des Individuums. Der Körper ist nicht nur ein Informationsträger, an dem sich in Situationen der Gegenseitigkeit wechselseitig soziale Informationen ‚ablesen' lassen, sondern der zentrale Modus der Herstellung des Sozialen. Als geschlechtlicher Köper vermittelt er die von Goffman im „Arrangement der Geschlechter" (Goffman 1994) ausformulierte reflexive Geschlechterordnung (vgl. Sander 2009: 187ff.).

In professionellen Situationen wird die „folgenschwere Offensichtlichkeit" der Geschlechtlichkeit der anwesenden Körper zugleich gesehen und in den meisten Kontexten übersehen – auch wenn es darin explizit um Körperlichkeit, z.B. körperliche Versehrtheit geht. Professionelle Interaktionsrahmen sind in diesem Sinne in der Lage, die am Körper abzulesende geschlechtliche Identität nicht zum Vorschein treten zu lassen. Dies ist interessanterweise auch möglich, wenn in den Interaktionen der entblößte Geschlechtskörper eine wichtige Rolle spielt, beispielsweise bei einer gynäkologischen Untersuchung.[15] Die wechselseitige Nichtbeachtung des Körpers als geschlechtlicher Körper bei gleichzeitiger körperbezogener Interaktion (z.B. bei Pflegehandlungen, ärztlichen Untersuchungen etc.) ist eine überaus komplexe Rahmungsaktivität, die leicht irritiert

---

14 Als unterschiedliche „Territorien des Selbst" unterscheidet Goffman (1974) den persönlichen Raum, die Box, den Benutzungsraum, die Reihenposition, die Hülle, das Besitzterritorium sowie Informations- und Gesprächsreservate (ebd.: 54ff).
15 Wie der Interaktionsrahmen einer gynäkologischen Untersuchung aufgebaut sein muss, damit diese nicht zu einer, die territorialen Grenzen des Selbst überschreitenden Erfahrung wird, untersuchten Henslin und Briggs (1971).

werden kann. Störungen treten dann auf, wenn der geschlechtliche Körper ‚unkontrolliert' in den Vordergrund der Szene tritt, z.B. durch das unbotmäßige Anstarren geschlechtlicher Körperteile oder die Überschreitung territorialer Grenzen.

Der Körper wird in professionellen Kontexten nicht nur ‚behandelt' oder ‚problematisiert', sondern ist in der Goffmanschen Perspektive als sichtbarer Darsteller eines Selbst abhängig von den sozialen Organisationsformen, die ihn ermöglichen. Die Verkörperung des Sozialen verdichtet sich in Ritualen (Goffman 1994: 79) z.B. bei einer Visite im Krankenhaus. Was ich wie und wo von und mit meinem Körper glaubhaft zeigen kann, hängt entscheidend von den sozial-räumlichen Arrangements und den darin stattfindenden rituellen Praxen ab. Der Körper ermöglicht die Platzierungen des Selbst im gesellschaftlichen Raum. Und andersherum: Durch körperliche Positionswechsel entstehen der gesellschaftliche Raum und seine Dimensionen (Intimräume, Privaträume, Berufsräume, öffentliche Räume etc.). Die Positionswechsel ‚verkörpern' und ‚verräumlichen' die soziale Ordnung der modernen Gesellschaft, die eine Trennung in verschiedene Lebensbereiche wie Erholung, Freizeitgestaltung und Arbeit aufrechterhält und dem Individuum so unterschiedliche Formen der Selbst-Darstellung ermöglicht. In der „totalen Institution" (Goffman 1972) ist die Möglichkeit eines Wechsels von Selbstpräsentationen vollständig eliminiert, das Anrecht auf „Territorien des Selbst" wird grundlegend eingeschränkt. Die KlientInnen werden zu „Insassen".

Die durch das Personal ausgeübte Organisations-, Informations- und Anordnungsmacht wirkt deshalb „totalitär", weil eine außerhalb dieses Interaktionsrahmens liegende häusliche Existenz für die Insassen aufgelöst ist. Goffman interessieren die für die Identität bedrohlichen Eigenschaften der „totalen Institutionen", um im Umkehrschluss „die Bedingungen zu erkennen, die gewöhnliche Institutionen garantieren müssen, wenn ihre Angehörigen ihr bürgerliches Selbst behalten sollen" (ebd.: 25). Trotz der – seit der Goffman-Studie – weitreichenden Wandlungen im Gesundheitssystem lohnt es sich, die Merkmale der „totalen Institution" auf stationäre professionelle Interaktionsrahmen zu beziehen. Beispielhaft sollen einige Elemente benannt werden, die bis dato für die Organisation von stationären Behandlungs- und Betreuungsräumen zentral sind:

- zeitlich und räumlich sehr umfassende Zugriffe auf die Lebenswelt der KlientInnen
- stark eingeschränkte und von der Institution definierte soziale Räume der ‚Privatsphäre'
- offizielle und inoffizielle Regeln der Organisation, die das alltägliche Zusammenleben sowie die Trennungen und Verbindungen von ‚Insassen' und ‚Personal' strukturieren

- Privilegiensysteme, die nicht nur von der Gunst des Personals, sondern auch von den finanziellen Möglichkeiten der KlientInnen abhängen
- mehr oder minder „erzwungene Tätigkeiten, die angeblich dazu dienen, die offiziellen Ziele der Institution zu erreichen" (ebd.: 17).

Die Organisationsprinzipien moderner Einrichtungen folgen in Aspekten der Logik der „totalen Institution" vielleicht gerade auch dann, wenn sie sich in ihrem Leitbild weit davon distanzieren (vgl. Sander 2003). Durch die analytische Perspektive auf das in den Routinen und Organisationsmustern von Altenheimen, Krankenhäusern, Psychiatrien etc. liegende Potential der Verletzung von Identität gerät die hegemoniale Wirkungsmächtigkeit professioneller Handlungskontexte in den Blick. Sie behält ihre Dominanz auch dann, wenn der ‚mündige Patient' eingeladen wird, darin Platz zu nehmen.

3 Rahmenanalytische Reflexion professioneller Praxen

Die „Fassade" (Goffman 1969: 23) zu wahren, den der Situation angemessenen „Gesichtsrahmen" (Goffman 1977: 380) zu zeigen, die Ordnung der Blicke und Gesten einzuhalten, „Anfangs- und Endklammern" (ebd.: 282) richtig zu setzen oder zu verstehen, die richtige „Reihenposition" (Goffman 1974: 63) in einer Wartesituation zu wählen, die „Territorien des Selbst" (ebd.: 54) der anderen nicht zu überschreiten etc., ist kein leichtes Spiel, sondern eine für das Gelingen von alltäglichen wie professionellen Situationen mit hoher Relevanz ausgestattete Rahmungsaktivität. Dabei geht es immer auch um kulturelle und schichtspezifische Konventionen, die als überholt gelten können und sich verändern. Die aus der Goffmanschen Identitätskonzeption abgeleiteten Aussagen heben jedoch hervor, dass ohne das komplexe Geschehen eines situierten Abgleichs von wechselseitigen „Erwartungs-Erwartungen" (Lindemann 2005) keine identitätsstiftenden, d.h. geordneten Alltagserfahrungen möglich sind.

Abschließend sollen zwei Überlegungen für eine kritische Reflexion professioneller Praxen zusammengefasst werden:

(1) Die Goffmanschen Konzepte können weitreichend für eine kritische Reflexion von professionellen Praxen nutzbar gemacht werden. Irritationen, die in den Interaktionsverläufen auftauchen, können hervorgehoben und analysiert werden. Die Auslöser für das ‚Scheitern' einer professionellen Interaktion sind daraufhin zu untersuchen, wie sie den jeweiligen Rahmen ‚sprengten'. Folgende beispielhafte Fragestellungen lassen sich stellen: In welchem Interaktionsrahmen fand die Irritation statt? Wurde der Rahmen z.B. vom Klienten gewechselt oder transformiert? Lag gar ein Rahmungsirrtum vor? Welche Konventionen begrenzten den Interaktionsrahmen? Welche Selbstpräsentationen des Klienten/des Pro-

fessionellen waren erwünscht, erlaubt und erfolgten? Wie lässt sich das aus Professionellensicht erwartete Verhältnis von Person, die man zu erkennen glaubt, und Rolle des Klienten beschreiben? Mit welchen Identifizierungen wurde der Klient ein ‚Fall'? Wie ist der soziale Raum professionshierarchisch und geschlechterhierarchisch organisiert? Was ist die „Vorderbühne", was die „Hinterbühne" des Geschehens, wer ist Darsteller, wer Publikum und welche „verschwörerischen Teams" traten auf (Goffmann1969: 73 ff.)? Und nicht zuletzt: Gab es Überschreitungen von territorialen Grenzen?

(2) An diese Fragehorizonte anschließend können konkrete Beobachtungsbeschreibungen für weitergehende Praxisreflexionen ausgearbeitet werden, die das Aufklärungs- und Veränderungspotential von Goffmans Analyse auf Praxisfelder umsetzen können (vgl. von Kardorff 1991: 342). Beispielsweise erstellen PraktikerInnen Beschreibungen von typischen Alltagssituationen ihres Berufsfeldes, die sie als ‚nicht gelingend' oder ‚besonders gelungen' erleben und bewerten. Die Zusammenführung der exemplarischen Erzählungen und Perspektiven ermöglicht eine „dichte Beschreibung" (Geertz 1983) der besonderen Erfahrungsorganisation eines professionellen Handlungsfeldes (vgl. Dausien 2005). Durch die mit Goffmans Konzepten durchgeführte Reformulierung der Interaktionen ist eine Distanzierung und Verfremdung möglich, sie eröffnet neue Perspektiven auf die eigenen Praxen. Die Re-Interpretation der in den Beschreibungen zu entdeckenden Logiken des ‚Scheiterns' und ‚Gelingens' kann zur Handlungsentlastung führen, da nicht einzelne Personen und ihr Vermögen und Unvermögen, sondern die Logiken, die in den Situationen liegen, in den Blick genommen werden. Das Ziel einer rahmenanalytischen Praxisreflexion besteht darin, die gewonnenen Erkenntnisse für eine Veränderung von konkreten praktischen Interaktionsvollzügen hinzuzuziehen.

Um diese Form der reflexiven beruflichen Bildungsarbeit durchführen zu können, ist ein spezifischer pädagogischer Interaktionsrahmen nötig. Vielleicht besteht eine seiner wesentlichsten Eigenschaften darin, mit den TeilnehmerInnen einen gemeinsamen Glaube zu entwickeln und zu erhalten, der verspricht, dass sich professionelle Interaktionsordnungen und ihre eigensinnigen impliziten Logiken auch verändern lassen. Dazu Goffman: „Aber ebenso verkehrt wäre es, Interaktionsordnungen als etwas Unveränderliches anzusehen. Alle Elemente des sozialen Lebens haben eine Geschichte und verändern sich im Laufe der Zeit" (Goffman 1994: 78).

Literatur

Benner, Patricia/Tanner, Christine A./Chesla, Catherine (1996): Expertise in Nursing Practice. Caring, Clinical Judgement, and Ethics. New York: Springer

Corbin, Juliet/Strauss, Anselm (1998): Ein Pflegemodell zur Bewältigung chronischer Krankheiten. In: Woog (Hrsg.) (1998): 1-30

Dausien, Bettina (2005): Biografieorientierung in der Sozialen Arbeit – Überlegungen zur Professionalisierung pädagogischen Handelns. In: SOZIALEXTRA. Zeitschrift für Soziale Arbeit & Sozialpolitik. 11. 6-11

Durkheim, Emile (1984): Die elementaren Formen des religiösen Lebens. Frankfurt/Main: Suhrkamp

Geertz, Cliford (1983): Dichte Beschreibung. Beiträge zum Verstehen kultureller Systeme. Frankfurt/Main: Suhrkamp

Goffman, Erving (1967): Stigma. Über Techniken der Bewältigung beschädigter Identität. Frankfurt/Main: Suhrkamp

Goffman, Erving (1969): Wir alle spielen Theater. Die Selbstdarstellung im Alltag. München: Pieper

Goffman, Erving (1972): Asyle. Über die soziale Situation psychiatrischer Patienten und anderer Insassen. Frankfurt/Main: Suhrkamp

Goffman, Erving (1973): Interaktion. Spaß am Spiel. Rollendistanz. München: Piper

Goffman, Erving (1974): Das Individuum im öffentlichen Austausch. Mikrostudien zur öffentlichen Ordnung. Frankfurt/Main: Suhrkamp

Goffman, Erving (1977): Rahmen-Analyse. Ein Versuch über die Organisation von Alltagserfahrungen. Frankfurt/Main: Suhrkamp

Goffman, Erving (1983): The Interaktion Order. American Sociological Association, 1982 Presidential Address. In: American Sociological Review 48. 1-17

Goffman, Erving (1994): Interaktion und Geschlecht. Frankfurt/Main, New York: Campus

Hanses, Andreas (2012): Gesundheit als soziale Praxis. Zur Relevanz von Interaktions- und Wissensordnungen professionellen Handelns als soziale Praxis. In: Hanses/Sander (Hrsg.) (2012): 35-41

Hanses, Andreas/Sander, Kirsten (Hrsg.) (2012): Interaktionsordnungen. Gesundeit als soziale Praxis. Wiesbaden: VS Verlag für Sozialwissenschaften

Henslin, James M. (ed.) (1971): Studies in the Sociolgy of Sex. New York: Appleton-Contury-Crofts

Henslin, James M./Briggs, Mae A. (1971): Dramaturgical Desexualisation: The Sociology of the Vagina Examination. In: Henslin (Hrsg.) (1971): 243-272

Hettlage, Robert (2007): Risikogesellschaft in Kleinformat. Goffmans Interaktionsordnung als Dialektik von Risiko und Absicherung. In: Österreichische Zeitschrift für Soziologie 32. 2. 9-31

Hettlage, Robert/Lenz, Karl (Hrsg.) (1991): Erving Goffman. Ein soziologischer Klassiker der zweiten Generation. Bern, Stuttgart: Haupt (UTB)

Hitzler, Ronald (1992): Der Goffmensch. In: Soziale Welt 43. 449-461

Hünersdorf, Bettina (2012): Interaktionsprozesse in der Altenpflege. In: Hanses/Sander (Hrsg.) (2012): 159-178

Kardoff, Ernst von (1991): Goffmans Anregungen für Soziologische Handlungsfelder. In: Hettlage/Lenz (Hrsg.) (1991): 327-354
Kelle, Helga (Hrsg.) (2010): Kinder unter Beobachtung. Kulturanalytische Studien zur pädiatrischen Entwicklungsdiagnostik. Opladen: Barbara Budrich
Kelle, Helga/Ott, Marion (2012): Interaktionsdynamiken in der Triade Kind-Eltern-Arzt in Kindervorsorgeuntersuchungen. In: Hanses/Sander (Hrsg.) (2012): 89-106
Kelle, Udo (1992): Empirisch begründete Theoriebildung. Ein Beitrag zur Logik und Methodologie interpretativer Sozialforschung. Bremen: Universität Bremen
Krüger, Heinz-Hermann/Marotzki, Winfried (Hrsg.) (1999): Handbuch erziehungswissenschaftliche Biographieforschung. Opladen: Leske + Budrich
Küpper, Willi/Ortmann, Günther (Hrsg.) (1988): Mikropolitik. Rationalität, Macht und Spiele in Organisationen. Opladen: Westdeutscher Verlag
Lenz, Karl (1991): Erving Goffman. Werk und Rezeption. In: Hettlage/Lenz (Hrsg.) (1991): 25-94
Lindemann, Gesa (2005): Die Verkörperung des Sozialen. Theoriekonstruktionen und empirische Forschungsperspektiven. In: Schroer (2005): 114-138
Luhmann, Niklas (1988): Organsisation. In: Küpper/Ortmann (1988): 165-185
Nowak, Peter (2010): Eine Systematik der Arzt-Patient-Interaktion. Frankfurt/Main: Peter Lang
Sander, Kirsten (2003): Biographie und Interaktion. Lebensgeschichten im institutionellen Rahmen eines Altenheims. Bd. 13. Bremen: Werkstattbericht des INBL
Sander, Kirsten (2008): Machtspiele im Krankenhaus: „doing gender" oder „doing profession"? In: Forum Qualitative Sozialforschung/Forum: Qualitative Social Research. 9. 1. http://www.qualitative-research.net/fqs-texte/1-08/08-1-4-d.htm (04.08.2011)
Sander, Kirsten (2009): Profession und Geschlecht im Krankenhaus. Soziale Praxis der Zusammenarbeit von Pflege und Medizin. Konstanz: UVK
Scherenberg, Viviane (2003): Patientenorientierung – Compliance und Disease Management Programme. Köln, Duisburg: Verlag für Wissenschaft und Kultur
Schülein, Johann August (2007): „Asyle" – Über Goffmans Analyse und Kritik sozialer Ausgrenzung und Kontrolle. In: Österreichische Zeitschrift für Soziologie 32. 2. 32-52
Schütze, Fritz (1999): Verlaufskurven des Erleidens als Forschungsgegenstand der interpretativen Soziologie. In: Krüger/Marotzki (Hrsg.) (1999): 191-224
Schroer, Markus (Hrsg.) (2005): Soziologie des Körpers. Frankfurt/Main: Suhrkamp
Schweda, Anna (2010): Als-ob-Spiele als informelle Formen des Testens. In: Kelle (Hrsg.) (2010): 157-177
Soeffner, Hans-Georg (1989): Auslegung des Alltags – der Alltag der Auslegung. Zur wissenssoziologischen Konzeption einer sozialwissenschaftlichen Hermeneutik. Frankfurt/Main: Suhrkamp
Vogd, Werner (2012): Vertrauen unter komplexen Reflexionsverhältnissen oder: die gesellschaftliche Konditionierung der Arzt-Patient-Interaktion. In: Hanses/Sander (Hrsg.) (2012): 71-85
Willems, Herbert (1997): Rahmen, Habitus und Diskurse. Zum Vergleich soziologischer Konzeptionen von Praxis und Sinn. In: Berliner Jahresheft für Soziologie. 1. 87-107

Woog, Pierre (Hrsg.) (1998): Chronisch Kranke pflegen: Das Corbin-und-Strauss-Pflegemodell. Ullstein: Wiesbaden

Wyssen-Kaufmann, Nina (2012): Auswirkungen des „Stellvertreterparadox" auf das Arbeitsbündnis in der Sozialen Arbeit. In: Hanses/Sander (Hrsg.) (2012): 197-218

Zündel, Matthias (2012): Nichtsprachliche Interaktionen und das Entstehen von Bedeutung in der Pflege. In: Hanses/Sander (Hrsg.) (2012): 179-196

Gesundheit als soziale Praxis. Zur Relevanz von Interaktions- und Wissensordnungen professionellen Handelns als soziale Praxis

Andreas Hanses

Gesundheit ist gegenwärtig eine überaus gesellschaftlich relevante Option. Die Kategorie Gesundheit hat spätestens mit der „WHO-Charta 1986" (vgl. Altgeld/Kolip 2007) die engen Mauern des ‚Spitals' verlassen, ist Teil der Alltagswelt und zum erstrebenswerten Ziel moderner Gesellschaften und ihrer BürgerInnen geworden. Gesundheit verbleibt dabei keineswegs als Residualgröße einer medizinischen Krankheitskonzeption, ist eben nicht nur die Abwesenheit von Symptomen, sondern avanciert zur schillernden Figur produktiver Selbstpräsentationstechniken. Mit der Bearbeitung des eigenen Körpers, der Herstellung von Fitness, der Verheißung von Schönheit und der damit verbundenen (Selbst-)Dokumentation einer verantwortlichen Arbeit am (biographischen) Selbst hat Gesundheit eine Alltagsnähe erreicht, die zu Zeiten der WHO Charta kaum denkbar gewesen wäre. Gesundheit ist *soziale Praxis* geworden, hat sich als Teil gemeinsam geteilter Sinnproduktion etabliert, deren Hintergründe weniger in der Gesunderhaltung, als vielmehr in dem sozialen Wert zu sehen ist, der der Arbeit am Körper zugerechnet wird. In der Positionierung im sozialen Raum ist ‚Gesundheitsarbeit' produktiver Teil einer gesellschaftlich-diskursiv ‚animierten' Subjektivierungspraxis geworden (vgl. Brunnett 2007; Paul/Schmidt-Semisch 2010; Hanses 2008a, 2010a).

So aktuell und notwendig die Debatten und wissenschaftlichen Analysen zu den Wirkungen gesellschaftlich lancierter Gesundheits-Diskurse auf die sozialen Akteure ohne jeden Zweifel sind, so liegt dennoch der Fokus gegenwärtiger öffentlicher Diskussionen zum Thema Gesundheit auf dem Gebiet der *Gesundheitssicherung*. Es geht um die Frage, wie unter den gegebenen gesellschaftlichen Herausforderungen und den strukturellen Rahmenbedingungen die ‚Krankheitsbearbeitung' durch die professionellen Gesundheitsdienste aufrechterhalten werden kann. Dabei lassen sich aktuell unterschiedliche Problemlagen für das Gesundheitssystem und für die Gesundheitsprofessionen ausmachen. Ein Tatbestand liegt in der Veränderung des Krankheitsspektrums. Hat die Medizin historisch betrachtet mit ihrem biomedizinischen Wissen die Infektions- und die Zivilisationserkrankungen immer besser therapeutisch bearbeiten können, so avancieren gegenwärtig ganz andere Erkrankungsbereiche zu den neuen gesundheitlichen Herausforderungen der Gegenwart: chronische Erkrankungen, (degenerative) Alterserkrankungen, Multimorbidität sowie psychische und psychosoziale Problemlagen markieren die neuen Problembereiche. Und in der Behandlung von Infektionserkrankungen, der bisherigen Erfolgsgeschichte der Medizin, droht der eingeschlagene therapeutische Weg der Behandlung mit Antibiotika durch die zunehmende Resistenz der Bakterien zu ganz neuen Herausforderungen zu führen. So sehr die Medizin als eine der erfolgreichsten Professionen in der Geschichte der Moderne hervorzuheben ist, so scheint ihre biomedizinische Ausrichtung in der Krankheitsbearbeitung an Grenzen zu kommen, die nicht nur durch noch bessere Technologien und neue naturwissenschaftliche Verfahren allein zu lösen sind (vgl. Schmacke 1997: 2005).

Gegenwärtig koppelt sich die ‚Krise' der Medizin mit einer gesundheitspolitischen Umstrukturierung des gesamten Gesundheitsbereichs. Die Kosten gesundheitlicher Versorgung haben ihre Finanzierbarkeit an die Grenzen gebracht. Die gesundheitspolitische Antwort liegt in einer Veränderung der Finanzierungsmodelle gesundheitsbezogener Sicherung. Diese geht mit einer massiven Änderung der Verfahrensabläufe ärztlicher Praxis und gesundheitlicher Versorgung einher: wie z.B. mit der Einführung von Case- und Disease-Management-Konzepten und den Fallpauschalen. Das Gesundheitswesen unterliegt, wie vielleicht kein anderer personenbezogener Dienstleistungsbereich in unserer Gesellschaft, einer massiven formalen Veränderung organisationaler Prozessabläufe. Zentrale Rationalität gesundheitlicher Praxis ist nicht mehr durch professionelle Erkenntnisbildung und Entscheidungsbegründung gesetzt, sondern unterliegt ökonomisierenden Orientierungen, die qua formale Verfahren in den Organisationsstrukturen des Gesundheitswesens nachhaltig wirksam werden.

So bleibt zu konstatieren, dass die Medizin als zentrale ‚Gesundheitsprofession' vor mehreren Herausforderungen steht. (1) Klassische Modelle eigener disziplinärer und professioneller Wissensbestände und die mit ihnen verbundenen Relevanzsetzungen drohen angesichts der gegenwärtigen gesundheitsbezogenen Komplexitäten zu erodieren. (2) Die neuen Problemlagen erfordern verstärkt multiprofessionelle Zusammenarbeit und bringen somit Aushandlungsnotwendigkeiten mit sich. (3) Die neuen Verwaltungsstrukturen erfordern die Abstimmung oder Unterordnung professioneller Entscheidungs- und Handlungsprozesse in Bezug auf die neuen Organisationsrationalitäten. (4) Die bisher genannten Aspekte beziehen sich hautsächlich auf gesundheitliche Problemlagen und gesundheitspolitische Umstrukturierungen. Dennoch ist noch eine weitere wichtige ‚Irritation' zu ergänzen: Gesundheitliche Sicherung besteht nicht nur aus Krankheitsbearbeitung und Kostenfaktoren, sondern der Krankheit wohnt trivialerweise ein Subjekt inne und dieses betritt als ‚Patient/Patientin' oder als

‚Nutzer/NutzerIn' von gesundheitsbezogener Dienstleistung als soziale(r) Akteur/Akteurin die Bühne professioneller Praxis (vgl. Hanses 2005; Weizsäcker 2008). So sehr die erkrankten Subjekte zur Legitimation gesundheitsrelevanter Strukturen werden, so bedeutet dies allerdings nicht, dass die Begegnung zwischen dem Gesundheitssystem mit seinen unterschiedlichen professionellen Akteuren und seinen NutzerInnen konfliktfrei verlaufen würde. Ganz im Gegenteil, die Geschichte der Medizin ist immer auch die Geschichte der Bemächtigung der Kranken durch die Übernahme ihrer Deutungshoheit mittels der Wissensmacht der Expertensysteme gewesen (vgl. Foucault 1976; Kögler 2004).

Diese skizzenhaften Überlegungen zielen weniger auf ein Lamento über die Zustände im Gesundheitssystem ab, vielmehr soll auf die Verwicklungen und Widerspruchsstrukturen aufmerksam gemacht werden, in denen sich die einzelnen Akteure im Gesundheitsbereich befinden, unabhängig davon, ob sie als Professionelle oder NutzerInnen agieren. Die Annahmen, dass gesundheitspolitische Rahmungen eindeutige und produktive Vorgaben setzen, Professionelle aufgrund ihrer Wissensbestände und Methodenkompetenzen sinnvolle, auf den konkreten ‚Fall' abgestimmte Hilfeplanungen entwickeln, diese kooperativ mit anderen professionellen Gruppen koordinieren und die NutzerInnen diese Hilfemaßnahmen mit Sinn besetzen und ihrerseits produktiv aufgreifen, sind idealtypische Rationalitätsunterstellungen der jeweiligen in diesem Kontext agierenden Gruppen. Die Erfahrungen aus den erlebten Alltagspraxen im und mit dem Gesundheitssystem machen schnell das Fiktionale dieser Rationalitätsunterstellungen deutlich. Die Ursachen der erlebten Störung werden oftmals an die Strukturen oder die jeweils anderen beteiligten sozialen Akteure adressiert: So sind es der nicht einsichtige Patient, die anderen Professionen, die Sachverhalte nicht genügend kommuniziert haben, oder die formalen Strukturen, die professionelle Entscheidungen vereiteln. Diese Widerspruchsstrukturen im klinischen Alltag besitzen eine strukturelle Härte und müssen gleichsam alltäglich immer wieder aufs Neue gelöst oder ausgehandelt werden. Professionelles Handeln kann im klinischen Kontext als Widerspruchsarbeit zwischen formalen Rahmen, Zuweisungspraxen und unterschiedlichen Positionen beschrieben werden. ‚Gesundheitsarbeit' ist in diesem Sinne *soziale Praxis*, eben eine Melange aus Ordnungsfigurationen und (Aus-)Handlungsnotwendigkeiten im institutionellen Kontext. Um zu verstehen, was im Kontext professioneller Bearbeitung gesundheitlicher Probleme passiert oder nicht passiert, ist eine analytische Perspektive auf die Konkretheit der sozialen Praxis und ihre Rahmungen zwingend notwendig. Der (relative) Ausschluss einer reflexiven Bezugnahme der sozialen Akteure auf ‚ihre' soziale Praxis kann dabei als ein Grund für das ‚Gelingen' des praktischen Handelns und gleichsam die Bedingung für die Härte der Praxen im institutionellen Bereich unterstellt werden (vgl. Goffman 1994; Hanses 2008b; Sander 2009).

Dabei soll an dieser Stelle noch ein Unterschied zwischen der eingangs thematisierten sozialen Praxis zur biographischen Bedeutungsproduktion von Gesundheit und der sozialen Praxis in der Krankheitsbearbeitung genannt sein. In dem erst genannten Bereich ist das Herstellungsverhältnis von ‚Gesundheit' vor allem zwischen gesellschaftlichen Diskursen und lebensweltlichen sowie biographischen Rahmungen lanciert. Dagegen nimmt im Kontext der Bearbeitung von Krankheit der Sachverhalt einer lokalen Verortung in Form von Institutionen und den in ihnen agierenden Professionen eine bedeutsame Stellung ein. Gesundheitssicherung als soziale Praxis zu verstehen, bedeutet, den analytischen Blick auf die Relevanz der jeweiligen ‚Verortungen' in Organisationen, auf Prozesse der Institutionalisierung und der Wirksamkeit von Interaktions- und Wissensordnungen zu richten.

Die folgenden Ausführungen wollen die Bedeutungen und Konsequenzen ‚sozialer Praxis' in den Gesundheitsinstitutionen in einigen systematischen Perspektiven entfalten. Zuerst soll die Bedeutung und Reichweite von Wissens- und Interaktionsordnungen für die Praxen in klinischen Kontexten analysiert werden und in dem Konzept sozialer Praktiken verdichtet werden (1), um dann den Blick auf die produktiven Störungen dieser Ordnungen zu legen (2). Abschließend werden Ausblicke über die Relevanz eines Konzepts der sozialen Praxis für den Gesundheitsbereich formuliert (3).

1 Wissens- und Interaktionsordnungen in institutionellen Kontexten des Gesundheitsbereiches

Gesundheit ist mittlerweile in vielen gesellschaftlichen Institutionen Gegenstand multiprofessioneller Bearbeitung. Die einzelnen Professionen haben unterschiedliche, gesellschaftlich definierte Aufgaben in der Gesundheitsarbeit und es existieren jeweils differente historische Bezüge und aktuelle Positionen im Kontext der Krankheitsbearbeitung. Diese Ausdifferenzierung ist der zunehmenden Komplexität der Problemlagen geschuldet und ermöglicht unterschiedliche Zugänge zu Problemlösungen. Dennoch kann diese Entwicklung nicht darüber hinwegtäuschen, dass die Medizin heute weiterhin zentrale Leitprofession ist. Dies wird durch ihre formal-juristische Position gegenüber den anderen Professionen markiert und hat weitreichende Konsequenzen und Probleme in der Organisation der interprofessionellen Arbeitspraxen. Erstaunlich ist gleichsam, dass angesichts dieser Potentialität und Problemverdichtung das Thema der Multiprofessionalität bisher nur begrenzt wissenschaftliches Thema geworden ist. Für die folgenden Ausführungen zu den Themen der Wissens- und Interaktionsordnungen sollen zentrale Perspektiven vor allem an der Profession Medizin und den Orten der ‚Kliniken' erörtert werden.

Wie einleitend schon erwähnt, ist professionelles Handeln nicht die ‚Unschuld vom Lande'. Das eigene Tun unterliegt nicht allein einer rationalen Absicht im Sinne eines reflexiven Bemühens um eine optimierte, auf die NutzerInnen bezogene Problembearbeitung. Vielmehr resultiert professionelles Handeln aus einem Wissen, das als implizites Wissen zu verstehen ist. Es ist ein Wissen, das als Handlungsvermögen zur Verfügung steht und sich über die Praxen und Routinen in den Institutionen und ihren jeweiligen Strukturen hergestellt hat. Es ist gerade das Charakteristikum des Impliziten, dass das Wissen den sozialen Akteuren reflexiv nicht jederzeit zur Verfügung steht. Gleichzeitig resultieren aus diesem Sachverhalt die Macht routinisierter Handlungskompetenz und die relative Verborgenheit institutionalisierter Strukturen. Professionelles Handeln (und auch das der NutzerInnen gesundheitsbezogener Dienstleistungen) bestimmt sich somit immer aus einer nicht reflexiv zu Verfügung stehenden Strukturiertheit. Handeln ist in diesem Sinne immer auch Ausdruck von sozialen Ordnungsstrukturen (vgl. Hanses 2008b). An Kategorien des Wissens und der Interaktionen sollen die Strukturelemente professionellen Handelns im Kontext der Klinik oder anderer institutioneller Arrangements im Folgenden deutlich gemacht werden.

Das *Wissen* spielt in der Krankheitsbearbeitung und in der Gesundheitsförderung eine ganz zentrale Rolle. Die Maxime, über das richtige Wissen für die jeweilige Problembearbeitung zu verfügen, stellt für den Medizinbereich eine Kernkategorie dar, ohne die eine disziplinäre und professionelle Ausrichtung nicht denk- und begründbar wäre. Die modernen Legitimationsstrategien der evidenzbasierten Medizin oder einer evidenzbasierten Pflege sind nur als konsequente Weiterentwicklung dieser systematischen Wissensbasierung zu begreifen. Die Kompetenz, über das richtige Wissen zu verfügen, wird dabei von dem konkreten Experten (der ‚Eminenz') an spezifische Studiendesigns der Disziplin (Evidenz) delegiert. Allerdings interessiert für die Frage der sozialen Praxis weniger das Thema der expliziten Wissensbestände einer Profession. Das Wissen ist an dieser Stelle vor allem vor dem Hintergrund der Wissensorganisation der Medizin von Bedeutung. So verweist Michel Foucault (1976) in seiner historischen Analyse zur Entwicklung der Klinik auf die explizite Bedeutung des ärztlichen Blicks. Der ‚ärztliche Blick' avanciert dabei zur ‚Ordnung der Dinge' in den Spitälern, und er ist eng gekoppelt an das Aussagbare über Krankheit: „In der Klinik kommunizieren Gesehen-sein und Gesprochen-sein von vornherein in der manifesten Wahrheit der Krankheit, deren ganzes Sein eben darin liegt. Krankheit gibt es nur im Element des Sichtbaren und folglich im Element des Aussagbaren." (Foucault 1976, S. 109) Krankheit ist zum krank gewordenen

Körper geworden. Zwei Aspekte sind mit der Etablierung des ‚ärztlichen Blicks' von zentraler Bedeutung. Der Blick als Zentralfigur analytischen Handelns eröffnet gegenüber dem Gespräch eine andere Perspektive auf den kranken Menschen: Es kann eine distanzierte Haltung gegenüber den Kranken und der Krankheit eingenommen werden. Gleichzeitig verweist der Blick auf spezifische Modi des „Aussagbaren", das nicht das Sprechen der Erkrankten meint, sondern das theoretische Wissen der Ärzte über den Körper. Der ‚ärztliche Blick' organisiert sich über das begrifflich Gefasste und zu Begreifende. Er wird somit durch eine medizinische Wissensordnung bestimmt (vgl. Alheit/Hanses 2004). Scheinen dagegen die aktuellen Debatten zur Gesundheit dieser medizinischen Wissensorganisiertheit entrinnen zu können, so zeigt sich doch auf den zweiten Blick, dass die Frage nach dem ‚gesunden Leben' nicht nur eine normative-moralische Ausjustierung hat, sondern dass das biomedizinische Körpermodell ebenfalls zur Bemessung von Gütekriterien des ‚gesunden Leibes' Pate steht (vgl. Schorb/Schmidt-Semisch 2012). Hervorzuheben ist, dass mit den historischen und gegenwärtigen diskursiven Bestimmungen des Körpers und der Gesundheit nicht nur Politik und Macht organisiert werden kann, sondern auch der professionelle Blick strukturiert wird. Das Wissen der Medizin ist in seiner diskursiven wie praktischen Nutzung immer wieder als hintergründige und wirksame Wissensordnung zu verstehen, deren paradigmatischen Begründungen in sozialer Praxis professionellen Handelns nicht reflexiv gemacht werden (müssen) und als latent strukturierender Blick fungieren können.

Um die Bedeutung und Macht von Wissensordnungen im klinischen Alltag deutlich zu machen, soll an dieser Stelle auf zentrale Ergebnisse einer eigenen Studie zur „Biographischen Konstruktion von Brustkrebs" (vgl. Richter/Hanses 2009; Hanses/Richter 2011) eingegangen werden. Bei dem größeren Teil der erhobenen Interviews mit den an Brustkrebs erkrankten Frauen zeigte sich in den autobiographischen Stehgreiferzählungen, dass die Brustkrebserkrankung und die Brustkrebsdiagnose nicht als ‚kritisches Lebensereignis' durch die Erzählerinnen eingeführt wurden. Mehrheitlich handelte es sich nicht um Darstellungen krankheitsbedingter Krisenerfahrungen, sondern um Geschichten kontinuierlich erfahrener Einschränkungen eigener Lebensgestaltung. Vor dem Hintergrund dieser biographischen Selbstkonstruktionen werden die Brisanz des Einbruchs der Brustkrebserkrankung und vor allem die damit verbundene Auseinandersetzung mit dem Medizinsystem erst bei genauerer Analyse in ihrer subtilen Relevanz deutlich. Es zeigt sich, dass in vielen biographischen Erzählungen eine stillschweigende Übernahme der ärztlichen ‚Empfehlungen' durch die an Brustkrebs erkrankten Frauen erfolgte. Es fand eine Passung zwischen Therapievorschlag und Therapieakzeptanz statt. Aus einer medizinischen Perspektive handelte es sich um die erfolgreiche Herstellung einer erforderlichen Compliance-

Situation mit den erkrankten Frauen. Die Rekonstruktion der Interviewpassagen zeigte, dass es sich um eine (subtile) Herstellungspraxis einer Passung zwischen unterschiedlichen Wissensordnungen handelt. Die Ärzte agierten gegenüber den Frauen mit einer Wirklichkeitskonstruktion des professionell sofort zu bearbeitenden leiblichen Notfalls (Brustkrebs) und der umgehend erforderlichen Problembearbeitung (Therapie). Verbunden damit war die stillschweigende Adressierung an die Frauen, ‚gute Patientin' zu sein und dem Behandlungsvorschlag zu folgen. Die Selbstbeschreibungen vieler der interviewten Frauen können als Konstruktion einer Unausweichlichkeit beschrieben werden, eine Situation, in der eine eigene Positionierung oder Gegenrede gegenüber dem ‚evidenten' Expertenwissen der Ärzte kaum möglich erscheint. Die Beobachtungen zeigen, dass es sich bei der professionellen Begegnung zwischen ÄrztInnen und den an Brustkrebs erkrankten Frauen um die soziale Herstellungspraxis einer Krankheitswirklichkeit handelt, in der Wissensordnungen als implizite Konstruktionen von Krankheit wirksam aufeinander abgestimmt werden (müssen). Dieser Sachverhalt verbleibt allerdings den beteiligten AkteurInnen als implizite Dimensionen sozialer Praxis verborgen. Er darf nicht benannt werden, weil eine Reflexion über diesen Sachverhalt die soziale Situation des professionellen Arrangements gefährden würde. Die eigentliche Evidenz in der ärztlichen Praxis liegt nicht in dem medizinischen Wissen, sondern in der „Schweigsamkeit des Sozialen" (Hirschauer 2001), in der Verborgenheit der differenten Konstruktionen von Krankheit und der hintergründigen Passung der Wissensordnungen. Die Wirksamkeit dieser Praxen wird allerdings deutlich: Es wird eine (neue) soziale Ordnung generiert. Eine gesundheitsbezogene Relevanz dieser Passung – im Sinne einer ‚Heilung' – können die Selbstthematisierungen der Frauen allerdings nicht belegen.

Die hier thematisierten Wissensordnungen können als bedeutsame und relevante Struktur für die Praxen in den gesellschaftlichen Institutionen der Moderne betrachtet werden. In den medizinischen Kontexten haben sie aufgrund ihrer ausdrücklichen Wissens- und Körperbezogenheit und den normativen Codierungen von Krankheit, Tod, Gesundheit möglicherweise eine besondere Relevanz und Macht in der Strukturierung von Hilfeprozessen. Die theoretische Frage allerdings bleibt bestehen, wie sich diese Wissensordnungen konstituieren und wie sie in den sozialen Praxen wirksam werden. Ohne an dieser Stelle systematische Antworten entfalten zu können, bleibt erst einmal festzuhalten, dass Wissensordnungen mit konkreten Praxen verknüpft sein müssen, wenn sie sich generieren und als Ordnungsstruktur fungieren wollen. Wie dies aussehen kann, soll an einem konkreten empirischen Beispiel aus der oben schon genannten Brustkrebsstudie illustriert werden. Anhand der Erzählung einer Interaktion einer der an Brustkrebs erkrankten Frauen mit einem Chefarzt über das weitere therapeutische Vorgehen soll die interaktive und szenische Gebundenheit von Wissensordnungen dokumentiert werden (vgl. Richter/Hanses 2009; Hanses/Richter 2011; Hanses 2010b). Hervorzuheben ist, dass es sich um die erzählerische Rekonstruktion einer Interaktion aus der Sicht der an Brustkrebs erkrankten Frau und nicht um die Aufzeichnung oder Beobachtung einer Interaktion handelt. Dennoch hat die Erzählung eine so interaktive Dichte, dass sie für die Erzählerin aus der Retrospektive immer noch große Bedeutung besitzt.

> „Am nächsten Morgen hab ich gesagt: „So und kann ich jetzt den Chefarzt sprechen? Ich möchte gern wissen, was, was damit los ist." Und da haben die gesagt: „Nee, also nur die Stationsärztin ist da und der Stationsarzt." „Nein", habe ich gesagt, „ich möchte bitte den Chefarzt sprechen." Das hab ich dann auch zustande gebracht innerhalb von zwei Stunden und bin dann auch im Nachthemd und im Schlafanzug gerufen worden, im Nachthemd und im Bademantel, Entschuldigung ((lacht kurz)) und da haben da so vier, fünf Ärzte gestanden und vorne mittendrin der Chefarzt Dr. I. und da hab ich mein Anliegen vorgetragen, also ich möchte mit ihm darüber sprechen, was er machen will und er hat das untersuchen lassen von einem anderen Arzt, von einem jüngeren und da hat er gesagt: „Ja, wir werden das rausnehmen und Lymphknoten auch" und dann habe ich gesagt: „Wieso Lymphknoten?" Und da hat er gesagt: „Vorsichtshalber." Da hab ich gesagt: „Nee, das machen wir nicht." Und da hat er gesagt: „Warum nicht?" Und dann hab ich ihm das gesagt, in B.-Stadt haben wir darüber gesprochen. Die haben auch gedacht, Lymphknoten rausnehmen und ich hab gesagt: „Nein, die brauch ich noch. Ich mach Tonarbeiten. Dann kriege ich einen kranken Arm, einen dicken, und dann kann ich nichts mehr machen. Ich brauch meine Lymphknoten." Und die haben das akzeptiert. „Ja, aber bei mir ist das nicht so. Ich operiere das raus – den Knoten und die Lymphknoten." Da hab ich gesagt: „Aber das können Sie doch mit mir nicht machen, wenn ich das nicht will." Da hat er gesagt: „Das ist mein Prinzip." Und dann hab ich gesagt: „Dann machen Sie mit Ihrem Prinzip, was Sie wollen, denn gehe ich wieder nach Haus." (698-732)

Die geschilderte Szene der Erzählerin – hier Frau Köhler genannt – bringt einen strukturellen und damit letztlich unversöhnlichen Konflikt in einer Situation gesundheitlicher Versorgung kompromisslos auf den Punkt. Die oben beschriebene Beobachtung einer Passung zwischen den Wissensordnungen der an Brustkrebs erkrankten Frauen und den Professionellen scheitert hier gänzlich. Sie gibt somit – aufgrund der eigensinnigen Wehrhaftigkeit der Protagonistin – auch keinen unmittelbaren Einblick darauf, wie Prozesse einer stillschweigenden Passung organisiert sein können. Die Selbstbeschreibungen machen aber deutlich, wie die Aushandlung um eine ‚sinnvolle Wahrheit' über den ‚besten' Weg der Behandlung zu einem Ringen um das richtige Wissen wird und als soziales Arrangement interaktiv bedeutsam aufgeladen ist. Frau Köhler rekurriert in ihrer wehrhaften Auseinandersetzung auf ein Erfahrungswissen mit einer anderen

Klinik und eine klare Setzung eigener Wertungen: Sie benötigt ihre Lymphknoten noch. Lebensqualität steht für sie vor ärztlicher Sorge und dem Risiko möglicher körperlicher Gefährdung. Damit steht sie potentiell im Widerspruch zur ärztlichen Diktion. Der Chefarzt wiederum nimmt die Perspektive der Patientin nicht ernst, sondern verweist in der Erzählung von Frau Köhler kompromisslos auf seine Praxen, sein Handlungsprinzip. Diese stehen symbolisch für das Richtige und setzen ihn eben in die richtige Position des eigentlichen Entscheidungsträgers. Dieser Konflikt scheint noch dramatischer, wenn über die gesprochenen Worte das soziale Arrangement der Interaktion betrachtet wird. Frau Köhler steht als Frau und Patientin im Nachthemd und Bademantel einer Gruppe von fünf Ärzten gegenüber und der Chef-Arzt mittendrin. Damit ist szenisch eine Situation lanciert, die auf zahlreichen Ebenen (Geschlecht, Patientenstatus, Hierarchie, Kleidung, Anzahl und räumliche Aufstellung) ein Machtdifferential aufzeigt. Dieses ist für Frau Köhler allerdings kein Grund, ihr ernsthaftes Anliegen nicht in die Interaktionssituation einzubringen. Aber genau dieses Aktivitätspotential von Frau Köhler in dieser konkreten Situiertheit gefährdet die machtvolle Position des Chefarztes. Der Chefarzt droht gegenüber den anderen, höchstwahrscheinlich unterstellten Ärzten, sein Gesicht zu verlieren. Sein Handeln in der Interaktion ist deshalb nicht nur durch sein ‚Prinzip', seine (ärztliche) Erfahrungsstruktur, eben auf diese spezielle Art und Wiese mit Brustkrebsoperationen umzugehen, relevant, sondern unterliegt den Zwängen, die symbolische Position gegenüber den anderen Ärzten nicht zu gefährden. Die Mechanismen symbolischer Positionierungen drohen das professionelle Handeln hintergründig zu überformen. Aus der kurzen Erzählsequenz des Interviews von Frau Köhler ist deutlich geworden, dass Interaktionen in gesundheitsbezogenen Hilfesystemen ‚gefährlich' sein können. Die Brisanz liegt darin, dass hinter der vermeintlich rationalen Aushandlung von Hilfe andere ‚Strukturen' wirksam werden.

Die Herstellung und Abstimmung von Verhalten in Interaktionen hat Erving Goffman (1994; vgl. Sander 2012) durch die ihnen zugrundeliegende Rahmen und Interaktionsordnungen begründet. Handeln ist in diesem Sinne zutiefst gebunden an die Situation – als kleinste soziale Struktur –, unterliegt vielfältigen Einschätzungs- und Abstimmungsprozessen und hat damit strukturierende Qualität. Goffman unterstellt dabei, dass eine grundlegende Ordnung von Interaktionen in dem Sachverhalt liegt, dass die Interaktionspartner – auch bei unterschiedlichen Interessen – versuchen, die Interaktion nicht grundsätzlich scheitern zu lassen. Die Interaktionserzählung von Frau Köhler belegt allerdings eindrücklich, dass dies auch anders ausgehen kann. Der Eklat in der Situation des Chefarzt-Gesprächs liegt eigentlich nicht so sehr in der Differenz über die Bestimmung einer ‚richtigen' Behandlung, sondern in dem Rahmenbruch, den die Erzählerin dadurch begeht, dass sie die ärztliche Position und die ärztliche Expertise systemisch durch eine eigene Lesart zurückweist. Das Spiel um die Konstruktion des Notfalls konterkariert die Protagonistin durch die Setzung kreativer Vorstellungen vom eigenen Leben.

Das professionelle Geschehen in den Institutionen des Gesundheitsbereiches als Ausdruck hintergründig strukturierender Prozesse wie Wissens- und Interaktionsordnungen zu konzeptualisieren, eröffnet die Perspektive darauf, dass das Handeln in Organisationen nicht in erster Linie durch rationale Entscheidungsprozesse, normative Vorgaben, gesellschaftspolitische Setzungen oder Organisationsstrukturen zu verstehen ist. Der Sachverhalt der Wissens- und Interaktionsordnungen in klinischen Kontexten verweist auf konkrete soziale Praxen. Andreas Reckwitz (2003) thematisiert mit der Theorie sozialer Praktiken Analysemöglichkeiten des Sozialen, da konkrete und miteinander verflochtene Praktiken analysierbar werden: „… sondern es sind die sozialen Praktiken, verstanden als know-how abhängige und von einem praktischen ‚Verstehen' zusammengehaltene Verhaltsroutinen, deren Wissen einerseits in den Körpern der handelnden Subjekte ‚inkorporiert' ist, die andererseits regelmäßig die Form von routinisierten Beziehungen zwischen den Subjekten und von ihnen ‚verwendeten' materialen Artefakten annehmen" (Reckwitz 2003: 289). Reckwitz beschreibt drei strukturelle Perspektiven, die das Konzept der sozialen Praktiken konturieren. Einen ersten Aspekt sieht er in der Materialität der Praktiken. Praktiken sind ohne Körperlichkeit nicht zu haben. Praktiken sind gebunden an inkorporiertes Wissen, mit dem die sozialen Akteure eine sinnhafte soziale Performanz organisieren können. Gleichzeitig bedarf es für die Herstellung von Praxen bestimmter Gelegenheitsstrukturen oder ‚Artefakte', durch die die Praktiken vollzogen und reproduziert werden können. Eine zweite Dimensionierung liegt in der impliziten Logik. Praktiken lassen sich nach Reckwitz als Handlungen beschreiben, in denen ein ‚praktisches Wissen', im Sinne eines know-how, zum Einsatz kommt. Bei dem praktischen Wissen handelt es sich immer auch um ein inkorporiertes Wissen, dass als routinisiertes Wissen zur Geltung kommt. Eine dritte Dimensionierung wird von Reckwitz in der Routinisiertheit und gleichzeitig in der Unberechenbarkeit der Praktiken begründet. Mag der Sachverhalt des Routinenbezugs von Praktiken eine Anschlussfähigkeit an die bisher diskutierten Aspekte von Wissens- und Interaktionsordnungen in klinischen Kontexten und professionellen Begegnungen widerspiegeln, so wird die Dimension der Unberechenbarkeit der Praktiken genauer zu betrachten sein.

2 Soziale Praxis als Störung der Ordnung

Schon Anselm Strauss (1982) hat mit dem Konzept der „negotiated order" darauf aufmerksam gemacht, dass Organisationen und professionelles Handeln nicht nur aus machtvollen Arrangements und Ordnungsfigurationen bestehen, sondern die Komplexität sozialer Praxis so groß ist, dass auf vielen Ebenen systematische Aushandlungsprozesse erforderlich sind. Interaktions- und Aushandlungsordnungen scheinen somit zwei gleichzeitig existierende Realitätsebenen institutioneller Prozesse zu sein. Während mit der „negotiated order" ein gewisses Maß (reflexiver) Lösungsorientierung und Lösungsnotwendigkeit angedeutet ist, markiert Andreas Reckwitz (2003: 294ff.) mit dem Begriff der Unberechenbarkeit der Praktiken gerade die Störung der Praktiken und ihrer Routinisierungen. Zwei Aspekte seien hier genannt: die Zeitlichkeit und die mit ihr verbundene Zukunftsungewissheit sowie die Agonalität von Praxen. In dem ersten Fall bezieht sich die Ungewissheitsstruktur darauf, dass Praxen eine Zeitlichkeit im Vollzug aufweisen, ihr Ausgang allerdings zukunftsoffen ist. Somit bleibt eine Unberechenbarkeit zurück. Mögen z.B. bestimmte Routinen sich für eine spezifische Arzt-Patient-Interaktion als sinnvoll erwiesen haben, ist damit weder sicher, dass dies auch in der Zukunft bei anderen Fällen so möglich sein wird, noch, ob in der Fortsetzung einer Problembearbeitung die eingeschlagenen Routinen weiterhin funktionieren werden. Im zweiten Fall – der Agonalität – kommt es durch die Konkurrenz unterschiedlicher Praktiken zu Unberechenbarkeitserfahrungen. Diese Art der Irritationen können alltagspraktisch gelöst werden, indem schnell eine Glättung einer sich andeutenden Krise ermöglicht oder auf andere Routinen sozialer Praxis zurückgegriffen wird. Allerdings impliziert der Versuch der Lösung immer auch ein mögliches Scheitern und dieses kann zu Krisen sozialer Praktiken oder sozialer Arrangements avancieren.

Ein weiterer Unberechenbarkeitsfaktor liegt in dem schon weiter oben thematisierten Zusammenhang, dass den sozialen Akteuren – den Professionellen wie den NutzerInnen gesundheitlicher Dienstleistungen – ein Subjekt innewohnt, und dieses Subjekt ggf. der Routinisiertheit institutioneller Praxen mit Eigensinn begegnet. Ein ‚anschauliches Beispiel' ist die Erzählung von Frau Köhler. Aber der Eigensinn ist hier theoretisch nicht als reflexive Struktur eines bildungsbürgerlichen, mit Wissen ausgestatteten Akteurs vorzustellen, sondern Andreas Reckwitz (2003: 295f.) begründet dies aus der praxeologischen Struktur des Subjekts, das als ein lose gekoppeltes Bündel von Wissensformen beschreibbar ist und situativ offen bleibt, welche Wissensbestände handlungswirksam werden. Um dies zu erläutern, kann auf das Werk Michel Foucaults Rückbezug genommen werden. Das Wissen hat bei Foucault ohne Zweifel eine große Relevanz, insbesondere erhält das diskursive Wissen eine explizite Bedeutung. Weniger bekannt dagegen sind Foucaults Ausführungen zu den „unterdrückten Wissensarten" in seiner Vorlesung „Historisches Wissen der Kämpfe und Macht" (1978). Hier benennt er Wissensarten, die am unteren Ende der gesellschaftlichen Wissenshierarchie stehen. Von diesen disqualifizierten, aus der Tiefe wieder auftauchenden Wissensarten geht nach Foucault eine zentrale Kritik aus. Dieses Wissen charakterisiert er auch als „lokales Wissen": „Und gerade über diese aus der Tiefe wieder auftauchenden Wissensarten, diese nicht qualifizierten, ja geradezu disqualifizierten Wissensarten (...) die ich als Wissen der Leute bezeichnen würde und die nicht zu verwechseln sind mit Allgemeinwissen oder gesundem Menschenverstand, sondern im Gegenteil ein besonderes, lokales, regionales Wissen, ein differentielles, von anderen Wissen stets unterschiedenes Wissen darstellen, das seine Stärke nur aus der Härte bezieht, mit dem es sich allem widersetzt, was es umgibt; über das Wiederauftauchen dieses Wissens also, dieses lokalen Wissen der Leute, dieser disqualifizierten Wissensarten, erfolgte die Kritik" (Foucault 1978: 60 f.). Den Ausführungen Foucaults folgend, wird hier auf ein Wissen verwiesen, dass nicht diskursiv durchdrungen und überformt ist, sondern gerade durch seine gesellschaftliche Missachtung das Potential eines ‚Eigensinns' besitzt. Die Erzählung von Frau Köhler und ihre Wehrhaftigkeit gegenüber der Macht ärztlichen Wissens und ärztlicher Praxis kann hier als interessantes Beispiel herangezogen werden. Ihre Befähigung, unerschrocken ärztlicher Wissensmacht ‚Widerstand' zu leisten, kann dabei nicht als Ausdruck bildungsbürgerlicher Ressourcen verstanden werden. Vielmehr lässt sich dies aus der losen Koppelung diskursiver und lokaler Wissensformen plausibilisieren. Biographieanalytisch lässt sich die Trennung zwischen diskursiven und lokalen Wissensformen anhand der Erzählungen rekonstruieren. Den Überlegungen Michel Foucaults zufolge, muss das lokale Wissen differentielles Wissen sein, muss es partikulares Wissen im Kontext von Erzählungen sein und kann sich nicht in der biographischen Gesamtformung (als reflexive Identitätskonstruktion) auflösen. Die Macht des lokalen Wissens liegt gerade in seiner punktförmigen Temporalität, der (keineswegs nur reflexiven) Verfügbarkeit für die Protagonisten. Es lässt sich weder in Zeit überspannende Identitätskonstruktionen transformieren noch in argumentative Wissensbestände segregieren. Dadurch kann es sich diskursiver Überformungen entziehen (vgl. Hanses 2010b, 2011). Dies wäre ein Beispiel für die von Reckwitz für die Eigensinnigkeit des Subjekts benannten unterschiedlichen Wissensformen. Allerdings begründet Rechwitz dies aus der praktischen Notwendigkeit der sozialen Akteure. Das Konzept der lokalen Wissensarten Foucaults und die biographische Analyse von Frau Köhler zeigen, dass diese Wissensdifferenz nicht den sozialen Praktiken allein geschuldet ist, sondern schon ‚Geschichte' haben kann.

Diese kurz skizzierten Beispiele der ‚Störung' institutioneller Ordnungen und sozialer Praxis wird im professionellen Alltag oftmals als Negativ gelungener personenbezogener Dienstleistung wahrgenommen. Dennoch finden diese Phänomene in der systematisch-wissenschaftlichen Wahrnehmung und Begriffsbildung kaum Aufmerksamkeit. Die Bedeutung der Wissens- und Interaktionsordnungen sowie ihre temporärer Verflüssigungen durch ‚Störungen' sind insbesondere für die Institutionen des Gesundheitsbereichs noch einmal auf eine ganz besondere Art und Weise relevant. Denn im Kontext der Krankheitsbearbeitung droht Unberechenbarkeit eine zentrale Leitlinie professioneller Praxis zu gefährden: die Konstruktion der sofortigen und nicht mehr zu hinterfragenden Rettung des Lebens.

3 Soziale Praxis als heuristische Perspektive im Gesundheitsbereich

So aufschlussreich und komplex der Blick auf die soziale Praxis im Gesundheitsbereich sein kann und für eine sozial- und erziehungswissenschaftliche Perspektive notwendig erscheint, so kann dennoch kritisch gefragt werden, welche produktive Relevanz er für die Bearbeitung der ‚großen' Probleme in der gegenwärtigen gesundheitlichen Sicherung haben könnten. Einige mögliche Perspektiven sollen im Folgenden vorgestellt werden.

Organisationsmanagement versus soziale Praxis des Gesundheitsbereichs: Ökonomisierung des Gesundheitsbereichs, Entwicklung neuer Steuerungsmodelle und Organisationsabläufe, Implementierung von Management und Evaluierungsprogrammen in die institutionellen Funktionsabläufe können als aktuelle gesundheitspolitische Strategien bewertet werden, um den gegenwärtigen Herausforderungen in der gesundheitlichen Sicherung zu beggnen. Ob mit ihnen gesundheitspolitische Lösungen möglich werden, wird kritisch zu überprüfen sein, allerdings verändern sie Rahmenbedingungen und Alltagsstrukturen der Tätigen wie der NutzerInnen in den einzelnen Einrichtungen nachhaltig. Angesicht dieser strukturellen Eingriffe und massiven Umstrukturierungen scheint die die Frage nach der sozialen Praxis durch die neuen sozialen Bedingungen in den Gesundheitssituationen nachrangig zu sein. Dennoch zeigen die Analysen zu den sozialen Praktiken, dass diese nicht nur durch die Rahmenbedingungen determiniert werden, sondern soziale Praxis sich in ‚Netzwerken' strukturiert und somit zu den Strukturrahmen weniger als eine kausale Beziehung, sondern eher als „lose Koppelung" zu konzeptualisieren ist (vgl. Reckwitz 2003). Allerdings fehlen hier ausreichend (qualitative) empirische Studien, die nachzeichnen können, wie sich Veränderungen struktureller Rahmenbedingungen auf die sozialen Praxen auswirken, wo sie bisherige Praxiskulturen determinieren oder wie sich die Strukturen sozialer Praxis als Brechungen, subversive Störungen oder Konterkarierungen von Verfahrensänderungen erweisen. Analysen zu diesen Fragestellungen lassen notwendige und längst überfällige, aber zum Teil auch überraschende und herausfordernde Ergebnisse erwarten.

Körper als Gegenstand und als soziale Praxis: Die Geschichte der Medizin belegt sehr deutlich, dass sich ihr Status als Disziplin und Profession in zentralen Aspekten durch ihre naturwissenschaftliche Konzeption des kranken Körpers etablieren konnte. Der Körper als Gegenstand professionellen Handelns der Gesundheitsberufe prägt und bestimmt die eigenen Rationalitäten und Handlungsvollzüge. Aber gerade die selbstredende Fokussierung auf einen zu bearbeitenden Körper geht paradoxerweise mit einer eigensinnigen Ausblendung einher: der Körper als Grundbedingung sozialer Praxis. Soziale Praktiken sind ohne eine Verkörperung ihrer Akteure nicht zu denken. Anders formuliert, die Untersuchung und Behandlung des kranken Körpers der Patientin und des Patienten ist immer nur durch die körperliche Präsenz und Aktivität der Professionellen zu denken. Analysen zur sozialen Praxis im Gesundheitsbereichs können diese strukturelle Ambiguität zwischen *Körper als Gegenstand* und *Köper als soziale Praxis* sowie die Strukturen ihrer wechselseitiger Konstituierungen aufhellen und somit ein Potential reflexiver Brechungen eigener professioneller Praxis zur Verfügung stellen.

Soziale Praxis einer NutzerInnenorientierung: Wie in jedem professionellen Feld geht es auch im Gesundheitsbereich um Problembearbeitungen und notwendige Unterstützungen. Im Kontext von Krankheit und Gesundheit können hier die Ziele ganz unterschiedliche Ausrichtungen haben: Heilung, Begleitung, Rehabilitation, Integration oder Prävention wären hier nur einige mögliche Nennungen. Noch wichtiger ist allerdings der Aspekt zur werten, dass die Probleme ohne die sozialen Akteure mit ihrem Subjektstatus nicht zu denken sind. Die einfache wie folgenreiche These ist, dass eine sinnvolle Praxis professioneller Hilfe ohne die Einbeziehung der PatientInnen in die Problemarbeitung nur begrenzt erfolgreich sein kann. Wenn dann der ‚kranke Mensch' nicht einfach als PatientIn, als Leidende(r), konstruiert wird, sondern als NutzerIn zu denken ist, dann ist nach einer nutzerInnenorientierten Dienstleistungstheorie (vgl. Oelerich/Schaarschuch 2005) davon auszugehen, dass die eigentlichen Produzenten von Bildung, sozialer Integration und Gesundheit die NutzerInnen sind, den Professionellen fällt ‚lediglich' die Aufgabe der Koproduzenten zu. Aus dieser Perspektive wären professionelle Situationen und Prozesse ganz neu auszurichten und es würde sich die Frage stellen, wie die NutzerInnen in ihrem Aneignungshandeln zu unterstützen sind und welche professionellen Rahmen hier hilfreich wären. Hierzu können Analysen über die soziale Praxis von Hilfeprozessen wichtige Einsichten in die Ermöglichungsarbeit von Aneignungshandeln der NutzerInnen eröffnen, die weit über die Analyse von Arzt-Patient-Interaktionen oder die Frage der Rechte der PatientenInnen und die Wahl von Behandlungsverfahren hinausgehen (vgl. Hanses 2008b).

Soziale Praxis professionellen Handelns: Bei der Frage nach der Professionalität der Gesundheitsberufe steht oftmals die Qualität der Fallbearbeitung im Vordergrund. Allerdings besitzt das Thema der Professionalität noch in einem ganz anderen Kontext große Aktualität. Auf die Komplexität der gesundheitsbezogenen Herausforderungen hat das Gesundheitssystem mit einer Ausbreitung der dort tätigen Professionsgruppen reagiert. Damit spannt sich die bedeutsame Frage auf, wie sich diese multiprofessionellen Arrangements organisieren, welche Praxen des Austausches, der Kooperation, der Abgrenzung, der Zuweisungspraxen sich mit welchen Folgen, Gewinnen, Problemlagen und Professionskonstruktionen etablieren (vgl. Sander 2009). Die Lösung allein in der bestmöglichen Organisiertheit von Verfahrensabläufen zu suchen, wird den Herausforderungen im multiprofessionellen Ort Gesundheitswesen nicht gerecht werden können. Hier liegt ein weitergehender Forschungsbedarf über die soziale (Herstellungs-)Praxis professionellen Handels in dem muliprofessionellen Raum Gesundheitswesen vor.

Soziale Praxis als heuristische Kategorie für Forschungen und Praxisanalysen im Gesundheitskontext zu nutzen, wird ohne Zweifel innovative, herausfordernde und auch verstörende Ergebnisse produzieren, die Anlass bieten, neue Theoriebildung oder neue Forschungskonzepte voranzutreiben. Aber auch für die Konzeptualisierung und Durchführung konkreter professioneller Praxis würde diese Heuristik ein großes Potential zur Verfügung stellen können. Verdichtet formuliert könnte dies in der Etablierung einer *‚institutionellen Selbstreflexivität'* liegen (vgl. Alheit 2000; Alheit/Hanses 2004), die als Basisvoraussetzung professionellen Handelns zu Verfügung stehen könnte.

Literatur

Alheit, Peter (2000): Biographie und ‚modernisierte Moderne': Überlegungen zum vorgeblichen ‚Zerfall' des Sozialen. In: ZBBS. Zeitschrift für qualitative Bildungs-, Beratungs- und Sozialforschung 1. 151-166

Alheit, Peter/Hanses, Andreas (2004): Institution und Biographie: Zur Selbstreflexivität personenbezogener Dienstleistungen. In: Hanses (Hrsg.) (2004): 8-28

Altgeld, Thomas/Kolip, Petra (2007): Wirksame Gesundheitsförderung heute – die Herausforderungen der Ottawa-Charta. In: Schmidt /Kolip (Hrsg.) (2007): 33-44

Anhorn, Roland/Bettinger, Frank/Stehr, Johannes (Hrsg.) (2007): Foucaults Machtanalytik und Soziale Arbeit. Eine kritische Einführung und Bestandsaufnahme. Wiesbaden: VS Verlag für Sozialwissenschaften

Bals, Thomas/Hanses, Andreas/Melzer, Wolfgang (Hrsg.) (2008): Gesundheitsförderung in pädagogischen Settings. Ein Überblick über Präventionsansätze in zielgruppenorientierten Lebenswelten. Weinheim; München: Juventa

Brunett, Regina (2007): Foucaults Beitrag zur Analyse der neuen Kultur von Gesundheit. In: Anhorn et al. (Hrsg.) (2007): 169-184

Foucault, Michel (1976): Die Geburt der Klinik. Eine Archäologie des ärztlichen Blicks. Berlin: Goldmann

Foucault, Michel (1978): Dispositive der Macht. Über Sexualität, Wissen und Wahrheit. Berlin: Merve

Goffman, Erving (1994): Interaktion und Geschlecht. Frankfurt/Main: Campus

Griese, Birgit (Hrsg.) (2010): Person – Subjekt – Identität? Gegenstände der Rekonstruktion in der Biographieforschung. Wiesbaden: VS Verlag für Sozialwissenschaften

Hanses, Andreas (Hrsg.) (2004): Biographie und Soziale Arbeit. Institutionelle und biographische Konstruktionen von Wirklichkeit. Baltmannsweiler: Schneider Hohengehren

Hanses, Andreas (2005): Perspektiven biographischer Zugänge für eine nutzerInnenorientierte Dienstleistungsorganisation. In: Oelerich /Schaarschuch (Hrsg.) (2005): 65-78

Hanses, Andreas (2008a): Zur Aktualität des Setting-Ansatzes in der Gesundheitsförderung. Zwischen gesundheitspolitischer Notwendigkeit und theoretischer Neubestimmung. In: Bals et al. (Hrsg.) (2008): 11-25

Hanses, Andreas (2008b): Wissen als Kernkategorie einer nutzerInnenorientierten Dienstleistungsanalyse – eine heuristische Perspektive. In: neue praxis 38. 563-577

Hanses, Andreas (2010a): Gesundheit und Biographie – eine Gradwanderung zwischen Selbstoptimierung und Selbstsorge als gesellschaftliche Kritik. In: Paul /Schmidt-Semisch (Hrsg.) (2010): 89-104

Hanses, Andreas (2010b): Biographisches Wissen: heuristische Optionen im Spannungsfeld diskursiver und lokaler Wissensarten. In: Griese (Hrsg.) (2010): 251-269

Hanses, Andreas (2011): Biographie und Subjekt – Annäherungen an einen komplexen und widerspruchsvollen Sachverhalt. In: Herzberg/Kammler (Hrsg.) (2011): 333-349

Hanses, Andreas/Richter, Petra (2011): Die soziale Konstruktion von Krankheit. Analysen biographischer Selbstthematisierungen an Brustkrebs erkrankter Frauen und ihre Relevanz für eine Neubestimmung professioneller Praxis. In: Oelerich/Otto (Hrsg.) (2011): 137-159

Hanses, Andreas/Sander, Kirsten (Hrsg.) (2012): Interaktionsordnungen. Gesundeit als soziale Praxis. Wiesbaden: VS Verlag für Sozialwissenschaften

Herzberg, Heidrun/Kammler, Eva (Hrsg.) (2011): Biographie und Gesellschaft. Frankfurt/Main: Campus

Hirschauer, Stefan (2001): Ethnographisches Schweigen und die Schweigsamkeit des Sozialen. Zu einer Methodologie der Beschreibung. In: Zeitschrift für Soziologie 30.6. 429-451

Kögler, Hans-Herbert (2004): Michel Foucault. Stuttgart, Weimar: Metzler

Oelerich, Gertrud/Otto, Hans-Uwe (Hrsg.) (2011): Soziale Arbeit und Empirische Forschung. Ein Studienbuch. Wiesbaden: VS Verlag für Sozialwissenschaften

Oelerich, Gertrud/Schaarschuch, Andreas (Hrsg.) (2005): Soziale Dienstleistungen aus Nutzersicht. Zum Gebrauchswert Sozialer Arbeit. München: Reinhardt

Paul, Bettina/Schmidt-Semisch, Henning (Hrsg.) (2010): Risiko Gesundheit. Über Risiken und Nebenwirkungen der Gesundheitsgesellschaft. Wiesbaden: VS Verlag für Sozialwissenschaften

Reckwitz, Andreas (2003): Grundelemente einer Theorie sozialer Praktiken. Eine sozialtheoretische Perspektive. In: Zeitschrift für Soziologie 32. 282-301

Richter, Petra/Hanses, Andreas (2009): Biographische Konstruktionen von Brustkrebs – Auswertungen narrativer Interviews am Beispiel eines Forschungsprojekts. In: Straß et al. (Hrsg.) (2009): 83-100

Sander, Kirsten (2009): Profession und Geschlecht im Krankenhaus. Soziale Praxis der Zusammenarbeit von Pflege und Medizin. Konstanz: UVK

Sander, Kirsten (2012): Interaktionsordnung: Zur Logik des Scheiterns und Gelingens professioneller Praxen. In: Hanses/Sander (Hrsg.) (2012): 15-34

Schmacke, Norbert (1997): Ärzte oder Wunderheiler? Die Macht der Medizin und der Mythos des Heilens. Opladen: Westdeutscher Verlag

Schmacke, Norbert (2005): Wie viel Medizin verträgt der Mensch? Bonn: Kompart

Schmidt, Bettina/Kolip, Petra (Hrsg.) (2007): Gesundheitsförderung im aktivierenden Sozialstaat. Präventionskonzepte zwischen Public Health, Eigenverantwortung und Sozialer Arbeit. Weinheim: Juventa

Schorb, Friedrich/Schmidt-Semisch, Henning (2012): Die Problematisierung gesundheitlicher Risiken. In: Hanses/Sander (Hrsg.) (2012): 53-69

Straß, Katharina/Darmann-Finck, Ingrid/Böhnke, Ulrike (Hrsg.) (2009): Fallrekonstruktives Lernen. Ein Beitrag zur Professionalisierung in den Berufsfeldern Pflege und Gesundheit. Frankfurt/Main: Mabuse

Strauss, Anselm (1982): Interorganizational Negotiation. In: Urban, Life 11. 350-367

Weizsäcker, Viktor von (2008): Warum wird man krank? Frankfurt/Main: Suhrkamp

Die Problematisierung gesundheitlicher Risiken

Friedrich Schorb und Henning Schmidt-Semisch

Nach allen verfügbaren Informationen, so hat es Franz-Xaver Kaufmann vor knapp einem Vierteljahrhundert einmal formuliert, müsse man davon ausgehen, dass die Menschen im Laufe ihrer Geschichte noch nie so sicher gelebt hätten, wie in den modernen Gesellschaften: „Die mittlere Lebenserwartung bei Geburt hat Größenordnungen erreicht, die sich den bisher bekannten biologischen Grenzen nähern (...). Auch alternde Menschen befinden sich zunehmend in einem beneidenswerten Gesundheitszustand: Während Frauen in *Balzacs* Romanen mit 30 bereits eine Alterskrise durchmachten (...), überraschen heute 60jährige Frauen durch ihre Jugendlichkeit" (Kaufmann 1987: 38). Aber auch wenn sich die Lebenserwartung in den vergangenen 130 Jahren durch Fortschritte in der Medizin, vor allem aber auch durch eine verbesserte Individual- und Umwelthygiene, durch die Verbesserung der Ernährung, der Wohnverhältnisse sowie der ökonomischen und sozialen Bedingungen mehr als verdoppelt hat (Kolip 2002a: 8 f.), so heißt dies doch nicht, dass das Leben heutzutage (zumindest subjektiv) weniger riskant wäre oder die gesundheitlichen Risiken abgenommen hätten. Vielmehr ist mit Luhmann (1991: 54) davon auszugehen, dass das Anwachsen des medizinischen und epidemiologischen Wissens sowie entsprechender Informationen zugleich zu einem Anwachsen der Entscheidungsmöglichkeiten wie auch der -notwendigkeiten geführt hat – und damit zu einem Mehr an Risiken, sich mit Blick auf die eigene Gesundheit ‚richtig' oder ‚falsch' zu verhalten.

Das starke Anwachsen des Wissens über mögliche Gesundheitsgefährdungen und Risikofaktoren bringt es zudem mit sich, dass unmöglich allen diesen Risiken die gleiche gesellschaftliche, politische und mediale Aufmerksamkeit zuteil werden kann. Aus diesem Grund ist es interessant zu untersuchen, welche gesundheitlichen Risiken in der gesellschaftlichen Öffentlichkeit thematisiert werden und auf welche Weise dies geschieht, denn „was als Gesundheitsrisiken und Risikoverhalten in der Epidemiologie, in der Öffentlichkeit und in der Gesundheitsförderung thematisiert und akzeptiert wird, ist immer Ausdruck einer auch normativ geprägten Risikokultur" (Groenemeyer 2001: 36). Mehr noch: Mit der Art der Thematisierung werden auch Annahmen über die Ursachen der jeweiligen gesundheitlichen Risiken und Gefährdungen kommuniziert, die immer auch Verantwortung zuschreiben und damit wiederum bestimmte Lösungen und Interventionen nahe legen. Die Zuschreibung von Verantwortung für gesundheitliche Risiken kann dabei auf ganz unterschiedlichen Ebenen ansetzen: Es können grundlegende gesellschaftliche Missstände oder Strukturen als Schuldige ausgemacht werden, die Organisation des Gesundheitssystem, die Gesundheitswirtschaft oder auch die Individuen selbst, die unter bestimmten gesundheitlichen Problemen leiden oder bestimmte Risiken eingehen. Die jeweilige Verantwortungszuschreibung erfolgt dabei nicht nach vermeintlich ‚objektiven' Kategorien, sondern ist geprägt und durchdrungen von den Interessen jener gesellschaftlichen Akteure, die die jeweiligen Problematisierungen betreiben bzw. denen es gelingt, ihre Problemdeutung durchzusetzen.

Die Problematisierung gesundheitlicher Risiken ist also in doppelter Weise selektiv: Zum einen mit Blick darauf, welche Risiken überhaupt problematisiert werden, und zum anderen hinsichtlich der Frage, wie dies geschieht, d.h., welche Problemdeutungen mit welchen Verantwortungszuschreibungen an die jeweiligen Risiken angelegt und welche Maßnahmen zur Problemlösung ergriffen werden. Im Folgenden werden wir daher zunächst noch einmal kurz nachvollziehen, wie sich die Soziologie sozialer Probleme bzw. die Soziologie gesundheitlicher Risiken dieser Fragen annimmt, um dies sodann am Beispiel Übergewicht und Adipositas zu konkretisieren. Abschließend skizzieren wir, wie die Gesundheitswissenschaften sowie die gesundheitlich professionell Tätigen von einer solchen Perspektive profitieren können.

1 Aspekte der Problematisierung gesundheitlicher Risiken

Eine der zentralen Debatten innerhalb der Soziologie sozialer Probleme kreist um die Frage, inwieweit diese Probleme unabhängig von ihrer Problematisierung existieren. Vereinfacht gesprochen, versteht dabei die ‚objektivistische' Richtung dieser Soziologie soziale Probleme in der Regel „als Diskrepanz zwischen den Wertvorstellungen einer Gesellschaft und den konkreten Lebensbedingungen einzelner sozialer Gruppen" (Schetsche 2008: 14f.): Durch den Vergleich etwa von empirisch gewonnenen Daten mit der gesellschaftlich dominierenden Wertordnung könne die Soziologie objektiv feststellen, ob ein soziales Problem vorliegt und dieses gegebenenfalls einer gesellschaftlichen Lösung zuführen. Der (sozial)konstruktivistische Gegenpart dieser Richtung bezweifelt hingegen eine so verstandene Objektivität der Soziologie und versteht soziale Probleme vor allem als Ausdruck und Ergebnis diskursiver Prozesse innerhalb einer Gesellschaft. Dadurch verändert sich allerdings auch der Gegenstand der Soziologie sozialer Probleme: Denn „da als Problem in diesem Sinne nur gelten kann, was von der Gesellschaft (was hier primär heißt: der Öffentlichkeit) als solches behandelt wird, kann es von der Problemsoziologie auch nur in Form des Prozesses analysiert werden, der es konstituiert" (Schetsche 2008: 20).[1]

Gerade für die Gesundheitswissenschaften ist es u.E. gewinnbringend, eine solche Problematisierungs-Perspektive hinsichtlich der Konstituierung gesundheitlicher Probleme und Risiken einzunehmen, denn schließlich drehen sich die Auseinandersetzungen im Bereich der Gesundheit in der Regel um die ‚richtige' (objektive) Einschätzung gesundheitlicher Risiken, mithin um statistische Wahrscheinlichkeiten, epidemiologische Erkenntnisse, Grenzwertfestlegungen usw. Groenemeyer (2001: 59) konstatiert in diesem Zusammenhang wohl zu Recht, dass sich die auf diese Weise geführten „Risikodiskurse" durch eine spezifische Form der Rationalität auszeichneten, die den rhetorischen Effekt von wissenschaftlicher Neutralität und Dignität erzeugten und so deren Charakter als Ergebnis von Konflikt und politischen Aushandlungsprozessen zurücktreten ließen. Allerdings wird bereits auf der Ebene der Auswahl der zu problematisierenden Sachverhalte unzweifelhaft deutlich, dass es zu Selektionen und mithin zu konflikthaften Auseinandersetzungen kommt bzw. kommen muss. Wie bereits gesagt, gibt es eine unüberschaubare Vielzahl von Umständen und Sachverhalten, die potentiell als gesundheitlich problematisch oder riskant bezeichnet werden könnten: Sie reichen von Unfällen im eigenen Haushalt und mangelnder Bewegung über die Teilnahme am Straßenverkehr und die Einnahme von Medikamenten bis hin zu Umweltverschmutzungen oder gar atomaren Kontaminationen. Gleichwohl aber wird nur eine äußerst begrenzte Anzahl dieser Sachverhalte in der gesellschaftlichen Öffentlichkeit als gesundheitliche Risiken thematisiert. So gesehen kann man konstatieren, dass es sich auch bei gesundheitlichen Risiken und Risikoverhaltensweisen um eine spezifische Form von sozialen Problemen handelt, die einer entsprechenden Problematisierung bedürfen, um öffentliche Aufmerksamkeit zu erlangen. In diesem Prozess sind die Gesundheitswissenschaftler nicht die einzigen Akteure, die (z.B. im Sinne einer ‚creative epidemiology', Seibt 2004:132) an dem Spiel um Menge und Art dieser Aufmerksamkeit teilnehmen und auf diese Weise den Prozess der Problematisierung und damit das Problem selbst bzw. die gesundheitlichen Risiken gestalten: Auch Ärztinnen, Krankenkassen, ökonomische Akteure, Verbände, Politiker, Rechtsanwältinnen, staatliche Instanzen – und nicht zuletzt die Medien, die wiederum mit einer ganz eigenen professionellen Logik Nachrichten und Themen selektieren, aufbereiten und auf die gesellschaftliche Agenda setzen –, sie alle sind an den gesellschaftlichen Aushandlungsprozessen hinsichtlich des Ob und Wie der jeweiligen Prob-

---

1 Vgl. zu den Auseinandersetzungen zwischen einer objektivistischen auf der einen und einer (sozial-)konstruktivistischen Problemsoziologie auf der anderen Seite ausführlicher Schetsche 2008: 14-42 sowie 2000: 17-64; Groenemeyer 2006.

lematisierung beteiligt, bringen Ihre Interessen ein und nutzen bestimmte Diskursstrategien, um ihre Deutungen des Problems durchzusetzen.

Lässt man sich also auf die Perspektive der Problematisierung ein, so tritt man gewissermaßen einen Schritt zurück: Man wird vom Akteur des Risikodiskurses, der für seine Sicht der Dinge streitet, zum Beobachter desselben. Dementsprechend geht es nicht mehr darum, zu untersuchen, ob objektiv betrachtet ein gesundheitliches Risiko vorliegt. Stattdessen stehen folgende Fragen im Mittelpunkt des Interesses: Warum werden bestimmte Sachverhalte zu einem bestimmten Zeitpunkt und an einem spezifischen Ort als gesundheitliche Risiken problematisiert und als veränderungsbedürftig konstruiert? Welche Akteure sind mit welchen Strategien an dieser Konstruktion beteiligt und welche Interessen bringen sie ein? Wie werden die gesundheitlichen Problematiken präsentiert? Warum sind diese Präsentationen erfolgreich oder eben nicht? An welche gegebenen Diskurse und Moralvorstellungen knüpfen die jeweiligen Problematisierungsvarianten an und welche Politiken sind mit ihnen verbunden?

Freilich ist an dieser Stelle weder der Ort noch der Raum, auf alle diese Fragen einzugehen oder gar eine „Soziologie gesundheitlicher Risiken" auszuformulieren (vgl. hierzu in Ansätzen etwa Groenemeyer 2001). Wir wollen deshalb hier lediglich auf einen Aspekt kurz eingehen, der uns in den aktuellen Diskursen von besonderer Bedeutung zu sein scheint: Mit Problematisierungen bzw. den je spezifischen Problemdeutungen gesundheitlicher Risiken werden stets auch Ursachen benannt, Verantwortung zugeschrieben und bestimmte Interventionen nahe gelegt. Idealtypisch gesprochen gibt es bei der Problematisierung gesundheitlicher Risiken im Wesentlichen zwei Perspektiven auf die infrage stehenden Sachverhalte: Einerseits können diese Gefährdungen als Umweltrisiken konzipiert werden, womit sie außerhalb der individuellen Kontrolle lokalisiert werden; andererseits können sie aber auch in die Verantwortung des Individuums gestellt werden. Auf den ersten Blick erscheinen solche Zurechnungen als evident, etwa wenn (für das jeweilige Individuum) Umweltverschmutzungen oder radioaktive Kontaminationen als Umweltrisiken benannt und nicht individuell zugerechnet werden, während Gesundheitsgefährdungen etwa durch Tabakrauchen in der Verantwortung des Einzelnen verortet werden. Auf den zweiten Blick allerdings wird deutlich, dass eine solche Differenzierung keineswegs selbstverständlich ist, sondern das Ergebnis von Problemkonstruktionen und politischen Entscheidungen. „Ob z.B. eine ungesunde Ernährung eher dem Angebot, der Werbung oder der Produktionstechnologie von Nahrungsmitteln geschuldet ist oder dem individuellen Nachfrageverhalten der Konsumenten, also Risikoverhalten darstellt, ist eine Frage der Definition von Verantwortlichkeiten. Hierbei handelt es sich um das Ergebnis von Konstruktionsprozessen, die in einem jeweils spezifischen sozialen und kulturellen Kontext ausgehandelt werden" (Groenemeyer 2001: 49). D.h., die Zurechnung von Verantwortung ist nicht an vermeintlich objektiven Kriterien, sondern immer normativ orientiert. Dies wiederum betrifft die Gesundheitswissenschaften in besonderem Maße, weil sie, wie Schnabel et al. (2009: 15) es formulieren, „allein aufgrund ihrer Programmatik und Praxisbezogenheit notwendig normativ verankert sind." Gleichzeitig sind die Gesundheitswissenschaften wie auch die Bewertung und die Kommunikation ihrer Ergebnisse in kulturelle, gesellschaftliche und politische Diskurse eingebunden, die ganz eigenen Denk- und Bearbeitungsweisen gesundheitlicher Problematiken folgen. Zentraler Bezugspunkt gegenwärtiger Debatten ist dabei zum Beispiel immer einseitiger die Finanzierbarkeit der gesundheitlichen Versorgung. Die Konstituierung von ‚Knappheit' als allgemeingültiger Tatbestand, so Dahme und Wohlfahrt (2007: 80), lasse es daher als folgerichtig erscheinen, „auch in der Gesundheitspolitik die Eigenverantwortung und Eigenvorsorge des Bürgers zu einer immer gewichtigeren Forderung" zu erheben (vgl. auch Eichhorn et al. 2010; Klotter 2010; Schnabel et al. 2009). Die in die Eigenverantwortungsrhetorik eingelagerte individuelle Pflicht zur Gesundheit verweist dabei nicht nur auf das Individuum selbst, sondern zugleich auf die moralisch-soziale Verantwortung der Subjekte gegenüber den knappen Ressourcen der Gemeinschaft: Jeder „Akt unterlassener Hilfeleistung der Individuen gegenüber sich selbst", so Lessenich (2009: 83), müsse dann nicht nur als irrationales, sondern zudem noch als unmoralisches Verhalten erscheinen, jedes Anzeichen fehlender Bereitschaft zur Aktivität und Selbstsorge gelte nicht bloß als unwirtschaftlich, sondern als asozial. Wer sich gesundheitsabträglich verhält, wer sich nicht gesundheitsförderlich betätigt oder bestimmte Vorsorgemaßnahmen nicht ergreift, schadet also nicht mehr nur sich selbst und seiner Gesundheit, sondern schädigt wissentlich die Ressourcen oder besser: das Kapital der Gemeinschaft. In einem solchen gesellschaftspolitischen Kontext sind epidemiologische Ergebnisse zu gesundheitsabträglichen Verhaltensweisen dann keineswegs (nur) neutrale oder objektive Informationen, sondern sie erhalten die Funktion, bestimmte Personen zu Risiken zu erklären. Gerade das Konzept des Risikoverhaltens, so Groenemeyer (2001: 52), enthalte die semantisch bedeutsame Unterscheidung von ‚Risiko eingehen' und ‚Risiko sein': „Während ersteres an die eigene Verantwortlichkeit appelliert, und damit eher ein ‚victim blaming' einleiten kann, stellt letzteres eine Gefahr für andere dar und kann als abweichendes Verhalten behandelt werden." Beide Deutungen zielen demnach auf Individualisierung von Verantwortung: „Der Bewegungsmuffel, die Raucherin, der Dicke (und viele mehr), sie alle werden tendenziell zu Präventionsverweigerern, die ihre unnötigen, weil vermeidbaren Schäden selbst verursacht haben, und damit schließlich zu (Sozialversicherungs-)Betrügern der Gemeinschaft" (Schmidt-Semisch/ Schorb 2011).

Wie eng die Verantwortungszuschreibung und die jeweils geforderten Interventionen mit den verwendeten Problematisierungen, gleichzeitig aber auch mit den sie umgebenden Politik- und Moralvorstellungen zusammenhängen, lässt sich exemplarisch an den jüngeren Diskussionen zu Übergewicht und Adipositas zeigen.

2 Das Beispiel Adipositas

Der gegenwärtige gesellschaftliche Diskurs hinsichtlich Übergewicht und Adipositas lässt sich idealtypisch in vier Problemdeutungen unterscheiden: a) die ‚Adipositas-Epidemie', b) Adipositas als Sucht, c) Adipositas als Folge abweichenden Verhaltens und d) Adipositas als Ausdruck körperlicher Vielfalt (vgl. dazu auch Schorb 2008a).

a) Grundlage der derzeit dominierenden Wahrnehmung von *Adipositas und Übergewicht als ‚Epidemie'* ist die starke Zunahme von Übergewicht und Adipositas in vielen Industrieländern zwischen 1980 und 2000. Als Ursache hierfür gilt eine Veränderungen der Umweltbedingungen, die das massenhafte Auftreten von Adipositas unvermeidbar werden lasse. Die ‚obesogenic environment', bestehend aus preiswerten und jeder Zeit zugänglichen kalorienreichen Nahrungsmitteln und dem Rückgang körperlicher Anstrengung in Haus- und Lohnarbeit sowie in der Freizeitgestaltung, habe Adipositas als erste nichtinfektiöse Krankheit zur Epidemie werden lassen, argumentiert die Weltgesundheitsorganisation (WHO 1997, 2000). Die Rede von der Epidemie ist dabei mehr als eine Metapher. Begründet wird die Wortwahl mit der rasanten Zunahme, der weiten Verbreitung und den vermeintlich fatalen (v.a. auch finanziellen) Folgen, die das massenhafte Auftreten von Adipositas zeitige. Trotz einer regen Fachdiskussion um das Zutreffen dieser Behauptungen, insbesondere mit Blick auf die gesundheitlichen Folgen von Adipositas (vgl. u.a. Lenz et al. 2009; Gregg et al. 2005), hat sich die Wahrnehmung von der ‚Adipositas-Epidemie' weitgehend durchgesetzt.

Eine Epidemie aber, der nicht Einhalt geboten wird, untergräbt die wirtschaftlichen Grundlagen der Gesellschaft, indem sie einen signifikanten Teil der Bevölkerung entweder dahinrafft oder soweit schwächt, dass er nicht länger in der Lage ist, produktiv tätig zu sein. Aus dieser Sichtweise auf das Phänomen Adipositas resultieren politische Forderungen, die darum bemüht sind, die obesogene Umwelt soweit zu verändern, dass sich der gesellschaftliche ‚Virus' nicht weiter verbreiten kann. Da schwerwiegende Eingriffe in die Wirtschaft in der Regel nicht durchsetzbar sind, wird vor allem an das individuelle Konsum- und

Freizeitverhalten appelliert. Maßnahmen, die öffentliche Mittel benötigen, wie etwa die flächendeckende Einführung eines kostenlosen und ausgewogenen Schulessens oder die Subventionierung von als gesund geltenden Lebensmitteln, werden zwar häufig gefordert, aber selten umgesetzt. Stattdessen setzt man in bewusster Analogie zur Tabakprävention auf Warnhinweise und Steuererhöhungen (vgl. Schmidt-Semisch/Schorb 2008a: 13). Auch Werbeverbote für als ungesund befundene Lebensmittel im Umfeld von Kindersendungen sind bereits erprobt.[2]

Die Deutung von Adipositas als einer Epidemie geht mit einer grundsätzlichen Kritik an der Wohlstandsgesellschaft einher. In den Blick genommen werden die Folgen der Überflussproduktion in der Lebensmittelindustrie ebenso wie der Siegeszug des Automobils und der Rückgang körperlicher Arbeit. Obwohl diese Sicht vordergründig gesellschaftliche bzw. sozialstrukturelle Maßnahmen der Problembewältigung nahe legt, fokussieren die tatsächlich ergriffenen Maßnahmen dennoch überwiegend auf die Verhaltensebene. Diese Entwicklung ist nicht allein durch knapper werdende öffentliche Mittel zu erklären, sondern findet ihre Entsprechung auch in Diskursen, die den engen Rahmen wissenschaftlicher Spezialdisziplinen verlassen und den Aufstieg zum Alltagswissen nehmen. Dies sind in jüngster Zeit vor allem die neuen Forschungsfelder der Epigenetik und der Evolutionsmedizin.

Die Epigenetik ist eine Forschungsrichtung innerhalb der Genetik, die davon ausgeht, dass Umwelteinflüsse die Wirkungsweise einzelner Gene beeinflussen können (Spork 2009; Gluckman/Hanson 2006). Dies bedeutet, dass nicht allein die von Geburt an feststehende DNA-Sequenz weiter vererbt wird, sondern dass Umwelt- und Lebensstileinflüsse, die pränatal und im Laufe des Lebens wirksam werden, vorhandene Gensequenzen erst aktivieren und somit großen Einfluss auf die körperliche und gesundheitliche Entwicklung eines Menschen nehmen. Die Epigenetik wiederum ist eng verknüpft mit dem Forschungsfeld der Evolutionsmedizin. Ihre Grundthese lautet, dass unser Körper auf steinzeitliche Umweltbedingungen eingestellt ist und daher mit den Herausforderungen der modernen Zivilisation nicht mithalten kann. Beim evolutionsmedizinischen Ansatz geht es zwar vordergründig darum, die Darwinschen Erkenntnisse über die Entstehung der Lebewesen auf den menschlichen Körper zu übertragen, um auf dieser Grundlage alternative Therapien und Behandlungsmethoden zu entwickeln (vgl. u.a. Nesse/Williams 1996). Darüber hinaus entwirft die Evolutions-

---

2 Selbst der örtlich und zeitlich beschränkte Verkauf von als ungesund klassifizierten Lebensmitteln ist in britischen Gemeinden bereits Realität geworden. So dürfen dort in vielen Gemeinden im Umkreis von 500 Metern um Schulen und Parks keine neuen Fast Food Restaurants mehr eröffnet werden (Schmidt-Semisch/Schorb 2010: 140f).

medizin aber auch einen umfassenden Verhaltenskodex, der umso wirksamer ist, als er jede Form der Moral von sich weist und sich allein auf naturwissenschaftliche Fakten beruft. So schreibt der Wissenschaftsjournalist Peter Spork in seinem viel beachteten Sachbuch „Der Zweite Code" über die neuesten Erkenntnisse der Gesundheitsforschung: „Jeder kennt diese Tipps, jeder weiß, dass sie richtig sind. Und doch sind sie so schwer umzusetzen – weil uns kein Arzt, Therapeut oder Guru die Verantwortung für uns selbst abnehmen kann. Wir entscheiden nun mal zu einem Großteil selbst darüber, in welcher Umwelt wir leben. Damit meine ich nicht, wie wohlhabend wir sind oder in welchem Stadtviertel wir aufwachsen. Es geht um so triviale Dinge wie: ob wir den Fahrstuhl oder die Treppe benutzen, das Fahrrad oder das Auto; ob wir unsere Freizeit immer nur vor dem Fernseher und beim Brunchen und Kuchenessen verbringen oder häufig spazieren gehen und gesunde Mahlzeiten aus frischen hochwertigen Lebensmitteln zubereiten; ob wir uns Zeit für ausreichend Schlaf und Entspannung sowie für unsere un- oder neugeborenen Kinder nehmen oder rund um die Uhr schuften" (Spork 2009: 262). Bei all dem seien Epigenetiker keineswegs „Gesundheitsapostel", sondern bauten auf die Vernunft des Individuums, dem alles erlaubt sei, „wenn es nicht zur regelmäßigen Angewohnheit wird, die auf Dauer den Stoffwechsel beeinflusst und epigenetische Programme verstellt" (Spork 2009: 262). „Uns bleibt die Wahl", bilanziert Detlev Ganten, einer der bekanntesten deutschen Evolutionsmediziner und bis vor kurzem Chef der Berliner Charité, „zurück zur Lebensweise der Jäger und Sammler zu gehen und körperlich hart zu arbeiten, oder aber unser evolutionäres Erbe führt zu Bluthochdruck und wir sterben an Hirnschlag, Arteriosklerose oder Herz- und Nierenversagen – sofern wir nicht mit Medikamenten gegensteuern" (zit. nach Blech 2009: 132).[3]

b) Eine andere populäre Problemdeutung ist die von der *Adipositas als Sucht*. Derzeit ist die Deutung von Adipositas als Sucht vor allem in den USA und Großbritannien populär (vgl. Schorb 2008a). Dort werden die Stoffe Fett und Zucker nicht nur als Hauptverursacher von Dickleibigkeit betrachtet, sondern überdies auch für alle möglichen anderen unerwünschten Verhaltensweisen verantwortlich gemacht (etwa für Konzentrations- und Lernschwäche, für Aggressionen sowie schließlich für die Neigung zu schwer kriminellem Verhalten; vgl. Gartz 2006; Gesch et al. 2002; Richardson 2006).

---

3 Dabei stehen Eingriffe in die vermeintlich natürliche Ordnung bei den Evolutionsmedizinern grundsätzlich unter Verdacht: „Ob Plattfüße, Schlaganfall oder Osteoporose – wir erfinden Einlagen, Operationen und Pillen, um mit diesen Erkrankungen leben zu können. Dadurch entfernt sich unsere Kultur aber nur noch weiter von jener Lebensweise, für die unser Körper gemacht ist. Ich nenne das: Miss-Evolution", so der Harvard-Professor für Anthropologie Lieberman (Blech 2009: 124).

Das Problemmuster der ‚Adipositas-Sucht' unterscheidet sich von der ‚Adipositas-Epidemie' vor allem darin, dass Adipositas nicht als Zivilisationskrankheit gedeutet wird, sondern als Folge der Verbreitung einzelner konkret benennbarer ‚Suchtstoffe': namentlich Zucker und Fett. Während die These von der ‚Adipositas-Epidemie' gesellschaftliche Veränderungen zur Ursache der neuen Volkskrankheit erklärt, begründen Anhänger der Fettsuchttheorie Übergewicht und Adipositas mit einer Veränderung der Ernährung (vgl. Hibbeln et al. 2004). Da es sich in der Vorstellung der Fettsucht-Protagonisten bei den inkriminierten Lebensmitteln um ‚Suchtstoffe' handelt, verorten sie die Verantwortung für den Konsum dieser Produkte nicht bei den Konsumenten, sondern in den Produkten bzw. Stoffen selbst oder auch bei deren Herstellern. Analog zur Drogenpolitik setzen sie daher gezielt auf Verbote, um die Bevölkerung vor den gefährlichen Stoffen zu schützen (vgl. ausführlicher Schmidt-Semisch/Schorb 2010).

c) Die Wahrnehmung von *Adipositas als abweichendes Verhalten* hat einen völlig anderen Fokus. Während die Vertreter der These von der ‚Adipositas-Epidemie' bzw. der ‚Adipositas-Sucht' die Schuld für massenhaftes Übergewicht bei gesamtgesellschaftlichen Entwicklungen bzw. dem Geschäftsgebaren skrupelloser Konzerne sehen, lehnen die Anhänger der These von Adipositas als abweichendem Verhalten eine Schuldzuschreibung an Dritte ab. Vielmehr betonen sie die Eigenverantwortung der Individuen für ihr jeweiliges Körpergewicht und die damit einhergehenden Folgekrankheiten. Als Beleg für die Eigenverantwortung für Übergewicht gilt den Vertretern dieser Problemdeutung der Befund, dass eben nicht alle gleichermaßen von der vermeintlichen Epidemie betroffen sind, sondern überproportional Einkommensschwache und Angehörige ethnischer Minderheiten. Das Bild von der übergewichtigen Unterschicht fügt sich dabei nahtlos ein in die aktuellen sozialpolitischen Debatten um verhaltensinduzierte Armut und die negativen Auswirkungen eines vermeintlich zu permissiven Sozialstaates (vgl. Schorb 2008b, 2009).

Die Deutung von Adipositas als Folge eines frei gewählten abweichenden Verhaltens führt in einem zweiten Schritt dann folgerichtig zu einer Infragestellung des Solidarprinzips der gesetzlichen Krankenversicherung bzw. zur Diskussion über individuelle Risikozuschläge. Die Industrie wird in diesem Modell dagegen entlastet: Nicht ihren Produkten ist der Anstieg von Übergewicht und Adipositas geschuldet, sondern dem unreflektierten individuellen Konsum.

Besonders populär ist die Deutung von Adipositas als abweichendes Verhalten in den USA: Sie gilt dort gleichermaßen als Begründung dafür, Fett-Steuern und andere gesetzliche Reglementierungen der Nahrungsmittelindustrie abzulehnen, wie auch als Argument gegen eine universale Krankenversicherung (vgl. u.a. Fumento 1997; Balko 2004). In Deutschland wurde die stärkere Betroffenheit von sozial Benachteiligten durch Übergewicht als Argument gegen eine solidarische Krankenversicherung vor allem von dem Berliner Geschichtsprofessor Paul Nolte vertreten: Er argumentierte 2004, dass Übergewicht keine Folge der „mcdonaldisierten Moderne" sei, sondern ein Unterschichtenproblem. Entsprechend müsse endlich Schluss sein mit dem „Selbstbedienungsladen" unseres Gesundheitssystems, und unverantwortliches Verhalten müsse auch als solches sanktioniert werden.

Diese Form der Problematisierung von Lebensstilfaktoren, gleich ob Ernährung, Freizeitverhalten oder dem Konsum von Substanzen wie Tabak und Alkohol, transportiert zugleich eine behavioristische Erklärung für soziale Ungleichheit im Bereich Gesundheit: Die geringere Lebenserwartung und die erhöhte Morbidität von armen Menschen werden damit erklärt, dass diese öfter rauchen und häufiger dick sind. Entsprechende Interventionen und Präventionsanstrengungen konzentrieren sich dementsprechend nicht länger auf die Veränderung der Lebensbedingungen, sondern beschränken sich auf (häufig kommerziell betriebene) Angebote zur Verhaltensänderung, für deren Erfolg allerdings die Individuen selbst verantwortlich sind. Diese Reduzierung gesundheitlicher Ungleichheit auf individuelle Bewältigungskapazitäten folgt zwar einer durchaus modernen Logik der Stärkung von Eigenverantwortung und Selbsthilfe, übersetzt damit allerdings zugleich „gesellschaftliche Problemlagen in private Risiken. In diesem Sinne stellt die isolierte Thematisierung von Risikoverhalten eine Privatisierung und Individualisierung sozialer Probleme dar" (Groenemeyer 2001: 43).

d) Die vierte Wahrnehmung von *Adipositas als Teil körperlicher Vielfalt* steht im krassen Gegensatz zu den drei vorangegangenen Wahrnehmungen. Sie wird von der vor allem in den USA etablierten Fat-Acceptance-Bewegung und ihren Sympathisanten in Wissenschaft und Publizistik propagiert. Die Fat-Acceptance-Bewegung argumentiert, Dicksein sei erstens nicht per se gesundheitsschädlich und zweitens nicht zwangsläufig die Folge von zu viel Essen und zu wenig Bewegung (vgl. u. a. Rothblum/Solovay 2009). Vielmehr resultierten die größten Probleme aus den Zumutungen einer fettphoben Gesellschaft, und das sowohl auf psychischer als auch auf physischer Ebene. Denn zum einen litten Dicke viel stärker unter Stigmatisierungen als unter den gesundheitlichen Folgen ihres Gewichts, zum anderen scheiterten Diäten nicht nur fast immer an der versprochenen dauerhaften Reduktion des Ausgangsgewichts, sondern schädigten den Organismus zudem langfristig. Die Risiken starker Gewichtsschwankungen stellten daher eine unabhängige und ernstzunehmende Gesundheitsgefährdung dar, der es durch neue Public Healt-Konzepte entgegenzutreten gelte. Aus der Wahrnehmung von Adipositas als Teil körperlicher Vielfalt resultieren im Wesentlichen zwei Forderungen: Zum ersten die nach der Neuausrichtung der Gesundheitspolitik. An die Stelle der Gleichsetzung von Körpergewicht und Gesundheit, solle nach dem Motto „Health at Every Size" eine gewichtsunabhängige Gesundheitsförderung treten (vgl. u. a. Bacon 2008; Burgard 2009). Zum zweiten der Ruf nach einem umfassenden Anti-Diskriminierungsgesetz. Fat-Acceptance-Aktivisten wollen die gesellschaftliche Diskriminierung wegen des Körpergewichts nicht anders behandelt sehen, als Diskriminierungen aufgrund von Geschlecht, Hautfarbe, Religion, Behinderung oder sexueller Orientierung (vgl. u.a. Kirkland 2008; Solovay 2000).

Auch wenn die ersten drei skizzierten Problemdeutungen (Adipositas als ‚Epidemie', ‚Sucht' oder ‚abweichendes Verhalten') prinzipiell auf ganz unterschiedliche Ursachenkomplexe und Problemlösungen rekurrieren, ist für sie das Erreichen des schlanken Körperideals eine gleichermaßen individuelle wie gesellschaftliche Pflicht. An dieser Stelle setzt die Kritik der Fat-Acceptance-Bewegung an, die sich zwar ebenfalls um Gesundheitsförderung bemüht, sich dabei aber gegen die Gleichsetzung von dick und krank zur Wehr setzt.

Doch nicht nur in der unhinterfragten Propagierung des schlanken Schönheitsideals gleichen sich die ersten drei Problemwahrnehmungen, sondern interessanterweise auch in der konkreten Umsetzung. Fokussieren doch alle drei auf Interventionsstrategien, die vorrangig die Verhaltensebene in den Blick nehmen. Nicht die materiellen Lebensbedingungen werden in den Mittelpunkt der Interventionen gestellt: stattdessen wird der mehr oder weniger gut abgesicherte Wissensstand bezüglich eines gesundheitlich optimalen Lebensstils idealisiert und individualisiert (Kühn 1993; Rosenbrock et al. 1994a). Gesellschaftliche Moralvorstellungen kleiden sich so in wissenschaftliche Erkenntnisse: Denn schließlich geht es dem eigenen Anspruch nach allein um epidemiologisch oder biomedizinisch ableitbare Befunde, mithin um statistisch bzw. naturwissenschaftlich vermeintlich belastbare Fakten. In diesem Sinne weist die gegenwärtige Präventionsdebatte den Duktus der moralischen Überlegenheit mit dem Verweis auf die Neutralität naturwissenschaftlichen Wissens zurück: Ein gesundheitsgerechter Lebensstil erscheint nicht aus moralischen, sondern aus statistisch-epidemiologischen bzw. epigenetischen und evolutionsmedizinischen Gründen geboten.

Dieses Zurücktreten des moralischen Arguments von der Vorderbühne der Problematisierung bedeutet allerdings nicht, dass es in wissenschaftlich gewendeter Form nicht weiter Regie führte. Auch Metzl (2010: 2) verweist auf dieses Arrangement von Wissenschaft und Moral, wenn er konstatiert: „Health is a desired state, but it is also a prescribed state and an ideological position. We realize this dichotomy every time we see someone smoking a cigarette and reflexively say, 'smoking is bad for your health', when what we really mean is, 'you are a bad person because you smoke'. Or when we encounter someone whose body size we deem excessive and reflexively say, 'obesity is bad for your health', when what we mean is not that this persons might have some medical problem, but that they are lazy or weak of will." Zwar zielt der erste Verweis stets auf die Gesundheit des Individuums, dahinter aber steht die Kritik an der Person als Ganzes: Die schlanke Figur, der Rauchstatus usw. werden so zugleich zu Indizien dafür, ob man in der Lage ist, mit den eigenen wie auch den gesellschaftlichen Ressourcen angemessen und vernünftig zu haushalten. Dabei geht es nicht vorrangig um Disziplinierung, also um ein mehr oder weniger erzwungenes gesundheitliches Wohlverhalten, sondern vor allem um Selbstdisziplinierung und Selbstkontrolle. Die jeweils ergriffenen Maßnahmen sollen die Bürger und Bürgerinnen zu gesundheitsgerechtem Verhalten befähigen, damit sie die Verantwortung für die eigene Gesundheit übernehmen (können). Der selbst bestimmte wie selbst kontrollierte, gesundheitskompetente wie verantwortlich handelnde Bürger, der stets die Kontrolle über seinen Lebensstil, seine Ernährung und damit natürlich auch über sein Gewicht behält, wird zunehmend zum Idealbild des Menschen in unserer Gesellschaft (vgl. auch Bröckling 2004: 272). Dieser Idealtypus verfügt über so weitgehende Gesundheitskompetenz, dass er der Selbstkontrolle gar nicht mehr bedarf, sondern die mit der Idee der Gesundheitskompetenz verbundenen Vorgaben bereits als ‚gewolltes Sollen' internalisiert hat. So betrachtet, hat ein dicker Mensch heute nicht mehr nur ein vermeintlich ästhetisches oder gesundheitliches Problem: Sein Gewicht verweist vor allem auf mangelnde Gesundheitskompetenz und Selbstkontrolle – wenn man so will, auf einen Defekt im (Persönlichkeits-)Management.

3 Ausblick: ‚Doing Health' als reflexive Perspektive in den Gesundheitswissenschaften

Die Reflexion solcher Diskurse und Problemmuster, samt der damit verbundenen Menschenbilder und nahe gelegten Interventionen, ist mit Blick auf die Praxis professionellen gesundheitlichen Handelns vor allem deswegen von Bedeutung, weil es sich dabei nicht nur um abstrakte Konstrukte und Theorien handelt, die lediglich in wissenschaftlichen Zeitschriften, politischen Diskussionen oder auch den Massenmedien zirkulieren. Vielmehr haben diese Diskurse handfeste Folgen für die Betroffenen, weil ihre Botschaften in den gesellschaftlichen und professionellen Alltag diffundieren und hier zum Bestandteil der Interaktionen mit Professionellen z.B. des Gesundheits- und Sozialsektors sowie der alltäglichen Interaktionen und Kommunikationen im privaten und öffentlichen Umfeld werden. Was denkt ein Arzt wirklich, wenn er der Patientin sagt: „Sie müssen abnehmen!", „Sie müssen aufhören zu rauchen!" oder „Sie müssen mehr Sport machen!". Welche diskursiven Elemente schwingen hier mit? Und welche Botschaft kommt bei der Patientin an? Mit welchen diskursiven Elementen verbindet sie für sich die jeweilige Aufforderung zur Änderung ihres Lebensstils? Kann sie die Aufforderung des Arztes ermächtigen, ihr Leben zu ändern, empfindet sie sie als Anmaßung und Diskriminierung oder verursacht diese Aufforderung sogar eine fatalistische Reaktion, die schließlich zu einer sich selbst erfüllenden Prophezeiung wird?

In den neueren Arbeiten zu einer Soziologie sozialer Probleme wird diese Interaktion zwischen Professionellen und Betroffenen (Klienten, Patienten etc.) u. a. unter dem Stichwort „Doing Social Problems" bzw. „Soziale-Probleme-Arbeit" analysiert (Groenemeyer 2010a), wobei davon ausgegangen wird, dass „social problems work and culture are inextricably linked through the ways cultural representations and understandings are interpretivley applied to concrete people, events, and situations" (Holstein/Miller 1997: XIV). Hervorgehoben wird dabei, etwa von Schmidt (2008: 39), dass Problemarbeit gerade auch für Mitarbeiter und Mitarbeiterinnen in sozialen und gesundheitlichen Einrichtungen zum Tagesgeschäft und zur Alltagsroutine gehöre, da sich diese Einrichtungen qua Aufgabenstellung mit Problemfällen und -lagen befassten und sie in gewisser Weise eben erst als solche konstituierten: „Dies insofern, als mit den vor Ort verwendeten Beschreibungen von Personen und Umständen spezifische Realitäten weniger abgebildet als vielmehr konstruiert bzw. ‚erarbeitet' werden". Dabei ist mit dieser professionellen Kategorisierung immer auch eine Zuschreibung von Verantwortung und ggf. Schuld, mithin also ein moralisches Urteil verbunden. Die Kategorisierungen und moralischen Bewertungen sind in gesundheitlichen Versorgungseinrichtungen allerdings in der Regel nicht Gegenstand expliziter Entscheidungen durch Mitarbeiterinnen oder Mitarbeiter, Ärztinnen oder Ärzte zu verstehen, sondern als Bestandteil eines institutionalisierten Doing Health: „Hinter professionellen Fachsprachen und formalisierten Diagnosesystemen, die nur Professionellen zugänglich sind", so Groenemeyer (2010a: 47), „erscheinen Entscheidungen über die Verteilung von Ressourcen, die Definition der Probleme und Behandlungsnotwendigkeiten sowie die Reaktions- und Behandlungsform und ihr Verlauf als rein technische Angelegenheit. Die Bedeutung kultureller Zuschreibungen, Symbole, Normen und Werte für den Prozess der Kategorisierung, d.h. sein Charakter als soziale Konstruktion in einem institutionellen Kontext verschwindet hinter den unhinterfragten Routinen der praktischen Arbeit."

Dies wiederum gilt nicht nur für Einrichtungen der engeren gesundheitlichen Versorgung, sondern ebenso für Akteure und Institutionen der Gesundheitsförderung und Prävention. Auch hier gilt es, die diskursiven Formierungen zu reflektieren, in die die eigenen Maßnahmen und Interventionen eingebettet sind: Denn selbst gut gemeinte Maßnahmen und Botschaften können im Kontext bestimmter gesellschaftlicher und politischer Rahmenbedingungen Wirkungen entfalten, die nicht intendiert waren, oder sogar in das Gegenteil dessen umschlagen, was eigentlich beabsichtigt war. Im Bereich Übergewicht und Adipositas reichen diese unerwünschten oder nicht intendierten Wirkungen von der Hänselei dicker Kinder über Formen der Stigmatisierung, die zu Essstörungen und sozialem Ausschluss führen können (vgl. Gransee 2008; Schmidt-Semisch/Schorb 2008b). Die Perspektive des „Doing Health" könnte in diesem Sinne bedeuten, das eigene professionelle Handeln auch mit Blick auf die dieses Handeln umgebenden gesellschaftlichen Diskurse zu reflektieren und zumindest damit zu rechnen, „dass die Gesundheitswissenschaften selbst Teil des gesellschaftlichen Herrschaftszusammenhangs sind und deshalb stets Gefahr laufen, sich an der Aufrechterhaltung der kritisierten Verhältnisse zu beteiligen" (Schnabel et al. 2009: 15).

Literatur

Bacon, Linda (2008): Health at Every Size. Dallas: Benbella Books
Balko, Radley,/Brownell, Kelly/Nestle Marion (2004): Are you responsible for your own weight? http://www.time.com/time/subscriber/covers/1101040607/article/are_you_responsible_for01_print.html
Bayerische Rückversicherung (Hrsg.) (1987): Gesellschaft und Unsicherheit. Karlsruhe: Verlag Versicherungswirtschaft e.V.
Burgard, Debora (2009): What is Health at Every Size. In: Rothblum/Solovay (2009): 41-53
Bittlingmayer, Uwe H./Sahrai, Diana/Schnabel, Peter E. (Hrsg.) (2009): Normativität und Public Health. Vergessene Dimensionen sozialer Ungleichheit. Wiesbaden: VS Verlag für Sozialwissenschaften
Blech, Jörg (2009): Geheimnis der Gesundheit. In: Der Spiegel 40. 122-133
Bröckling, Ulrich (2004): Unternehmer. In: Krasmann et al. (Hrsg.) (2004): 271-276
BZgA (Hrsg) (2004): Leitbegriffe der Gesundheitsförderung. Köln
Dahme, Heinz-Jürgen/Wohlfahrt, Norbert (2007): Gesundheitspolitik im aktivierenden Staat: zu einigen Aspekten der Ökonomisierung der Gesundheitsversorgung und Gesundheitsförderung. In: Schmidt/Kolip(Hrsg.) (2007): 71-81
Dollinger, Bernd/Schmidt-Semisch Henning (Hrsg.) (2011): Gerechte Ausgrenzung? Wohlfahrtsproduktion und die neue Lust am Strafen. Wiesbaden: VS Verlag für Sozialwissenschaften
Eichhorn, Christine/Loss, Julika/Schröder-Bäck, Peter/Wewetzer, Christa (2010): Gesundheitsförderung und Prävention zwischen Freiheit und Paternalismus. In: Das Gesundheitswesen 72. 1-2
Franzowiak, Peter/Sabo, Peter. (Hrsg.) (1993): Dokumente der Gesundheitsförderung. Mainz: Peter Sabo
Fumento, Michael (1997): The Fat of the Land. New York: Viking Adult

Gartz, Nina (2006): Die Bekämpfung der Adipositas in den USA. Inaugural-Dissertation zur Erlangung des Doktorgrades der Philosophie an der Ludwig-Maximilians-Universität, Fakultät für Sprach- und Literaturwissenschaften München. http://edoc.ub.uni-muenchen.de/archive/00005503/01/Gartz_Nina.pdf

Gesch, C. Bernard/Hammond, Sean/Hampson, Sarah/Eves, Anita/Crowder, Martin (2002): Influence of supplementary vitamins, minerals and essential fatty acids on the antisocial behaviour of young adult prisoners. In: British Journal of Psychatry 181. 22-28

Gluckman, Peter/Hanson, Mark (2006): Mismatch. Why our world no longer fits our bodies. Oxford: University Press

Gransee, Carmen (2008): Essstörungen, Körperbilder und Geschlecht. In: Schmidt-Semisch/Schorb (Hrsg.) (2008b): 163-170

Gregg, Edward/Cheng, Yiling/Cadwell, Betsy et al. (2005): Secular Trends in Cardiovascular Disease Risk Factors According to Body Mass Index in US Adults. In: Journal of the American Medical Association 293. 1868-1874

Groenemeyer, Axel (2010a): Doing Social Problems – Doing Social Control. Mikroanalysen der Konstruktion sozialer Probleme in institutionellen Kontexten. Ein Forschungsprogramm. In: Groenemeyer (Hrsg.) (2010b): 13-56

Groenemeyer, Axel (2010b): Doing Social Problems: Mikroanalysen der Konstruktion sozialer Probleme und sozialer Kontrolle in institutionellen Kontexten. Wiesbaden: VS Verlag für Sozialwissenschaften

Groenemeyer, Axel (2006): Gesellschaftspolitische Relevanz und soziologische Reputation. Eine kleine Geschichte über 30 Jahre Soziologie sozialer Probleme in Deutschland. In: Soziale Probleme 17. 1. 9-19

Groenemeyer, Axel (2001): Risikosoziologie und gesundheitsbezogenes Risikoverhalten – Zwischen „Empowerment" und „Lifestyle Correctness". In: Raithel (Hrsg.) (2001): 31-57

Groenemeyer, Axel/Wieseler, Silvia (Hrsg.) (2008): Soziologie sozialer Probleme und sozialer Kontrolle. Realitäten, Repräsentationen und Politik. Wiesbaden: VS Verlag für Sozialwissenschaften

Hibbeln, Joseph/Nieminen, Levi/Lands, William (2004): Increasing homicide rates and linoleic acid consumption among five western countries, 1961–2000. In: Lipids 39.1207-1213

Holstein, James A./Miller, Gale (1997): Introduction: Social Problems as Work. In: Miller/Holstein (Hrsg.) (1997): IX-XXI

Kaufmann, Franz-Xaver (1987): Normen und Institutionen als Mittel zur Bewältigung von Unsicherheit: Die Sicht der Soziologie. In: Bayerische Rückversicherung (Hrsg.) (1987): 37-48

Kirkland, Anna (2008): Fat Rights. Dilemmas of Difference and Personhood. New York: NYU Press

Klotter, Christoph (2010): Gesundheitswunsch und Gesundheitsrealität – Psychologische, soziale und gesellschaftliche Aspekte des Gesundheitsverhaltens. In: Das Gesundheitswesen 72. 17-22

Kolip, Petra (2002a): Entwicklung der Gesundheitswissenschaften in Deutschland: Ausgangspunkte, Definitionen und Prinzipien. In: Kolip (Hrsg.) (2002b): 7-22

Kolip, Petra (Hrsg.) (2002b): Gesundheitswissenschaften. Eine Einführung. Weinheim: Juventa

Krasmann, Susanne/Lemke, Thomas/Bröckling, Ulrich (Hrsg.) (2004): Glossar der Gegenwart. Frankfurt/Main: Suhrkamp

Kühn, Hagen (1993): Healthismus. Eine Analyse der Präventionspolitik und Gesundheitsförderung in den USA. Berlin: Edition Sigma

Lenz, Matthias/Richter, Tanja/Mühlhauser, Ingrid (2009): Morbidität und Mortalität bei Übergewicht und Adipositas im Erwachsenenalter. Eine systematische Übersicht. In: Deutsches Ärzteblatt 106. 641-648

Lessenich, Stephan (2009): Die Neuerfindung des Sozialen. Der Sozialstaat im flexiblen Kapitalismus. Bielefeld: transcript

Luhmann, Niklas (1991): Soziologie des Risikos. Berlin, New York: de Gruyter

Metzl, Jonathan M. (2010): Introduction: Why „Against Health"? In: Metzl/Kirkland (Hrsg.) (2010): 1-11

Metzl, Jonathan M./Kirkland, Anna (Hrsg.) (2010): Against Health. How Health Became the New Morality. New York, London: NYU Press

Miller, Gale/Holstein, James A. (1997): Social Problems in Everyday Life: Studies of Social Problems Work. Greenwich: Jai Press

Müller-Liesner, Adelheid (2011): Aus der Hand gelesen. In: Der Tagesspiegel. 17.02.2011

Nesse, Randolph M./Williams, George (1996): Why We Get Sick: The New Science of Darwinian Medicine. New York: Vintage

Nolte, Paul (2004): Generation Reform. München: Beck

Pollähne, Helmut/Stöver, Heino (Hrsg.) (2010): Komplemente In Sachen: Kriminologie, Drogenhilfe, Psychotherapie, Kriminalpolitik. Komplimente für Lorenz Böllinger. Münster: Lit

Raithel, Jürgen (2001): Risikoverhalten Jugendlicher. Formen, Erklärungen und Prävention. Opladen: Leske + Budrich

Richardson, Alex (2006): They Are What You Feed Them: How Food Can Improve Your Child's Behaviour, Mood and Learning. London: Harper Thornsons

Rosenbrock Rolf/Kühn, Hagen/Köhler, Barbara Maria (1994a): Präventionspolitik und Gesundheitswissenschaften. Eine Problemskizze. In: Rosenbrock et al. (Hrsg.) (1994b): 29-53

Rosenbrock Rolf/Kühn, Hagen/Köhler, Barbara Maria (1994b): Präventionspolitik: Gesellschaftliche Strategien der Gesundheitssicherung, Berlin: Edition Sigma

Rothblum, Esther /Solovay, Sondra (2009): The Fat Studies Reader. New York: NYU Press

Seibt, Annette (2004): Interessendurchsetzung über die Medien – Media Advocacy. In: BZgA (Hrsg) (2004): 131-133

Schetsche, Michael (2000): Wissenssoziologie sozialer Probleme. Grundlegung einer relativistischen Problemtheorie. Wiesbaden: VS Verlag für Sozialwissenschaften

Schetsche, Michael (2008): Empirische Analyse sozialer Probleme. Wiesbaden: VS Verlag für Sozialwissenschaften

Schmidt, Bettina/Kolip, Petra (Hrsg.) (2007): Gesundheitsförderung im aktivierenden Sozialstaat. Präventionskonzepte zwischen Public Health, Eigenverantwortung und Sozialer Arbeit. Weinheim, München: Juventa

Schmidt, Lucia (2008): Problemarbeit und institutioneller Kontext. In: Groenemeyer/Wieseler (Hrsg.) (2008): 35-47

Schmidt-Semisch, Henning/Schorb, Friedrich (2008a): Einleitung. In: Schmidt-Semisch/Schorb (Hrsg.) (2008b): 7-20

Schmidt-Semisch, Henning/Schorb, Friedrich (Hrsg.) (2008b): Kreuzzug gegen Fette. Sozialwissenschaftliche Aspekte des gesellschaftlichen Umgangs mit Übergewicht und Adipositas, Wiesbaden: VS Verlag für Sozialwissenschaften

Schmidt-Semisch, Henning/Schorb, Friedrich (2010): Die Zensur des Krümelmonsters oder: Neue Koalitionen im Kampf gegen das Drogenverbot. In: Pollähne/Stöver (Hrsg.) (2010): 135-146

Schmidt-Semisch, Henning/Schorb, Friedrich (2011): „Live and Let Die": Umrisse einer Punitivität im Kontext von Gesundheit und Krankheit. In: Dollinger/Schmidt-Semisch (Hrsg.) (2011): 245-262

Schnabel, Peter E./Bittlingmayer, Uwe H./Sahrai, Diana (2009): Normativität und Public Health. Einleitende Bemerkungen in problempräzisierender und sensibilisierender Absicht. In: Bittlingmayer/Sahrai/Schnabel (Hrsg.) (2009): 11-43

Schorb, Friedrich (2008a): Adipositas in Form gebracht. Vier Problemwahrnehmungen. In: Schmidt-Semisch/Schorb (Hrsg.) (2008b): 57-76

Schorb, Friedrich (2008b): Keine Happy Meals für die Unterschicht! Zur symbolischen Bekämpfung der Armut. In: Schmidt-Semisch/Schorb (Hrsg.) (2008b): 107-124

Schorb, Friedrich (2009): Dick, Doof und Arm? Die große Lüge vom Übergewicht und wer davon profitiert. München: Droemer

Solovay, Sondra (2000): Tipping the Scale of Justice. Fighting Weight-Based Discrimination. Amherst: Prometheus Books

Spork, Peter (2009): Der zweite Code. Reinbek: Rowohlt

World Health Organization – WHO (1997): Obesity: Preventing and managing the Global Epidemic – Report of a WHO Consultation on Obesity. 3-5 June 1997. Executive Summary.
http://www.who.int/nutrition/publications/obesity_executive_summary.pdf

World Health Organization – WHO (2000): Obesity: Preventing and managing the Global Epidemic. Report of a WHO Consultation. Genf

Vertrauen unter komplexen Reflexionsverhältnissen oder: die gesellschaftliche Konditionierung der Arzt-Patient-Interaktion

Werner Vogd

Die moderne Krankenbehandlung erscheint uns so selbstverständlich, dass wir die Unwahrscheinlichkeit des Zustandekommens einer konstruktiven Arzt-Patient-Beziehung kaum mehr beachten. Führen wir uns kurz eine alltägliche medizinische Begegnung vor Augen: Man trifft in einem geschlossen Raum auf einen persönlich nicht bekannten Menschen. Dieser stellt einem Fragen, die sich auf intime und private Angelegenheiten beziehen und fordert einen zudem auf, sich nackt auszuziehen, um daraufhin zu beginnen, den entblößten Körper mit den Händen abzutasten. Anschließend ergreift er spitze metallische Gegenstände, um damit in den Körper des Gegenübers einzudringen. Schließlich fordert er diesen auf, für längere Zeit Drogen einzunehmen, die laut anerkannter Fachleute ernstzunehmende Nebenfolgen mit sich bringen.

Wenn dieser Text hier nicht im Kontext einer medizinsoziologischen Erörterung stände, würden wir eher an Exzesse im Rotlichtmilieu denken, denn an eine Krankenbehandlung. Die Leistung, all diese Praxen als medizinische Handlungen zu verstehen und entsprechend zu rahmen, setzt hochgradig gesellschaftlich stabilisierte Erwartungshorizonte voraus, welche die immer noch vorhandene Scham, die mit der Behandlung verbundenen Gewaltmomente und die weiterhin fortbestehenden Ängste stärker in den Hintergrund treten lassen.

Wie voraussetzungsreich ein solches Unterfangen ist, zeigen beispielsweise kulturanthropologische Untersuchungen zur medizinischen Versorgung der indigenen Bevölkerung in den Anden Boliviens (Kressing 1995). Ohne die durch Generationen geprägten gesellschaftlichen Konditionierungen der Moderne gilt hier als normale Reaktion, eher vor einem westlichen Arzt wegzulaufen, als sich seiner Behandlung zu unterziehen.

Schauen wir im Folgenden etwas genauer auf die Erwartungshorizonte, welche die moderne Medizin voraussetzen muss, um die Arzt-Patient-Interaktion als unproblematisch betrachten zu können: Wir beginnen mit der *doppelten Kontingenz (1)* bei den konstitutionslogischen Bedingungen einer jeglichen Interaktion. Diese Perspektive pointiert das Problem der unhintergehbaren Unsicherheit und betont damit all jene Verflüchtigungstendenzen, welche eine verlässliche

Rollenbeziehung stören. Im zweiten Schritt kommen wir mit Talcott Parsons' Rekonstruktion der Arzt- und Patientenrolle zu jenen gesellschaftlich formatierten Skripten der *Krankenbehandlung unter generalisierten Rollenerwartungen (2)*, die das zunächst Unwahrscheinliche wahrscheinlich werden lassen. Drittens kommen wir zu den Problemen einer reflexiven Moderne, die mit guten Gründen ihren eigenen Errungenschaften nicht mehr trauen kann und in Hinblick auf die hierdurch generierten Zweifel auch vor der Medizin nicht halt macht. Die *Arzt-Patient-Beziehung* erscheint damit unter *komplexen Reflexionsverhältnissen (3)*, welche ihre eigene Basis zugleich unterminieren wie auch affirmieren. Da für die medizinische Praxis Vertrauen und die hierdurch generierte Handlungssicherheit unhintergehbar sind, gilt es im letzten Schritt nach jenen Lösungen Ausschau zu halten, welche *Vertrauen unter komplexen Reflexionsverhältnissen (4)* weiterhin möglich werden lassen. Wir begegnen dabei einer Medizin, die einerseits dieselbe bleibt, andererseits jedoch, im Gegensatz zu früher, die Unsicherheit selbst als Ausgangspunkt nutzen lernt, um Unsicherheiten zu adsorbieren (vgl. Vogd 2004, 2006)

1 Doppelte Kontingenz

Die Ausgangslage einer jeglichen Interaktion ist die *doppelte Kontingenz*. In jeder Interaktionssituation stehen die beteiligten Akteure vor dem grundsätzlichen Problem, dass sie nicht wirklich wissen können, woran ihre jeweiligen Gegenüber ihre Handlungen orientieren.
Wenn sich zwei Menschen, nennen wir sie *A* und *B,* begegnen, ergibt sich für die Konstituierung von sozialem, das heißt gekoppeltem Verhalten, folgende Ausgangsposition (vgl. Luhmann 1993, Kapitel 3):

1. *Doppelte Unsicherheit:* A kann das Verhalten von B nicht vorhersehen und B kann *das* Verhalten von A nicht vorhersehen. Sowohl *A* als auch *B* können sich immer auch anders verhalten als erwartet.
2. *Doppelte Konditionierung*: *A* orientiert sich am Verhalten von *B* und *B* orientiert sich am Verhalten von *A*. *A* gibt dem Verhalten von *B* Bedeutung, indem es sein Verhalten anschließt. *B* wiederum agiert auf *die* Verhaltenskonsequenz von A mit erneutem Verhalten. *A* und *B* lernen voneinander und selektieren Verhaltensmuster, das heißt *beständige* Verhaltenssequenzen, denen sie in ihren Interaktionen *Sinn* geben. *A* und *B* konditionieren sich also wechselseitig, wodurch die Interaktion eine Geschichte bekommt, die eigene Erwartungshorizonte generiert, an denen man sich orientieren kann.

Die Frage, wie unter der Bedingung der doppelten Unsicherheit überhaupt ein konsistentes Verhaltensmuster entstehen kann, lässt sich also folgendermaßen beantworten: Da beide Akteure sich an der Umwelt orientieren, also konditionierbare kognitive Systeme darstellen, suchen beide nach reproduzierbaren, erwartungsstabilen Mustern. Diese bestehen jedoch nicht per se als normative Strukturen, sondern werden durch gemeinsame Interaktionspraxen generiert, die diese Muster beständig aktualisieren und modifizieren. In Bezug auf die Motive des Handelns des jeweiligen Gegenübers lässt sich zwar weiterhin nicht in den Kopf des jeweiligen Anderen hineinschauen. Doch man kann sich an selbst generierten Situationserwartungen orientieren, die dann als regelhaftes Muster erscheinen. Im Falle von wechselseitig typisierten Handlungserwartungen spricht die Soziologie von Institutionen.

2 Krankenbehandlung unter generalisierten Rollenerwartungen

Insbesondere Talcott Parsons (1958) hat gezeigt, dass die medizinische Behandlung als Handlungssystem nur unter der Voraussetzung hochgradig generalisierter Rollenerwartungen funktionieren kann. Der Patient muss vertrauen, dass der Arzt vorrangig an der Heilung seiner Krankheit interessiert ist und nicht primär an anderem, etwa an dem Geld des Patienten oder an medizinischen Experimenten. Ebenso muss er darauf vertrauen, dass sein Körper als Organsystem und nicht etwa als sexuell begehrenswerter Leib betrachtet wird. Zudem müssen die Rollenbeschreibungen eindeutig sein. Der Arzt wird als der Experte und damit als der aktive Part der Beziehung anzunehmen sein, während der Patient den eher passiven Publikumspart in dieser Beziehung zugewiesen bekommt. Nicht zuletzt schließlich wird der Arzt von der gesellschaftlich generalisierten Erwartung auszugehen haben, dass der Patient wieder gesund werden muss, denn nur dies rechtfertigt für ihn die mit der medizinischen Behandlung immer auch verbundenen Gewaltanwendungen. Vom Arzt ist also zusammenfassend zu erwarten, dass er für seine Patienten treuhänderisch den Wert der Gesundheit auch gegenüber politischen und ökonomischen Interessen durchsetzt und seine Patienten dabei ungeachtet ihrer Person in emotionaler Neutralität behandelt. Komplementär hierzu wird von dem Patienten erwartet, dass er wieder gesund werden will und dass er dazu bereit ist, alle hiermit verbundenen Zumutungen duldsam und ohne allzu großen Widerstand zu ertragen.

De facto kann sich freilich außerhalb der Rollenbeschreibung immer auch Anderes ereignen. Beispielsweise verweist Parsons (1951) mit Blick auf das Gebot der emotionalen Neutralität auf eine Szene, in der ein männlicher Arzt bei einer Patientin den nackten Rücken mit vorsichtigen und zarten Handbewegungen in einer Weise abtastet, welche zweideutig und sowohl im medizinischen als auch im Kontext einer möglichen Intimbeziehung anschlussfähig ist. Unter der generalisierten Rollenerwartung der emotionalen Neutralität entsteht hier gleichsam ein Raum, indem eine solche Berührung, wie auch eine Nachfrage zum Privatleben, unverdächtig gewagt werden können. Falls die Frau nicht eindeutige Zeichen zeigt, die darauf hindeuten, dass sie die Mehrdeutigkeit wohlwollend im erotischen Sinne wahrnimmt, wird der Arzt dann das übliche medizinische Procedere weiterführen.

Die treuhänderische Verwaltung der Gesundheit bildet den primären Rahmen, unter dem dann sehr wohl die eine oder andere Untersuchung auch aus ökonomischen und nicht aus medizinischen Gründen durchgeführt wird bzw. der Forschungsneugier und nicht der therapeutischen Perspektive geschuldet ist. Dass der Arzt in Meinungsumfragen zu der Berufsgruppe gehört, der man am meisten vertraut, hat entsprechend Parsons' Beschreibung weniger mit seinem faktischen Verhalten zu tun, sondern eher mit einer notwendigen Rollenerwartung, die gegeben sein muss, damit Krankenbehandlung funktionieren kann. Kontrafaktisch zu den realen Verhältnissen muss der Patient dem Arzt vertrauen, selbst wenn es wirklich gute Gründe gibt, an manchen Leistungen der Medizin zu zweifeln.

Mit Parsons haben wir eine Grobstruktur des Systems der Krankenbehandlung beschrieben. Auf dieser Ebene begegnen sich Arzt und Patient als zwei Menschen mit gesellschaftlich vorgeprägten Erwartungen. Dieses Arrangement lässt auf beiden Seiten eine Reihe von Zumutungen ertragen. Der Patient wird beispielsweise über die ruppige und unfreundliche Art des Arztes hinwegsehen können, auch darüber, dass er nie Zeit hat, da er ja weiß, dass es um Krankheit und nicht um die Qualität der Gesprächssituation geht. Umgekehrt wird der Arzt gelernt haben, sich vom äußeren, vielleicht sogar unangenehmen und Ekel erregenden Erscheinungsbild eines Patienten nicht davon abhalten lassen, seine Behandlungen entsprechend dem *state of the art* fortzuführen.

Die rollenformige Ausrichtung an den Erwartungen einer funktionablen Krankenbehandlung stellt jedoch immer nur die eine Seite der Medaille dar. Das grundlegende Problem der durch Konstellation der doppelten Kontingenz gegebenen Intransparenz ist hierdurch beruhigt, jedoch nicht aufgehoben. Beispielsweise mag ein Patient sich ruhig die Unterweisungen eines Arztes anhören und dabei ab und zu nicken, um dann später die ihm verschriebenen Tabletten doch in der Toilette herunterzuspülen, ohne dass sein Arzt dies je merken wird. Doch solange die fehlende Compliance des Patienten nicht publik wird, wird der Arzt vermutlich stillschweigend davon ausgehen, es mit einem folgsamen Patienten zu tun zu haben, wenngleich dieser vielleicht in paranoider Manie vermutet, dass der Arzt ihn vergiften wolle. Er wird dann unter Umständen nur Folgsamkeit vortäuschen, insgeheim aber gegen die Behandlung Widerstand leisten. Von außen betrachtet, stehen wir angesichts solcher oder verwandter Situationen vor dem Paradoxon, dass hier einerseits durchaus stabile Interaktionssysteme entstehen, in denen die wechselseitigen Erwartungsstrukturen auf Dauer gestellt werden, andererseits aber die jeweiligen Perspektiven so radikal auseinander driften können, dass hier nicht mehr von einer sinnvollen Behandlungsbeziehung gesprochen werden kann.

Umgekehrt mag ein Arzt selbst am Sinn einer Therapie oder Untersuchung zweifeln, diese dann aber dennoch durchführen, weil sie aus wirtschaftlichen oder legitimatorischen Gründen für ihn angebracht erscheint.

Allgemein haben wir es also damit zu tun, dass im sozialen Handeln zwischen Arzt und Patient ein erstaunliches Maß an grundsätzlicher Unsicherheit weiter besteht, gleichzeitig aber auf der Ebene der rollenförmigen Erwartungen über ärztliches Handeln und das Handeln von Patienten ein institutionalisierter Konsens herrscht, der die konkrete Behandlungssituation trägt. In der unmittelbaren Praxis der Arzt-Patient-Interaktion weiß man, was zu tun ist.

Parsons konnte in Bezug auf die Krankenbehandlung dabei noch von der Annahme einer gesamtgesellschaftlichen Integration in Hinblick auf einen gesamtgesellschaftlichen Wertbezug ausgehen. Während man der Politik aufgrund der ihr innewohnenden ideologischen Verwerfungen nicht trauen konnte und der Wirtschaft ihr Gewinnstreben in Rechnung gestellt werden musste, konnte sich die Profession der Medizin als unabhängiger ‚dritter Stand' zunächst vorrangig als Anwalt des Patienten in Szene setzen. Auch die offensichtlichen wissenschaftlich-medizinischen Fortschritte und Erfolge plausibilisierten diese Deutung und in diesem Sinne war Parsons mit seiner Analyse der modernen Medizin in den 1950er Jahren auf der Höhe seiner Zeit. Wenngleich mit der Ausdifferenzierung der Medizin die Bedeutung des einzelnen Arztes zugunsten von Organisationen zurücktrat, schien die Medizin trotz aller Kritik an den hiermit verbunden Asymmetrien lange Zeit dieser Rekonstruktion zu folgen.[1] Der Wert, die Macht und der Nutzen der medizinischen Zunft blieben im ‚goldenen Zeitalter der Medizin' (Hafferty/Light 1995) weitgehend unhinterfragt. Es schien, als fehlten bloß die finanziellen Mittel, damit die Medizin noch mehr wachsen könne, um ihren Segen überall auszubreiten. Dass der Patient sich, wenngleich durchaus mit Unbehagen, in diesem Prozess der ärztlichen Autorität unterzuordnen hatte, war hier kaum fraglich, sondern ein hinzunehmendes Übel.

---

1 Homolog hierzu beschreibt Goffman das Krankenhaus als totale Institution (1973).

3 Arzt-Patient-Beziehung unter komplexeren Reflexionsverhältnissen

Die Selbstplausibilisierung der ärztlichen Profession als ‚dritter Stand' kam jedoch mit den 1970er Jahren zunehmend in die Krise. Als besondere gesellschaftliche Lagerungen dieser Infragestellung sind vor allem folgende Einflüsse zu nennen:

Patientensubjekt: Nach dem die Schrecken einer durch den Nationalsozialismus fehlgeleiteten Medizin aufgearbeitet wurden, galt der informed consent, also der Anspruch, dass Patienten über die ärztliche Behandlung zu informieren sind und dieser zuzustimmen haben, als rechtsverbindlicher internationaler Standard (vgl. Vollmann/Winau 1996). Mit Blick auf die Medizingeschichte ist das Patientensubjekt zwar damit in juristischer Hinsicht eher eine Erfindung jüngeren Datums. Doch hieraus ergeben sich eine Reihe weitere Ansprüche und Erwartungen etwa in Hinblick auf Patientenaufklärung und Partizipation an Behandlungsentscheidungen.

Politik im Kontext demokratischer Emanzipationsbewegungen: Insbesondere mit dem Namen Freidson verbunden, wurde aus dem Blickwinkel einer ideologiekritischen Position die Gemeinwohlorientierung des Professionellen prinzipiell in Frage gestellt (u.a. Freidson 1975: 1979). In dem durch seine Institutionen geschützten Mediziner sah man nun jemanden, der seine Macht über geschickte Verbandspolitik auf möglichst viele gesellschaftliche Felder ausdehnen wollte und dabei dem Laien die Fähigkeit absprach, selbst über seine gesundheitlichen Belange zu entscheiden. Unter dieser gesellschaftskritischen Perspektive bedeutete die Professionalisierung der Ärzteschaft gleichzeitig die Entmündigung des Bürgers, aber auch von anderen Angehörigen der Gesundheitsberufe, welche die Interessen des Patienten ebenso vertreten könnten (etwa die Pflegekräfte). In der Gesundheitspolitik der westlichen Industrienationen wurde diese Ideologiekritik seit den 1980er Jahren vermehrt aufgegriffen und dabei insbesondere die Idee der Patientenpartizipation programmatisch aufgenommen. Auch wenn – wie eine Reihe empirischer Studien zeigt – der Patient sich in der Regel weiterhin eine passive Rolle wünscht, welche dem alten Modell der Arzt-Patient-Beziehung entspricht (vgl. Stollberg 2008), wird er auf der Bühne der Krankenbehandlung *nolens volens* zu einem Knotenpunkt, dem in ökonomischer, rechtlicher und sogar medizinischer Hinsicht Gestaltungsmöglichkeiten zugerechnet werden[2], und von dem vermehrt Eigenverantwortung gefordert wird.[3]

Wissenschaftliche Kritik der evidence based medicine: Während die moderne Medizin vor 30 Jahren noch überwiegend als eine *per se* (natur)wissenschaft-

---

2 Um mit Peter Fuchs (2007) zu sprechen: Der Patient wird zum polykontexturalen Adressformat.
3 Siehe zur Kritik am Begriff der Eigenverantwortung aus einer ideologiekritischen Perspektive Schmidt (2007).

lich fundierte Praxis betrachtet wurde, änderte sich das Bild mit der zunächst medizininternen Bewegung der so genannten *evidence based medicine (EBM)*. Auf Basis epidemologisch begründeter Studien wurde nun vermehrt Zweifel an dem Nutzen vieler bislang bewährt erscheinender medizinischer Praxen formuliert (vgl. Vogd 2002). Später kam mit der Versorgungsforschung eine weitere Kritik an der medizinischen Praxis ins Spiel, die insbesondere die unzureichende Vernetzung und Patientenorientierung medizinischer Behandlungsangebote moniert (vgl. Schwarz/Scriba 2006). Nicht zuletzt rücken zunehmend Überlegungen in den Vordergrund, ob nicht gar grundsätzlich von einem zuviel an medizinischer Leistung auszugehen ist, ob nicht etwa durch die sich wechselseitig verstärkenden Nebenwirkungen medizinischer Interventionen vielfach mehr Schaden als Nutzen gestiftet werde (Fisher/Welsh 1999). In Hinblick auf die semantische Strukturierung ihrer Argumentation ist die EBM im Sinne eines Zweckprogramms auf die Evaluierung des künftigen biomedizinischen Nutzens einer Krankenbehandlung ausgerichtet. Sie steht damit im Kontrast zu einer im Sinne von Kausalprogrammen auf Krankenbehandlung[4] ausgerichteten medizinischen Semantik, die in Bezug auf unmittelbares Leiden handlungspraktische Lösungen anzubieten hat (siehe ausführlicher im Abschnitt *Code der Medizin*).

Medizin und Wirtschaft: Insbesondere zwei Bewegungen bestimmen die wirtschaftliche Reflexion der Medizin. Die prinzipielle Knappheit an Ressourcen für Gesundheitsdienstleistungen sowie die Entwicklung neuer Verfahren zur ökonomischen Abbildung von medizinischen Leistungen. Seit den 1980er Jahren wurden die steigenden Gesundheitsausgaben auch für die entwickelten Industrienationen zunehmend als Problem diskutiert und nach Formaten der Ausgabenbegrenzung gesucht (vgl. Herder-Dorneich/Schuller 1983). Mit dem hiermit verbundenen Kostendruck kommt auch für die Regelversorgung das Thema der Rationierung an die Oberfläche. Die Frage, ob jeder Patient nach dem derzeitigen state of the art behandelt wird oder ob aus wirtschaftlichen Gründen auf sinnvolle Behandlungsmaßnahmen verzichtet werden muss, wird hiermit virulent. Darüber hinaus sind in den letzten Jahren eine Reihe neuer Systeme entwickelt worden, die medizinische Leistungen in differenzierter Form als Waren abbilden.[5] Die Leistungsfähigkeit dieser ökonomischen Instrumente nährt jedoch auf der anderen Seite immer auch den Verdacht, ob nicht gerade hierdurch Fehlanreize geschaffen werden, je nach Opportunität auf indizierte kostenintensive Behandlungsschritte zu verzichten oder umgekehrt gut bezahlte zusätzliche, aber an sich nicht medizinisch notwendige Behandlungsleistungen anzubieten.

---

4 Siehe zur semantischen Unterscheidung von Kausal- und Zweckprogrammen Luhmann (2000: 256 ff.).
5 Vgl. zur soziologischen Reflexion der Einführung der Diagnose Related Groups (DRGs) Samuel et al. (2005).

Recht: Jede medizinische Handlung lässt sich potentiell auch unter dem Code recht/unrecht reflektieren. Die in den letzten Jahrzehnten zunehmende Formulierung evidence-basierter Leitlinien lässt die Medizin für das Recht handhabbar werden. Der Standard setzt die Norm, und das Abweichen von der Norm verlangt nach einer Begründung. Rechtlich wird das ärztliche Handeln nun greifbarer, insbesondere haftungsrechtliche Fragen können die Ausformung einer medizinischen Kultur stark beeinflussen, wie der Blick vor allem auf die US-amerikanischen Verhältnisse zeigt.[6] Wenn die Rechtsprechung ihre eigene Operationsweise, eben Recht zu sprechen, programmatisch an die Leitlinien ankoppeln kann, projiziert sie zugleich ihre Paradoxien in das medizinische System. Es stellt sich die Frage, ob die nun immer stärker in die Sphäre des medizinischen Behandlungsalltags eindringende Verrechtlichung nicht eine Defensivmedizin fördert, die eher der legitimatorischen Absicherung denn einer sinnvollen Krankenbehandlung dient.[7] Die Spannungen zwischen ökonomisch Leistbarem und medizinisch Machbarem, zwischen Einzelfallinteressen und statistischem Mittelwert, zwischen Vertrauensbildung und Aufklärungspflicht werden in den widersprechenden Logiken von Sozial- und Haftungsrecht nochmals pointiert.

Code der Medizin: Leicht wird übersehen, dass die Medizin ihre Referenz nicht in der Gesundheit oder Heilung, sondern in der Behandlung des kranken Körpers hat. Dass viele der historisch und auch heute noch angewendeten Heilverfahren nicht nur unwirksam, sondern sogar schädlich sind, hat die Verbreitung dieser Behandlungsmethoden nicht behindert.[8] Schauen wir uns deshalb diesen, in den Gesundheitswissenschaften kaum reflektierten Befund etwas genauer an[9], denn die hieraus resultierenden Eigenarten spielen eine wichtige Rolle für die Strukturierung der Erwartungshorizonte innerhalb der Arzt-Patient-Beziehung: Das Medizinsystem operiert mit der Leitunterscheidung krank/gesund (vgl. Luhmann 1990a). Während für die meisten Funktionssysteme der positive Wert mit dem gesellschaftlich positiv bewerteten Wert übereinstimmt – die Wissenschaft orientiert sich an Hypothesen, die Wahrheit versprechen, in den Rechtswissenschaften wird das Recht und nicht das Unrecht ausdifferenziert –, orientiert sich die Medizin an dem negativ bewerteten Wert. Nur die Krankheit ist für sie operativ anschlussfähig. Krankheiten werden gesucht, während die Gesundheit nur den Reflexionswert für das Nicht-Vorhandene und

---

6 Siehe zu den amerikanischen Rechtsverhältnissen, die sich erheblich von den Bedingungen in Europa unterscheiden, Roberto (2003).
7 In diesem Sinne fragen DeKay und Asch (1998) berechtigter Weise mit Blick auf die unerwünschten Nebenfolgen diagnostischer Praktiken, ob die Defensivmedizin der Patientengesundheit nicht mehr schade als nutze.
8 Vgl. zur Problematik der evidence based medicine aus Perspektive unterschiedlicher gesellschaftlicher Kontexturen Vogd (2002).
9 Eine Ausnahme stellt Pelikan (2007) dar.

Noch-zu-Erreichende darstellen kann.[10] Für medizinische Handlungsprozesse, die angesichts der Unberechenbarkeit biologischer Prozesse in Bezug auf die Krankenbehandlung permanent mit den Misserfolgen ihres therapeutischen Handelns konfrontiert sind, verläuft die semantische Strukturierung deshalb auf Basis von Konditionalprogrammen.[11] Das heißt, dass die internen Evaluationskriterien für eine erfolgreiche Arbeit nicht an den Therapieausgang, sondern an den Therapievollzug gekoppelt werden. Ob beispielsweise die in Betracht gezogene Chemotherapie wirklich heilt oder zumindest einen Gewinn an Lebensqualität und Lebenslänge verspricht, ist dann zwar in Bezug auf die Begründung der Maßnahme durchaus bedeutsam, jedoch in Hinsicht auf die Frage, was Ärzte im konkreten Fall zu tun haben, nur von sekundärem Interesse. Wichtiger erscheint hier vielmehr für die Ärzte, dass überhaupt eine Therapie für das Problem der Krankheit angeboten werden kann und mit dem Verweis auf die Eigenaktivität der Körperprozesse ist man immer auch auf die Möglichkeit des Scheiterns der durchgeführten Maßnahmen vorbereitet.[12]

4 Vertrauen unter komplexen Reflexionsverhältnissen

Kommen wir zur Frage nach der gesellschaftlichen Konditionierung der Arzt-Patient-Beziehung zurück. Wir können nun für die Medizin zwei unterschiedliche Phasen unterscheiden: die Zeit der affirmativen Medizin, in der ihre Geltungsansprüche und die hieraus resultierende asymmetrische Strukturierung affirmativ durch die Leistungen der Medizin plausibilisiert werden konnten. Wir

---

10 „Wenn es ein Code sein soll, muß ein Positivwert und ein Negativwert nachweisbar sein, so daß die Operationen durch eine Asymmetrie strukturiert werden. Der Positivwert vermittelt die Anschlußfähigkeit der Operationen des Systems, der Negativwert vermittelt die Kontingenzreflexion, also die Vorstellung, es könnte auch anders sein. Im Anwendungsbereich des Systems der Krankenbehandlung kann dies nur heißen: der positive Wert ist die Krankheit, der negative Wert ist die Gesundheit. Nur Krankheiten sind für den Arzt instruktiv, nur mit Krankheiten kann er etwas anfangen. Die Gesundheit gibt nichts zu tun, sie reflektiert allenfalls das, was fehlt, wenn jemand krank ist. Entsprechend gibt es viele Krankheiten und nur eine Gesundheit" (Luhmann 1990a: 187).
11 Hier im Gegensatz zu „Zweckprogrammen", welche die Zielerreichung und nicht die Problembearbeitung zum Ausgangspunkt nehmen (siehe ausführlich Luhmann 2000: 261 ff.).
12 Die vielfach unter medizinischen Laien zu hörende Selbstironisierung „Operation erfolgreich, Patient tot" pointiert den programmatischen Handlungsbezug. Das Konditionalprogramm legt fest, was zu tun ist bzw. auch in Zukunft wieder zu tun ist und wo man besser nicht so genau hinschauen sollte. In diesem Sinne bestimmen Entscheidungsprogramme das, auf was eine Organisation zu achten hat, als sie intern als Aufgabe repräsentieren soll, was sie sich merken soll: „In beiden Formen, als Konditionalprogramme und Zweckprogramme, strukturieren Entscheidungsprogramme das Gedächtnis des Systems. Sie haben den für die Gedächtnisbildung unerlässlichen Vorteil, gut dokumentiert zu sein. Sie entscheiden darüber, was aus der Fallpraxis des Systems erinnert wird und vergessen werden kann" (Luhmann 2000: 275).

begegnen hier der Parsonsschen Beschreibung einer wertbasierten Integration, entsprechend der die ärztliche Profession als der einzig legitime Vertreter des Zentralwerts Gesundheit angesehen wird. Contrafaktisch zu all den Zumutungen und Unzulänglichkeiten der hiermit verbundenen Medizin trägt die soziale Konstruktion des Arztes als ‚Halbgott in Weiß' auch deshalb, weil man den Rationalitätsversprechen der modernen Medizin noch Glauben schenken konnte. Die hiermit verbundene Rollenbeschreibungen konnten dem Arzt den aktiven und dem Patienten den passiven Part zuschreiben, weil eben die professionsethische und fachliche Autorität des Arztes noch als eine widerspruchsfreie Einheit beschrieben werden konnte. Die aus dieser Relation entstehenden Anomalien und – man ist fast geneigt zu sagen –‚Pathologien' waren hier als unangenehme Nebenfolgen zwar bekannt, flossen aber noch nicht generell in die Strukturierung der Rollenerwartungen der Arzt-Patient-Beziehung ein.

Die gegenwärtige Arzt-Patient-Beziehung zeichnet sich demgegenüber durch wesentlich komplexere Erwartungshorizonte aus. Man weiß um die Problematisierbarkeit medizinischen Wissens, hat sich aber zugleich im Fall von Krankheit auf die Sinnhaftigkeit der Behandlung zu verlassen. Man weiß um ökonomische und rechtliche Fehlanreize, welche Behandlungsentscheidungen beeinflussen können, ohne jedoch darauf verzichten zu können, innerhalb der konkreten Behandlungssituation von einem Primat des Medizinischen auszugehen. Man weiß, dass Kunden- und Rechtssemantiken mit der medizinischen Behandlungslogik nur bedingt zusammenpassen, um dann in der Praxis zugleich die Verbindung immer wieder erzeugen zu müssen. Nicht zuletzt weiß man immer mehr um die Problematiken einer asymmetrischen Arzt-Patient-Beziehung, auf die jedoch trotz aller Patientenemanzipation nicht verzichtet werden kann.

Die Reflexionsverhältnisse werden komplex, denn nicht zuletzt hat man in der Reziprozität der Rollenerwartungen davon auszugehen, dass sowohl der Patient als auch der Arzt um all die hiermit verbundenen Dilemmata wissen. Im Rahmen dieser *polykontexturalen Verhältnisse*[13] werden auch die hiermit verbundenen Rollenerwartungen komplex. Arzt und Patient haben nun jeweils im Einzelfall aneinander auszutesten, ob sie einander vertrauen können, dass sich in der konkreten Arbeitsbeziehung medizinische, ökonomische und rechtliche Lagerungen in einer ökologischen Weise miteinander verzahnen lassen, dass sich fallspezifisches Verstehen und allgemeine Geltungsansprüche[14] zu einer stimmigen Behandlungspraxis fügen.

---

13 Im Sinne Gotthard Günthers (1991) werden unter Kontexturen unterschiedliche lokale und in diesem Sinne eindeutig rekonstruierbare Kausalitäten verstanden, die ihrerseits jedoch in heterarchischen, teilweise inkommensurablen Verhältnissen zueinander stehen.
14 Siehe zu den sich hieraus ergebenden widersprüchlichen Einheiten Oevermann (1990).

Da aber all diese Prozesse weiterhin in die Tiefe der Realität einer potentiell existenziell bedrohlichen Erkrankung eingewoben sind, ist die Konstitutionslogik der alten Parsonsschen Rollenbeziehung hiermit nicht aufgehoben oder suspendiert. Sie wird nur überlagert. Die hierin eingelagerten Zweifel heben das Anzweifelbare nicht auf. Dem Kranken bleibt letztlich weiterhin kaum eine andere Alternative, als sich dem Behandlungsregime zu subordinieren und ebenso hat der Arzt weiterhin zu plausibilisieren, dass er *das nolens volens* ihm entgegenzubringende Vertrauen nicht missbraucht. All dies hat nun unter polykontexturaler Reflexionsverhältnissen zu geschehen. Der moderne Patient kann sich dem Arzt als Experten nicht mehr wirklich in vollkommen naiver Weise hingeben. Umgekehrt kann der Arzt sich nicht mehr (allein) auf die Funktionalität der alten Rollenstereotype verlassen, um sein Handeln zu plausibilisieren.

Um es mit Blick auf die Problematik der doppelten Kontingenz zu formulieren: Es bleibt beiden Partnern – Arzt und Patient – nichts anderes übrig, als sich qua Interaktion einer Unsicherheit zu stellen, die nur dadurch in versichernde Struktur überführt werden kann, indem man sich sowohl selbst vom anderen konditionieren lässt, als auch zugleich abtastet, mit welchen Verlässlichkeiten das Gegenüber auf die eigenen Kommunikationsversuche reagiert. Die komplexen Lagerungen der modernen semantischen Verwicklungen sind nur durch Selbstorganisation einer Arzt-Patient-Beziehung zu bewältigen, die zwar um die Notwendigkeit ihrer Asymmetrie weiß, jedoch hierin allein nicht mehr einen hinreichenden Grund sehen kann, sich in sozial verlässlicher Weise auf sie einzulassen. Erst auf diese Weise erscheint die Arzt-Patient-Beziehung als jene produktive Grauzone, in der dann – situativ mal für oder gegen ökonomische Interessen, im Sinne des Rechts oder entsprechend einer ‚brauchbaren Illegalität' (vgl. Luhmann 1999, Kapitel 22) , demokratisch oder fürsorglich paternalistisch – qualifizierte Entscheidungen getroffen werden können, die aus sich selbst heraus tragen.

Genau dies hat wohl auch Klaus Dörner im Sinn, wenn er die Arzt-Patient-Beziehung als die produktive Überlagerung einer symmetrischen und durchaus konfliktiven Subjekt-Subjekt-Beziehung durch zwei sich ausbalancierende Asymmetrien begreift. Erstere besteht darin, dass der Arzt in der Krankenbehandlung den Kranken zum medizinischen Objekt zu machen hat. Zweitere meint, als „Arzt vom Anderen her" gedacht, jenen pathischen Aspekt, sich dem anderen Selbst und sich dem ins Verhältnis setzenden eigenen Gewissen bedingungslos auszuliefern. Denn nur der Arzt als „Objekt des Anderen" darf nun seinerseits den Anderen als medizinisch Handelnder als „Patient-Objekt" in einer partnerschaftlichen „Subjekt-Subjekt-Beziehung" unterwerfen (Dörner 2001: 75 ff.). Wir gelangen hier gleichsam zu einer impliziten Ethik, die in die doppelte Kontingenz des Interaktionsprozesses selbst eingelassen ist. Denn der eine lässt sich nur vom anderen bestimmen, wenn dieser wiederum sich vom Gegenüber bestimmen lässt.

Die grundlegende Parsonssche Asymmetrie bleibt für die Krankenbehandlung zwar weiterhin konstitutiv instruktiv, verlangt jedoch unter den modernen Bedingungen einer verunsicherten Semantik eine Einbettung in eine sich rekursiv stabilisierende Beziehungssemantik (vgl. Kettner und Kraska 2009).

Die Alternative zu dem hier angebotenen Modell bestände im Idealtypus einer technokratischen Medizin, die ihre Legitimation allein durch Verfahren, wie Rechtsprechung, Leitlinienkonsens, formaldemokratische Priorisierungsbeschlüsse etc. erzeugt. Eine solche Medizinvariante tilgt jedoch zugleich den Patienten und den Arzt als Subjekte ihres Handelns. Die Frage der Beziehung würde sich dann im eigentlichen Sinne nicht mehr stellen.

Allein schon komplexitätstheoretische Überlegungen sprechen dafür, dass letztere Lösung im Sinne einer hinreichenden Stabilisierung des Vertrauens (allein) nicht tragen kann. Mit der reflexiven Moderne ist die Büchse der Pandora unwiderruflich geöffnet und entsprechend ist es nur eine Frage Zeit, wann der hierdurch ins Leben gerufene Zweifel auch an der Rationalität dieser technischorganisationalen Lösungen nagen wird.

Empirisch spricht einiges dafür, dass Kommunikationsnetzwerke in der Gleichzeitigkeit von Fluidität und Stabilisierung durch wechselseitige Kontrolle attraktivere Angebote der Vertrauensbildung bereitstellen können. Ihre eigentliche Leistung besteht gerade darin, in dynamischen Verhältnissen unter Voraussetzung der Unsicherheit temporäre Verlässlichkeiten produzieren zu können. Die Besonderheit von Netzwerken besteht im Sinne von White (1992) darin, dass die Identitäten der in den Netzwerkknoten fungierenden Personen oder Organisationen nur über die Beziehungen zu anderen Knotenpunkten des Netzwerkes definiert werden können. Identitäten erscheinen nun als emergente Einheiten, die jedoch, wenn einmal konstituiert, ihrerseits versuchen, sowohl ihre Netzwerkpartner zu kontrollieren als auch sich selbst der Kontrolle[15] durch die Netzwerkpartner zu entziehen (vgl. Baecker 2005: 226). Aus Perspektive des einzelnen Akteurs ergibt sich hieraus die kybernetische Maxime, dass die eigene Identität davon abhängt, den anderen kontrollieren zu können, was jedoch nur gelingt, wenn ich mich von dem anderen bestimmen lasse. Oder anders herum gesprochen: „Ein Netzwerk verwebt Identitätsentwürfe von Personen, Institutionen, Ideologien und Geschichten zu einem Versuch wechselseitiger Kontrolle, der an den Identitäten, die hier im Spiel sind, laufend scheitert und daraus, näm-

---

15 Der Begriff ‚Kontrolle' ist hier nicht im Sinne von Überwachung zu verstehen, sondern meint entsprechend dem englischen ‚control' eher Regelung und Steuerung.

lich aus den resultierenden Unsicherheiten, seine nächsten Motive rekrutiert" (Baecker 2005: 226).

An dieser Stelle ist zu betonen, dass die Bindungen zwischen den Knoten nicht formal – etwa als Zahl von Verknüpfungen, sondern nur semantisch bestimmt werden können, nämlich als ausformulierte und ausgesponnene Bedeutungsaufladungen –White spricht hier von »stories« (White 1992: 65 f.), die den Charakter eines Akteurs, einer Institution und einer Organisation als Identitäten durch die hiermit verbundenen Zuschreibungen bestimmen. Genau in diesem Sinne stellen Netzwerke eine strukturelle Antwort auf eine verunsicherte Medizin dar, die jedoch entsprechend ihres originären Funktionsbezugs nur unter dem Vertrauensvorschuss von Sicherheit operieren kann (vgl. Schubert/Vogd 2008).

Die künftigen Prozesse der Krankenbehandlung erscheinen nun weniger an Organisationen oder Institutionen professioneller Selbstkontrolle gebunden und werden entsprechend auch weniger in der intraorganisationalen Dynamik ausgehandelt, sondern vollziehen sich in einem Behandlungsnetzwerk, das aus unterschiedlichsten organisatorischen und personalen Einheiten geknüpft wird. Allein die ökonomischen Primate verlangen nach einer Kooperation mit ambulanten Diensten, niedergelassenen Ärzten, Krankenkassen, anderen Kliniken und stationären Pflegeeinrichtungen. Nicht zuletzt werden der Patient und seine Angehörigen selbst zu einem Teil des Netzwerkes, haben nun vermehrt selbst am Behandlungsprozess mitzuarbeiten – sei es in der Pflege, im Einfordern von Finanzmitteln oder in der Organisation von Beschwerdemacht, um den Irregularitäten in den Behandlungsprozessen eigene Kontrollversuche entgegenzusetzen (vgl. Vogd 2007).

Literatur

Amelung, Volker E./Sydow, Jörg/Windeler, Arnold (Hrsg.) (2008): Vernetzung im Gesundheitswesen – Wettbewerb und Kooperation. Stuttgart: Kohlhammer

Baecker, Dirk (2005): Form und Formen der Kommunikation. Frankfurt/Main: Suhrkamp

DeKay, Michael L./Asch, David A. (1998): Is the defensive use of diagnostic tests good for patients or bad? In: Medical Decision Making 18. 19-28

Dörner, Klaus (2001): Der gute Arzt. Lehrbuch der ärztlichen Grundhaltung. Stuttgart, New York: Schattauer

Fisher, Elliott S./Welsh, Gilbert H. (1999): Avoiding the unintended consequences of growth in medical care: how might more be worse? In: Journal of American Medical Association (JAMA) 281. 446-453

Freidson, Eliot (1979): Der Ärztestand. Berufs- und wissenschaftssoziologische Durchleuchtung einer Profession. Stuttgart: Enke

Freidson, Eliot (1975): Dominanz der Experten. Zur Struktur medizinischer Versorgung. München, Berlin, Wien: Urban und Schwarzenberg

Fuchs, Peter (2007): Das Maß aller Dinge. Eine Abhandlung zur Metaphysik des Menschen. Weilerswist: Velbrück

Goffman, Erving (1973): Asyle – Über die soziale Situation psychiatrischer Patienten und anderer Insassen. Frankfurt/Main: Suhrkamp

Günther, Gotthard (1991): Idee und Grundriß einer nicht-aristotelischen Logik: die Idee und ihre philosophischen Voraussetzungen. Hamburg: Meiner

Hafferty, Frederic W./Light, Donald W. (1995): Professional dynamics and the changing nature of medical work. In: Journal of Health and Social Behavior Extra Issue. 132-153

Herder-Dorneich, Phillip/Schuller, Alexander (Hrsg.) (1983): Die Anpruchsspirale. Schicksal oder Systemdefekt? Stuttgart, Berlin, Köln: Kohlhammer

Kettner, Matthias/Kraska, Matthias (2009): Kompensation von Arzt-Patient-Asymmetrien im Rahmen einer Theorie kommunikativen Handelns. In: Vollmann/Schildmann/Simon (Hrsg.) (1995): 243-260

Koller, Alfred (Hrsg.) (2003): Haftpflicht und Versicherungsrechttagung 2003: Tagungsbeiträge. St. Gallen: Institut für Haftpflicht- und Versicherungsrecht

Kressing, Frank (1995): Westliche Medizin in der Kallawaya Region. Ulm: Ulmer Kulturanthropologische Schriften

Luhmann, Niklas (1990a): Der medizinische Code. In: Luhmann (Hrsg.) (1990b): 183-195

Luhmann (Hrsg.) (1990b): Soziologische Aufklärung, Konstruktivistische Perspektiven. Opladen: Westdeutscher Verlag

Luhmann, Niklas (1993): Soziale Systeme. Grundriß einer allgemeinen Theorie. Frankfurt/Main: Suhrkamp

Luhmann, Niklas (1999 [1964]): Funktionen und Folgen formaler Organisation. Berlin: Duncker & Humblot

Luhmann, Niklas (2000): Organisation und Entscheidung. Opladen: Westdeutscher Verlag

Oevermann, Ulrich (1990): Klinische Soziologie. Konzeptualisierung, Begründung, Berufspraxis und Ausbildung. Frankfurt/Main: Goethe-Universität. userpage.fu-berlin.de/vogd/KlinischeSoziologie.pdf (01.07.2011)

Parsons, Talcott (1958): Struktur und Funktion der modernen Medizin. Eine soziologische Analyse. In: Kölner Zeitschrift für Soziologie und Sozialpsychologie. Probleme der Medizinsoziologie. Sonderheft 3. 10-57

Parsons, Talcott (1951): The Social System. London: Routledge and Kegan

Pelikan, Jürgen M. (2007): Zur Rekonstruktion und Rehabilitation eines absonderlichen Funktionssystems. Medizin und Krankenbehandlung bei Niklas Luhmann und in der Folgerezeption. In: Soziale Systeme 13. 290-303

Rebscher, Herbert (Hrsg.) (2006): Gesundheitsökonomie und Gesundheitspolitik im Spannungsfeld zwischen Wissenschaft und Politikberatung. Heidelberg: Economia

Roberto, Vito (2003): Haftpflichtrisiken bei Geschäftsbeziehungen zu den USA. In: Koller (Hrsg.) (2003): 141-158

Saake, Irmhild/Vogd, Werner (Hrsg.) (2008): Moderne Mythen der Medizin. Studien zur organisierten Krankenbehandlung. Wiesbaden: VS Verlag für Sozialwissenschaften

Samuel, Sajay/Dirsmith, Mark W./McElroy, Barbara (2005): Monetized medicine: from physical to the fiscal. In: Accounting Organizations and Society 30. 249-278

Schmidt, Bettina (2007): Eigenverantwortung haben immer die anderen. Der Verantwortungsdiskurs im Gesundheitswesen. Bern: Huber Verlag.

Schubert, Cornelius/Vogd, Werner (2008): Die Organisationsform der Krankenbehandlung. Von der privatärztlichen Konsultation zur vernetzten Behandlungstrajektorie. In: Amelung/Sydow/Windeler (Hrsg.) (2008): 25-49

Schwartz, Friedrich Wilhelm/Scriba, Peter C. (2006): Versorgungsforschung und ihre gesundheitspolitische Bedeutung. In: Rebscher (Hrsg.) (2006): Seitenzahlen fehlenStollberg, Gunnar (2008): Kunden der Medizin. Der Mythos vom mündigen Patienten. In: Saake/Vogd (Hrsg.) (2008): 345-362

Vogd, Werner (2007): Von der Organisation Krankenhaus zum Behandlungsnetzwerk? Untersuchungen zum Einfluss von Medizincontrolling am Beispiel einer internistischen Abteilung. In: Berliner Journal für Soziologie 17. 97-119

Vogd, Werner (2006): Die Organisation Krankenhaus im Wandel. Eine dokumentarische Evaluation aus Perspektive der ärztlichen Akteure. Bern: Huber

Vogd, Werner (2004): Ärztliche Entscheidungsprozesse des Krankenhauses im Spannungsfeld von System- und Zweckrationalität: Eine qualitativ rekonstruktive Studie. Berlin: VWF

Vogd, Werner (2002): Professionalisierungsschub oder Auflösung ärztlicher Autonomie. Die Bedeutung von Evidence Based Medicine und der neuen funktionalen Eliten in der Medizin aus system- und interaktionstheoretischer Perspektive. In: Zeitschrift für Soziologie 31. 294-315

Vollmann, Jochen/Schildmann, Jan/Simon, Alfred (Hrsg.) (2009): Klinische Ethik. Aktuelle Entwicklungen in Theorie und Praxis. Frankfurt/Main: Campus

Vollmann, Jochen/Winau, Rolf (1996): History of informed medical consent. In: Lancet 347. 410

White, Harrison C. (1992): Identity and control. A structural theory of social action. Prinjeton NJ: Princeton University Press

II Empirische Perspektiven

Interaktionsdynamiken in der Triade Kind-Eltern-Arzt in Kindervorsorgeuntersuchungen

Helga Kelle und Marion Ott

Seit den 1990er Jahren richtet eine mit qualitativen Methoden arbeitende Medizinsoziologie ihre Aufmerksamkeit vermehrt auf den Bereich der konkreten Prozessierung (medizinischen) Wissens in der klinischen Praxis (vgl. Stollberg 2001; Begenau et al. 2005). In diesem Kontext kommen die Interaktionen zwischen Arzt bzw. medizinischem Personal und Patienten vermehrt in den Blick. Insbesondere über ethnographische, konversations- und praxisanalytische Forschungsstrategien wird der pragmatische Vollzug diagnostischer und therapeutischer Verfahren rekonstruiert.

Der Beitrag[1] fokussiert Interaktionsdynamiken in Vorsorgeuntersuchungen (U1 bis U9), die in Deutschland ein teilstandardisiertes pädiatrisches Früherkennungsprogramm bei Kindern von Geburt (U1) bis zum Alter von fünf Jahren (U9) realisieren.[2] Die bundeseinheitliche Durchführung dieser Vorsorgeuntersuchungen und ihr Status als Krankenkassenleistung sind im 5. Buch des Sozialgesetzbuches festgeschrieben. Der Gemeinsame Bundesausschuss der Ärzte und Krankenkassen legt „Richtlinien über die Früherkennung von Krankheiten bei Kindern bis zur Vollendung des 6. Lebensjahres", kurz „Kinder-Richtlinien" (G-BA 2009) fest, auf denen die Untersuchungen basieren. Während die Vorsorgeuntersuchungen seit ihrer Einführung 1977 zunächst vor allem der Früherkennung von entwicklungsgefährdenden Krankheiten dienten, führen Kinderärzte in diesem Rahmen zunehmend allgemeine entwicklungsdiagnostische Beobachtungen durch, die in den Befund münden, ob das Kind ‚altersgemäß' entwickelt ist

---

1 Der Beitrag basiert auf dem DFG-Forschungsprojekt „Kinderkörper in der Praxis. Eine Ethnographie der Prozessierung von Entwicklungsnormen in kinderärztlichen Vorsorgeuntersuchungen (U3 bis U9) und Schuleingangsuntersuchungen", das von 2006 bis 2011 unter der Leitung von Helga Kelle an der Goethe-Universität Frankfurt durchgeführt wird. In diesem Kontext wurden über 100 anonymisierte Beobachtungsprotokolle von Vorsorgeuntersuchungen von unterschiedlichen Mitarbeiterinnen verfasst, die wir in die Analyse für diesen Beitrag einbezogen. Wir danken v. a. den Kolleginnen Sabine Bollig, Julia Jancsó (JJ), Anna Schweda und Katharina Stoklas (KS) für ihr Beobachtungsmaterial und wertvolle Ideen.
2 Im Einzelnen: U1: 2. – 4. Lebensstunde; U2: 3. – 10. Lebenstag; U3: 4. – 5. Lebenswoche; U4: 3. – 4. Lebensmonat; U5: 6. – 7. Lebensmonat; U6: 10. – 12. Lebensmonat; U 7: 21. – 24. Lebensmonat; U7a: 34. – 36. Lebensmonat; U8: 46. – 48. Lebensmonat; U9: 60. – 64. Lebensmonat.

oder nicht. Die pädiatrischen Fachkräfte fokussieren die körperliche, motorische, sprachliche, kognitive, soziale und emotionale Entwicklung des Kindes. Es handelt sich bei den Vorsorgen demnach um eine staatlich institutionalisierte Form der präventiven Entwicklungsbeobachtung, die alle Kinder durchlaufen sollen.

Für die analytische Exploration von Vorsorgeuntersuchungen spielt die Komplexität der Interaktionsarrangements in der Durchführung der Untersuchungen eine besondere Rolle. In der Medizinsoziologie hat sich in Bezug auf die Erforschung der Interaktion und Kommunikation zwischen Ärzten und Patienten die Unterscheidung von Experten- und Laienwissen etabliert (vgl. z.B. Gülich 1999), dies aber deshalb, weil die Studien ihre Aufmerksamkeit meist nur auf den kommunikativen Austausch von Erwachsenen richten. Tates und Meeuwesen (2001) kommen in ihrem Überblick der Forschungen zur Arzt-Eltern-Kind-Kommunikation, der Forschungsarbeiten aus den Jahren 1968 bis 1998 berücksichtigt, zu dem Schluss, dass hier – trotz anderslautender Absichten – vorwiegend dyadische Interaktionen zwischen Erwachsenen untersucht wurden. Damit steht für diesen Forschungsbereich der Perspektivwechsel von Kindern als „sozialen Objekten" (Silverman 1981), d.h. Objekten medizinischen Wissens und diagnostischer Verfahren, hin zu Kindern als Akteuren und Beiträgern in medizinischen Konsultationen und Tests (vgl. van Dulmen 1998) noch weitgehend aus. Zwar weisen Cahill und Papageorgiou (2007) in ihrem Literaturbericht darauf hin, dass Kindern als Akteuren in medizinischen Untersuchungen in den letzten Jahren zunehmend Aufmerksamkeit gewidmet wird. Fast alle diese Studien sind diskurs- und konversationsanalytisch ausgerichtet und fokussieren lediglich die sprachliche Beteiligung von Kindern, die jeweils als ausgesprochen gering bezeichnet und als *social talk* mit dem Arzt analysiert wird.[3]

Die Vorsorge- und Schuleingangsuntersuchungen zeichnen sich dadurch aus, dass sie ein Interaktions-Dreieck oder sogar -Viereck konstituieren – neben Arzt, Eltern und Kindern sind auch noch Sprechstundenhilfen oder Assistentinnen beteiligt. Das Nebeneinander von verschiedenen Handlungskanälen und „Rahmen" (Goffman 1980), mithilfe derer Teilnehmer sich orientieren, an welcher Aktivität sie gerade beteiligt sind, ebenso wie die kommunikativen Vermittlungen und die interaktiven Dynamiken differieren hier erheblich von denen in Dyaden. Es ist zu bezweifeln, dass die binäre Unterscheidung von Experten- und Laienwissen dieses komplexe *setting* angemessen erfasst.

Tannen und Wallat (1987) liefern eine der wenigen qualitativen Studien zur Interaktion von Ärzten, Eltern und Kindern und sprechen von unterschiedlichen „interactive frames" sowie „knowledge schemas", die hier zum Einsatz kommen.

---

3 Vgl. jedoch die Studie von Harder, Christensson und Söderbäck (2009), die v.a. die nonverbale Expression von Kindern in Hinblick auf ihre Bereitschaft zur Beteiligung analysieren.

So anregend diese Studie in ihren Konzepten ist, steht doch auch hier eher die Forschungsfrage im Vordergrund, wie der Arzt die konfligierenden Anforderungen während der Konsultationen bewältigt, als die offenere analytische Frage nach der Dynamik der triadischen Interaktionen, die Tates und Meeuwesen (2001) als Forschungsdesiderat reklamieren. Dieses Desiderat greifen wir für die vorliegende Studie auf.

Wir schließen dabei an einen andernorts vorgelegten Beitrag an (Kelle und Jancsó 2010), der sich mit der Frage beschäftigt, wie sich die Mitwirkung der Kinder an den Vorsorgeuntersuchungen darstellt und von den Beteiligten gedeutet wird, und der einer erwachsenen- und professionszentrierten eine kindzentrierte Analyseperspektive an die Seite stellt. Die untersuchten Kinder sind ebenso wie die Erwachsenen in die Situation der Vorsorgeuntersuchungen hineingestellt, müssen diese zu verstehen suchen und darin agieren. Reckwitz (2003) geht in seinem Überblick über Theorien sozialer Praktiken davon aus, dass alle eine „knowledgeability", eine grundsätzliche, implizite Verstehbarkeit sozialer Praktiken für Teilnehmer unterstellen. Statt diese Annahme einfach für soziale Interaktionen mit Kindern in medizinischen und präventiven Bereichen vorauszusetzen, fragen wir nach der empirischen Beobachtbarkeit der *knowledgeability* oder besser: *comprehensibility* von Untersuchungssituationen für die beteiligten Kinder (wie auch für die anderen Akteure). Wir gehen von einem heuristischen Konzept aus, wonach Kinder, noch bevor sie viele Situationen intellektuell verstehen können, bereits gefordert sind, rituelle Kompetenzen des Mitspielens zu erwerben und zu zeigen (vgl. Cahill 1987).

Mittels praxisanalytischer Rekonstruktionen zeigen Kelle und Jancsó (2010), dass sich das Problem der *compliance* der Kinder in den frühen Untersuchungen (bis einschließlich U5) noch kaum stellt. Die U7 ist laut Teilnehmerauskünften die Untersuchung mit dem schlechtesten Ruf, was die Frage der *non-compliance* der Kinder angeht. In den späten Vorsorgeuntersuchungen (U8 und U9) zeigt sich schließlich, dass von den Kindern in hohem Maße selbstverständlich erwartet wird, dass sie ‚mitarbeiten'. Die Autorinnen rekonstruieren, durch welche Modifikationen in der praktischen Durchführung der Untersuchungen es dazu kommt, dass sich die Frage der aktiven Mitwirkung der Kinder je nach Altersgruppe sehr unterschiedlich stellt und das Interaktionsgeschehen von der U1 bis zur U9 transformiert wird.

Wir schließen hier an diese Ergebnisse an und wählen einen interaktionsanalytischen Zugang, der sich um einen symmetrischen Einbezug aller Teilnehmerpositionierungen in den Vorsorgeuntersuchungen bemüht. Dabei erweitern wir in dem Forschungsprojekt, im Anschluss an Latour (1998), die Perspektive auf die Triade der menschlichen Akteure in den Untersuchungssituationen noch und beziehen Objekte und Instrumente als Aktanten ein, indem wir danach fragen, wie sie die Untersuchungspraktiken (prä)formieren, strukturieren und reproduzieren und darin das Interaktionsgeschehen *in situ* entscheidend prägen (vgl. Kelle 2006, 2007b; Bollig 2008). Im vorliegenden Beitrag fokussieren wir allerdings stärker die menschlichen Akteure und bleiben deshalb bei dem Begriff der Interaktionstriade.[4]

Im folgenden Abschnitt wird zunächst in einer ‚oberflächlichen' Analyse und strukturellen Beschreibung dargestellt, welche Interaktionsarrangements und Teilnehmer(dis)positionen sich in den Vorsorgen insgesamt finden lassen. Im dritten Abschnitt erfolgt die exemplarische Detailanalyse einer ausgewählten Kategorie aus dem Spektrum der Interaktionsarrangements in den Untersuchungen, die mittels „axialem" und „selektivem Kodieren" (Strauss 1998) ermittelt wurde, und zwar die der Kopplungen der Körper der Akteure in der Triade von Kindern, Eltern und medizinischem Personal. Diese Kategorie betrachten wir als zentral für interaktive Dynamiken in den Vorsorgeuntersuchungen, insofern deren Fokussierung auf den Kinderkörper (als Untersuchungsobjekt) in Verbindung mit der tendenziell triadischen Struktur der Interaktionssituationen spezifische Ressourcen und Effekte erzeugt, die sich deutlich von dyadischen Interaktionen zwischen erwachsenen Patienten und ihren Ärzten unterscheiden.

1 Interaktionsarrangements und Teilnehmer(dis)positionen in den Vorsorgen

Im Anschluss an Tannen und Wallat (1987) bezieht sich dieser Abschnitt auf die „knowledge schemas", die Wissensstrukturen über Situationen, Handlungen und Akteure, die Erwartungen in Bezug darauf steuern, was passieren wird, und Akteure in die Lage versetzen zu interpretieren, was gesagt und getan wird. Es wird entfaltet, welche Erwartungen in der Durchführung der Vorsorgeuntersuchungen an die Teilnehmer gerichtet werden.

Zunächst einmal besteht programmatisch die Erwartung – die schon auf dem Deckblatt des Kinder-Untersuchungsheftes[5] (G-BA 2005) mitgeteilt wird („Bringen Sie Ihr Kind zur Untersuchung!") – dass Eltern ihre kleinen Kinder zu den Ärzten begleiten. Den Eltern kommt die Verantwortung zu, ihre Kinder fristgerecht vorzustellen und es ist eine Besonderheit der Vorsorgen im kinder-

---

4 Dass diese Triade durch das Hinzukommen der ethnografischen Beobachterin genau genommen zu einer Tetrade mutiert, wird Sabine Bollig in ihrer Dissertation, die 2011 abgeschlossen wird, systematisch einbeziehen und methodologisch reflektieren.
5 Das U-Heft oder ‚gelbe Heft', wie es in der Praxis auch heißt, versammelt die Befundschemata für U1 bis U9 und repräsentiert darin sowohl den Untersuchungsplan des (entwicklungs-)diagnostischen Programms wie auch das Archiv der ermittelten Befunde.

medizinischen Kontext, dass die Kinder dafür nicht akut krank sein dürfen. Impliziert ist dabei, dass Kinder im Alter von 0 bis 6 Jahren noch nicht als selbstständige Patienten gelten können.

Fasst man die Beobachtungen aus unserem Forschungsprojekt zusammen, so zeigt sich, dass in der praktischen Durchführung der Untersuchungen weitgehend eine implizite Verstehbarkeit der Untersuchungspraktiken für Kinder und Eltern unterstellt wird (oder aber dass diese für den Ablauf der Untersuchungen nicht als notwendig erachtet wird). Es kommt in kaum einer der Beobachtungssituationen zu ausführlichen Erklärungen in Bezug auf die Untersuchungsinhalte, die bevorstehenden Prozeduren oder die Befunde, v. a. nicht an die Adresse der Kinder. Zwar wird häufig kurz mitgeteilt, was die nächsten Untersuchungsschritte sein werden („Ich schau mir jetzt mal den Rücken an."), Erläuterungen zu deren Sinn und Zweck bleiben aber meist aus. Allenfalls punktuell und besonders dann, wenn Instrumente eingesetzt werden, werden Kinder und Eltern über die anstehende Einzeluntersuchung verbal aufgeklärt. Ansonsten lässt sich eine häufig ‚sparsam' verbale oder nonverbale, körperliche Einleitung und Steuerung von Untersuchungsschritten durch das medizinische Personal beobachten, die mit Gesten und Zeichen funktioniert und Kindern wie Eltern ihre Positionen in den Untersuchungsräumen anweist.

Eltern drücken bereits durch ihre Selbstpositionierungen im Raum aus, wie sie ihre Rolle in den Untersuchungen verstehen: Muss noch auf die Ärztin oder die Untersuchung gewartet werden, nehmen Eltern nah bei ihren Kindern Platz, werden die Kinder dann (körperlich) untersucht, halten sich Eltern eher im Hintergrund, gehen auf Distanz oder aber bleiben so nah bei den Kindern, wie sie es für das Wohlbefinden des Kindes für nötig halten. Nähe und Distanznahme der Eltern können so zu einem Selbstständigkeitsindikator für die Entwicklungsbeobachtung des Kindes werden; in jedem Fall signalisieren Eltern mit ihren graduell abgestuften Distanznahmen aber ihr Wissen darum, dass es das Kind ist, das im Fokus der Untersuchung steht.

Die Untersuchungen bestehen, folgt man der Logik der Befundschemata des U-Heftes, aus (am Kind) zu erhebenden und aus (bei den Eltern) zu erfragenden Befunden sowie aus zusätzlichen Angaben. Aus dieser strukturellen Differenzierung der Befundermittlung ergibt sich eine Differenzierung und Choreografie der situativen Teilnehmerpositionen, je nachdem, unter welcher Rubrik gerade Befunde ermittelt werden sollen. Eltern sind also nicht einfach in eine relativ passive Beobachter- und Begleiterrolle verwiesen, sondern werden punktuell auch als ‚Hauptdarsteller', als Auskunftgeber adressiert. Aus der Logik der Befundung ergeben sich damit verschiedene typische und ‚fliegend' wechselnde Interaktionsarrangements während der Durchführung der Untersuchungen: In der Triade Kind, Eltern, medizinisches Personal steht entweder die Interaktion zwischen

Kind und medizinischem Personal im Vordergrund und die Eltern bleiben im Hintergrund (gewissermaßen in einem Standby-Modus), oder die Interaktion zwischen Eltern und medizinischem Personal steht im Vordergrund und die Kinder bewegen sich im Hintergrund, werden kurzzeitig z.B. mit Spielzeug anderweitig beschäftigt oder zumindest in der Form der Kommunikation, der direkten Bezugnahme zwischen den Erwachsenen und dem Reden über das Kind in der dritten Person, gewissermaßen ‚ausgeblendet'.

Bei dem Interaktionsarrangement, in dem die Interaktion zwischen Kind und medizinischem Personal im Vordergrund steht und Eltern tendenziell aus der unmittelbaren Interaktion exkludiert werden, dreht es sich meist um entwicklungsdiagnostische Überprüfungen. Dafür bemüht sich das medizinische Personal, bestimmte Kompetenzperformanzen bei den Kindern (verbal) anzuregen. Ärzte und Arzthelferinnen bieten etwa das Vormachen und/oder spielerische Rahmungen in der Untersuchungs- oder Testsituation an, worüber sie sich selbst als ‚Mitspieler' und ‚Spielführer' inszenieren (vgl. Schweda 2010), die aber nicht auch noch die Eltern ‚mitspielen' lassen. Diese Situationen bringen Eltern tendenziell in die Rolle eines Beobachters und allenfalls eines Kommentators. Komplementär dazu beziehen sich die Situationen, in denen die Interaktion zwischen Eltern und medizinischem Personal im Vordergrund steht und Kinder tendenziell aus der Kommunikation exkludiert werden, auf die Anamnese sowie die Mitteilung von Befunden, Behandlungsvorschlägen und Empfehlungen. Diese Situationen bringen Kinder in eine bemerkenswerte Rolle: Sie sind Objekt, aber meist nicht Adressat und Subjekt dieser Kommunikation, obwohl sie anwesend sind.

Diese beiden möglichen Rahmungen sind grundlegend für die Vorsorgeuntersuchungen; die Beobachtung der Praxis zeigt allerdings auch, dass nicht selten besonders dichte Interaktionssituationen ablaufen, in denen alle drei Akteursgruppen gleichzeitig auf der Vorderbühne zu stehen scheinen und es zu einem schnellen Wechsel der Adressierungen und Rahmungen in der Triade kommt. Paradigmatisch dafür sind die körperlichen Untersuchungen der Kinder: Während der Arzt bestimmte diagnostische Handgriffe am Kinderkörper ausführt und mit dem Kind dabei spricht, kommuniziert er gleichzeitig mit den Eltern und befragt sie ergänzend zu dem, was er ertasten kann – oder auch zu anderen Gegenständen. Ganz entscheidend ist hier das Alter: Je jünger die Kinder sind, desto eher interagieren alle drei Akteursgruppen miteinander, da die Kinder bei den frühen Untersuchungen noch nicht selbst befragt werden können und sich noch nicht so selbstständig bewegen wie ab etwa der U7, bei der sie zwei Jahre alt sind. Besonders bei den ganz kleinen Kindern wird außerdem die körperliche Nähe der Eltern als potentiell beruhigend eingeschätzt. Neben den körperlichen Untersuchungen zeichnen sich auch viele entwicklungsdiagnostische (Test)Situationen durch eine solche interaktive Dichte aus, besonders diese greifen wir später für die Detailanalysen auf.

Während Arzthelferinnen in den triadischen Situationen, in denen sie bestimmte Untersuchungsschritte selbstständig durchführen, z.B. Messen, Wiegen, Sprach- oder Motoriktests, analog zu den Ärzten die Situationssteuerung übernehmen, ändert sich ihre Position im Interaktionsviereck von Kind, Eltern, Arzt und Arzthelferin. Dann liegt die direktive Kompetenz beim Arzt und die Arzthelferin wird zur Zuarbeiterin und Dokumentatorin der Untersuchungsschritte und -befunde, die auf Zuruf des Arztes hin agiert. Die Aufgabe der Dokumentation übernehmen viele Ärzte in unserem Sample aber auch selbst, während die Arzthelferin bereits das nächste Kind misst und wiegt, so dass die triadischen Interaktionssituationen insgesamt überwiegen. Entscheidend für die Interaktion von Ärzten und Arzthelferinnen ist nicht zuletzt die instrumentell gestützte Weitergabe von Untersuchungsergebnissen: Die U-Hefte und (digitalen) Patientenakten fungieren hier als Transmitter der Arbeitsteilung in der Kinderarztpraxis, die diese erst ermöglichen.

Schließlich spielt das Arrangement, in dem Eltern und Kinder gemeinsam im Vordergrund stehen und das medizinische Personal im Hintergrund agiert (bzw. mit anderem beschäftigt ist) nur in den Situationen der Vor- und Nachbereitung der Untersuchungen eine Rolle: beim Warten und beim An- und Ausziehen der Kinder. Letzteres wird allerdings häufig auch als Bestandteil der Untersuchungen inszeniert und mit beobachtet – kann sich das Kind schon allein ausziehen? – und konstituiert dann wiederum ein Interaktionsarrangement, in dem alle drei Akteursgruppen ‚aktiv' sind.

2 Körper-Kopplungen in der Triade von Kind-Eltern-Arzt

In den folgenden Detailanalysen fokussieren wir exemplarische Szenen, die sich durch die intensive Beteiligung der Körper am Vollzug der Untersuchungspraktiken auszeichnen. Körper verstehen wir dabei in Anlehnung an ein analytisches Konzept von Stefan Hirschauer (2004) als „Partizipanden des Tuns". Wir sprechen hier metaphorisch von Körper-Kopplungen, um die körperlichen Bezugnahmen der Akteure aufeinander und deren Relevanz in den triadischen Interaktionen zu beschreiben. Daran zeigen wir, wie die diagnostische Praxis *in situ* geformt wird und wie damit auch die Befunde geprägt werden.

2.1 Funktionalisierung des körperlichen Einsatzes der Mutter und der ‚Wille' des Kindes

Die folgende Szene aus einer U6 illustriert, wie der Arzt und die Mutter gemeinsam daran arbeiten, zur Einschätzung des motorischen Entwicklungsstandes eine Performanz am Kinderkörper hervorzubringen. Im Vorfeld berichtete die Mutter, dass ihre Tochter – im Gegensatz zu anderen einjährigen Kindern, die teilweise schon laufen würden – nicht krabbeln würde, und dass sie eher spricht, also eher eine „Kommunikative" sei.

> Dr. Heckberger geht wieder auf die Untersuchungsliege zu und fordert die Mutter auf: „Nehmen Sie sie doch vielleicht mal eben kurz an den, an den Armen, nur an den, nur an den Fingern halten." Er zeigt der Mutter die Bewegung, indem er beide Hände nach vorne streckt und langsam die Arme anhebt. Die Mutter stellt sich vor Laura und vollzieht vorsichtig den demonstrierten Griff.
> Dr. Heckberger: „Probieren Sie, sie mal hochzuziehen, ob sie versucht, sich schon hinzustellen."
> Die Mutter folgt seiner Anleitung, greift Laura an beiden Händen und zieht ihre Arme nach oben. Laura macht einen überraschten Gesichtsausdruck schaut ihrer Mutter fragend ins Gesicht, lacht dann breit, macht aber keine Versuche, sich aufzurichten.
> Dr. Heckberger: „Okay."
> Er tritt an die Liege, greift Laura unter die Achseln und wiederholt den Vorgang. Laura fängt beim erneuten Hochziehen an zu meckern, bleibt aber wieder sitzen und bewegt ihre Beine nicht.
> Dr. Heckberger: „Sie will nich."
> Die Mutter sagt darauf mit etwas Nachdruck in der Stimme: „Sie will sitzen."
> Dr. Heckberger bestätigt: „Sie will sitzen, ne", und kehrt zurück zu dem PC. (U6, KS)

Nachdem die Mutter bereits auf eine fehlende motorische Kompetenz verwiesen hatte, instruiert der Arzt sie zu einem körperlichen Eingreifen. Damit soll eine Bewegungsleistung am Körper des Kindes hervorgebracht werden, die als Voraussetzung des Stehens und Gehens gilt („ob sie schon versucht, sich hinzustellen"). Während die Aufforderung einen gewissermaßen mechanisch und/oder reflexhaft funktionierenden Kinderkörper unterstellt, reagiert der Körper des Kindes gerade nicht in der gedachten Weise. Laura nimmt vielmehr mit fragendem Blick und Lachen Kontakt zu ihrer Mutter auf. Daraufhin greift der Arzt selbst körperlich ein und verstärkt den Griff, so dass der Körper des Kindes weniger gezogen als gehoben wird. Die erwartete körperliche Reaktion bleibt aus, Laura scheint Missfallen gegenüber dieser Behandlung zu signalisieren.

Das Stehen ist in der U6 noch nicht unbedingt zu erwarten und in neurologischen und pädiatrischen Modellen gilt die (motorische) Entwicklung als inter- und intraindividuell variabel und inkonsistent (vgl. Michaelis et al. 1989). Statt weitere Versuche zu unternehmen oder aber angesichts der ausbleibenden Performanz die fehlende Kompetenz explizit anzusprechen, verständigen sich der Arzt und die Mutter in dieser Szene darauf, dass es sich hier um eine Frage der Bereitschaft, des Willens des Kindes handelt: „Sie will nicht (aufstehen)", sondern „sie will sitzen".

Hier, wie auch in den frühen Untersuchungen bis zur U5, stellen sich Nicht-Wollen und Nicht-Können tendenziell als ununterscheidbar dar. Dem Kind wird unter Referenz auf seinen Willen ‚Kredit' gegeben, die Kompetenz erst noch zu entwickeln oder sie sogar schon zu besitzen. Die Zuschreibung eines Subjektstatus symmetrisiert das Kind und die Erwachsenen als ‚dialogische' Interaktionspartner, und erst auf diese Weise kann vermieden werden, die nicht hervorgebrachte Performanz als Inkompetenz darzustellen. Es stellt sich damit als eine spezifische Ressource für die frühen Untersuchungen dar, dass die Unterschiede zwischen Wollen und Können aufgrund der fehlenden sprachlichen Ausdrucksmöglichkeiten der Kinder nicht so leicht auszumachen sind.

In den frühen Vorsorgen sind die Körper-Kopplungen ein Teil der Untersuchungsanordnung, der sich notwendig aus dem eingeschränkten Bewegungsradius der Kinder ergibt. Es bedarf anderer Körper, an die der Körper des Kindes ‚angeschlossen' wird, um die Untersuchungen überhaupt durchführen zu können, z.B. um die noch nicht ausgebildete Muskelkraft zu kompensieren oder um den Körper des Kindes bei Reflex- und Reaktionsprüfungen in bestimmte Positionen zu bringen. Mit den steigenden Erwartungen an die Eigenständigkeit der motorischen Kompetenzen werden bei den weiteren Untersuchungen die körperlichen Eingriffe recodiert. Die Körper-Kopplungen in den späten Vorsorgen (U8, U9) bestehen dann eher in steuernden Einflussnahmen auf die Kompetenzdarstellungen der Kinder.

2.2 Körperliche Unterstützungsleistungen zur Herstellung von Befunden

In der folgenden Szene aus einer U9 wird die Mutter selbst körperlich aktiv, um ihre fünfjährige Tochter zur Darstellung des einbeinigen Hüpfens zu bringen. Dies geschieht im Vorfeld der ärztlichen Untersuchung bei der Arzthelferin, die mithilfe der Denver-Entwicklungsskalen (Flehmig et al. 1973) erste entwicklungsdiagnostische Befunde erhebt:

Die Arzthelferin, Frau Dabaci, wendet sich wieder an Miriam, stellt sich erneut vor die Tür, hebt ein Bein und beginnt zu hüpfen: „Ich will gucken, ob du so ganz toll hier auf *einem* Bein so auf der Linie hüpfen kannst. Kriegst Du das hin?", fragt sie Miriam, die mit großen Augen abwechselnd sie und ihre Mutter anschaut. „Bestimmt", kommt von Frau Dabaci ermutigend auf ihre eigene Frage. Miriam rührt sich nicht vom Fleck und bleibt nah an ihrer Mutter. „Komm wir probieren es mal!", sagt aufmunternd die Mutter und geht zur Startposition. „Wir helfen ihr auch, wenn es nicht geht.", kommt von Frau Dabaci, während sie die Vorbereitungen der Mutter anschaut. Miriam folgt ihrer Mutter nicht mit Begeisterung, sie schleift ihren Körper vielmehr hinter dem der Mutter her, als würde es ihr unheimlich schwer fallen, sich zu bewegen. Die Mutter reagiert: „Na, probier mal!", gibt sich dann energisch: „Soll ich mal vormachen?" Es entsteht ein Durcheinander, da Frau Dabaci sich in die Diskussion einmischt und die Erwachsenen auf Miriam schauen, ob sie jetzt doch allein loslegen will. Sie steht dicht hinter ihrer Mutter und wirkt immer noch unentschlossen. „Ich hüpf vor. Achtung!" und die Mutter beginnt zu hüpfen, schreit lustvoll bei jedem Aufprall wie bei einem Spiel. Der Raum kommt mir plötzlich ganz eng vor, alle tummeln sich in der Mitte. Die Mutter, die eine Größe von mindestens 1,74 m hat, füllt durch ihre Hüpf-Bewegung entscheidend das Zimmer. Miriam folgt ihr dicht hinterher, ich sehe kaum, was sie macht, da sie sich von der Richtung her direkt auf mich zu bewegen. Frau Dabaci beobachtet das Mädchen genau und kommentiert die Vorführung: „Prima. Aber du hast ein bisschen geschummelt. Du hast Dich an der Mami festgehalten." Die Mutter zeigt sich überrascht (oder sie ahnt, was folgt), besteht dann aber auch darauf, es „noch mal ohne Festhalten zu machen". Dann wendet sie sich direkt an die Tochter: „Also so was! Festgehalten hast du dich" und führt sie zurück zur Startposition. Auch Frau Dabaci redet jetzt auf Miriam ein, die ganz verloren wirkt: „Das darfst du nicht machen." Es entsteht wieder ein Durcheinander. Miriam jammert, sie will nicht. Sie steht unbeholfen im Raum und schaut nach unten. Die Mutter versucht, sie zu überzeugen und dann hüpfen beide noch mal los. Nach diesem weiteren Hüpfen bestätigt Frau Dabaci wie eine Schiedsrichterin, dass Miriam „ein Stück gut gemacht" habe. (U9, JJ)

Vor dem Hintergrund, dass in den späten Vorsorgen eigenständige Bewegungsausführungen erwartet werden, greifen Eltern (streng) ermahnend oder animierend ein, wenn die Kinder Aufforderungen des medizinischen Personals nicht nachkommen. In der eben zitierten Szene beendet die Zuschreibung des Nicht-Wollens die diagnostische Überprüfung nicht wie in dem ersten Beispiel, sondern Miriam wird mit vielen Mühen der Erwachsenen zu einer (In)Kompetenzdarstellung gebracht. Nach erfolglosen Ermunterungsversuchen der Arzthelferin und Blickkontakten mit dem Kind, greift die Mutter von sich aus aktiv in das Geschehen ein, bietet ihre Beteiligung an, schreitet zur Tat und übernimmt bald darauf die interaktive Führung durch diesen Teil der Untersuchung.

Nachdem es gelungen ist, Miriam zum Mitmachen zu bewegen, wirkt die Szene schließlich, als ob ein Knäuel nicht mehr differenzierbarer Körper den

Raum erfüllt, bis die ‚Auswertung' des Ergebnisses schließlich zur Ernüchterung führt. Denn jetzt wird Miriam in die Pflicht zur selbständigen Erfüllung der Aufgabe genommen: Die Arzthelferin kommentiert zunächst nur, dass Miriam sich an der Mutter festgehalten hat, doch die sich überrascht zeigende Mutter fordert die Wiederholung der Aufgabe ein.

Im Gegensatz zu den frühen Vorsorgen, in denen die Kopplung der Körper nötig ist, um bestimmte Performanzen überhaupt hervorbringen zu können, wird sie hier in einer späten Untersuchung mit einem Verbot belegt („Das darfst Du nicht machen."). Das Festhalten verhindert, dass im Rahmen dieses Motoriktests ein valides Ergebnis hervorgebracht wird, und es zeigt an, dass Miriam die Norm der eigenständigen Bewegungsausführung nicht erfüllt. Während eine Inkompetenzdarstellung durch die Unterstützung der Mutter beinahe hätte kompensiert werden können, tritt sie letztlich gerade dadurch erst in Erscheinung. Mehr noch: Das weitere Hüpfen birgt die erneute Gefahr einer Inkompetenzdarstellung. Auch die Arzthelferin ist in der Folge bemüht, die folgende Darstellung Miriams nicht als Inkompetenz erscheinen zu lassen, denn sie sagt, Miriam habe „ein Stück gut gemacht". Auch hier zeigt sich, wie die Erwachsenen bemüht sind, Zuschreibungen von Inkompetenz zu vermeiden.

In anderen Untersuchungen wird die Vermeidung von Inkompetenzzuschreibungen teilweise bis in die Untersuchungsergebnisse hinein verfolgt: Wenn sprachliche Animierungen der Eltern zu Bewegungsleistungen (z.B. „du bist doch der Supersportler", „du bist doch der Superfußballer") nicht die gewünschte Wirkung haben, kommt es häufig zu körperlichem Eingreifen der Eltern. Die Kinder werden z.B. an der Hand oder am Arm durch die Tests/Übungen, wie Zehen- oder Hackengang, geführt. Obwohl in solchen Fällen nicht mehr von einer eigenständigen Bewegungsausführung gesprochen werden kann, notieren die Arzthelferinnen, dass die Aufgabe erfolgreich absolviert wurde. Somit wird nicht nur vermittels der Körper-Kopplung vermieden, dass es situativ zu einer Inkompetenzdarstellung kommt, sondern indem die Unterstützungsleistung im Ergebnis ‚versteckt' wird, erweist sich die Befundung selbst als eine Vermeidungsstrategie. So kann einerseits die Inkompetenzdarstellung vermieden *und* gleichzeitig das Programm geltend gemacht werden, denn es wird ein dem Arzt vorzulegendes Ergebnis produziert.

Sowohl bei der Bemühung um ein valides Ergebnis als auch bei den nur durch intensive körperliche Unterstützungen hervorgebrachten Leistungen wird deutlich, wie intensiv es sich auch die Eltern zur Aufgabe machen, die Produktion von Untersuchungsergebnissen zu ermöglichen. Werden die Eltern in den frühen Untersuchungen und – wie das erste Beispiel zeigte – auch noch bei der U6 eher zu körperlichen Eingriffen aufgefordert, machen sie sich bei den späten Untersuchungen oft unaufgefordert selbst zu ‚Untersuchungsgehilfen'. In diesen

Vorsorgeuntersuchungen werden mit der zunehmenden Komplexität der erwarteten motorischen Leistungen auch die körperlichen Eingriffsmöglichkeiten erweitert. Diese körperliche Nähe der Eltern beeinträchtigt allerdings die Option zur Selbständigkeitsdarstellung empfindlich.

2.3 Übergriffe im Dienste der Aufgabenerfüllung

Wir stellen eine letzte Szene vor, die aus einer U8 stammt. Im Vorfeld hatte der Arzt zunächst auf dem Fußboden des Sprechzimmers ein dyadisches Setting für die Untersuchung der Feinmotorik arrangiert und dem Kind dazu erklärt: „Damit wir was zusammen malen können." Ungefragt war die Mutter in dieses Arrangement ‚eingedrungen' („ich setz mich mal dazu") und hatte sich nah bei ihrem Kind platziert.

> Die nächste Übung ist der ‚Krabbelsack'[6], Michel soll in einen kleinen Stoffsack greifen, sich darin einen Gegenstand auswählen und sagen, was es ist. Er sitzt auf der Isomatte, nahe bei seiner Mutter, der Arzt hält ihm den Sack hin.
> Michel greift in den Sack, er hat etwas erwischt und will es herausziehen. Er zieht vorsichtig an seiner Hand, doch die Mutter hält sie in dem Säckchen fest. „Nicht den Inhalt rausholen", sagt der Arzt. Es gibt ein kleines Ringen um die Hand in dem Säckchen, da sagt Michel: „ein Auto". Jetzt darf er es rausholen. „Toll", meint der Arzt, auch die Mutter lobt ihn, beide lachen. Ein zweites Mal wiederholt sich dasselbe Bild. Michel greift in das Säckchen, wieder scheint er etwas gefunden zu haben und will daraufhin die Hand schnell herausziehen. Wieder hindert ihn seine Mutter lachend daran, indem sie die Hand im Säckchen hält, damit Hand und Gegenstand drin bleiben. Erst wollen Arzt und Mutter wissen, was er gegriffen hat, bevor er es herausziehen darf, aber Michel scheint es nicht gleich benennen zu können. Er zieht an seinem Arm, doch die Mutter hält das Säckchen im festen Klammergriff um das Handgelenk des Jungen. „Kannst mit beiden Händen greifen", schlägt der Arzt vor. Michel greift nun auch mit der anderen Hand in das Säckchen, wobei die Mutter sichtlich bemüht ist zu verhindern, dass er den Gegenstand herausholt und sehen kann. „Ein Löffel", sagt Michel dann, Arzt und Mutter lachen anerkennend und loben ihn. Jetzt scheint Michel verstanden zu haben, was er tun soll, denn beim nächsten Griff in das Säckchen wendet er den Kopf weit weg in die andere Richtung

---

6 Anna Schweda (2009: 70 ff.) hat im Rahmen ihrer Diplomarbeit zu Spielzeug in den kinderärztlichen Vorsorgeuntersuchungen Bedeutung und Einsatzfelder des Krabbelsacks recherchiert: Ursprünglich galt der Krabbelsack als ‚Überraschungssack', aus dem – z.B. auf Festen – Personen, ohne hineinzusehen, ein Päckchen herausgreifen dürfen. Er wird aber auch in (Sozial)Pädagogik und Therapie zur Förderung und in der Entwicklungsdiagnostik zur Testung der taktil-kinästhetischen und sprachlichen Entwicklung eingesetzt. Schwedas Analyse dieser Protokollszene gab für die vorliegende Interpretation anregende Impulse.

als das Säckchen sich befindet, als nehme er es jetzt sehr ernst, dass er nicht gucken soll. Er verdreht sich fast den Hals. Im Säckchen scheint er nichts zu finden. „Nicht gucken, nicht gucken", kommt von der Mutter immer wieder. „Nix drin", sagt Michel. Der Arzt schaut in meine Richtung und lacht. Michel wird angehalten, „noch mal genau zu gucken." „Ein Schlüssel", sagt Michel. „Volle Punktzahl", lobt ihn der Arzt und die Mutter beginnt ihn zu knuddeln. Michel schmiegt sich an sie. (U8, MO)

Zentral ist hier zunächst, dass die Akteure dem Geschehen bzw. der Aufgabe unterschiedliche Bedeutungen beimessen. Während das Kind offenbar die ursprüngliche Bedeutung des Krabbelsacks als Überraschungssack assoziiert, verfolgen der Arzt und die Mutter das Ziel, seine Funktion als informelles Testinstrument durchzusetzen. Es besteht dabei eine grundlegende Spannung zwischen der Anregung zum ‚Spielen' und der Anforderung, trotz knapper zeitlicher Ressourcen eine Testsituation zum Gelingen zu bringen (vgl. Schweda 2009: 72ff.).

Als Michel bemüht ist, einen ersten Gegenstand herauszuholen, mobilisieren der Arzt und die Mutter unterschiedliche Strategien, um die situiert vom Kind verlangte Verstehensleistung hervorzubringen. Beim ersten Gegenstand, den Michel ertastet und den er, im Sinne seiner Auffassung des Spielangebots, sogleich herausziehen will, legt die Mutter förmlich ‚Hand an' und begrenzt Michels Bewegungsmöglichkeit, der Arzt verbalisiert ein entsprechendes ‚Verbot' („Nicht den Inhalt rausholen."). Während er sich also körperlich eher heraus hält, kommt die Interaktion zwischen Mutter und Sohn einem Kampf nahe. Dessen erste Runde wird beendet, nachdem das Kind den Gegenstand benennt. Dass dieser dann ans Licht geholt wird, ist einerseits für die Überprüfung des Ergebnisses notwendig und kommt andererseits für Michel einer verspäteten Erlaubnis gleich, mit der ihm die Spielregel der Testaufgabe vermittelt werden soll. Das Loben wird hier noch als Verstärkung im verhaltenspsychologischen Sinn eingesetzt und das Lachen unterstreicht – im Kontrast zur Deutung des Geschehens als ‚asymmetrischen Kampf' – die spielerische Rahmung der Situation.

Beim zweiten Gegenstand, den Michel ertastet und herausholen will, wird er von der Mutter erneut körperlich daran gehindert. Michel intensiviert seine Bemühungen, nachdem er den Gegenstand offenbar nicht benennen kann. Analog dazu intensiviert auch die Mutter ihren Griff, mit dem sie Michels Hand im Säckchen fast gewaltsam zu bändigen versucht. Zur Durchführung der Aufgabe im Sinne der diagnostischen Logik greift sie zu einer Strategie der Vermeidung einer Inkompetenzdarstellung, indem sie Michel hindert, seine Handlungsabsichten in die Tat umzusetzen. Der Arzt wiederum arbeitet mit einer anderen Strategie, die wiederum an Michels Verständnis der Untersuchungssituation ansetzt. Statt die Bewegungsmöglichkeiten Michels zu begrenzen, schafft der Arzt die Bedingungen für ihre Erweiterung: Er bietet an, dass Michel beide Hände zum

Tasten benutzen kann, was die Verhinderungsarbeit der Mutter erheblich erschwert. Das Handeln des Arztes kann als eine Strategie der Aktivierung des Kindes gedeutet werden, denn bei Michel wird eine Verstehensleistung angeregt. Nachdem Michel daraufhin einen Löffel identifiziert, gelobt wird und schon den nächsten Gegenstand ertastet, scheint er zu antizipieren, was von ihm erwartet wird. Dann demonstriert er seine Verstehensleistung sogar noch dahingehend, dass er sie übererfüllend zur Darstellung bringt, als gelte es nicht nur, sich den Erwartungen anzupassen, sondern dies auch noch einmal explizit zur Schau zu stellen.

Bei der Bemühung, sich vom Objekt des Interesses abzuwenden, verliert er dieses dann jedoch soweit aus dem ‚tastenden Blick', dass er nichts mehr findet. Obwohl es allem Vorhergehenden widerspricht, wird Michel dann dazu aufgefordert, „noch mal genau zu gucken". Doch dieser Widerspruch in der sprachlichen Aufforderung fällt nicht ins Gewicht, da Michel bereits verstanden hat, dass es um das Hinsehen gerade nicht geht. Gegenüber Michels vorhergehender Deutung der Aufgabe passt er sich jetzt den Erwartungen an, auf deren Basis die Beteiligten gemeinsam die Testpraktiken vollziehen. Ähnlich wie in den Fällen, in denen die Eltern körperlich in die grobmotorischen Überprüfungen eingreifen, zielte die Strategie der Mutter darauf, durch ihre Eingriffe die situiert verlangte Verstehensleistung zu beschleunigen. Sie ermöglichte damit zwar die Herstellung von Ergebnissen, den Testverlauf dürfte sie jedoch vielleicht sogar verzögert haben. Die Körper-Kopplung zwischen Mutter und Kind unterstreicht erneut eher die Imkompetenz des Kindes (hier in Bezug auf das Verständnis der Aufgabe), statt dass sie diese kompensieren könnte. Die Strategie des Arztes dagegen läuft letztlich darauf hinaus, dass Michel die Aufgabe versteht, selbständig und kompetent erfüllt, ohne dass weitere Eingriffe nötig werden. Zudem weiß er sich jetzt sogar in der Situation als kompetent darzustellen.

3 Fazit: Eingriffe in dyadische Interaktionen und ihre Dynamik

Zum Schluss wollen wir auf die Differenz der triadischen Struktur der Interaktionssituationen in den Vorsorgen zu dyadischen Interaktionsarrangements zwischen Patienten und Ärzten zurückkommen. Wir haben in diesem Beitrag besonders dichte und prägnante Beispiele analysiert, in denen die drei Akteursgruppen Kinder, Eltern (bzw. Mütter) und medizinisches Personal gleichzeitig agieren und aufeinander reagieren. Wir hatten zunächst aber auch darauf hingewiesen, dass in den triadischen Interaktionssituationen im Rahmen der Vorsorgen häufig typischerweise einer der Akteure (Kind oder begleitendes Elternteil) eher zum Beobachter und vergleichsweise passiven Anwesenden wird, so dass man für diese Situationen sagen könnte, dass im Vordergrund eine vorwiegend dyadische Interaktion abläuft, die allenfalls ergänzt oder unterbrochen wird durch zeitweilige Kommentare (der Eltern) oder ‚Einspielungen' (des Kindes) aus dem Hintergrund. Die Anwesenheit eines dritten Akteurs scheint allerdings ‚Eingriffe' in dyadische Interaktionen und Körper-Kopplungen zu provozieren.

In diesem Kontext kann man abschließend die Dynamik der detailliert analysierten Beispiele noch einmal pointieren. In den drei Beispielen zeigten sich verschiedene Varianten, wer jeweils den Impuls dazu gibt, dass die Körper von Kind und Mutter aneinander gekoppelt werden, und sie zeigen auf, welche unterschiedlichen Interaktionsdynamiken dadurch entstehen. Im ersten Beispiel geschieht die Kopplung auf Veranlassung des Arztes, im zweiten Beispiel kommt der Impuls vom Kind und im dritten Beispiel von der Mutter. Während der Interaktionsverlauf im ersten Beispiel die interaktive Leitung des Arztes demonstriert und keine Folgeprobleme aufwirft, führen im zweiten und dritten Beispiel die Aktion des Kindes und die Intervention der Mutter zur Reorganisation des interaktiven Untersuchungsarrangements, maßgeblich durch die Mutter im zweiten und den Arzt im dritten Beispiel.

Wenn Eltern sich zu Eingriffen in die Untersuchung hinreißen lassen, ohne vom medizinischen Personal dazu aufgefordert zu werden, so exponieren sie sich (und ihre Kinder) in einer Weise, die den Erwartungen der Professionellen meist zuwiderläuft. Solche Eingriffe sind zu einem kleineren Teil dadurch erklärbar, dass Eltern in den Vorsorgen auch darauf achten, nicht zu desinteressiert am Geschehen zu erscheinen, um nicht in den Verdacht zu geraten, ihre Kinder (auch sonst) zu vernachlässigen.

Zu einem größeren Teil erklären sich die Eingriffe aus dilemmatischen Konstellationen, in die Eltern durch die triadische Interaktionsstruktur in Verbindung mit der Differenz von Kompetenz und Performanz gebracht werden können. Kelle (2007a: 117) weist darauf hin, dass in den Vorsorgen die situativ „fehlende Performanz keinen eindeutigen Rückschluss auf fehlende Kompetenz erlaubt, insofern andere einschränkende Bedingungen [wie etwa fehlende Mitwirkungsbereitschaft, H. K./M. O.] nicht letztlich kontrollierbar sind". Das Zitat bezieht sich auf die diagnostischen Schwierigkeiten des medizinischen Personals, zuverlässige Ergebnisse zu produzieren; es lässt sich für unseren Kontext aber auch als Hinweis darauf interpretieren, dass Eltern mit ihren Eingriffen ihr ‚besseres', alltagsweltlich gesättigtes Wissen über die Kompetenzen des Kindes verkappt zur Darstellung bringen.

Hierbei lassen sich drei typische Konstellationen unterscheiden. Entweder beweisen Eltern durch ihre Eingriffe ein mangelndes Vertrauen in die Fähigkeit des Kindes, eine in der diagnostischen Überprüfung geforderte Kompetenz zu zeigen, weil sie wissen, dass es über diese Kompetenz (noch) nicht verfügt. In diesen Fällen versuchen sie, den Kindern zu assistieren, die fehlende Kompetenz zu kompensieren und das medizinische Personal zu täuschen. Oder die Eltern greifen ein, weil sie unsicher sind, ob das Kind über die geforderte Kompetenz verfügt, weil sie diese selbst noch nicht zuverlässig beobachtet haben. Oder aber, als dritte Variante, die Eltern wissen, dass das Kind über die geforderte Kompetenz verfügt, und sind in ihrem Wissen erschüttert, weil das Kind diese situativ nicht zur Performanz bringt. In diesen Situationen versuchen sie einiges, damit das Kind die gefragte Kompetenz situativ doch noch zeigt.

In allen drei Fällen macht das (bisweilen körperliche) Engagement der Eltern deutlich, dass sie annehmen, einer gelungenen Performanz von Kompetenzen in den Vorsorgeuntersuchungen komme eine hohe Bedeutung für das Bild zu, das sich der Arzt vom Kind macht. Allerdings veranschaulichen unsere exemplarischen Analysen, dass ihre Eingriffe sich im Verlauf der Untersuchungen häufig als kontraproduktiv darstellen und paradoxerweise die vom Kind nicht spontan und eigenständig erbrachten Performanzen gerade in ihrer Mangelhaftigkeit noch einmal herausstellen.

Aus der Perspektive der Kinder lässt sich zusammenfassen, dass sie sich schwerlich gerade in den Situationen, wo die Untersuchung nicht reibungslos verläuft und sie der Hilfe zu bedürfen scheinen, gegen Ein- und Übergriffe der Eltern wehren können, um darin ihren eigenständigen Akteursstatus zu behaupten. In diesen Situationen kommt dem medizinischen Personal, das ist vor allem dem letzten Beispiel zu entnehmen, eine Schlüsselrolle in der triadischen Interaktion, der Situationssteuerung und der Sicherung von belastbaren Ergebnissen zu: Der Arzt entlastet dort das Interaktionsgeschehen und das Kind von den Bemühungen der Mutter, sein Verständnis der Bedeutung des Krabbelsacks als entwicklungsdiagnostischem Test zu stimulieren und durchzusetzen, indem der Arzt den Handlungsspielraum des Kindes wieder ausweitet. Er ‚arbeitet' damit nicht nur diagnostisch ‚am Kind', sondern auch an der Rückgewinnung eines vorwiegend dyadischen diagnostischen Interaktionsarrangements gegenüber der Mutter.

Literatur

Begenau, Jutta/Schubert, Cornelius/Vogd, Werner (2005): Medizinsoziologie der ärztlichen Praxis. Szenarien – Fälle – Theorien. Bern: Huber

Bollig, Sabine (2008): „Praktiken der Instrumentierung". Methodologische und methodische Überlegungen zur ethnografischen Analyse materialer Dokumentationsprakti-

ken in kinderärztlichen Vorsorgeuntersuchungen. Zeitschrift für Soziologie der Erziehung und Sozialisation (ZSE) 28. 3. 301-315
Cahill, Spencer E. (1987): Ceremonial Deviance and the Acquisition of Ritual Competence. In: Social Psychology Quarterly 50. 312-321
Cahill, Patricia/Papageorgiou, Alexia (2007): Triadic communication in the primary care paediatric consultation: a review of the literature. In: British Journal of General Practice 57. 544. 904-911
Dulmen van, Alexandra Maria (1998): Children's contribution to pediatric outpatient consultations. In: Pediatrics 3. 563-568
Flehmig, Inge/Schloon, Marje/Uhde, Jörn/Bernuth, Horst v. (1973): Denver Entwicklungsskalen. Testanweisung (dt. Fassung). Hamburg: Harburger Spastikerverein
G-BA (2005): Kinder-Untersuchungsheft. Siegburg
G-BA (2009): „Kinder-Richtlinien": Richtlinien des Bundesausschusses der Ärzte und Krankenkassen über die Früherkennung von Krankheiten bei Kindern bis zur Vollendung des 6. Lebensjahres
http://www.kvwl.de/arzt/recht/kbv/richtlinien/richtl_kinder.pdf (19.6.2010)
Goffman, Erving (1980): Rahmenanalyse. Ein Versuch über die Organisation von Alltagserfahrungen. Frankfurt am Main: Suhrkamp
Gülich, Elisabeth (1999): „Experten" und „Laien": der Umgang mit Kompetenzunterschieden am Beispiel medizinischer Kommunikation. In: Union der Deutschen Akademien der Wissenschaften/Sächsische Akademie der Wissenschaften zu Leipzig (Hrsg.) (1999): 165-196
Harder, Maria/Christensson, Kyllike/Söderbäck, Maja (2009): Exploring three-year-old children in a primary child health care situation. In: Journal of Child Health Care 13. 4. 383-400
Heinzel, Friederike/Panagiotopoulou, Argyro (Hrsg.) (2010): Qualitative Bildungsforschung im Elementar- und Primarbereich. Entwicklungslinien der Grundschulpädagogik Bd. 8. Baltmannsweiler: Schneider Hohengehren
Hirschauer, Stefan (2004): Praktiken und ihre Körper. Über materielle Partizipanden des Tuns. In: Hörning/Reuter (2004): 73-91
Hörning, Karl H./Reuter, Julia (Hrsg.) (2004): Doing Culture. Neue Positionen zum Verhältnis von Kultur und sozialer Praxis. Bielefeld: transcript.
Karch, Dieter/Michaelis, Richard/Rennen-Allhoff, Beate/Schlack, Hans-Georg (Hrsg.) (1989): Normale und gestörte Entwicklung. Kritische Aspekte zu Diagnostik und Therapie. Berlin: Springer
Kelle, Helga (2006): Sprachtests – ethnographisch betrachtet. Ein Beitrag zur Kulturanalyse frühdiagnostischer Testverfahren. Zeitschrift für qualitative Bildungs-, Beratungs-, und Sozialforschung (ZBBS) 7. 2. 271-291
Kelle, Helga (2007a): „Altersgemäße Entwicklung" als Maßstab und Soll. Zur praktischen Anthropologie kindermedizinischer Vorsorgeuntersuchungen. 52. Beiheft der Zeitschrift für Pädagogik. 110-122
Kelle, Helga (2007b): „Ganz normal": Die Repräsentation von Kinderkörpernormen in Somatogrammen. Eine praxisanalytische Exploration kinderärztlicher Vorsorgeinstrumente. Zeitschrift für Soziologie (ZfS) 36. 3. 199-218

Kelle, Helga (Hrsg.) (2010): Kinder unter Beobachtung. Kulturanalytische Studien zur pädiatrischen Entwicklungsdiagnostik. Opladen: Barbara Budrich

Kelle, Helga/Jancsó, Julia (2010): Kinder als Mitwirkende in medizinischen Vorsorgeuntersuchungen. Zur Enkulturation in entwicklungsdiagnostische Verfahren. In: Heinzel/Panagiotopoulou (2010): 132-150

Latour, Bruno (1998): Wir sind nie modern gewesen. Versuch einer symmetrischen Anthropologie. Frankfurt am Main: Suhrkamp

Michaelis, Richard/Krägeloh-Mann, Ingeborg/Haas, Gerhard (1989): Beurteilung der motorischen Entwicklung im frühen Kindesalter. In: Karch et al. (1989): 1-15

Reckwitz, Andreas (2003): Grundelemente einer Theorie sozialer Praktiken. Eine sozialtheoretische Perspektive. In: Zeitschrift für Soziologie 32. 4. 282-301

Schweda, Anna (2009): Das Spiel(-zeug) in den kinderärztlichen Vorsorgeuntersuchungen U7-U9. Eine ethnographische Betrachtung. Frankfurt am Main: Diplomarbeit

Schweda, Anna (2010): Als-ob-Spiele als informelle Formen des Testens. In: Kelle (2010): 157-177

Silverman, David (1981): The child as a social object: Down's syndrome children in a pediatric cardiology clinic. In: Sociology of Health & Illness 3. 254-274

Stollberg, Gunnar (2001): Medizinsoziologie. Bielefeld: transcript

Strauss, Anselm (1998): Grundlagen qualitativer Sozialforschung: Datenanalyse und Theoriebildung in der empirischen soziologischen Forschung. München: Fink

Tannen, Deborah/Wallat, Cynthia (1987): Interactive frames and knowledge schemas in interaction: examples from a medical examination/interview. In: Social Psychology Quarterly 50. 205-216

Tates, Kiek/Meeuwesen, Ludwien (2001): Doctor-Parent-Child Communication. A (Re)View of the Literature. In: Social Science and Medicine 52. 839-851

Union der Deutschen Akademien der Wissenschaften/Sächsische Akademie der Wissenschaften zu Leipzig (Hrsg.) (1999): Werkzeug Sprache. Sprachpolitik, Sprachfähigkeit, Sprache und Macht. Hildesheim: Lang

„Ich habe jetzt sicher keine Patienten mehr, die so gar nicht mögen, was ich tue."

Perspektiven auf die ärztliche Praxis

Nicole Witte

Die im Folgenden dargestellten Überlegungen zum ärztlichen Handeln im Praxisalltag oder genauer zum ärztlichen Interaktionshandeln mit Patientinnen und Patienten basieren auf meiner Dissertationsstudie (Witte 2010), die in den Jahren 2004-2008 durchgeführt wurde. Meine zunächst nur aus meinen eigenen Erfahrungen gespeiste Frage nach den Gründen für den so unterschiedlichen Umgang verschiedener Ärztinnen und Ärzte – auch gleicher fachärztlicher Provenienz – mit mir als Patientin, führte in der Folge zum forschungsleitenden Interesse nach den Bestimmungsgründen dieses differenten Handelns vor dem Hintergrund eines standardisierten ärztlichen Curriculums und einer vermeintlich hochgradig institutionalisierten Berufspraxis.

Damit standen die Phänomene der Entstehung und reproduktiven sowie transformativen Etablierung ärztlicher Interaktions- und Interpretationsmuster im Fokus der Untersuchung. Angestrebt wird hier einerseits die Analyse der Genese dieser sozialen Phänomene im Kontext der Lebensgeschichten der Ärztinnen und Ärzte. Andererseits muss auch die Interaktion in der Praxis in den Blick genommen werden, lässt sich doch hierbei Musterreproduktion und -transformation in actu rekonstruieren. Eine solche Kombination der Betrachtung unterschiedlicher Ebenen in Bezug auf den Fall einer Ärztin oder eines Arztes eröffnet somit Einsichten sowohl in das Warum als auch in das Wie des (ärztlich-professionellen) Handelns.

Nun ist es wenig überraschend, dass ich als soziologische Biographieforscherin mit einer theoretischen Verortung in Wissenssoziologie, Sozialkonstruktivismus und Interaktionismus und einem methodologischen Hintergrund innerhalb des interpretativen Paradigmas zur Erforschung der mich interessierenden oben genannten sozialen Phänomene eine Kombination hermeneutisch-rekonstruktiver Methoden zur Anwendung gebracht habe.[1]

Zum einen wurden auf der Basis biographisch-narrativer Interviews (Schütze 1976, 1977) mit niedergelassenen Allgemeinmedizinerinnen und Allgemeinmedizinern biographische Fallrekonstruktionen[2] (Rosenthal 1995, 2011) erstellt, zum anderen wurden Analysen videographierter Interaktionen (Witte/Rosenthal 2007, 2011) dieser Ärztinnen und Ärzte mit ihren Patientinnen und Patienten durchgeführt,[3] d.h., für jeden Einzelfall wurden die Fallebenen Biographie und Interaktion unabhängig voneinander untersucht. Erst nach Abschluss der Analysen auf beiden Fallebenen sind deren Ergebnisse miteinander in Beziehung gesetzt bzw. trianguliert worden.[4]

In diesem Artikel möchte ich nun den Fall einer Ärztin vorstellen, in dem ich – den Forschungsprozess nachzeichnend – zunächst die Resultate der biographischen Fallrekonstruktion und damit der Analyse auf der Fallebene Biographie darstelle. Danach werden die Ergebnisse der Analysen der videographierten Interaktionen, also für die Fallebene Interaktion, präsentiert. Zum Abschluss werde ich die allgemeinen Ergebnisse auf beiden Fallebenen miteinander in Verbindung setzen und aufzeigen, inwieweit diese Ergebnisse in ihren theoretischen Verallgemeinerungen weit über den betrachteten Einzelfall hinausreichen.

---

1 Weiterführende Erläuterungen zu den genannten theoretischen und methodologischen Richtungen müssen an dieser Stelle unterbleiben. Es seien hier nur einige wenige Literaturhinweise gegeben: Zu Wissenssoziologie und Sozialkonstruktivismus siehe insb. Mannheim (1964), Schütz (1974) Schütz/Luckmann (1975), Berger/Luckmann (1969), Soeffner (1989), Hitzler et al. (1999), Knoblauch (2005). Zum Interaktionismus s. Mead (1934), Blumer (1986, 2004). Zur qualitativen Sozialforschung siehe den Übersichtsband von Flick (2000), zur interpretativen oder rekonstruktiven Sozialforschung siehe Bohnsack (2007), Rosenthal (2011). Zur Biographieforschung siehe Thomas/Znaniecki (1958), Kohli (1978), Fischer-Rosenthal et al. (1995), Rosenthal (1995), Völter et al. (2005).
2 Diese Methode zeichnet sich insbesondere durch die Rekonstruktion sowohl des erlebten Lebens als auch der Präsentationsstruktur aus.
3 Die Stichprobe wurde nach theoretischen Gesichtspunkten gezogen (zum theoretical sampling siehe Glaser/Strauss 1967). Nähere Angaben zur Stichprobengröße und Gestaltung siehe Witte (2010).
4 Hier könnte eingewandt werden, dass es kaum möglich erscheint, die Ergebnisse der zuerst durchgeführten Analyse während des je zweiten Untersuchungsschrittes nicht einzubeziehen. Um der Gefahr eines darin begründeten hermeneutischen Zirkelschlusses nicht zu unterliegen, wurde das Datenmaterial in der Regel in einer Arbeitsgruppe mit Kolleginnen und Kollegen ausgewertet, die den jeweiligen Fall nicht kannten.

1 Fallebene Biographie

1.1 Der Fall der Ärztin Dr. Dagmar Fink – Ergebnisse der biographischen Fallrekonstruktion

Ich führte mit Frau Dr. Dagmar Fink[5] ein biographisch-narratives Interview von etwa fünf Stunden, aufgeteilt auf drei Gesprächstermine. Die ausführliche Analyse ließ die Rekonstruktion der folgenden biographischen Struktur zu: Dagmar Fink (geboren Ende der 1940er Jahre) erleidet im Verlauf ihrer Kindheit und Jugend in den 1950er und 1960er Jahren Traumatisierungen innerhalb ihrer Herkunftsfamilie. Wie die Analyse zeigte, stellt sich Dagmar in einem Prozess der ‚Täteridentifikation' (vgl. Ferenczi 1932) in der Triade Vater – Mutter – Kind auf die Seite des mächtigen, beherrschenden und aggressiven Vaters. So gelingt es ihr, die psychische Belastung zu verringern, der sie durch die dauerhafte Erfahrung von Ohnmacht ausgesetzt ist. Mit der Täteridentifikation geht in Dagmars Fall unter anderem die Annahme der väterlichen Aufträge zu Bildung und sozialem Aufstieg einer sowie die Übernahme seiner Vorstellung, man könne alles erreichen, wenn man nur genügend Willenskraft dafür aufbringt. Implizit ist dem jedoch auch die Negierung individueller Begrenztheit, was die dauerhafte Überschreitung eigener Grenzen – psychisch oder somatisch – verursacht. Der mit der Aufstiegsdelegation einhergehende Bedarf, sich von dem ‚subalternen' Milieu zu distanzieren, aus dem sich zunächst der Vater hinaus entwickelt hat und dessen Aufstieg Dagmar nun fortsetzt, sowie die Notwendigkeit, die geringe Ausstattung mit kulturellem Kapital (Bourdieu 1983) im ‚neuen' Milieu nicht auffällig werden zu lassen, tragen neben Dagmars Ohnmachtserfahrung zur Verstärkung des Handlungsmusters der Vermeidung von Entmachtung bei. Dagmars Mutter hingegen erscheint innerhalb der familialen Triade den aus Dagmars Perspektive schwachen, weil durch Krankheit begrenzten, machtlosen und an kulturellem Kapital armen Teil darzustellen, der ihr einerseits gegen den Vater keinen Schutz bieten kann, andererseits aber durch die – Dagmars Ansicht nach – geringere Bildung genau das Milieu repräsentiert, von dem sich Dagmar distanzieren will. Aus diesem Grund gilt es für Dagmar, sich von ihrer Mutter deutlich abzugrenzen, was mit der Ablehnung all dessen einhergeht, was diese für Dagmar bedeutet.

Die Berufswahl Ärztin stellt deshalb für Dagmar die ideale Verfestigung der eigenen Position auf der von ihr definierten ‚richtigen', weil machtvollen und tatkräftigen Seite dar. Erfüllt sie so einerseits die Ansprüche des Vaters an ihren sozialen Aufstieg, grenzt sie sich andererseits dauerhaft von Machtlosigkeit und

---

5 Der Name und weitere persönliche Daten sind zum Zwecke der Maskierung verändert.

Phlegma ab. Darüber hinaus gelingt es ihr aber auch, sich aus einer professionellen und damit machtvollen Position heraus an die Mutter anzunähern. Eine starke Verfestigung des Handlungs- und Interpretationsmusters, das durch häufige – auch langjährige – psychotherapeutische Behandlung strukturell nicht transformiert werden konnte, ist hier nicht überraschend. Ist doch der Profit der so geleisteten biographischen Arbeit[6] (Interaktionsmacht, Definitionsmacht, soziales Prestige, sozialer Aufstieg) bis heute höher als die ohne Zweifel von Dagmar zu tragenden ‚Kosten' (insbesondere psychosomatische Krankheiten).

Wie die Analyse des Falles zeigt, ist Dagmar Fink auch als Erwachsene nach dem Verlassen des Elternhauses und der Aufnahme des Studiums in ihren sozialen Beziehungen stets darum bemüht, zur Gruppe der Machtvollen und Tatkräftigen zu gehören. Sie teilt die gesamte Sozialwelt in diese Gruppen ein, seien es nun Kolleginnen und Kollegen, Therapeutinnen und Therapeuten oder auch die Mitglieder ihrer Gründungsfamilie, und unterscheidet diese von Gruppen Machtloser, zu denen sie auch Patientinnen und Patienten zählt.[7] Dies dient ihr dazu, die Gefahr einer erneuten Entmachtung bzw. Ohnmachtserfahrung zu reduzieren, die für sie offenbar eine andauernde Bedrohung darstellt.

Der Beruf bietet Frau Dr. Fink zur Vermeidung von Entmachtung annähernd perfekte Bedingungen, verrät das „Machtdifferenzial zwischen Arzt und Patient gleichsam vormoderne Dimensionen" wie Alheit und Hanses (2004: 12) unter Rückgriff auf figurationssoziologische Konzepte schreiben. Treten Dagmar doch hier in jeder Situation mit den zu behandelnden Patientinnen und Patienten Menschen gegenüber, die durch Krankheit geschwächt und vermeintlich von der Expertise der Ärztin abhängig sind. Darüber hinaus wird ihr als zugehörig zur Gruppe der Ärztinnen und Ärzte auch allgemein hohes Prestige, hohe Kompetenz und damit Macht- und Entscheidungsbefugnis zugebilligt. Sie profitiert so vom Image-Privileg (vgl. Alheit/Hanses 2004) der Medizin gegenüber anderen personenbezogenen Dienstleistungsberufen.

---

6 Der Begriff der ‚biographischen Arbeit' geht auf Strauss et al. (1985: 137) zurück. Hier soll biographische Arbeit jedoch als lebenslanger Prozess der „Selbst- und Fremdvergewisserung" (Fischer-Rosenthal/Rosenthal 1997: 408) in einem sehr weiten Sinn definiert werden, der nicht ausschließlich auf den Akt der biographischen Kommunikation als (mehr oder weniger selbstreflexiver) Auseinandersetzung mit dem eigenen Erleben begrenzt ist (vgl. etwa Schütze 1994; Fischer-Rosenthal 1995). Vielmehr soll biographische Arbeit hier auch biographische Bewältigungs- oder Reparaturstrategien umfassen, die sich aus Verhalten bzw. Handeln speisen, nur im Handeln sichtbar werden und sich einer verbalen Explikation entziehen. Die Rekonstruktion von Handlungsmustern durch die Analyse von Interaktionen ermöglicht in der Zusammenschau mit den Ergebnissen einer biographischen Rekonstruktion ein Erkennen solchen Handelns als potenziellem Bestandteil biographischer Leistungen (Rosenthal 1997b: 15).
7 In die Gruppe der ‚Mächtigen' werden von Frau Dr. Fink dabei insbesondere männliche Kollegen eingeteilt, ‚machtlos' sind bspw. ihr Ehemann und ihre Sprechstundenhelferinnen.

Zusammenfassend kann hier also festgestellt werden, dass die biographische Struktur somit in auffallend gutem Passungsverhältnis zum von Dagmar ausgeübten Beruf und dem sozialen Rahmen steht, den dieser bietet. Das professionelle Feld ‚Medizin' eröffnet ihr die Möglichkeit, etablierte Handlungs- und Entscheidungsmuster und damit biographische Bewältigungs- oder Reparaturmechanismen aufrecht zu erhalten.

1.2 Fallübergreifende Ergebnisse

Diese gute Passung reicht jedoch über den betrachteten Einzelfall Dr. Fink hinaus, zeigt sie sich doch in unterschiedlichen Ausgestaltungen[8] in allen von mir untersuchten Fällen. Damit kann auch eine plausible Hypothese über die Funktion der Berufswahl ‚Ärztin/Arzt' für die Biographinnen und Biographen aufgestellt werden. Ist das medizinische Handlungsfeld sehr formalisiert und hochgradig institutionalisiert, lassen die enge Rahmung des professionellen Handlungsfeldes in Klinik und Praxis sowie die klaren Rollenerwartungen an die sich in diesem Feld bewegenden Akteure, inklusive der Verschiebung der Machtbalance innerhalb der verschiedenen hier anzutreffenden Figurationen zugunsten der ärztlichen Akteure, eine Prognostizierbarkeit des ärztlichen Alltags vermuten. Damit konnten die Biographinnen und Biographen zumindest in Ansätzen voraussagen, was die Berufswahl für ihr zukünftiges Leben bedeuten würde, und zwar nicht nur in Bezug auf die alltägliche Berufspraxis, sondern auch über ihre Positionierung innerhalb der Sozialstruktur. So bietet die Institution ‚Beruf Arzt' in ihrer prognostizierbaren Ausgestaltung im Alltag Sicherheit und Verlässlichkeit im Angesicht einer zunehmenden Vielfalt und Zersplitterung biographischer Optionen (vgl. Beck 1986).

Dieser Rigidität der die Institution rahmenden Faktoren steht jedoch ein großer Spielraum in der konkreten Ausgestaltung der einzelnen Arbeitsschritte wie der Interaktion mit Patientenschaft, Kolleginnen und Kollegen oder Mitarbeiterinnen und Mitarbeitern gegenüber, was noch dadurch unterstrichen wird, dass es (mindestens für einen niedergelassenen Arzt) keine übergeordnete Instanz mehr gibt, die Weisungen erteilt, korrigiert oder gar das ärztliche Handeln

---

8 Selbstverständlich geht es nicht immer – wie im Fall Dr. Fink – um die Vermeidung von Entmachtungs- oder Ohnmachtserfahrungen. Andere Biographinnen und Biographen ‚nutzen' andere spezifische Charakteristika (bspw. Helfen, kognitive Herausforderungen) des beruflichen Feldes zur Aufrechterhaltung ihrer etablierten Handlungs- und Entscheidungsmuster.

sanktioniert. Auch diese relative Freiheit der Arbeitsgestaltung ist im Vorfeld bekannt und wird in die Berufswahlentscheidung mit einfließen.[9]

Alle im Rahmen dieser Untersuchung interviewten Ärztinnen und Ärzte stellten ihre Berufswahl denn auch als bewusste Entscheidung dar. Wie die Analyse ergab, erfolgte die Berufswahl tatsächlich in allen Fällen nicht zufällig, sondern wohl begründet, sie erfüllt jedoch in vielen Fällen eine andere biographische Funktion, als den Ärztinnen und Ärzten offenbar bewusst zugänglich ist. Es kann für alle von mir untersuchten Ärztinnen und Ärzte konstatiert werden, was am Beispiel von Dr. Fink gezeigt wurde: Die Wahl des Arztberufes ist sowohl familien- als auch lebensgeschichtlich bedingt und kann als biographische Arbeit – im o. g. Sinne einer zielgerichteten, wenn auch nicht immer bewussten Auswahl eines beruflichen Handlungsfeldes – bezeichnet werden. Der Arztberuf bietet sich für die Etablierung oder Aufrechterhaltung einer solchen biographischen (Bewältigungs-)Struktur aus den oben genannten Gründen besonders an.[10]

Folgt man der obigen Argumentationsfigur und dient die Berufswahl zur Aufrechterhaltung der biographischen Bewältigungs- oder Reparaturstrategie, so muss dies auch bei der Beantwortung der zentralen Fragestellung der diesem Artikel zugrunde liegenden Untersuchung nach der Entstehung oder der Genese ärztlich-professionellen Interaktionsverhaltens mit Patientinnen und Patienten einbezogen werden. Anders formuliert kann die Frage, warum sich bestimmte professionelle Handlungsmuster oder -stile etablieren, nicht nur durch die Untersuchung des professionellen Handelns beantwortet werden, da die Annahme impliziert ist, dass sich ärztlich-professionelle Handlungsmuster nicht ausschließlich in der professionellen Sphäre herausbilden. Eine Annahme, die sich, so kann an dieser Stelle bereits als Ergebnis formuliert werden, im Verlauf der Untersuchung plausibilisierte.

---

9 Dieser große Freiraum in der Gestaltung des Arbeitskontextes liegt im Wesen einer ‚klassischen' Profession im Sinne ‚qualifizierter Ermessensarbeit' begründet. Die derart als Ermessensarbeit definierten professionellen Abläufe enthalten stets Unbestimmtheitsgrade, „die nicht durch eindeutige und verallgemeinerbare Regeln beseitigt, bzw. ausgeschlossen werden können" (Heisig 2005: 42; vgl. auch Freidson 2001).

10 Selbstverständlich sind die oben dargestellten (bedeutsamen) Partikel der Biographie von Dr. Dagmar Fink keinesfalls als singuläre Ursachen für eine – wie auch immer geartete – Wirkung im gegenwärtigen Handeln zu betrachten. Stattdessen soll die Sensibilität der Leserinnen und Leser für Details, die vermeintlich nichts mit dem Arztberuf zu tun haben, geweckt werden, ähnlich wie eine ‚Ahnung' von der Komplexität des Zusammenspiels verschiedenster Erlebnisse der ärztlichen Biographinnen und Biographen, die eine Rekonstruktion der gesamten Lebensgeschichte notwendig macht.

2 Fallebene Interaktion

2.1 Ergebnisse der Analyse der videographierten Interaktion von Dr. Fink mit ihren Patientinnen und Patienten

Betrachten wir nun – separat von der herausgearbeiteten biographischen Strukturierung – die Resultate der Rekonstruktionen des Handelns von Frau Dr. Dagmar Fink in Konsultationen und somit auf der Fallebene Interaktion. Die Interaktionsanalyse setzt sich aus einer Analyse der Kontextfaktoren einerseits und der Videographien der Interaktionen[11] andererseits zusammen. Die Untersuchung der Kontextfaktoren stellt dabei eine Analyse des ‚Möglichkeitenraumes' im Oevermannschen Sinn dar. Im Fall von Frau Dr. Fink wurden dabei die geographische Lage der Praxis, die Organisationsform der Praxis als Gemeinschaftspraxis, die Einrichtung des Konsultationsraumes, die technische Ausstattung der Praxis sowie die ‚Uniformierung' der Ärztin mit einem Kittel als rahmende Faktoren untersucht. Die genannten Faktoren begrenzen die in einer bestimmten Situation gegebenen Handlungs- und Entscheidungsmöglichkeiten des ‚Falles' (vgl. Oevermann et al. 1979), andererseits ist der ‚Möglichkeitenraum' in seiner Ausgestaltung aber auch Ausdruck von Entscheidungen der Akteure in der Vergangenheit. Der ‚Möglichkeitenraum' im Allgemeinen und damit auch die einzelnen Kontextfaktoren im Speziellen sind somit strukturierend und strukturiert gleichzeitig. Ist doch bspw. die Einrichtung des Konsultationsraumes einer Ärztin von der jeweiligen Ärztin gewählt und damit Ergebnis ihrer Entscheidungen, wirkt aber gleichzeitig als begrenzender Faktor für Entscheidungen und Handlungen innerhalb der Konsultation.[12] Deshalb erscheint nur auf der Basis einer Analyse des Kontextes eine fundierte Aussage über die innerhalb der Konsultationssituation tatsächlich getroffenen Entscheidungen bzw. das tatsächliche Handeln möglich.[13]

---

11 Diese wurden bei der hier präsentierten Ärztin auf der Basis der Aufzeichnungen einer Vormittags- und einer Nachmittagssprechstunde erstellt. Innerhalb dieser gut sieben Stunden Videoaufzeichnungen konnten mehr als 20 Konsultationen erhoben werden.
12 Bourdieus Formulierungen seines Habituskonzeptes als strukturierte und strukturierende Struktur erscheinen in diesem Zusammenhang synonym (vgl. Bourdieu 1987). Verdeutlicht dies doch einerseits die Begrenztheit von Handlungsmöglichkeiten durch den sozial eingeschriebenen Habitus (strukturiert) und zeigt andererseits die habitusbedingte Auswahl aus diesen Handlungs- und Entscheidungsmöglichkeiten (strukturierend).
13 Warum hier ausschließlich Kontextfaktoren untersucht werden, die von ärztlicher Seite ‚gesetzt' wurden, erschließt sich aus der hoch institutionalisierten und ‚machtungleichen' Organisation der untersuchten Interaktionen. Den Patientinnen und Patienten bleiben neben der grundlegenden Auswahl zwischen unterschiedlichen Kontexten und damit zwischen unterschiedlichen Ärztinnen und Ärzten, die stets bei der Kontextanalyse mit bedacht wird (Welche Patientinnen und Patienten wählen vermutlich einen solchen Kontext?), nur sehr begrenzte Handlungsmöglichkeiten, die unmittelbaren

Die Darstellung der Ergebnisse beider Analyseschritte (Kontext- und Interaktionsanalyse) für Frau Dr. Fink ist erneut ergebnisorientiert gestaltet, da eine ausführlichere Herleitung an dieser Stelle nicht erfolgen kann. Hier werden nun folgende Fragen beantwortet: a) Welche Schlüsse lassen sich aus der Ausgestaltung der Kontextbedingungen als Ausdruck von in der Vergangenheit getroffenen Entscheidungen der Ärztin und als Begrenzung des Spielraumes der Akteure ziehen? Und b) Welche Handlungs- oder Interaktionsmuster[14] sind erkennbar? Oder auch: Welche der strukturierenden und strukturierten Handlungsweisen können in den Interaktionen als typisch markiert werden?[15]

In der Zusammenschau der Ergebnisse aller zunächst für jeden Kontextfaktor einzeln vorgenommenen Analysen kann konstatiert werden, dass alle betrachteten Daten die Konsultationen, aber auch den Umgang mit den Angestellten, als asymmetrisch und damit distanziert rahmen. Diese Asymmetrie, gekennzeichnet durch pointiert herausgestellte Status- und Kompetenzunterschiede in vielerlei Hinsicht, wird – wie genannt – zum großen Teil durch die Wahlentscheidungen der Ärztin erzeugt. Keinesfalls kann behauptet werden, dass es sich hierbei um bewusste Entscheidungen handelt. Trotzdem muss nochmals klar herausgestellt werden, dass die Ärztin – ob bewusst oder nicht – faktisch den größten Teil dieser Art Kontextsetzung vornimmt. Dies beginnt bei der Wahl der geographischen Niederlassung in einem eher ‚problematischen' Viertel der Stadt, in dem insbesondere Menschen mit niedrigem Sozial- und Bildungsstatus leben, reicht über die Einrichtung des Sprechzimmers, in dem bspw. die Patientin oder der Patient mit dem Rücken zur Tür am Rand eines massiven, dunklen Schreibtisches sitzen muss, bis hin zu der Tatsache, dass Frau Dr. Fink ihren Kittel hochgeschlossen trägt, obwohl mir dies in den von mir aufgezeichneten Konsultationen aus hygienischen Gründen kaum notwendig erschien.

Für die Interaktionen bedeutet dies, dass bestimmte Abläufe weniger wahrscheinlich sind als andere. Als plausible Verlaufshypothese für die professionellen Interaktionen der Ärztin Dagmar Fink kann anhand des hier dargestellten Kontextes angenommen werden, dass sie – häufig durch die Erzeugung und/oder

---

Einfluss auf den Kontext nehmen. Zu nennen wäre hier bspw. welche Kleidung der Patient wählt, dieser Faktor wird in der Analyse des Videomaterials mit betrachtet. In anderen Interaktionssituationen muss jedoch stets die Kontextsetzung durch beide Interaktionspartner (allein oder durch Aushandlung miteinander) beachtet werden, was die Komplexität der Analyse nochmals deutlich erhöht.
14 Diese Muster lassen sich im Sinne von Routinen in der Untersuchung der Interaktionssituationen auffinden. Damit ist eine Darstellung dieser Muster unabhängig von der Selbstbeschreibung des (in diesem Fall: ärztlichen) Akteurs möglich, die methodisch geboten ist.
15 Die Frage, inwieweit die rekonstruierbaren Interaktionsmuster mit der biographischen Struktur in Verbindung stehen, wird an dieser Stelle bewusst noch nicht gestellt, da sie zum entsprechenden Zeitpunkt im Analyseprozess ebenfalls ausgeklammert wurde.

Reproduktion von Asymmetrien – Distanz zu ihren jeweiligen Interaktionspartnern wahrt, Nähe – sowohl physisch als auch mental – somit nicht entsteht.

Betrachtet man nun das sehr komprimierte Ergebnis der Videoanalysen, so liest sich dies wie eine Bestätigung des zuvor Festgestellten. Hier könnte sich bei der Leserin oder dem Leser der Eindruck einstellen, ich hätte die Ergebnisse der Kontextanalyse mittels Video quasi ‚geprüft'. Dem möchte ich hier explizit entgegentreten, die Interaktionen wurden erneut unabhängig von den Ergebnissen der Kontextanalyse untersucht.

Welche Handlungs- oder Entscheidungsmuster lassen sich nun für Frau Dr. Dagmar Fink feststellen? Sie verhält sich vom Beginn einer jeden (!) von mir untersuchten Konsultation den Patientinnen und Patienten gegenüber sehr distanziert, wenig zugewandt, fast schon unfreundlich. So geschieht die Begrüßung i.d R. im Vorbeigehen,[16] per beiläufigem Handschlag, jedoch meist ohne Blickkontakt, richtet Dr. Fink ihren Blick doch zumeist auf die Patientenkarte, die sie aus dem Empfangsraum mit ins Sprechzimmer bringt. Nach der Begrüßung sitzt Dr. Fink ohne viel Bewegung auf ihrem Stuhl, umrahmt von ihrem großen, massiven Schreibtisch. Sie schaut die Patientinnen und Patienten nicht an, schreibt sehr viel und ist darauf konzentriert. Sie stellt viele Fragen, tut aber nicht kund, welche Schlüsse sie aus den gegebenen Antworten zieht. Sie berührt die Patientinnen und Patienten nur, wenn es unbedingt notwendig erscheint, sie untersucht selten körperlich. Sie lacht nicht oft, ‚private' Gespräche finden so gut wie nicht statt und wenn doch, erscheinen sie nur als Mittel zu einem sachlichen Zweck (Zeit gewinnen).[17] Sitzt sie auf ihrem Stuhl höher als die jeweiligen Patientinnen oder Patienten und betrachtet sie über ihre Brille hinweg häufig ‚von oben herab', auch in ihren verbalen Äußerungen ist sie oft darum bemüht, die Experten-Laien-Interaktion herauszuheben und damit die eigene machtvolle Position zu betonen. Dabei schreckt sie nicht einmal vor fast schon beleidigenden oder herabwürdigenden Äußerungen zurück.[18] Dr. Dagmar Fink distanziert ihre Patientinnen und Patienten (physisch und psychisch) somit durch ein Handeln, das die eigene (institutionalisierte) machtvolle Position reproduziert und damit innerhalb der einzelnen Interaktion ausbaut oder zumindest absichert.

In der Zusammenschau der Ergebnisse beider Analysen (Kontext und Video) kann auf der Fallebene Interaktion für die Ärztin Dr. Dagmar Fink formu-

---

16 Die Patientinnen und Patienten sitzen i.dR bereits im Sprechzimmer, welches Frau Dr. Fink zu Beginn einer jeden Konsultation erst betritt, da sie in zwei Sprechzimmern alternierend Patientinnen und Patienten empfängt. Die Kamera war fest in einem Sprechzimmer installiert.
17 Führt sie das Gespräch auf ein ‚privates' Feld oder lässt sie sich auf ein entsprechendes Gesprächsangebot ihres Gegenübers ein, erscheint es in der Regel so, als wolle Frau Dr. Fink damit zum Nachdenken gewinnen, da sie sich diagnostisch oder therapeutisch noch unsicher ist.
18 Diese beziehen sich insbesondere auf das Herausstellen des niedrigeren sozialen Status der Patientinnen und Patienten.

liert werden, dass sie sowohl die Gestaltung ihres Arbeitsumfeldes als auch die einzelnen Begegnungen betreffend, ihre Handlungs- und Entscheidungsmuster stets auf die Herstellung und Aufrechterhaltung von Distanz und einem Machtgefälle zu den Patientinnen und Patienten ausrichtet.

2.2 Fallübergreifende Ergebnisse

Wie bereits auf der Fallebene Biographie kann auch für die Fallebene Interaktion festgestellt werden, dass das – strukturell betrachtet – stets eher gleichförmige, variationsarme Interaktionshandeln der Ärztin Dr. Fink mit ihren Patientinnen und Patienten auch für die anderen in der zugrundeliegenden Studie betrachteten Ärztinnen und Ärzte auffindbar ist. Ebenso ist es stets möglich, bereits nach Abschluss der Kontextanalyse Hypothesen darüber zu bilden, wie der jeweilige Mediziner in Interaktionen mit Patientinnen und Patienten handeln wird. Ist doch eine grundlegende Differenz zwischen dem Handeln und Entscheiden der Ärztin oder des Arztes in einer Konsultationssituation und seinem Handeln und Entscheiden bei der (mehr oder weniger freien) Gestaltung seines Arbeitskontextes wenig plausibel. Beide Ergebnisse sprechen für eine allmähliche Homogenisierung der Patientenschaft eines Arztes oder einer Ärztin. Sind verschiedene Kontextfaktoren doch auch für die Patientinnen und Patienten sichtbar und führt deren Gestaltung doch vielfach zur Entscheidung, eine bestimmte Praxis aufzusuchen. Häufig ist dies sicher gerade bei Allgemeinmedizinern die Lage der Praxis in der Nähe zum Wohnort, jedoch spielt auch die räumliche Gestaltung der Praxis hier höchstwahrscheinlich eine große Rolle. Die Patientinnen und Patienten nehmen dies wahr und entscheiden, ob ihnen der Kontext zusagt. Darüber hinaus schließen die Patientinnen und Patienten aber vielfach – zu Recht – vom Kontext auf einen Typus Arzt oder die Ärztin mit bestimmten ‚typischen' habitualisierten Handlungsmustern, der oder die sich ihre Praxis so und nicht anders eingerichtet hat. Sie fällen somit eine Entscheidung, ob der Arzt oder die Ärztin dieses bestimmten Typus zu ihnen ‚passen' könnte. Diese Einschätzung bzw. Typisierung wird dann innerhalb der Interaktionen mit dem Arzt implizit überprüft. Diejenigen Patientinnen und Patienten, so zumindest die plausible Hypothese, die keine ‚Passung' mit dem jeweiligen Arzt feststellen oder die in Interaktionskrisen[19] mit ihm geraten, deren Typisierung sich somit als unrichtig herausgestellt hat, werden die Praxis nicht mehr frequentieren. Eine solche Art von Homogenisierung unterstützt nun nochmals das relativ variationsarme Han-

---

19 Krisen sind hier definiert als diejenigen Handlungssituationen, in denen die Handelnden mit der Anwendung der von ihnen ausgebildeten Routinen oder Regeln nicht ohne Weiteres agieren können (vgl. Schütz 1972).

deln der Ärztinnen und Ärzte, sitzen ihnen doch nun vor allem Patientinnen und Patienten gegenüber, die das Interaktionsspiel nach den gleichen Spielregeln spielen. Der einzelne Arzt begegnet dann genau den Menschen, die er wiederum als typisch bei der Gestaltung der Kontextfaktoren angenommen hat, was seine Typisierung vermeintlich bestätigt und ihn in seinem Handeln – in der Anwendung seiner Spielregeln – stützt. Dies führt nun erneut zur Reproduktion der ärztlich-professionellen Handlungsroutinen.

Kommt es doch – im mir vorliegenden Material äußerst selten – zu Interaktionskrisen zwischen Arzt und Patient, so werden diese durch eine Anpassung des Patienten an die ‚ärztlichen Interaktionsregeln' gelöst. Dies ist einerseits in der sehr ungleichen Machtbalance innerhalb der Experten-Laien-Interaktion begründet, die im Falle der Arzt-Patient-Beziehung bis hin zu existenzieller Abhängigkeit des Patienten vom Arzt reichen kann. Andererseits hat der Arzt aufgrund seiner Professionalität die Möglichkeit, weitaus mehr verschiedene routinierte Handlungsweisen auszubilden, in diesem Sinn also für eine größere Anzahl von unterschiedlichen Situationen Handlungskonzepte zu entwickeln. Dies bezieht sich auch auf den Umgang mit ungewöhnlichen – krisenhaften – Situationen.

Die Krise wird deshalb in der Regel mit einer Anpassung des Patienten gemeistert. In der Folge der krisenhaften Konsultation zeigt sich dann, ob der Patient sich dauerhaft den Spielregeln des Arztes unterordnet oder ob er sich aus der Interaktionsbeziehung verabschiedet und den Arzt nicht mehr aufsucht. Zu vermuten ist, dass durch die zunehmende Mündigkeit der Patientinnen und Patienten immer mehr von ihnen dazu tendieren, sich einen anderen Arzt zu suchen, bei dem ihre Vorstellungen von den anzuwendenden Spielregeln Relevanz besitzen. Demgegenüber erscheint eine durch die Patientinnen und Patienten angeregte Transformation der Regeln des ärztlichen Handelns noch in weiter Ferne.[20] Zusammenfassend muss somit die Annahme formuliert werden, dass ärztlich professionelles Interaktionshandeln sich nur schwierig strukturell wandelt und dass eine solche Wandlung auch selten in einer Interaktionssituation mit einem Patienten angeregt wird.

---

20 Es soll nicht der Eindruck entstehen, eine Transformation des routinierten Handelns in Interaktionen sei grundsätzlich anzustreben oder es gäbe gar das ‚perfekte' ärztliche Handeln und dahin müsse sich der einzelne Mediziner entwickeln. Wenn eine Möglichkeit zur Transformation aber kaum besteht, so bedeutet dies im Gegenzug ein zwangsläufiges Verhaftetsein in Interaktionsstrukturen, auch wenn diese u.U. irgendwann den Handlungssituationen nicht mehr adäquat erscheinen; oder wie man es auch ausdrücken könnte: Man ist ‚gefangen' in den eigenen Handlungsstrukturen.

3 Fallübergreifende Zusammenschau der Ergebnisse

Betrachtet man nun die Ergebnisse der beiden Fallebenen in der Zusammenschau, so plausibilisiert sich vieles von dem, was bisher stets nur als Annahme oder Prognose formuliert werden konnte.

Als zentrales Ergebnis im Rahmen des Forschungsinteresses kann hier festgestellt werden, dass Interaktionshandeln von Ärztinnen und Ärzten mit ihren Patientinnen und Patienten gesamtbiographisch ausgebildet ist und auf vor der beruflichen Sozialisation etablierten Handlungsmustern aufbaut. Das heißt, ärztlich-professionelle Interaktions- und Interpretationsmuster etablieren sich im Verlauf des gesamten Lebens und in unterschiedlichen Lebensbereichen und nicht erst – wie vielleicht anzunehmen – im Verlauf der Sozialisation in den Beruf.

Im Gegenteil erscheint es sogar so, dass es die ärztliche Profession nötig und möglich macht, auf lebensgeschichtlich außerhalb des beruflichen Settings etablierte Interaktionsmuster zurückzugreifen. Bietet sie doch einerseits genug Handlungsspielraum dafür, erzeugt andererseits aber in den sehr variablen Begegnungen mit Patientinnen und Patienten so viel akuten Handlungsdruck, dass ein Zurückgreifen auf bekannte Muster für den professionellen Akteur notwendig wird. Dies gilt höchstwahrscheinlich nicht nur für den Arztberuf. Es ist anzunehmen, dass sich ‚klassische Professionen' stets zur Aufrechterhaltung oder Weiterführung von lebensgeschichtlich etablierten Handlungsmustern in besonderer Weise anbieten. Eröffnet die notwendige Variabilität des professionellen Handelns doch Spielraum für und Notwendigkeit zur Reproduktion biographisch etablierter Handlungsmuster. Darüber hinaus rahmt die Profession aber das individuelle Handeln und schützt es damit sowohl gegen Transformationsanforderungen von außen als auch gegenüber Änderungswünschen von Seiten der in Figurationen mit den Professionellen verbundenen Gruppierungen wie beispielsweise Patientinnen und Patienten oder Klientinnen und Klienten.

Vor diesem Hintergrund kann es nicht überraschen, dass sich so auch bestimmte biographische Bewältigungsmechanismen oder Muster biographischer Arbeit innerhalb des professionellen Handelns reproduzieren und verfestigen können und damit die Bearbeitung bestimmter individueller Problemlagen sich auch (oder gerade) in der professionellen Sphäre fortsetzt. Dabei ist davon auszugehen, dass eine Berufswahl ‚Arzt' nicht zufällig erfolgt und sich damit ebenso wenig zufällig die Möglichkeit zur Aufrechterhaltung des Musters biographischer Arbeit anbietet. Vielmehr erscheint die Berufswahl für die Akteure genau diese Funktion zu erfüllen. Dabei ist jedoch nicht anzunehmen, dass die Wahl des Arztberufes bewusst im Sinne der genannten Funktion erfolgt. Die Akteure vermeiden mit ihrer Berufswahl eher die Notwendigkeit zur Veränderung, als dass sie bewusst eine Aufrechterhaltung anstreben. Die Vermeidung von Veränderung wird erneut durch die hoch institutionalisierte Profession mit ihrem im Alltag so großen individuellen Handlungsspielraum möglich. Die Profession stellt den Akteurinnen und Akteuren eine (vermeintlich klar definierte, mit positiven Zuschreibungen belegte und allgemein akzeptierte) Berufsrolle zur Verfügung und gibt damit einen Rahmen vor, der das individuelle Handeln und damit auch die etablierten Muster nach außen hin schützt und deren Umsetzung ermöglicht.

Eine Veränderung der biographischen Bewältigungsmechanismen oder gar der zugrunde liegenden Problematik wird damit innerhalb der Berufsausübung nicht notwendig, vermutlich sogar erschwert. Etabliert der einzelne Arzt somit seine Muster biographischer Arbeit innerhalb seiner professionellen Sphäre, so ist zum einen eine große Flexibilität oder Variabilität im Handeln nicht zu erwarten. Zum anderen wird aber die empirisch feststellbare Variabilität im Handeln verschiedener professioneller Akteure dadurch erklärlich.

Jetzt ließe sich einwerfen, dass nicht nur der Arzt für den Verlauf einer professionellen Interaktion verantwortlich ist, sondern dass der Patient mit seinem Handeln ebenso den Interaktionsverlauf bestimmt und dass zudem innerhalb der Begegnungen stets Neues, Unerwartetes auftreten kann, das Anlass und Ausdruck einer Strukturtransformation sein könnte. Hier desillusioniert ein Blick auf die Forschungsergebnisse fast vollständig. Es zeigt sich, dass der Einfluss der verschiedenen Patientinnen und Patienten auf das Geschehen innerhalb der Konsultation eher gering zu sein scheint, verlaufen doch die Begegnungen meist sehr ähnlich, annähernd vollständig durch die ärztlichen Muster der Interaktion bestimmt. Besonders deutlich wird dies in der Auflösung von Krisen der Interaktion. Diese werden durch eine Anpassung des Handelns der Patientinnen und Patienten überwunden, Ärztin oder Arzt ‚bewegen' sich demgegenüber nicht. Die Patientinnen und Patienten, die mit einem solchen Verlauf dauerhaft unzufrieden sind, werden den Arzt nicht weiter konsultieren. Dies bedingt eine Homogenisierung der Patientenschaft eines Arztes, was wiederum die Notwendigkeit zur Transformation des ärztlichen Handels reduziert, die Interaktions- und Interpretationsmuster verfestigt.

Ein weiterer Einwand gegen dieses Ergebnis könnte nun darin bestehen, dass man für die Patientinnen und Patienten einen ähnlichen Spielraum innerhalb der hoch institutionalisierten Begegnung erwartet, wie er für die ärztliche Seite unterstellt wurde. Schließlich könnte man davon ausgehen, dass auch die Patientenrolle nur eine Art Rahmen nach außen hin bietet, en detail aber frei gestaltet werden kann. Diese logisch sicherlich richtig abgeleitete Annahme verkennt aber die unbalancierte Ausgestaltung der Arzt-Patient-Beziehung. Dabei erscheinen weniger die häufig angeführten Dimensionen einer ungleichen Machtverteilung (wie ungleiche Wissensbestände oder Statusunterschiede) zentral, die nicht nur veränderlich sind, sondern sich in den letzten Jahren auch zunehmend in Richtung einer Parität verändert haben. Vielmehr rückt hier eine basale und unveränderliche Dimension in den Vordergrund: Das Aufeinandertreffen eines Kranken oder zumindest Hilfsbedürftigen mit einem Gesunden, der Hilfe leisten kann. Ist doch der Patient in den allermeisten Fällen auf eine gelingende Interaktion angewiesen, um sein Wohlergehen zu sichern. Dies allein schränkt seinen Handlungsspielraum stark ein und wird eine machtbalancierte Interaktion zwischen Arzt und Patient stets unmöglich machen. Diese ungleiche Machtbalance verringert erneut die Notwendigkeit für die Ärztinnen und Ärzte, ihre Handlungsmuster im Umgang mit Patientinnen und Patienten zu verändern.

Eine Veränderung dieser Interpretations- und Interaktionsmuster könnte sich jedoch in vielen Fällen zum Vorteil von Arzt und Patient auswirken. Hierbei ist nicht nur ein möglicherweise durch eine verbesserte Interaktion anzunehmender verbesserter Behandlungserfolg gemeint, sondern ebenso – wie oben schon angedeutet – eine Möglichkeit zur Bearbeitung der individuellen Problemlagen des Arztes, die zur Ausprägung bestimmter Handlungsmuster als Teil einer biographischen Bewältigung führten. Mit der Reproduktion der biographischen Bearbeitungsmuster jedoch geht auch eine Verfestigung der damit zu bearbeitenden Problemlagen einher.

Rekonstruierbar ist ein solcher Prozess nur mit einem Forschungsdesign, das sowohl die biographische Genese der Handlungsmuster in den Blick nimmt als auch die konkrete Ausgestaltung innerhalb der professionellen Interaktionen. Trianguliert man nicht in solcher Weise, so verbleibt man für Aussagen über den jeweils nicht betrachteten Forschungsbereich stets auf der Ebene der (wenn auch häufig plausiblen) Prognose.

Führt man sich nun das (anfänglich noch sehr naive, auf die eigenen Erfahrungen gestützte) Forschungsinteresse nochmals vor Augen und fragt, warum Ärztinnen und Ärzte häufig so wenig empathisch, so wenig die individuellen Bedürfnisse, aber auch Kenntnisse und Fähigkeiten ihrer einzelnen Patientinnen und Patienten beachtend mit diesen interagieren und fragt darüber hinaus, warum verschiedene Ärztinnen und Ärzte vielfach völlig unterschiedlich mit ein- und demselben Patienten umgehen, so bietet die Untersuchung darauf befriedigende Antworten.

Wenig überraschend kann man hier formulieren: Auch Ärztinnen und Ärzte handeln in der professionellen Sphäre als ganze Menschen. Auch ihre professionellen Handlungsmuster entwickeln sich innerhalb ihres gesamten Lebens. Nur eröffnet ihnen der Beruf die (seltene) Möglichkeit, diese Handlungsmuster nahezu unverändert in ihrem professionellen Alltag anzuwenden. Aufgrund ihrer in annähernd allen professionellen Interaktionen machtstarken Position kann es ihnen auch gelingen, ihre Interpretations- und Interaktionsmuster unter Umständen gegen Widerstände durchzusetzen. Diese Möglichkeiten können eine (vielleicht gewünschte oder notwendige) Transformation von Handlungsmustern sehr erschweren. Der Beruf kann somit zu einem (zugegebenermaßen goldenen) Käfig werden.

Literatur

Alheit, Peter/Hanses, Andreas (2004): Institution und Biografie: Zur Selbstreflexivität personenbezogener Dienstleistungen. In: Hanses (2004): 8-28
Arbeitsgruppe Bielefelder Soziologen (Hrsg.) (1976): Kommunikative Sozialforschung. Alltagswissen und Alltagshandeln. Gemeindemachtforschung. Polizei. Politische Erwachsenenbildung. München: Fink
Balint, Michael (Hrsg.) (2004): Schriften zur Psychoanalyse II. Gießen: Psychosozial
Beck, Ullrich (1986): Risikogesellschaft. Frankfurt/Main: Suhrkamp
Berger, Peter L., Luckmann, Thomas (1972): Die gesellschaftliche Konstruktion der Wirklichkeit. Frankfurt/Main: Fischer TB
Blumer, Herbert (1986): Symbolic interactionism. Perspective and method. Berkeley: University of California Press
Blumer, Herbert (2004): Der methodologische Standort des symbolischen Interaktionismus. In: Strübing/Schnettler (2004): 321-385
Bohnsack, Ralf (2007): Rekonstruktive Sozialforschung. Einführung in qualitative Methoden. Stuttgart: UTB
Bourdieu, Pierre (1983): Ökonomisches Kapital – Kulturelles Kapital – Soziales Kapital. In: Bourdieu (1992): 49-79
Bourdieu, Pierre (1987): Die feinen Unterschiede. Kritik der gesellschaftlichen Urteilskraft. Frankfurt/Main: Suhrkamp
Bourdieu, Pierre (1992): Die verborgenen Mechanismen der Macht. Schriften zur Politik und Kultur. Band 1. Hrsg. von Margareta Steinrücke. Hamburg: VSA
Ferenczi, Sándor (1932): Sprachverwirrung zwischen den Erwachsenen und dem Kind. In: Balint (2004): 303-313
Fischer-Rosenthal, Wolfram (1995): Schweigen – Rechtfertigen – Umschreiben. Biographische Arbeit im Umgang mit deutschen Vergangenheiten. In: Fischer-Rosenthal et al. (1995): 43-86
Fischer-Rosenthal, Wolfram/Alheit, Peter/Hoerning, Erika M. (1995): Biographien in Deutschland: soziologische Rekonstruktionen gelebter Gesellschaftsgeschichte. Opladen: Westdeutscher Verlag
Fischer-Rosenthal, Wolfram/Rosenthal, Gabriele (1997): Warum Biographieanalyse und wie man sie macht. Zeitschrift für Sozialisationsforschung und Erziehungssoziologie 17. 4. 405-427
Flick, Uwe/von Kardoff, Ernst/Steinke, Ines (Hrsg.) (2000): Qualitative Forschung. Ein Handbuch. Reinbek: Rowohlt

Freidson, Eliot (2001): Professionalism – The Third Logic: On the Practice of Knowledge. Chicago: University of Chicago Press
Glaser, Barney/Strauss, Anselm L. (1967): The discovery of grounded theory. Chicago: Aldine
Groddeck, Norbert/Schumann, Michael (Hrsg.) (1994): Modernisierung sozialer Arbeit durch Methodenentwicklung und -reflexion. Freiburg: Lambertus
Hanses, Andreas (Hrsg.) (2004): Biografie und soziale Arbeit. Institutionelle und biografische Konstruktion von Wirklichkeit. Baltmannsweiler: Schneider
Heisig, Ulrich (2005): Professionalismus als Organisationsform und Strategie von Arbeit. In: Pfadenhauer (2005): 27-53
Hitzler, Ronald/Reichertz, Jo/Schröer, Norbert (Hrsg.) (1999): Hermeneutische Wissenssoziologie. Konstanz: UVK
Knoblauch, Hubert (2005): Wissenssoziologie. Konstanz: UVK
Kohli, Martin (1978): Soziologie des Lebenslaufs. Darmstadt: Luchterhand
Mannheim, Karl (1964): Wissenssoziologie. Eingeleitet und herausgegeben von Kurt H. Wolff. Berlin: Luchterhand
Mansel, Jürgen/Rosenthal, Gabriele/Tölke, Angelika (Hrsg.) (1997): Generationen-Beziehungen, Austausch und Tradierung. Opladen: Westdeutscher Verlag
Mead, George Herbert (1934): Mind, Self and Society. Chicago: University of Chicago Press
Oevermann, Ulrich/Allert, Tillman/Konau, Elisabeth/Krambeck, Jürgen (1979): Die Methodologie einer ‚objektiven Hermeneutik' und ihre allgemeine forschungslogische Bedeutung in den Sozialwissenschaften. In: Soeffner (1979): 352-434
Pfadenhauer, Michaela (Hrsg.) (2005): Professionelles Handeln. Wiesbaden: VS Verlag für Sozialwissenschaften
Rosenthal, Gabriele (1995): Erlebte und erzählte Lebensgeschichte. Gestalt und Struktur biographischer Selbstbeschreibungen. Frankfurt/Main: Campus
Rosenthal, Gabriele (1997a): Zur interaktionellen Konstitution von Generationen. Generationenabfolgen in Familien von 1890 bis 1970 in Deutschland. In: Mansel et al. (1997): 57-73
Rosenthal, Gabriele (1997b): Der Holocaust im Leben von drei Generationen. Gießen: Psychosozial
Rosenthal, Gabriele (2011): Interpretative Sozialforschung. München: Juventa
Schütz, Alfred (1974): Der sinnhafte Aufbau der sozialen Welt. Wien: Julius Springer
Schütz, Alfred/Luckmann, Thomas (1975): Strukturen der Lebenswelt. Neuwied: Luchterhand
Schütze, Fritz (1976): Zur Hervorlockung und Analyse von Erzählungen thematisch relevanter Geschichten im Rahmen soziologischer Feldforschung – dargestellt an einem Projekt zur Erforschung von kommunalen Machtstrukturen. In: Arbeitsgruppe Bielefelder Soziologen (1976): 159-260
Schütze, Fritz (1977): Die Technik des narrativen Interviews in Interaktionsfeldstudien – dargestellt an einem Projekt zur Erforschung von kommunalen Machtstrukturen. Arbeitsberichte und Forschungsmaterialien Nr. 1 der Universität Bielefeld
Schütze, Fritz (1994): Ethnographie und sozialwissenschaftliche Methoden in der Feldforschung. In: Groddeck/Schumann (1994): 189-297

Soeffner, Hans-Georg (Hrsg.) (1979): Interpretative Verfahren der Sozial- und Textwissenschaften. Stuttgart: Metzler

Soeffner, Hans-Georg (1989): Auslegung des Alltags – Der Alltag der Auslegung. Zur wissenssoziologischen Konzeption einer sozialwissenschaftlichen Hermeneutik. Frankfurt/Main: Suhrkamp

Strauss, Anselm/Fagerhaugh, Shizuko/Suczek, Barbara/Wiener, Carolyn (1985): Social Organization of Medical Work. Chicago: University of Chicago Press

Strübing, Jörg/Schnettler, Bernt (2004): Methodologie interpretativer Sozialforschung. Klassische Grundlagentexte. Konstanz: UVK

Thomas, William I./Znaniecki, Florian (1958): The Polish Peasant in Europe and America. New York: Dover Publications

Völter, Bettina/Dausien, Bettina/Lutz, Helma/Rosenthal, Gabriele (Hrsg.) (2005): Biographieforschung im Diskurs. Wiesbaden: VS

Witte, Nicole (2010): Ärztliches Handeln im Praxisalltag. Frankfurt/Main: Campus

Witte, Nicole/Rosenthal, Gabriele (2007): Biographische Fallrekonstruktion und Sequenzanalyse videographierter Interaktionen. sozialersinn 1. 3-24

Witte, Nicole/Rosenthal, Gabriele (2011): Analyse videographierten Datenmaterials. In: Rosenthal (2011): 121-138

Geschlechterarrangements im Krankenhaus

Sozialräumliche Grenzen von ‚weiblicher Sorgearbeit' und ‚männlicher Professionalität'

Kirsten Sander

Das Verhältnis von Ärzten und Schwestern im Krankenhaus ist ein klassisches Beispiel für das „Geschlechterarrangement" (Goffman 1994), welches zum Selbstverständnis der Arbeitswelt eines Krankenhauses gehört. In die Arbeitsbeziehung von Pflege und Medizin und ihre historische Entwicklung sind zweigeschlechtliche wie professionsbezogene Ordnungen eingespeist.[1] Die im Verhältnis von Pflege und Medizin besonders anschaulich vollzogene Aufteilung und Hierarchisierung in „professionelle" und „semi-professionelle" Arbeit (Freidson 1979) lässt sich historisch daraufhin untersuchen, wie „im Medium der Berufskonstruktionen" (Wetterer 2002: 360) die Geschlechterdifferenzen und -hierarchien zwischen weiblicher Pflege und männlicher Medizin entstanden und schließlich zu einer die Unterscheidung legitimierenden Plausibilitätsressource wurden. Freilich haben sich sowohl die eindeutige geschlechtliche Besetzung der beiden Berufsfelder als auch die Eindeutigkeit der Hierarchie zwischen Medizin und Pflege in den letzten Jahrzehnten verändert.[2] Zwei Aspekte, die potentiell zu Veränderungen führten, können beispielhaft genannt werden: die Modernisierungsprozesse in der Organisation des Krankenhauses und damit einhergehende Erodierungen der Autonomie der Medizin (vgl. Klatetzki 2005; Kühn/Klinke 2006) und die Professionalisierung der Pflegeberufe (vgl. Schmidbaur 2002; Krampe 2009).

In den deutschsprachigen Debatten zu Pflege und Medizin erfahren Analysen und Konzeptionen zur Bedeutung von Geschlechterdifferenzen erst in den

---

1 Siehe auch exemplarisch zum Verhältnis von Pflege und Medizin: Strauss et al. 1963; Stein 1967; Freidson 1979; Walby und Greenwell 1994; Allen 1997. Geschlechtertheoretisch: Witz 1992; Davies 1995; Wetterer 2002; Loos 2006.
2 Die statistische Gesamtanzahl von Ärztinnen liegt inzwischen bei ca. 34 Prozent – wobei sowohl die fachspezifische wie leitungsbezogene geschlechtliche Segregation in der hohen Zahl nicht abgebildet wird. Die prozentuale Gesamtzahl von männlichen Pflegern liegt bei 13 Prozent (Statistisches Bundesamt 2005).

letzten Jahren eine zunehmende Aufmerksamkeit (Piechotta 2000; Loos 2006; Krabel/Stuve 2006; Arnold 2008; Senghaas-Knobloch 2008; Sander 2008, 2009).

1 Rahmen der Studie

Der Beitrag beschäftigt sich mit der Frage, wie in den alltäglichen Interaktionen von Pflege und Medizin im Krankenhaus Geschlechterunterscheidungen Relevanz erhalten können. Welche Interaktionsrahmen bestimmen das „doing gender while doing the job" (Leidner 1991)? Die hier vorgestellten Ergebnisse sind im Rahmen einer empirischen Untersuchung zur Interaktion von Pflege und Medizin im Krankenhaus (vgl. Sander 2009)[3] entwickelt worden. Für die qualitative Studie wurden von einem Forschungsteam in sieben Krankenhäusern insgesamt 73 ExpertInnen-Interviews mit Ärztinnen, Schwestern, Pflegern und Ärzten unterschiedlicher Ausbildungs- und Hierarchiestufen erhoben. Die leitfadenstrukturierten Interviews fragen nach den Erfahrungen in der Zusammenarbeit der beiden Berufsgruppen sowie nach den Einschätzungen zur Bedeutung von Geschlechterunterscheidungen. Zudem wurden in Teilnehmenden Beobachtungen Beschreibungen von alltäglichen Interaktionssituationen auf Krankenhausstationen erstellt. Das methodische Vorgehen zielt darauf ab, möglichst unterschiedliche Perspektiven auf die konkreten Interaktionsverläufe im Krankenhaus zu gewinnen und sie theoretisch wie empirisch zusammenzuführen (vgl. Hagemann-White 1993). „Geschlecht" und „Geschlechtlichkeit" werden als soziale Konstruktionen verstanden, die ausgehend von der „Null-Hypothese" (Hagemann-White 1988) ihre Bedeutsamkeit erst in Prozessen des Unterscheidens erlangen. Ebenso werden „Profession" und „Professionalität" nicht als vorab zu bestimmende Kategorien, sondern als durch die Interaktionen hervorgebrachte Konstruktionen beschrieben, deren Erzeugungsmodi in unterschiedlichen Arenen nachvollzogen werden können (Abbott 1988). Im Zentrum der Untersuchung steht die „work-place-arena" (ebd.).

Als methodologischer Rahmen fungiert die Grounded Theory (Strauss 1991). Die Studie untersucht unterschiedliche, alltägliche soziale Praktiken

---

3 Die Studie wurde als Promotion im Rahmen des DFG-Forschungsprojekts „Interaktion von Pflege und Medizin im Krankenhaus: Konstruktionsprozesse von Hierarchie und Geschlecht und berufliche Sozialisation" (Universität Osnabrück, Leitung Prof. Dr. Carol Hagemann-White) erstellt (Sander 2009). Das Projekt ist innerhalb des DFG-Schwerpunktprogramms „Professionalisierung, Organisation, Geschlecht. Zur Reproduktion und Veränderung von Geschlechterverhältnissen in Prozessen des sozialen Wandels" verortet (zu den Ergebnissen des Schwerpunktprogramms: Gildemeister/Wetterer 2007).

(Reckwitz 2003) der Zusammenarbeit, die das Verhältnis von Pflege und Medizin als ein Geschlechterverhältnis aufschlüsseln. Um die Verbindungslogiken von geschlechtlichen und professionellen Interaktion zu analysieren, werden ‚Grenzen' beschrieben. Grenzen heben hervor, dass ‚etwas' voneinander unterschieden wird, das aber zugleich aufeinander bezogen bleibt (Bishop/Scudder 1996). Geschlechter- und Professionsgrenzen werden im Rahmen der Untersuchung als soziale, symbolische, diskursive und materielle Unterscheidungen verstanden. Sie werden im Handeln erzeugt und verweisen gleichzeitig auf Strukturen, die dieses definieren (Giddens 1988; Goffman 1994; Heintz/Nadai 1998). Die in den alltäglichen Interaktionen von Pflege und Medizin rekonstruierte „Boundary-Work" (vgl. Walby/Greenwell 1994; Allen 1997) reformuliert potentiell auch Grenzen zwischen Weiblichkeit und Männlichkeit.

Im Zentrum der folgenden Analysen stehen räumliche Grenzziehungsprozesse[4]. Als heuristischer Rahmen der ausgeführten Interpretationen fungiert die Raumkonzeption von Martina Löw (2001): Der untersuchte soziale Raum Krankenhausstation wird als relationaler Beziehungsraum verstanden. Er entsteht durch die „relationale (An)Ordnung von sozialen Güter[n] und Menschen (Lebewesen) an Orten" (Löw 2001: 224). Räume bilden sich zum einen durch „Spacing", d.h. durch Prozesse des Platzierens von sozialen Gütern und Menschen sowie durch symbolische Markierungen von zusammengehörigen Gütern und Menschen. Zum anderen werden durch „Syntheseleistungen", d.h. durch „Wahrnehmungs-, Vorstellungs- und Erinnerungsprozesse", mit denen soziale Güter wie Menschen zusammengefasst werden, Räume hervorgebracht (ebd.: 158f.).

Die Perspektive auf den sozialen Raum und die ihn hervorbringenden Grenzziehungsprozesse ermöglicht die Zusammenfügung und Theoretisierung unterschiedlicher Interaktionsphänomene. Die Raumanalyse nimmt die „Materialisierungen der kulturellen Zweigeschlechtlichkeit" (Krüger 2002: 30) als Frauenberuf Pflege und Männerberuf Medizin in den Blick und fragt, „in wie weit diese kulturellen Polarisierungen zwischen den Geschlechtern sich in einer geschlechterstereotypisierenden, gesellschaftlichen Territorien-Ordnung verfestigt haben" (ebd.). Innerhalb dieses heterosozialen Ordnungsgefüges kommt den „Tokens" (Kanter 1977), den Ärztinnen und Pflegern, eine besondere, je unterschiedliche Minderheitenposition zu (Floge/Merill 1986).

Die theoretisierende Bezugnahme auf den sozialen Raum als eine vermittelnde soziale Ordnung von Profession und Geschlecht ermöglicht eine Analyse und Interpretation von Interaktionsbeschreibungen, die von den Interviewten und Beobachtern vorrangig nicht als Beispiele für Geschlechterunterscheidungen bei

---

4 In der Studie werden zudem professionelle und geschlechtliche Zuständigkeitsgrenzen sowie diskursive Grenzen von Profession und Geschlecht untersucht (vgl. Sander 2009).

der Arbeit formuliert wurden. Sie werden vor dem Hintergrund und in Bezugnahme zu den parallel durchgeführten Analysen des von den Interviewten ausgeführten „diskursiven Geschlechterwissens" (ebd.: 321 ff.) interpretiert. Die unterschiedlichen Analyse- und Interpretationsdurchgänge ermöglichten die Verdichtung von „Interaktionsrahmen" (Goffman 1977), die für die Frage nach der Herstellung von Professions- und Geschlechtergrenzen bedeutsam sind.

Um den Zusammenhang von Geschlecht, Profession, Interaktion und Raum exemplarisch zu verdeutlichen, werden im Folgenden drei empirisch rekonstruierte Phänomene vorgestellt: Zunächst wird der materielle Raum „Krankenhausstation" und seine Nutzungspraxis erörtert. Die offenen und verschlossenen Räume von so genannten ,Schwesternzimmern' und ,Arztzimmern' werden zum Gegenstand der Analyse (2). Daran anschließend wird der Frage nachgegangen welche ,Sonderposition' innerhalb dieses Interaktionsrahmens den Pflegern zukommt (3). Als weiteres Phänomen wird ein Aspekt der symbolischen Ordnung des sozialen Raums untersucht. Anhand der Praxis des Sprechens mit den Patientinnen und Patienten werden Nah- und Distanzräume rekonstruiert (4). Der Beitrag schließt mit zusammenfassenden Überlegungen zu geschlechtlichen Positionierungen im sozialen Raum Krankenhaus (5).

2 Offene und verschlossene Räume

Ein zentrales Merkmal der Zusammenarbeit von Pflege und Medizin im Krankenhaus ist aus der Perspektive der Pflege die Dauerpräsenz der Schwestern und Pfleger, die der Abwesenheit der Ärztinnen und Ärzte diametral gegenüber steht. Mit dieser konflikthaft aufgeladenen Professionsgrenze werden zugleich Geschlechtergrenzen erzeugt und bestätigt. Die beständige Ansprechbarkeit der Pflegenden lässt sich auch während ihrer Übergaben- und Pausenzeiten nicht aufheben. Damit einhergehende Störungen werden vor allem aus der Sicht der leitenden Schwestern häufig als zentraler Anlass für die Wahrnehmung einer schlechten Zusammenarbeit mit den Ärztinnen und Ärzten der Stationen beschrieben. An der Art und Weise der Raumnutzung zeigt sich das mangelnde Verständnis der Medizin für die Profession der Pflege:

> „Also wir müssen immer präsent sein für die Ärzte. Wenn wir mal Frühstückspause haben, wenn wir eine Besprechung haben, das stört überhaupt keinen, da fährt jeder ins Zimmer rein. Die meinen das nicht böse, weil wir sind ja da, dann kann man uns

auch ansprechen, tun sie von sich aus." (Stationsleiterin Eleonore Kaiser N\KH6, 42)[5]

Das grundlegende „Immer-präsent-Sein" der Schwestern und Pfleger der Station steht dem Kommen und Gehen der Ärzte und Ärztinnen gegenüber.[6] Dass die Schwestern und Pfleger sich gerade beispielsweise in einer Besprechung befinden, wird von den Ärztinnen und Ärzten ignoriert. Die Crux liegt in der dauerhaften Anwesenheit. Sie wird als eine ununterbrechbare Zuständigkeit wahrgenommen. Zugleich entsteht ein Widerspruch: Die Forderung nach einem symbolisch wie zeitlich-physisch begrenzten, professionellen Raum, steht einer anderen offensiv in Abgrenzung zur Medizin thematisierte Qualität von Pflege entgegen: der besonderen Patientenbeziehung. In den Argumentationen wird ein Zusammenhang zwischen der beständig offenen Tür und der dahinter liegenden Qualität der Pflege(-beziehung) im Unterschied zur Medizin formuliert. Die Pflege versteht sich als vorrangiger Ansprechpartner für die Patientinnen und Patienten:

> „Wir sind auch mehr Ansprechpartner und sind auch präsenter. Wir sitzen da im Dienstzimmer, die Tür ist auf, die Patienten können rein- und rausgehen. Bei den Ärzten ist die Tür verschlossen. Die [Patienten] wissen überhaupt nicht, wo ein Arztzimmer ist, wo sie den Doktor finden können als Ansprechpartner." (Stationsleiterin Maike Zehlen-Hoff, In\KH3, 43)

Die offene Tür vermittelt eine Patientenorientierung und stärkt die Rolle der Pflege als Vermittlerin zwischen Patienten und defizitärer, da unansprechbarer, Medizin. Das so genannte ‚Arztzimmer' ist nicht nur aus der hier antizipierten Sicht von Patientinnen und Patienten quasi ‚unsichtbar', sondern auch für die Pflege nur schwer einsehbar und mit hierarchischen Konstruktionen verbunden. Der aus der Perspektive der Pflege als Rückzugsort der Ärztinnen und Ärzte wahrgenommene Raum erscheint ihnen unnötig, unordentlich und/oder provozierend. Eine Beobachterin im medizinischen Team formuliert es so:

> „Ich würde sagen, dass es praktisch nicht vorkam, dass die Ärzte sich ins Arztzimmer zurückzogen. Im Klartext hätte man diese Zimmer auch abschaffen können. Ich glaube, die Ärzte haben sich dort nur umgezogen." (Beobachterin Birgit Ch\KH1, 706).

---

5 Zur Anonymisierung: Nachnahme mit*: Interviewte Person wurde auch in den Teilnehmenden Beobachtungen beschrieben; In = Innere Medizin, Ch = Chirurgie, N = Neurologie; KH1: Kennzeichnung des Krankenhauses, 61: Interviewzeile.
6 Vgl. die Ergebnisse von Menz (2009), die die „Rund-um-die-Uhr-Hilfe, die viele Mütter wie zum Beweis ihrer unbedingten Unterstützung anbringen und betonen" (ebd.: 195) als ein Charakteristikum familialer Sorgearbeit hervorhebt.

Obgleich die interviewten und beobachteten Schwestern und Pfleger ihre beständige Ansprechbarkeit und die Missachtung ihrer eigenen professionellen Raumgrenzen beklagen, würde durch eine zeitweilige Unansprechbarkeit auch eine Einschränkung entstehen, die problematisch ist: Der stationäre Raum ist aus ihrer Perspektive ein Raum der Pflege, in dem die Medizin lediglich praktiziert. Mit den Konstruktionen eines unbegrenzbaren professionellen Pflegeraums wird ein umfassender Zuständigkeitsanspruch formuliert, der – bei allem Ärger – potenziell auch (Macht-)Gewinne mit sich bringt.

Hier soll die These aufgestellt werden, dass die rekonstruierten Polaritäten vom ‚unverschließbaren Raum der Pflege' und ‚verschlossenen Raum der Medizin', der für die unmittelbaren Belange der Patientinnen und Patienten quasi unsichtbar bleibt, einen zweigeschlechtlichen Interaktionsraum symbolisieren. In dem von den interviewten Pflegekräften formulierten Ärger über das ‚hartnäckige Eigenleben' der offenen und verschlossenen Türen der Station vermitteln sich – so die zentrale These des Beitrags – Grenzziehungen zwischen ‚weiblicher Sorgearbeit' und ‚männlicher Professionalität'. Dabei verläuft die in den Interaktionen rekonstruierte Trennung von weiblicher und männlicher Arbeit „zwischen immer wiederkehrender Sorge-Arbeit und disponibler Sorge-Tätigkeit" (Ostner 1988: 43).[7] Die beständig offene Tür markiert die von der Pflege ausgeführte „immer wiederkehrende Sorge-Arbeit" (ebd.). Pflegearbeit ist in diesem Sinne naturgebunden, am Leib und seiner Bedürftigkeit orientiert und „nicht beliebig manipulierbar und aufschiebbar" (ebd.). Als unaufschiebbare Sorge-Arbeit ist sie mit Weiblichkeitskonstruktionen verbunden und steht den Konstruktionen einer von der unmittelbaren Bedürftigkeit der Patientinnen und Patienten völlig abgetrennten Medizin gegenüber. In den Argumentationen zu den offenen und verschlossenen Türen lässt sich eine polare Territorien-Ordnung rekonstruieren, die die unverschiebbare Sorge-Arbeit der ‚weiblichen Pflege' und die planbare und rationale Sorge-Tätigkeit der ‚männlichen Medizin' zuschreibt – unabhängig davon, ob sie von Frauen oder Männern ausgeführt wird.

---

7 Diese Differenz wurde von Ostner als „weibliches Arbeitsvermögen" (vgl. Ostner 1978, 1991) konzeptionalisiert und sollte als ein idealtypisches Konstrukt die Spezifika von Frauenarbeit jenseits von Defizitbeschreibungen erfassen können. Ausgangspunkt ist die Annahme, dass Erfahrungen in privaten, haushaltsnahen Arbeitsbereichen sowohl das berufliche Interesse von Frauen wie auch die inhaltliche Ausgestaltung von Frauenberufen bestimmen. Die Unterscheidung von hausarbeitsnahen, bedürfnisbezogenen weiblichen Arbeitsvermögen und tauschwertorientierten und berufsbezogenen männlichen Arbeitsvermögen werden als grundlegende Geschlechterdifferenz vorgestellt, die die geschlechtliche Segregation des Arbeitsmarktes erklären können. Das Konzept wurde empirisch anhand der Krankenpflege entwickelt. Die bereits in den 80er Jahren umfassend geäußerte Kritik richtet sich vor allem an die differenztheoretische, reduktionistische Argumentation (vgl. zusammenfassend: Wetterer 2002: 193ff.). Neuere Forschungen und Konzeptionen zur Pflege greifen die Spezifika „weiblicher" Arbeitszusammenhänge wieder auf und beschreiben sie als „Fürsorgerationalität" (Wearness 2000, Senghaas-Knobloch 2008).

Der durch diese Grenzziehungen sich aufspannende Stationsraum lässt sich weitergehend als ein ‚Haushalt der Frauen' oder auch mit der Metapher des Familienwohnzimmers interpretieren. Virginia Woolf (1928, dt. 1978) greift in ihrer berühmt gewordenen feministischen Forderung nach „ein[em] Zimmer für sich allein" (Woolf 1978: 103) diese Metapher auf; sie bezieht sich dabei interessanter Weise auf eine der ersten Pflegetheoretikerinnen, Florence Nightingale: „Wenn eine Frau [im 19. Jahrhundert, K.S.] schrieb, dann musste sie im gemeinsamen Wohnraum schreiben, und dort, wie Miss Nightingale so heftig klagte, haben Frauen niemals eine halbe Stunde (...), die ihnen ganz allein gehört" (ebd.: 60). Aber erst die Abgeschiedenheit, der Zustand, indem „wir dem gemeinsamen Wohnzimmer ein bisschen entronnen sind" (ebd.: 103) – so Woolf – ermöglicht die Distanznahme von zwischenmenschlichen Beziehungen, die für eigenständiges Tätigsein, Denken und Schreiben nötig ist. Genau diese Form des Rückzugs, der Reflexivität und der Distanzierung von den unmittelbaren Bedürfnissen anderer definiert innerhalb des durch die Medizin dominierten Kontextes Krankenhaus eine zentrale Professionalitätskonstruktion. Die hierfür erforderliche physische wie symbolische Grenzziehung ist den Pflegefrauen (und -männern) bis heute nur sehr schwer möglich. Sie verbleiben im Raum der unaufschiebbaren, leiblichen Sorge für die Patientinnen und Patienten.

Während auch Pfleger mit der ständigen Ansprechbarkeit und den damit verbundenen Ärgernissen zu tun haben und diese in den Interviews ausführlich reflektieren, erhalten Ärztinnen eine ‚Sonderposition' in den heterosozialen Raumordnungen: Störungen und Konflikte in der Zusammenarbeit von Ärztinnen und Pflegekräften werden aus der Perspektive der interviewten Schwestern und Pfleger mit dem zu häufigen oder zu lang andauernden Rückzug der Ärztinnen in ‚ihr Arztzimmer' belegt. Ein Beobachter im Pflegeteam schildert folgende Situation an seinem ersten Tag auf der Station:

> „Schwester Ingeborg geht mit mir über die Station und zeigt mir ausführlich die Räume. (...) Sie zeigt mir auch das Arztzimmer und sagt im Vorbeigehen: „Da hockt sie auf den Kurven." Wir gehen weiter den Gang hinunter in Richtung der Bettenzentrale. Sie erzählt mir, dass Frau Doktor Rosenthal [Stationsärztin] vor der eigentlichen Visite eine Kurvenvisite machen würde: „Sie brütet über den Kurven." (B-Pfle. Andreas In\KH3, 30)

Der Rückzug der Stationsärztin ist der Schwester im wahrsten Sinne nicht einsichtig, er provoziert sie und führt zu Abwertungskonstruktionen. Die Ärztin verschließt sich der gemeinsamen Zusammenarbeit. Die verschlossene Tür markiert deutlich die Hierarchie zwischen der Medizin und der Pflege und symbolisiert den Konflikt, den die Pflege mit der Ärztin führt. Durch die Geschlechtergleichheit von Ärztin und Schwester wirkt die professionshierarchische Raumgrenze besonders provozierend. Die verschlossene Zimmertür eines Arztes ist auch störend, sie ist aber von der Pflege sehr viel leichter situativ zu übergehen und wird eher als ein alltägliches Ärgernis in der Zusammenarbeit wahrgenommen. Die in der Gesamtstudie rekonstruierten Differenzwahrnehmungen und -zuschreibungen zu Ärztinnen bestätigen die männlich konnotierte Professionalitätskonstruktionen der Medizin (vgl. Pringle 1998; Loos 2006). Ärztinnen müssen durch ‚Härte' beweisen, dass sie dennoch dazugehören. Sie werden in Unterscheidung zu ihren männlichen Kollegen als ‚distanziert' oder als ‚falsch im Tonfall' wahrgenommen; ihnen wird zugeschrieben, dass sie die ‚Ellenbogen' einsetzen müssen, um sich gegenüber den eigenen Kollegen sowie gegenüber der Pflege Respekt zu verschaffen. Insbesondere aus der Sicht von leitenden Schwestern ist eine „Verschwesterung" mit ihnen – wie es in einem Interview heißt – ungünstig (Sander 2009: 337ff.).

3 Besetzung des ‚weiblichen Pflegeraums' mit ‚männlicher Professionalität'

Die bisher rekonstruierte Raum- und Geschlechterordnung schließt Pfleger als unmittelbar an den Bedürfnissen der Patientinnen und Patienten orientierte Sorge-Arbeiter ein. Pfleger erhalten darüber hinaus aber im untersuchten Feld eine positive Sonderposition (vgl. Heintz/Nadai/Ummel 1997). Mit ihnen lassen sich die von der Medizin und Pflege positiv besetzten männlichen Professionalitätskonstruktionen verbinden. Pfleger besetzen den ‚weiblichen Pflegeraum' mit männlicher Professionalität, indem sie als ‚Medizingleiche' identifiziert werden können. Aus der Perspektive der interviewten Schwestern ist es bedeutsam, zukünftig möglichst viele Männer in das Berufsfeld zu inkludieren. Vor allem leitende Schwestern, die auf einen langen Zeitraum der Berufstätigkeit zurückblicken können, erleben die Inklusion von Pflegern und deren gleichwertige Anerkennung als Professionalitätsgewinn.

> „Es hat lange gedauert, bis sie sich das, ja, nicht erarbeitet haben, aber schon das Ansehen so. Es war so bei vielen älteren Schwestern (…), die trauten es den Pflegern nicht zu, dass die überhaupt fähig sind, genau das Gleiche zu machen wie die Schwestern" (Stationsleiterin Andrea Liebert, Ch\KH5, 448 – 456).

Die leitenden Schwestern streben an, dass Pfleger zukünftig in allen Handlungsgebieten der Pflege tätig sind, nicht nur im Bereich schwerer körperlicher Arbeit, „einfach um auch ein Gegengewicht zu haben" (Pflegedirektorin Anne Hafner KH3, 114). Der hier als „Gegengewicht" bezeichnete ‚Hahn im Korb' verspricht aus der Sicht der Schwestern die Auflösung eines „Hühnerhaufen[s], der manchmal auch ganz schön anstrengend ist" (Stationsleiterin Gertrud Bublitz*, Ch\KH2, 93.). Zudem wird Pflegern eine größere Gelassenheit zugesprochen. „Den [Pfleger, K.S.] hat nichts aus der Ruhe gebracht (...). Wir Frauen sind doch ein bisschen sensibler" (stellv. Stationsleiterin Margret Müller-Löhne, In\KH4, 67). In den hier zusammengefassten Aussagen zu Pflegern wird vor allem auf eine Auflösung der homosozialen Weiblichkeit der Pflege abgehoben. Die besonders positiven Wahrnehmungen und Zuschreibungen zu Pflegern aus Sicht der eigenen Profession verweisen auf männliche Professionalitätskonstruktionen. Anders gesagt: Eine ausschließlich weibliche Pflege kann nicht professionell sein. Die damit einhergehende (Selbst-)Abwertung der vor allem von Frauen besetzten Profession Pflege gerät nicht in den Blick.

Aus der Perspektive von leitenden Ärzten wird Pflegern ein höheres Maß an beruflich-fachlichem Interesse zugeschrieben.

„Sie sind Neuerungen gegenüber aufgeschlossener, Innovationen sind sie aufgeschlossener, probieren mal eher was aus, ja, während die Schwestern eher dazu neigen und sagen, das hat doch immer gut geklappt, lassen wir es doch so (Chef Hans-Georg Schott, In\KH7, 69). Pflegern wird zugesprochen, dass sie sich „geistig mehr reinknien (...) und die weibliche Pflegekraft vielleicht mehr so die Beziehung zum Patienten in den Vordergrund stellt" (Chef Friedrich Merk, Ch\KH4, 72).

Die hier aufgeführten „Genderismen"[8] erzeugen Gleichheitskonstruktionen zur männlichen Professionalität der Medizin. Die Gleichheit evoziert Konkurrenzsituationen, die es im gemischtgeschlechtlichen Team zwischen Schwestern und Ärzten so nicht geben kann. Stationsärztinnen und -ärzte beschreiben, dass sie in der Zusammenarbeit mit Pflegern ‚Machtkämpfe' führen müssen. Insbesondere während der Einarbeitungsphase, in der die Ärztinnen und Ärzte auf das Erfahrungswissen der Pflege angewiesen sind und zugleich ihrer ärztlichen Weisungspflicht nachkommen müssen, kommt es zu paradoxen Situationen und Konflikten. Ein Assistenzarzt stellt seine unterschiedlichen Erfahrungen in der Zusammenarbeit mit Schwestern und Pflegern anhand von zwei Kliniken gegenüber:

„Die Schwestern kommen hier eben, wenn ihnen was am Patienten auffällt, mit Vorschlägen oder schildern ihre Beobachtung usw. Da [in der anderen Klinik] war es eben so, da kamen die Pfleger dann an: ‚Mach das jetzt. Der kriegt jetzt kein Isoptin [Herzmedikament] mehr, peng. Ich sage: ‚Nein, das kann ich jetzt nicht machen, das

---

8 Als Genderismus bezeichnet Goffman (1994) den mit der Zuordnung einer Person zu einer der beiden Geschlechtsgruppen verbundenen Mechanismus, durch den „ein Gesamtprofil oder ein Behälter zur Verfügung [gestellt ist, K.S.], auf das die unterschiedlichen Merkmale zurückgeführt oder (...) hineingeleert werden können" (Goffman 1994: 138).

geht nicht.' ‚Doch, du machst das.' (...) Hier ist es anders. Hier gilt das als Vorschlag" (Ass. Jens Seiler*, Ch\KH2, 84).

Die Reflexion des Arztes verweist darauf, dass die stellvertretende Übernahme von ärztlichen Entscheidungen dann stärker provoziert, wenn sie auf das ‚stille' hierarchische Potenzial des Geschlechterverhältnisses verzichten muss, d.h. wenn nicht eine Frau, sondern ein Mann einem Arzt oder einer Ärztin Vorschläge macht, was zu tun ist. Der von Stein (1967) als „Doctor-Nurse-Game" beschriebene Kommunikationsstil, in dem die Mitwirkung der Pflege bei den ärztlichen Entscheidungen verdeckt bleibt, scheint nur den Schwestern zu gelingen. Während sie unmittelbar von den Patientenbedürfnissen ausgehende Informationen an den Arzt weiter tragen und damit ‚weibliche Sorgearbeit' übernehmen, überschreitet der Pfleger diese Professions- und Geschlechtergrenze. Er verhält sich wie ein Arzt und gibt Anordnungen.

Die rekonstruierte positive wie konflikthafte Sonderposition der Pfleger im ‚weiblichen Pflegeraum' als ‚männliche/medizingleiche Professionelle' lässt sich an die professionalisierungstheoretischen Überlegungen von Davies (1995) anschließen: Durch das „gendering of social institutions" (Davies 1995: 62) ist die professionelle Pflege in eine widersprüchliche Situation geraten: Die Professionalisierungsbestrebungen verleugnen positive, weiblich konnotierte Werte; sie wirken damit indirekt bei der Abwertung von Weiblichkeit mit. Davies spricht sich für einen „new professionalism" (ebd.: 137) aus, der sich an dem, was Schwestern und Pfleger wollen und tun, orientiert und nicht an den „maskulinen Professionalitätsvisionen" (ebd.) der Medizin. Der von Wearness (2000) konzipierte Begriff der „Fürsorgerationalität" schließt ebenfalls an das Phänomen der Abwertung ‚weiblicher Fürsorgearbeit' und den damit verbundenen gesellschaftlichen Herausforderungen an. „Fürsorgerationalität" begründet sich gleichermaßen auf Fachkenntnisse wie auf Lebenserfahrungen und die Fähigkeit, „sich in die Situation des Einzelnen hineinzuversetzen" (Wearness 2000: 60). Vor dem Hintergrund der derzeit dominanten Professionalisierungskonzeptionen in der Pflege, die vor allem an überprüfbaren Resultaten interessiert sind, soll der Begriff die Prozess- und Beziehungsarbeit der Care-Arbeit sichtbar machen und mit Wertschätzung versehen können (ebd.: 59ff.). Es stellt sich an diese Überlegungen anschließend also weniger die Frage, wie Pfleger innerhalb des ‚weiblichen Interaktionsraums' der Pflege agieren können oder sollten, sondern wie der Raum als professioneller Interaktionsraum, in dem vor allem Frauen handeln, in Beziehung zur Leitprofession Medizin abgegrenzt und anerkannt werden kann.

4 ‚Weibliche Nahräume' und ‚männliche Distanzräume'

Ein weiteres Phänomen, welches dazu geeignet ist, professionelle Raumgrenzen als Geschlechtergrenzen von ‚weiblicher Sorgearbeit' und ‚männlicher Professionalität' zu symbolisieren, kann in der Sprechpraxis auf den Krankenhausstationen rekonstruiert werden. Im Folgenden wird der Frage nachgegangen, wer wie mit den Patientinnen und Patienten spricht bzw. sprechen soll. Dieser, für die differenten Professionskonstruktionen von Pflege und Medizin sehr bedeutsame Interaktionsrahmen beinhaltet wesentliche Geschlechterdifferenzierungen. Er erzeugt ‚weibliche Nahräume' und ‚männliche Distanzräume'.

Die interviewten leitenden Ärzte thematisieren die Kommunikationserfordernisse mit den Patientinnen und Patienten als eine Frage der guten Zusammenarbeit mit der Pflege. Sie selbst sind in ihrem Alltag wenig auf den Stationen anwesend und stehen nur kurz während der Visiten in unmittelbarem Kontakt mit den Patienten. Die Kommunikationsfähigkeit der Pflege bekommt eine wichtige Funktion:

> „Ein alter, hinfälliger Patient, der Schwierigkeiten hat, sich kurz darzustellen bei der Visite, wo die Zeiten begrenzt sind, ja, da wird eine gute Schwester hinterher noch einmal hingehen und wird mit Geduld sich das noch einmal anhören, was er eigentlich sagen wollte oder vielleicht auch mit Geduld versuchen zu erklären, wie es nun weiter geht, auch wenn er es vergessen hat zwischendurch, nicht, in zwei Stunden ist es wieder weg, dass man es noch mal gehört hat, erneuert, auffrischen und diese Dinge, ja." (Chef Hans-Georg Schott, In\KH7, 45)

Die Idealfigur einer ‚guten Schwester' vereint zwei für den leitenden Arzt relevante Kommunikationsformen: Die des stellvertretenden Hinhörens und des stellvertretenden Sprechens. Beide Kommunikationsweisen sind dem Arzt aufgrund seiner knappen zeitlichen Ressourcen nicht möglich. Die von dem Chefarzt vorgenommene Zuweisung von Zuständigkeit für das Sprechen mit dem Patienten unterscheidet als Interaktionsrahmen pflegerisches ‚Nah-Sprechen' von medizinischem ‚Distanz-Sprechen'. Die ausformulierte Erwartung an die Pflege formuliert ein Idealbild; es verknüpft traditionelle weibliche Eigenschaften mit professionellem Handeln. Das Aufsuchen des hilfsbedürftigen Patienten durch die Schwester kann mütterliche Fürsorge und Geborgenheit vermitteln. Demgegenüber tritt der Chefarzt in einer stereotyp väterlich-distanzierten Rolle auf. Die erwartete Befähigung der ‚guten Schwester' für das Nah-Sprechen formuliert als Geschlechterkonstruktion die Zusammengehörigkeit von Hilfsbedürftigen, hier Patienten, und Frauen sowie umgekehrt die sozial-räumliche Entfernung und Nicht-Befähigung von Männern, hier Ärzten, zur bedürfnisbezogenen Sorgetätigkeit. Insbesondere Leitungspositionen machen pflegerisch-weibliches Nah-

Sprechen quasi unmöglich: „Und je weiter man [in der beruflichen Karriereleiter, K.S.] kommt, umso größer wird eigentlich auch die Distanz zu den Patienten." (Oberarzt Gregor Wellbrock, N\KH6, 18). Die Professions- und Geschlechtergrenze von ‚Nähe' und ‚Distanz' wird von den Schwestern und Pflegern ebenfalls aufgegriffen.

> „Wir sind ja das Sprachrohr für alles. In den Visiten, wo die Ärzte nur so kurz kommen, dann über den Patienten und nicht mit dem Patienten sprechen. Das ist auch so ein Ding, was eigentlich ja immer leider der Fall ist, es wird ja nach der Visite gleich geklingelt, und dann hören *wir*, was die Patienten eigentlich zu sagen haben. Das geben wir als Sprachrohr dann ja an die Ärzte weiter." (KS Sabine Wolters In\KH3, 142)

Diese Situationsbeschreibung ähnelt der Beschreibung des Chefarztes. Nach der Visite wird die ‚gute Schwester' gerufen, um das zu erfahren, „was die Patienten eigentlich zu sagen haben." Es geht um eine Stellvertreterschaft, die in der Metapher des ‚Sprachrohrs' vor allem der Verlautbarung des von dem anderen sozusagen ‚zu leise' gegenüber den Ärztinnen und Ärzten Ausgesprochenen dient. Der Grund liegt für die Schwester in dem ‚unvermögenden Sprechen' der Mediziner: Sie sprechen „über den Patienten und nicht mit dem Patienten (…)." Die prägnante Formulierung kennzeichnet eine aus der Perspektive der Pflege bedeutsame, mit moralischem Wert aufgeladene Professionsgrenze: Schwestern und Pfleger sind ‚mit' oder auch ‚für' den Patienten, Ärztinnen und Ärzte sind ‚über' oder auch ‚gegen' den Patienten. Die Pflegenden verstehen sich in einer Vermittlerrolle, in der sie die gegenüber den wahren Bedürfnissen der Patientinnen und Patienten tauben Ärzte aufklären müssen.

> „Man ist oftmals Vermittler zwischen Patient und Arzt, insoweit dort oft eine Kommunikationssperre ist zwischen Arzt und Patient, irgendwie aus Angst. Viele Patienten haben den Eindruck, sie stören den Arzt nur, wenn sie ihn fragen. Dass man oftmals den Arzt erst drauf aufmerksam machen muss, dass der Patient Schmerzen hat oder irgendwelche Beschwerden hat oder so, damit dann halt die medizinische Versorgung einsetzt oder eine Bedarfsmedikation angesetzt wird, weil der Patient von sich aus oftmals sich Ärzten gegenüber nicht so äußert. Dass man halt dafür sorgt, dass medizinische Dinge eingeleitet werden können, die dem Patienten auch zugute kommen." (KP Nils Lange, N\KH6, 7)

Der hier zitierte Pfleger besetzt die Rolle des ‚Vermittlers' positiv und bestätigt die von den leitenden Ärzten beschriebene „Kommunikationssperre", er teilt ihre Wahrnehmung der Ursache des sprachlosen Verhaltens aus Angst und übernimmt die Vermittlungsaufgabe. Die entscheidende Aussage in der Argumentation des Krankenpflegers ist die Forderung an den Arzt: Die von ihm an den Arzt stellvertretend übermittelte Information soll zu unmittelbaren Resultaten, d.h. zu einer angemessenen Schmerztherapie führen. Der in der Funktion eines stellvertretenden Nah-Sprechers engagierende Pfleger ist sich der Herausforderung, die die Situation mit sich bringt, bewusst: Er muss mit seinem Sprechen Ergebnisse für den Patienten (und die Pflege) hervorbringen. Nur so lässt sich die Vermittlerrolle positiv konnotieren.

Ob Pfleger qua Geschlecht zur Nähe und zum Sprechen mit den Patientinnen und Patienten befähigt sind, wird von den Befragten im Rahmen der Untersuchung nicht zum Gegenstand gemacht. Als ein zentrales professionelles Selbstverständnis der Pflege steht diese Befähigung für alle Pflegekräfte außer Frage. Dieser Nicht-Thematisierung von Geschlechterdifferenz stehen vielfältige Reflexionen zur besonderen Befähigung von Ärztinnen für das verständigende Sprechen mit den Patienten und Patientinnen gegenüber. Ihr Sprechen wird von den Befragten im Vergleich zu ihren männlichen Kollegen als ‚zugewandtes' oder auch ‚mitfühlendes' Sprechen hervorgehoben:

„Im Vergleich zu meinen Kollegen glaube ich, dass wir Frauen da einfühlsamer sind, das auch zeigen, das den Patienten auch eher zeigen (...). Ich finde es manchmal von den Kollegen, dass sie viel zu schroff oder kürzer angebunden sind während der Visiten" (Assistenzärztin Susanne Alert*, Ch\KH5, 393- 394).

Die Einfühlsamkeit der Ärztinnen führt zur Nähe mit den Patienten. „Manchmal glaube ich, dass Frauen etwas näher am Patienten arbeiten. Dass das Einfühlungsvermögen von Frauen in bestimmten Situationen sehr viel besser ist" (Oberarzt Eckhart Haferkamp, In\KH7, 69). Auch aus der Perspektive der Pflege bestätigt sich diese Differenzwahrnehmung: Ärztinnen „lassen sich oft doch mehr Zeit, sich mit den Patienten zu befassen, hören länger zu, haben da mehr Geduld (Stationsleiterin Andrea Liebert, Ch\KH5, 429). Als Beispiel wird die „Tumoraufklärung" genannt, „dass die da schon ein bisschen, ja, nicht dass sie es so hart sagen, sondern ein bisschen sensibler" (Krankenschwester Frederike Späth, In\KH7, 119). Ärztinnen werden qua Geschlecht zu besonders einfühlsamen Professionellen. Sie werden auf einem „middle ground" (Pringle 1998) zwischen den Schwestern und männlichen Kollegen positioniert. Der Genderismus führt im Ergebnis trotz allseits bekundeter Wertschätzung dieser besonderen ‚weiblichen Befähigung' eher zu Begrenzungen ihrer medizinischen Professionalität. Verständigendes Sprechen mit Patientinnen und Patienten ist im sozialen Raum der Krankenhausstationen ‚Frauen- und Pflegearbeit' und damit nicht dazu geeignet, als Medizinerin Statusgewinne und Karriereoptionen zu erzielen. Das in der Praxis des verständigenden Patientengesprächs vollzogene ‚doing gender while doing the job' bestätigt und reformuliert Weiblichkeit, die über die Professionsgrenzen hinweg gilt. Die Geschlechterkonstruktion erzeugt und bestätigt auch hier eine Grenze zwischen weiblicher, immer wiederkehrender Sorgearbeit, die alle Frauen qua Natur ausüben (können) und männlich-medizinischer Professionalität, die mit sozial-räumlicher Distanz ausgestattet wird.

Ein zentrales Merkmal von Geschlechterarrangements ist, dass die darin transportierten Paradoxien weitgehend unbeachtet bleiben. Die Konstruktionen der ‚weiblichen Nähe' von Ärztinnen zu ihren Patienten und Patientinnen geraten nicht in einen argumentativen Widerspruch zu den Konstruktionen der ‚harten, distanzierten Ärztinnen', mit denen die Zusammenarbeit schwierig ist. Der Befund verweist zum einen auf die grundlegend differenten Interaktionsrahmen von Patientinnengespräch und interprofessionellem Gespräch. Zum anderen kann darin die Fortschreibung des Prozesses der „ausschließende Einschließung" (Wetterer 1999: 237) von Ärztinnen in der Medizin gelesen werden: Während Ärztinnen über ihre Geschlechtszugehörigkeit definiert werden, die in der Zusammenarbeit mit der weiblichen Pflege zu Reibungen führt und zugleich eine besondere Nähe zu den Patientinnen und Patienten ermöglicht, werden Ärzte über ihre Expertise wahrgenommen.

5 „In-Between": Geschlechtliche Positionierungen im sozialen Raum Krankenhaus

Die hier vorgestellten Interaktionsrahmen sind strukturiert durch die Mittlerposition der Pflege, die einen unabschließbaren, geteilten Raum voraussetzt und erzeugt sowie durch die Näheposition der Frauen zu der Bedürftigkeit der Patientinnen und Patienten, die auch Ärztinnen einschließt und im Nahraum platziert. Beide Platzierungen schaffen „In-Between"-Positionen (Bishop/Scutter 1996). Die untersuchten Ärztinnen befinden sich ebenso wie die Schwestern im Zwischenraum, der aber anders organisiert ist. Sie stehen zwischen der ‚weiblichen' Orientierung an den Patientinnenbedürfnissen und der professionellen Orientierung ihrer Profession. Die als weibliche Mittlerpositon herausgearbeitete Verortung der Pflege und der Frauen allgemein, ist durch ein wichtiges Merkmal von weiblicher Sorge gekennzeichnet: Die Frauen sind ständig erreichbar und ansprechbar, da die körperliche Bedürftigkeit der anderen keinen Aufschub erlaubt. Hierdurch wird die verschlossene Tür der Ärztin zu einer provozierenden Grenzmarkierung (Spacing). Es wurde argumentiert, dass die ausgeführten Geschlechterarrangements das Potential besitzen, die Grenzen zwischen ‚weiblicher Sorgearbeit' und ‚männlicher Professionalität' zu bestätigen und hervorzubringen. Die Analysen des Geschlechterdifferenzwissens zu Pflegern und Ärztinnen bestätigen diesen Befund: Pfleger werden leichter als ‚Professionelle' wahrgenommen als ihre weibliche Kolleginnen, Ärztinnen sind neben ihrer Professionalität häufig mit Weiblichkeitskonstruktionen konfrontiert, die sie trotz ihrer hohen zahlenmäßigen Präsens als ‚Besondere' (weiblich Nahe, unweiblich Harte) beschreibbar machen und von ihrer Profession abgrenzen. Mit den beschriebenen Grenzen wird zugleich gesellschaftliche Wertigkeit von Arbeit hergestellt, die weibliche Arbeit abwertet und männliche Arbeit aufwertet. Mittlerpositionen und Nähepositionen wurden als spezifisch-weiblich codierte Befähigungen vorgestellt, die zwar mit Anerkennung versehen werden, deren professioneller Gewinn für das berufliche Vorankommen im Kontext von Krankenhausarbeit aber gering ist.

Die Ergebnisse verdeutlichen, dass sich zwar die geschlechtliche Besetzung der Berufsfelder – insbesondere in der Medizin – aufgelöst hat, die interprofessionellen Situationen aber nach wie vor über ein vermittelndes Reservoir an sozialräumlichen Optionen verfügen, das „Geschlecht bei der Arbeit" (Milkman 1987) mit Relevanz zu versehen. Die analysierten Verknüpfungen von Geschlechter- und Professionsgrenzen verweisen auf die Strukturierungen des heterosozialen Interaktionsraums, in dem die Akteure sich positionieren und positioniert werden. Sie können weitergehend als „Gelegenheitsstrukturen der Vergeschlechtlichung" (Sander 2009: 422) analysiert werden. In Abgrenzung zu Hirschauer (2001), der davon ausgeht, dass der spezifische geschlechtliche „Gelegenheitscharakter von Situationen" (Hirschauer 2001: 226) die Akteure quasi dazu auffordern, diese aktiv „beim Schopfe zu fassen" und die Situationen so zu vergeschlechtlichen, legen die vorgestellten Ergebnisse eine andere Position nahe: Die materiellen, symbolischen und diskursiven „Gelegenheiten" von Geschlechter- und Professionsunterscheidung können als grundlegende Strukturierungen der sozialen Situationen analysiert werden. Ob sie aktiv von den befragten und beobachteten Akteuren in einer situativ wahrgenommenen und/oder gezielt aufgegriffenen Handlungsoption ausagiert werden, ist in der eingenommenen Analyseperspektive zweitrangig. Die untersuchten Situationen „besitzen" in diesem Sinne strukturelle Eigenschaften, die eine Verbindung von Professions- und Geschlechterkonstruktionen evozieren. Durch die raumtheoretische Rahmung lassen sich die spezifischen geschlechtlichen und (inter-)professionellen Platzierungen daraufhin analysieren, wie sie professionelle Zuständigkeitsgebiete in Geschlechterwelten übersetzen und umgekehrt. Der soziale Raum Krankenhaus ist in spezifischer Weise mit Verbindungslinien von Geschlecht und Profession durchzogen, die ihre strukturierende Wirkungsmächtigkeit auch dann entfalten, wenn es vordergründig gar nicht um die Frage von Geschlechterdifferenzen geht. Die analysierten Verbindungen sind eng mit den impliziten wie expliziten Bezugnahmen auf die ‚relevanten Dritten', die bedürftigen Patientinnen und Patienten, verknüpft – ohne das diese selbst auf der ‚Vorderbühne' des untersuchten Interaktionsraums sichtbar werden müssten.

Die exemplarisch beschriebenen Grenzen zwischen ‚Frauenarbeit' und ‚Männerarbeit' sind beides: vorraussetzungsreich, da sie sich nicht (mehr) auf eine natürlich erscheinende oder eindeutige geschlechtliche Segregation der professionellen Arbeit beziehen (können), sondern durch eine vermittelnde soziale (Raum-)Ordnung erzeugt werden und bestätigend, da in der rekonstruierten Verknüpfung von ‚Weiblichkeit' mit ‚Sorgearbeit' sowie von ‚Männlichkeit' mit ‚Professionalität' die Logik der „institutionellen Reflexivität" (Goffman 1994) von Geschlechterunterscheidungen fortgeschrieben wird.

Literatur

Abbott, Andrew (1988): The System of Profession. An Essay on the Division of Expert Labor. London: The University of Chicago Press
Allen, Davina (1997): The nursing-medical boundary: a negotiated order? In: Sociology of Health & Illness 19. 4. 498-520
Arnold, Doris (2008): „Aber ich muss meine Arbeit schaffen!" Ein ethnographischer Blick auf den Alltag im Frauenberuf Pflege. Frankfurt/Main: Mabuse
Beck-Gernsheim, Elisabeth/Ostner, Ilona (1979): Mitmenschlichkeit als Beruf. Eine Analyse des Alltags in der Krankenpflege. Frankfurt/Main, New York: Campus
Bishop, Anne/Scudder, John R. (1996): The Practical, Moral, and Personal Sense of Nursing. A Phenomenological Philosophy of Practice. New York: State University of New York Press
Breitenbach, Eva/Bürmann, Ilse/Liebsch Katharina et al. (Hrsg.) (2002): Geschlechterforschung als Kritik. Zum 60. Geburtstag von Carol Hagemann-White. Bielefeld: Kleine
Davies, Celia (1995): Gender and the professional Predicament in Nursing. Buckingham: Open University Press
Floge, Liliane/Merrill, Deborah M. (1986): Tokenism Reconsidered. Male Nurses and Female Physicians in a Hospital Setting. In: Social Forces 64. 4. 925-947
Freidson, Eliot (Hrsg.) (1963):The Hospital in Modern Society. New York: MacMillan
Freidson, Eliot (1979): Der Ärztestand. Berufs- und wissenschaftssoziologische Durchleuchtung einer Profession. Stuttgart: Ferdinand Enke
Giddens, Anthony (1988): Die Konstitution der Gesellschaft. Grundzüge einer Theorie der Strukturierung. Frankfurt/Main, New York: Campus
Gildemeister, Regina/Wetterer, Angelika (Hrsg.) (2007): Erosion oder Reproduktion geschlechtlicher Differenzierungen? Widersprüchliche Entwicklungen in professionalisierten Berufsfeldern und Organisationen. Münster: Westfälisches Dampfboot
Goffman, Erving (1977): Rahmen-Analyse. Ein Versuch über die Organisation von Alltagserfahrungen. Frankfurt/Main: Suhrkamp
Goffman, Erving (1994): Interaktion und Geschlecht. Frankfurt/Main, New York: Campus

Hagemann-White, Carol (1993): Die Konstrukteure des Geschlechts auf frischer Tat ertappen? Methodische Konsequenzen einer theoretischen Einsicht. In: Feministische Studien 11. 2. 68-79

Hagemann-White, Carol (1988): Wir werden nicht zweigeschlechtlich geboren ... In: Hagemann-White/Rerrich (Hrsg.) (1988): 224-235

Hagemann-White, Carol/Rerrich Maria S. (Hrsg.) (1988): FrauenMännerBilder. Männer und Männlichkeit in der feministischen Diskussion. Bielefeld: AJZ

Heintz, Bettina (2001): Geschlecht als (Un-)Ordnungsprinzip. Entwicklung und Perspektiven der Geschlechtersoziologie. In: Kölner Zeitschrift für Soziologie und Sozialpsychologie 41. Sonderheft Geschlechtersoziologie. 9-29

Heintz, Bettina/Nadai, Eva (1998): Geschlecht und Kontext. De-Institutionalisierungsprozesse und geschlechtliche Differenz. In: Zeitschrift für Soziologie 27. 2. 75-94

Heintz, Bettina/Nadai, Eva/Ummel, Hannes (1997): Ungleich unter Gleichen. Studien zur geschlechtsspezifischen Segregation des Arbeitsmarktes. Frankfurt/Main: Campus

Hirschauer, Stefan (2001): Das Vergessen des Geschlechts. Zur Praxeologie einer Kategorie sozialer Ordnung. In: Kölner Zeitschrift für Soziologie und Sozialpsychologie 41. Sonderheft Gechlechtersoziologie. 208-235

Kanter, Rosabeth Moss (1977): Some Effects of Proportions on Group Life. Skewed Sex Ratios and Reponses to Token Women. In: The American Journal of Sociology 82. 5. 965-990

Kühn, Hagen/Klinke, Sebastian (2006): Krankenhaus im Wandel. Zeit- und Kostendruck beeinflussen die Kultur des Heilens. In: WZB-Mitteilungen 113. 6-9

Klatetzki, Thomas (2005): Professionelle Arbeit und kollegiale Organisation. Eine symbolische interpretative Perspektive. In: Klatetzki/Tacke (Hrsg.) (2005): 253-284

Klatetzki, Thomas/Tacke, Veronika (Hrsg.) (2005): Organisation und Profession. Wiesbaden: VS Verlag für Sozialwissenschaften

Krabel, Jens/Struve, Olaf (Hrsg.) (2006): Männer in Frauen-Berufen der Pflege und Erziehung. Opladen: Leske + Budrich

Krampe, Eva-Maria (2009): Emanzipation durch Professionalisierung. Akademisierung des Frauenberufs Pflege in den 1990er Jahren. Erwartungen und Folgen. Frankfurt/Main: Mabuse

Krüger, Helga (2002): Territorien. Zur Konzeptionalisierung eines Bindeglieds zwischen Sozialisation und Sozialstruktur. In Breitenbach/Bürmann/Liebsch et al. (Hrsg.) (2002): 29-48

Leidner, Robin (1991): Serving Hamburgers and Selling Insurances. Gender, Work, and Identity in Interactive Service Jobs. In: Gender & Society 5. 2. 154-177

Loos, Martina (2006): Symptom: Konflikt. Was interdisziplinäre Konflikte von Krankenpflegern und Ärztinnen über die Konstruktionsprozesse von Geschlecht und Profession erzählen. Frankfurt/Main: Mabuse

Löw, Martina (2001): Raumsoziologie. Frankfurt/Main: Suhrkamp

Menz, Simone (2009): Familie als Ressource. Individuelle und familiale Bewältigungspraktiken junger Erwachsener im Übergang in Arbeit. Weinheim, München: Juventa

Milkman, Ruth (1987): Gender at Work. The Dynamics of Job Segregation by Sex During World War II. Chicago: Urbana

Ostner, Ilona (1978): Beruf und Hausarbeit. Die Arbeit der Frau in unserer Gesellschaft. Frankfurt/Main, New York: Campus

Ostner, Ilona (1988): Die Tabuisierung der Hausarbeit. In: Rapin (Hrsg.) (1988): 55-72

Ostner, Ilona (1991): „Weibliches Arbeitsvermögen" und soziale Differenzierung. In: Leviathan 19. 2. 192-207

Piechotta, Gudrun (2000): Weiblich oder kompetent? Der Pflegeberuf im Spannungsfeld von Geschlecht und Bildung und gesellschaftlicher Anerkennung. Bern u.a.: Hans Huber

Pringle, Rosemary (1998): Sex and Medicine. Gender, Power and Authority in the Medical Profession. Cambridge: Cambridge University Press

Rabe-Kleberg, Ursula (1993): Verantwortlichkeit und Macht. Ein Beitrag zum Verhältnis von Geschlecht und Beruf angesichts der Krise traditioneller Frauenberufe. Bielefeld: Kleine

Rapin, Hildegard (Hrsg.) (1988): Frauenforschung und Hausarbeit. Frankfurt/Main, New York: Campus

Reckwitz, Andreas (2003): Grundelemente einer Theorie sozialer Praktiken. Eine sozialtheoretische Perspektive. In: Zeitschrift für Soziologie 32. 4. 282-301

Sander, Kirsten (2008): Machtspiele im Krankenhaus: „doing gender" oder „doing profession"? In: Forum Qualitative Sozialforschung/Forum: Qualitative Social Research. 9. 1. http://www.qualitative-research.net/fqs-texte/1-08/08-1-4-d.htm (04.08.2011)

Sander, Kirsten (2009): Profession und Geschlecht im Krankenhaus. Soziale Praxis der Zusammenarbeit von Pflege und Medizin. Konstanz: UVK-Verlag

Schmidbaur, Marianne (2002): Vom „Lazaruskreuz" zu „Pflege aktuell". Professionalisierungsdiskurse in der deutschen Krankenpflege 1903-2000. Königstein/Ts.: Ulrike Helmer

Senghaas-Knobloch, Eva (2008): Care-Arbeit und das Ethos fürsorglicher Praxis unter neuen Marktbedingungen am Beispiel der Pflegepraxis. In: Berliner Journal für Soziologie 18. 2. 221-243

Statistisches Bundesamt (Hrsg.) (2005): Gesundheitsberichterstattung des Bundes: Ärztliches und nichtärztliches Personal in Krankenhäusern und Vorsorge- oder Rehabilitationseinrichtungen. Datenquelle(n): Krankenhausstatistik – Grunddaten. http://www.gbe-bund.de/ (03.12.2008)

Stein, Leonard (1967): The Doctor-Nurse Game. In: Archives of General Psychiatry 16. 6. 669-703

Strauss, Anselm L./Schatzman, Leonard/Ehrlich, Danuta/Bucher, Rue/Sabshin, Melvin (1963): The Hospital and its Negotiated Order. In: Freidson (Hrsg.) (1963): 147-163

Strauss, Anselm L. (1991): Grundlagen qualitativer Sozialforschung. Datenanalyse und Theoriebildung in der empirischen soziologischen Forschung. München: Fink

Waerness, Kari (2000): Fürsorgerationalität. Zur Karriere eines Begriffes. In: Feministische Studien. Extra 2000. 18. 54-66

Walby, Sylvia/Greenwell, June (1994): Medicine and Nursing. Professions in a Changing Health Service. London, Thousand Oaks, New Delhi: Sage

Wetterer, Angelika (1999): Ausschließliche Einschließung – marginalisierende Integration. Geschlechterkonstruktionen und Professionalisierungsprozesse. In: Wetterer/Neusel (Hrsg.) (1999): 223-254

Wetterer, Angelika/Neusel, Ayla (Hrsg.) (1999): Vielfältige Verschiedenheiten. Geschlechterverhältnisse in Studium, Hochschule und Beruf. Frankfurt/Main, New York: Campus

Wetterer, Angelika (2002): Arbeitsteilung und Geschlechterkonstruktion. „Gender at Work" in theoretischer und historischer Perspektive. Konstanz: UVK

Wetterer, Angelika (2007): Erosion oder Reproduktion geschlechtlicher Differenzierungen? Zentrale Ergebnisse des Forschungsschwerpunktes „Professionalisierung, Organisation, Geschlecht" im Überblick. In: Gildemeister/Wetterer (Hrsg.) (2007): 189-214

Witz, Anne (1992): Profession and Patriarchy. London, New York: Sage

Woolf, Virginia (1978): Ein Zimmer für sich allein. Berlin: Gerhardt

„Ich hab' das aber auch anders erlebt" – Wissensformen im Pflegeunterricht

Ingrid Darmann-Finck

In diesem Beitrag werden ausgewählte Ergebnisse einer Studie zur Interaktion im Pflegeunterricht (Darmann-Finck 2010) vorgestellt. Ziel der Studie war es, alltägliche Deutungs- und Handlungsmuster im Pflegeunterricht sowie die in ihnen enthaltenen lern- und bildungsförderlichen Potenziale und Restriktionen zu identifizieren, um auf dieser empirischen Grundlage ein pflegedidaktisches Modell entwickeln zu können, das die real vorhandenen Gegebenheiten, Chancen und Probleme aufgreift.

Die Konkretisierung der Fragestellung erfolgte auf der Grundlage eines bildungs- und lerntheoretischen Vorverständnisses. Bildung wird mit Bezug auf die kritisch-konstruktive Didaktik (Klafki 1993) und die Bildungsgangdidaktik (Meyer 2008) als orientierende Kategorie verstanden und lässt sich als Prozess der zunehmenden Emanzipation, der Entwicklung einer ausbalancierenden Ich-Identität und eines mehrperspektivischen Selbst- und Weltverständnisses (Klafki 1994: 53) bzw. als „Prozess der Transformation oder bewussten Aufrechterhaltung der Welt- und Selbstverhältnisse von Individuen" (Hericks 2008: 61) beschreiben. Entsprechende Prozesse werden den bildungstheoretischen Ansätzen zufolge durch die Auseinandersetzung mit ausgewählten Bildungsgütern angestoßen.

Gemäß dem interaktionistischen Lernbegriff wird Unterricht als „komplexer Prozess der Herausbildung einer gegenstandskonstituierenden Interaktionsbedeutung" (Combe/Buchen 1996: 270; ähnlich auch Voigt 1990; Krummheuer 1997: 6ff.; Naujok/Brandt/Krummheuer 2004) verstanden. Damit wird von einem linearen Sender-Empfänger-Modell Abstand genommen, wonach Lehrer den Schülern Informationen geben und diese die erhaltenen Informationen verinnerlichen. Es wird vielmehr davon ausgegangen, dass Lehrer und Schüler aufgrund ihrer unterschiedlichen Vorerfahrungen und ihres unterschiedlichen Vorwissens im Normalfall jeweils voneinander abweichende Deutungen an den pflegerischen Unterrichtsgegenstand herantragen (Blumer 1973). In der Unterrichtsinteraktion können sich diese Bedeutungen wandeln und es können sich u. U. gemeinsam geteilte Bedeutungen herausbilden. Durch die Veränderung oder bewusste Aufrechterhaltung von Deutungen erfolgt Lernen. Um bei den Lernenden höhere Denkprozesse zu fordern, müssen die Lehrer dem interaktionistischen Lehr-/Lernverständnis zufolge bei den mitgebrachten Schülerbedeutungen vom Unterrichtsgegenstand ansetzen und ein Lehr-/Lernarrangement konstruieren, durch das die Lernenden ermuntert werden, sich erkenntnisfördernde Fragen zu stellen sowie ihre Vorstellungen zu überprüfen und ggf. zu modifizieren. Der Prozess der situationsspezifischen Gegenstandskonstitution muss dabei als prinzipiell offen und nicht bis ins Letzte beherrschbar betrachtet werden. Das Konzept der Bildung stellt den normativen Rahmen für die unterrichtlichen Interaktionsprozesse dar.

Vor dem Hintergrund dieses Vorverständnisses wurde das Forschungsziel der Studie zur Interaktion im Pflegeunterricht dahingehend konkretisiert, dass die Inhalte und der Prozess der Verständigung über Bedeutungen rekonstruiert werden sollten. Dabei waren z.B. die Fragen leitend, wer welche Deutungen einbringt, wie sich die Deutungen im Verlauf der unterrichtlichen Interaktion verändern und mit welchen Mitteln die Akteure auf den Prozess der Bedeutungsentwicklung Einfluss nehmen.

Für diesen Beitrag werden die Ergebnisse der Studie unter der Perspektive unterschiedlicher, im Unterricht zu beobachtender Wissensformen dargelegt und diskutiert.

1 Forschungsdesign

Um die Prozesse der Aushandlung von Bedeutungen im Pflegeunterricht rekonstruieren zu können, wurde auf ein qualitatives Studiendesign zurückgegriffen. Es erfolgten teilnehmende Beobachtungen des Pflegeunterrichts, die Unterrichtsgespräche wurden auf Tonträgern aufgezeichnet und anschließend transkribiert. Der Auswertung lag eine Kombination aus Grounded Theory (Glaser/Strauss 1967) und gesprächsanalytischen Verfahren (Deppermann 1999; Naujok 1999: 68ff.) zu Grunde (ausführliche Darstellung des Forschungsdesigns bei Darmann-Finck 2010).

Für die Studie fanden Hospitationen in 50 Pflegeunterrichten statt, 28 davon wurden auf Tonband aufgenommen und 16 transkribiert. Bei der Datenerhebung wurden die Schulen, Klassen (1. bis 3. Ausbildungsjahr), Lehrer (in Bezug auf Alter, Geschlecht, pädagogische Ausbildung bzw. Studium, Berufserfahrung als Pflegende und Berufserfahrung als Pflegelehrer) und Unterrichtsthemen (eher sozialwissenschaftliche und eher naturwissenschaftliche Schwerpunkte) variiert. Insgesamt waren drei Schulen, vier Klassen und acht Lehrer beteiligt.

2 Das Bildungskonzept der Lehrer ‚Regelorientierung'

Im Ergebnis wurden drei übergreifende Bildungskonzepte der Lehrer identifiziert, nämlich erstens ‚Regelorientierung', zweitens ‚Fallorientierung' und drittens ‚Meinungsorientierung'. Unter einem Bildungskonzept wird die Vorstellung von Bildung verstanden, die sich aus den Lernangeboten der Lehrer herauslesen lässt. Nicht gemeint sind die Vorstellungen, die die Lehrer explizit verbalisieren, wenn sie danach gefragt werden. Den drei Bildungskonzepten sind jeweils Kommunikationsmuster der Lehrer und der Schüler zugeordnet, wobei die Kommunikationsmuster der Schüler als Reaktion auf das Bildungskonzept der Lehrer verstanden werden.

Im Bildungskonzept ‚Regelorientierung' werden allgemeine Handlungsregeln für typische Pflegesituationen erarbeitet, es handelt sich um explizites Professionswissen, so wie wir es auch in Pflegelehrbüchern finden. Die Handlungsregeln werden als Handlungsanweisung und Maßstab für die Praxis betrachtet, also in technokratischer Weise auf den konkreten Fall angewendet. Da sich der größte Teil des beobachteten Unterrichts diesem Bildungskonzept zuordnen lässt, steht es im Mittelpunkt des vorliegenden Beitrags.

Das Bildungskonzept wurde aus verschiedenen Kommunikationsmustern der Lehrenden gebildet, nämlich: ‚Lehrer vermitteln feststehende Handlungsregeln', ‚Lehrer messen die Praxis an Handlungsregeln', ‚Lehrer sanktionieren die Nichteinhaltung von Handlungsregeln durch die Schüler' und ‚Lehrer halten an der Gültigkeit von Handlungsregeln fest'.

Die Kennzeichen und Begrenzungen des Bildungskonzepts sollen im Folgenden exemplarisch am Beispiel einer Gesprächssequenz des Kommunikationsmusters ‚Lehrer vermitteln feststehende Handlungsregeln' veranschaulicht werden. Der Gesprächsausschnitt ist einem Unterricht zum Thema ‚Pflege von Patienten mit Schmerzen' entnommen. Es handelt sich um die letzte Stunde einer längeren Unterrichtseinheit zu diesem Thema. In dieser Stunde werden Maßnahmen zur Schmerzprophylaxe und -therapie gesammelt, die neben der Gabe von Analgetika ergriffen werden können. Die Maßnahmen werden jeweils genannt und zum Teil diskutiert und erläutert. Im folgenden Gesprächsausschnitt fasst der Lehrer die Ergebnisse einer ca. 10-minütigen Unterrichtssequenz zur ‚Information des Patienten als Maßstab zur Therapie und Prophylaxe von Schmerzen' zusammen:

> L: Hmhm, Schmerz als Warnsignal wäre dann [wenn der Patient informiert ist, I. D.] ausgeschaltet, der Patient oder die Patientin wissen, die Warnung, dass jetzt gleich was passiert, dass jetzt was Schlimmes passiert ist, diese Warnung muss ich nicht so ernst nehmen, das ist voraussehbar. Insofern ist ein Stück Angst oder Reaktion auf Schmerz, das fällt weg, ne. Ja, das ist ein rationaler Umgang damit, ne. Rationaler

Umgang, Wissen, Kenntnisse. Also Informiertsein, Kenntnisse haben, sich genau beobachten [L schreibt an die Tafel: Informiertsein, Kenntnisse haben, sich genau beobachten].

Mit seinem Redebeitrag gibt der Lehrer zunächst eine Begründung für die zuvor von einem Schüler korrekt beschriebene Maßnahme und führt anschließend die Ergebnissicherung für das vorausgegangene Unterrichtsgespräch durch, das offizielle Unterrichtsergebnis wird dokumentiert. Das Ergebnis besteht darin, dass Schmerzen gelindert werden könnten, wenn Patienten über Kenntnisse verfügen (worüber im Einzelnen wird nicht erläutert) und sich genau beobachten. Zwei Begrenzungen eines ‚regelorientierten' Pflegeunterrichts können an diesem Beispiel verdeutlicht werden:

1. Zwar liefert der Lehrer eine Begründung für die von ihm vermittelte Handlungsregel. Diese entspricht aber nicht wissenschaftlichen Kriterien, sondern lässt sich eher dem Alltagswissen zuordnen. Von Ergebnissen empirischer Untersuchungen beispielsweise, wonach eine hohe Informationsqualität nachweislich den Behandlungsstress von Patienten reduziert sowie positive Auswirkungen auf Behandlungsverlauf und -ergebnis hat (Siegrist 1995: 248ff.), erfahren die Schüler nichts. Auch über widersprüchliche Forschungsergebnisse hinsichtlich der Wirkungen der Selbstbeobachtung der Patienten werden die Schüler nicht aufgeklärt. Vor dem Hintergrund von Forschungen zum Schmerzgedächtnis wird die langfristige Anwendung von Schmerztagebüchern, eine pflegerische Intervention zur Anregung der Selbstbeobachtung der Patienten, von einigen Forschern inzwischen in Frage gestellt, weil der Schmerzreiz allein durch die mentale Beschäftigung damit ständig aktiviert wird (Bromm 2004).
2. Zweitens erhalten die Schüler keine Hinweise zur Anwendung des Wissens im Einzelnen. So ist der Erfolg der Informationsvermittlung davon abhängig, dass etwa Zeitpunkt und Umfang der Aufklärung patientengerecht, also unter Berücksichtigung der individuellen Besonderheiten, Wertpräferenzen und Belastbarkeit gestaltet werden (Koerfer et al. 1994: 66-70). Das Bildungskonzept der ‚Regelorientierung' zielt auf eine Rezept-Pflege, bei der fallspezifische Besonderheiten ignoriert werden.

3 Lernende zwischen explizitem Regelwissen und implizitem Erfahrungswissen

Die Schüler reagieren auf das Bildungskonzept der ‚Regelorientierung' mit den Kommunikationsmustern ‚Schüler reproduzieren feststehende Handlungsregeln'

Wissensformen im Pflegeunterricht 149

und ‚Schüler stellen Handlungsregeln in Frage'. In den meisten Fällen nehmen die Schüler die vermittelten Handlungsregeln hin. Insbesondere aber mit dem Kommunikationsmuster ‚Schüler stellen Handlungsregeln in Frage' begeben sie sich – wenn dies auch eher selten ist – in Widerspruch zu den Lehrern. Dabei stehen zwei Haupteinwände im Vordergrund, nämlich mangelnde Praxisrelevanz und die individuellen Wertpräferenzen und Sichtweisen von Patienten. Die folgende Gesprächssequenz ereignet sich vor der zuvor analysierten Ergebnissicherung durch den Lehrer. Im Lehrer-Schüler-Gespräch werden nichtmedikamentöse Maßnahmen zur Schmerzprophylaxe und -therapie gesammelt und zum Teil diskutiert.

> L: Das eine war die kognitive Auseinandersetzung, <.>[1] gesagt, dass durch ein kognitives Durchdringen die Schmerzen weniger werden. (...)[2] <...> Schmerzprophylaxe, Therapie, Therapie bei chronischem Schmerz. Vielleicht die anderen mal. Wenn ich die Schmerzen differenzierter wahrnehme, ist das ...?

Aus der vorausgegangenen Äußerung einer Schülerin bildet der Lehrer die Paraphrase, dass Schmerzen durch ein *„kognitives Durchdringen"* reduziert werden können. Seine abgebrochene Frage *„Wenn ich die Schmerzen differenzierter wahrnehme, ist das...?"* kann als Entscheidungsfrage gedeutet werden, mit der die Schüler dazu angeregt werden sollen, zu überlegen, ob eine differenzierte Wahrnehmung im Hinblick auf die Reduktion von Schmerzen wirksam ist oder nicht. Es handelt sich um eine enge Frage, die Schüler sollen sich entweder zustimmend oder ablehnend zu der Hypothese äußern. Der Lehrer setzt mit der Frage zugleich implizit voraus, dass der Sachverhalt auch tatsächlich entscheidbar ist.

> Sch S: Weil man den eigentlichen Schmerz nicht mehr so dadurch merkt. Kann aber auch so sein, dass man sich noch mehr rein steigert.
> L: Ja.
> Sch A: Das ist doch wie mit Ihrem Tinnitus [der Tinnitus des Lehrers, I. D.]. Mit Ihrem Tinnitus ist das doch auch so. Der ist doch auch damit eigentlich therapiert, dass Sie, [lacht] (5 sec) eigentlich damit therapiert, dass Sie gelernt haben, ihn zu verdrängen und damit leben zu können. Weil anders kann man damit ja nicht leben.

Schülerin S entscheidet sich jedoch nicht für eine der beiden Antwortalternativen, sondern gelangt zu einem ‚sowohl als auch'. Die Maßnahme des differenzierten Wahrnehmens von Schmerzen könnte ihrer Meinung nach sowohl schmerzsteigernd als auch schmerzlindernd wirken. Sie bezweifelt damit die

---
1 <.> unverständlich, ein Punkt entspricht einer Sekunde
2 (.) Pause, ein Punkt entspricht einer Sekunde

Lehrerannahme, dass sich die Frage zweifelsfrei entscheiden lässt und stellt außerdem eine simple technische Verfügbarkeit der Kognitionen beim Umgang mit Schmerzen in Frage. Der Lehrer reagiert auf diese eigentlich nicht zu seiner auf eine Entscheidung abzielenden Frage passenden Antwort mit einem bestätigenden „Ja", was aber auch als Rederechtvergabe an Schülerin A gemeint sein kann. Schülerin A verknüpft ihren Beitrag zwar durch das „doch" mit den vorangegangenen Gesprächsbeiträgen, wirft aber eigentlich eine neue Hypothese auf, nämlich dass Beschwerden durch Verdrängung gelindert werden könnten. Dabei stellt sie einen Vergleich mit dem Tinnitus des Lehrers an, von dem er offenbar der Klasse erzählt hat.

> L: Hmhm. (5 sec) Sie haben eben gesagt, S [Schülername], Sie haben eben gesagt, <5 sec>.

Ein „Hmhm" lässt sich unterschiedlich deuten. Mit ziemlicher Sicherheit stellt es keine Falsifizierung dar, aber auch keine eindeutige Verifizierung. Das „Hmhm" kann eingesetzt werden, um die Bewertung der Schülerantwort noch weiter in der Schwebe zu halten, den Schülern zu signalisieren, dass die Frage noch nicht abschließend geklärt worden ist und den Gedanken- und Gesprächsfluss in Gang zu halten. Nach einer mit fünf Sekunden vergleichsweise langen Pause, in der sich die Schüler offenbar nicht zu neuen Gesprächsbeiträgen melden, spricht der Lehrer Schülerin S direkt auf ihren Redebeitrag an, was als Aufforderung verstanden werden kann, ihre Schlussfolgerung zu erläutern.

> Sch S: Wenn man sich damit beschäftigt, das kann sich in beide Richtungen auswirken. Einmal kann das schlimmer werden <...> schlimmer merkt und einmal, dass man, wenn man's differenziert, das nicht mehr so schlimm ist, weil der eigentliche Schmerz dann nicht mehr so schlimm ist.
> L: Hmhm, Differenzierung, also, auf chronische Schmerzen bezogen wirkt eine differenziertere, differenzierte Wahrnehmung sehr positiv, habe ich das richtig verstanden? Oder wie haben Sie das gemeint?
> Sch S: Nee, das kann beide Auswirkungen haben. <..>.
> L: Hmhm.
> Sch S: <...>, bei allem Schmerz.
> L: Sie gehen davon aus, dass man bei akutem Schmerz oder bei Schmerz, dass man eben sich davon distanzieren kann?
> (..)
> Sch S: Man kann sich davon distanzieren, kann aber auch sein, dass <..>.
> (13 sec)

Schülerin S wiederholt ihre anfangs geäußerte Auffassung, dass sich der Sachverhalt nicht in die eine oder andere Richtung entscheiden lässt und sich eine kognitive Auseinandersetzung mit dem Schmerz sowohl schmerzsteigernd als auch schmerzlindernd auswirken könne. Obwohl die Schülerin zwei mögliche Auswirkungen antizipiert, greift der Lehrer nach einem weiteren „Hmhm" in seiner anschließenden Frage nur die schmerzlindernde Wirkung auf, was als Strategie zur indirekten Falsifikation des nicht aufgegriffenen Teils interpretiert werden kann. Außerdem bezieht er die schmerzlindernde Wirkung dieser Maßnahme nun auf eine bestimmte Schmerzart, nämlich chronische Schmerzen. Möglicherweise möchte der Lehrer die Schülerin aber auch dazu anregen, die Aussage, eine differenzierte Wahrnehmung wirke positiv, noch einmal zu prüfen. Die Schülerin bleibt daraufhin bei ihrer Auffassung, dass beide – und damit auch positive – Wirkungen möglich sind und bestätigt, dass dies für alle Schmerzen gelte, woraufhin der Lehrer mit der Frage einhakt, ob sie auch davon ausgehe, dass man sich (auch) von akutem Schmerz distanzieren könne. Nach einer kurzen Pause wiederholt die Schülerin ihre anfangs formulierte Einschätzung, wonach eine differenzierte Wahrnehmung von Schmerzen sowohl schmerzlindernd als auch -steigernd wirken könne und bejaht damit indirekt zwar auch die Frage, ob dies auch bei akutem Schmerz gelte, geht auf diesen Aspekt aber nicht explizit ein, was bedeuten könnte, dass sie diese Differenzierung gar nicht bemerkt hat. Grundsätzlich handelt es sich bei den Lehrerfragen in dieser Sequenz um Fragen auf dem kognitiven Niveau der Analyse, der Lehrer fordert die Schüler auf, Hypothesen bezüglich der Wirkungen der Intervention aufzustellen, zu prüfen und zu begründen.

> L: Hm. Was sagen die anderen? Kognitive Auseinandersetzung mit Schmerz, <..>
> Auseinandersetzung mit dem Schmerz, äh, differenzierte Wahrnehmung, Bedingungen wahrnehmen, sich konkret damit beschäftigen. Ist das schmerzmildernd oder ist das schmerzsteigernd?
> (...)

Nach einer mit 13 sec ausgesprochen langen Pause, einer Bedenkzeit sowohl für den Lehrer als auch die Schüler, und einem „Hm", mit dem er verdeutlicht, dass das Gespräch zu dem Thema noch nicht abgeschlossen ist, wendet sich der Lehrer an die anderen Schüler und fordert sie auf, sich ebenfalls zu der Entscheidungsfrage, ob eine differenzierte Wahrnehmung von Schmerzen schmerzmildernd oder -steigernd wirken könne, zu positionieren. Damit gibt der Lehrer zu erkennen, dass der Sachverhalt für ihn noch nicht abschließend geklärt und die von ihm erwartete Antwort noch nicht gekommen ist.

> Sch K: Ich denke, das kann <..>. Also wenn man jetzt so ganz leidend meinetwegen irgendwo liegt und <.>, es tut mir alles so weh, dann kann das bestimmt schmerzverstärkend sein. Aber wenn man sich jetzt ganz ähm rational damit auseinander

setzt, wo kommt das her und was ist die Ursache und ähm, ja irgendwie auf 'ne andere Art und Weise, irgendwie rational damit auseinandersetzt, denk ich mir, das ist ganz gut dann. Also, das kann man ja so oder so machen.

Aber auch Schülerin K entscheidet sich nicht für eine der beiden Antwortalternativen, sondern hält ebenso beide Auswirkungen für möglich, je nachdem, wie Patienten mit ihren Schmerzen umgehen und ob die Schmerzpatienten über die Ursache ihrer Schmerzen aufgeklärt sind.

Bestand das Ziel des Lehrers darin, gemeinsam mit den Schülern zu präzisieren, unter welchen Voraussetzungen die Maßnahme der „differenzierten Auseinandersetzung" wirkungsvoll sein kann (z.b. Unterscheidung zwischen akuten und chronischen Schmerzen), kann das vorliegende Unterrichtsgespräch als Beispiel für eine missglückte Fragestrategie des Lehrers gelten. Die Schüler reiben sich immer wieder an der Frage, ob die Maßnahme tatsächlich allgemeingültig ist und auf alle Patienten gleichermaßen angewandt werden kann. Vermutlich vor dem Hintergrund ihrer praktischen Erfahrung und ihrer Beobachtungen, dass die Schmerzverarbeitung subjektiv sehr unterschiedlich ist, konstatieren sie, dass es keinen eindeutigen kausalen Zusammenhang zwischen der zur Diskussion stehenden Maßnahme und der Ausprägung von Schmerzen gibt. Sie vertreten die Meinung, dass sich die „kognitive Auseinandersetzung" und das „sich genau beobachten" je nach Individuum sowohl schmerzlindernd als auch schmerzsteigernd auswirken könnten. Im Rahmen des Unterrichts zum Thema Schmerz haben sich die Schüler zu Beginn anhand von eigenen Schmerzgeschichten die Erkenntnis erarbeitet, dass das Erleben und der Umgang mit Schmerz sehr subjektiv sind. Insofern ist ihre Schlussfolgerung in dem vorliegenden Unterricht durchaus richtig, entspricht aber an dieser Stelle offenbar nicht der Intention des Lehrers, der allgemeine Handlungsregeln erarbeiten will („Informiert sein, Kenntnisse haben, sich genau beobachten").

Die Gesprächssequenz ist aber auch deswegen interessant, weil sie auf ein Kernproblem des Pflegeunterrichts verweist. Es lassen sich in dem Unterrichtsgespräch zwei verschiedene Sichtweisen auf den Unterrichtsgegenstand herauskristallisieren: auf Seiten der Schüler die Ansicht, dass die zur Diskussion stehende Maßnahme unterschiedlich wirken kann und kein eindeutiger kausaler Zusammenhang zwischen der Maßnahme und der Abnahme von Schmerzen besteht und auf Seiten des Lehrers die Intention, allgemeine Handlungsregeln für die Therapie und Prophylaxe von Schmerzen aufzustellen. Die Ansicht der Schüler wurzelt vermutlich in Erfahrungswissen, das sie im Rahmen ihrer Ausbildung in Kontakt mit Patienten, die unter Schmerzen leiden, und den damit verbundenen Erfahrungen erworben haben. Erfahrungswissen ist an Kontexte bzw. Situationen gebundenes und zu einem großen Teil implizites Wissen, das Pflegenden in der Pflegepraxis ermöglicht, unter Zeitdruck zu situationsangepassten Pflegehandlungen zu gelangen (Neuweg 1999; Friesacher 2008: 235). In den Schüleräußerungen spiegelt sich aber auch ein Problem des Erfahrungswissens wider, nämlich dass es, weil es größtenteils implizit aufgebaut und nur wenig reflektiert wird, etwa unhinterfragte Vorurteile und Halbwissen beinhalten kann. Beispielsweise kommt in der Schüleräußerung, dass sich Schmerzen bei einem Patienten, der „ganz leidend irgendwo liegt", möglicherweise verstärken könnten, eine negative Einschätzung oder sogar ein Vorurteil gegenüber einer stark emotionalen Verarbeitung von Schmerzen zum Ausdruck.

Der Lehrer setzt dagegen – wenn auch in äußerst reduktionistischer Form – auf explizites Wissen, so wie es in Lehrbüchern zu finden ist und in Prüfungen abgefragt wird. Er arbeitet mit engen Fragen („ist das schmerzlindernd oder schmerzsteigernd?"), indirekter Falsifikation durch mangelnde Ratifizierung und weiteres Nachfragen auf die von ihm intendierte Antwort, dass die Maßnahme ‚differenzierte Wahrnehmung', die mit der Formulierung „sich genau beobachten" an der Tafel festgehalten wird, bei chronischen Schmerzen wirksam ist, hin. Als die erwartete Antwort endlich von einem Schüler gegeben wird, beendet der Lehrer das Gespräch zu dieser Maßnahme und leitet die Ergebnissicherung ein. Die Sichtweise der Schüler wird nicht aufgegriffen, die des Lehrers bestimmt das offizielle Unterrichtsergebnis.

4 Wissensformen im Pflegeunterricht

In dem analysierten Unterrichtsgespräch werden von der Lehrerdeutung abweichende Schülerdeutungen zugunsten des vom Lehrer geplanten Unterrichtsziels ignoriert. Die bestehenden Differenzen in der Deutung des Unterrichtgegenstands werden übergangen. Dieser Befund lässt sich nicht allein mit einer mangelnden fachdidaktischen Reflexion der Lehrer, sondern auch mit der institutionellen Praxis im Lernort Schule erklären. Der Lernort Schule ist mit dem Anspruch verbunden, wissenschaftlich fundiertes und damit generalisierbares Wissen zu vermitteln, das in Form von Regeln, Konzepten und Standards weitergegeben wird.

Die Schüler bewegen sich dagegen zwischen unterschiedlichen Institutionen, den verschiedenen Sektoren und Settings der Pflegepraxis einerseits und der Schule andererseits. Das Handeln in der beruflichen Praxis ist bei Anfängern zwar noch weitgehend regelgeleitet, die Schüler sammeln aber zunehmend implizites Erfahrungswissen, das sie zur Urteilsbildung heranziehen und erwerben auf diese Weise sukzessive Könnerschaft (Benner 1994). Tatsächlich setzt der Erwerb von Könnerschaft die Auseinandersetzung mit realen Situationen der Berufswirklichkeit bzw. praktisches Tun voraus und ist daher dem Lernort Praxis vorbehalten. Die Fähigkeit kann nur bedingt am Lernort Schule aufgebaut werden. Indem der Lernort Schule aber vom Handlungsdruck der pflegerischen Praxis entlastet ist, kann und sollte dort ein Raum für die Reflexion des Erfahrungswissens eröffnet werden. Durch das Wechselspiel von integrativem Urteil im Tun und handlungsentlasteter Analyse kann reflexive Könnerschaft aufgebaut werden (Neuweg 1999: 252ff.). Bei der reflexiven Könnerschaft werden hermeneutische mit kritisch-reflexiven Fähigkeiten verknüpft. Dies ist deswegen von hoher Bedeutung, weil die impliziten Verstehensleistungen – gerade weil sie implizit zustande kommen – auch fehlerhaft sein und beispielsweise Vorurteile, einseitig aufgelöste Professionsantinomien oder Halbwissen beinhalten können (Neuweg 1999: 344ff.).

In der beruflichen Praxis müssen sich die beiden Wissensformen (wissenschaftliches Regelwissen und auf Erfahrung gestütztes Wissen über Einzelfälle) ergänzen und miteinander verknüpft werden. Professionelles pflegerisches Handeln setzt sowohl (zumindest beim Erwerb) explizites, wissenschaftliches Wissen als auch größtenteils implizites Erfahrungswissen voraus (Oevermann 1996; Friesacher 2008: 199ff.). Allerdings lassen sich die beiden Wissensformen nicht einfach so zusammenbringen, sie sind widersprüchlich. Während das Wissenschaftswissen abstrakt und verallgemeinerbar ist (und zunächst geprüft werden muss, inwiefern auch der Einzelfall darunter fällt), ist das Erfahrungswissen auf den Einzelfall bezogen. Auch der Prozess der Integration der beiden Wissensformen erfolgt i.d.R. implizit.

Schüler sind oftmals einem wissenschaftsrationalistischen pflegerischen Verständnis verhaftet. Sie gehen zunächst davon aus, dass sich Pflegesituationen durch die deduktive Anwendung von Regelwissen lösen lassen und erfassen nicht die Differenz zwischen wissenschaftlichem Regelwissen und der Struktur einer einzigartigen pflegerischen Situation bzw. dem Erfahrungswissen. Sie erleben dann, dass die Pflegepraxis nach anderen als in der Schule erworbenen Regeln funktioniert.

Wird der Widerspruch zwischen den Wissensformen nicht transparent gemacht und reflektiert, hat dies gravierende Folgen für die Kompetenzentwicklung der Schüler: Die Schüler entwickeln ein Zwei-Weltenmodell mit einem Wissen für die Schule und einem Wissen für die Praxis, Theorie und Praxis bleiben unverbunden nebeneinander stehen. Weder wird die Bedeutsamkeit des theoretischen, wissenschaftlichen Wissens für die Pflegepraxis geprüft, noch wird das praktische Erfahrungswissen bzw. werden beispielsweise Routinelösungen hinterfragt und weiterentwickelt. Bildungschancen werden so vergeben.

Die Ergebnisse der vorliegenden Untersuchung weisen Parallelen zu anderen fachdidaktischen und schulpädagogischen Studien auf. Bei der Analyse des Politikunterrichts stellt Grammes (1991) fest, dass ähnlich wie im Bildungskonzept der ‚Regelorientierung' in moralisierender Form über wichtig gehaltene Werte räsoniert und ‚Ethos direkt' unterrichtet wird. Grammes (1991: 30) bezeichnet diese Unterrichtsstrategie als „Überredungspädagogik" und „pädagogischen Fundamentalismus". Mathematikdidaktische Untersuchungen kommen zu dem Ergebnis, dass Lehrer bestrebt sind, „Rahmungsdifferenzen", also unterschiedliche Deutungen von mathematischen Problemen, zu egalisieren, anstelle die Widersprüchlichkeit von Deutungen transparent und zum Ausgangspunkt „anregender kollektiver Argumentationen" (Krummheuer 1992: 116) zu machen. Dass „fruchtbare Momente" meistens gar nicht erst initiiert werden und selbst dann, wenn sie im Unterricht ungeplant entstehen, nur selten in diesem Sinne genutzt werden, sondern dass eher versucht wird, den zuvor erstellten Unterrichtsplan zu realisieren, das Ziel direkt über Vermittlung zu erreichen und Widersprüche zu eliminieren, stellen auch Combe und Helsper (1994) in ihrer schulpädagogischen Untersuchung fest. Die Befunde der Schul- und Unterrichtsforschung wie auch der vorliegenden pflegedidaktischen Studie lassen sich u. a. als Ergebnis der einseitigen Auflösung pädagogischer Widersprüche interpretieren.

5 Ausblick: Didaktische Handlungsalternativen

Zwar können in der Schule nicht die für die Könnerschaft erforderlichen Erfahrungen gesammelt, wohl aber können die Erfahrungen aus der Pflegepraxis bewusst gemacht und einer Reflexion unterzogen werden. Um reflexive Könnerschaft in der Pflegeausbildung anzubahnen, sind die Widersprüche zwischen theoretischem Wissenschaftswissen und praktischem Erfahrungswissen bzw. zwischen Theorie und Praxis im Unterricht zum Thema zu machen. Dies gelingt anhand von explizit dafür vorgesehenen Lehr-/Lernarrangements (z.B. anhand von fallrekonstruktivem Lernen), es können aber auch die Gesprächssituationen genutzt werden, die im Unterricht laufend entstehen. Im vorliegenden Unterricht könnte der Lehrer etwa die beiden Perspektiven auf die Wirkung der schmerztherapeutischen Maßnahme des ‚sich Beobachtens' und des ‚differenzierten Wahrnehmens', die Einschätzung der Schüler und die von ihm intendierte Lösung, gegenüber- und zur Diskussion stellen. Dabei sollte das Regelwissen anhand von wissenschaftlichen Erkenntnissen belegt werden.

Eine Methode, die gut geeignet ist, um die Bedeutung der beiden Wissensformen zu verstehen, ist das fallrekonstruktive Lernen (Darmann-Finck/Böhnke/Straß 2009). Das Erfahrungswissen ist um ‚Fälle' herum organisiert, dabei wird auch wissenschaftliches Regelwissen integriert (Combe/Kolbe 2004: 839). Um nun das Können von Pflegeschülern weiterzuentwickeln, ist eine Veränderung der Wahrnehmungsmuster von Bedeutung. Die Veränderung muss wie der Aufbau solcher Muster durch eine Auseinandersetzung mit Fällen, sprich mit authentischen Pflegesituationen angeregt werden. Solche Fälle können aber nicht am grünen Tisch konstruiert, sondern müssen in der Berufspraxis selbst erhoben und z.b. anhand von Protokollen, Ton- oder Videoaufzeichnungen dokumentiert werden. Bei der Analyse der Fälle im Pflegeunterricht können die methodisch kontrollierten Vorgehensweisen der qualitativen Sozialforschung eine Orientierung geben (Anregungen siehe Darmann-Finck/Böhnke/Straß 2009). Durch das ‚Lernen am Fall' kommen die damit verbundenen ‚szenischen Bilder' ins Bewusstsein, können reflektiert und weiterentwickelt und erneut in das Erfahrungswissen integriert werden (Kolbe/Combe 2004: 872 f.).

Für die Entwicklung eines pflegedidaktischen Modells, das Lehrern Kriterien für die Legitimation und Auswahl von Bildungszielen und -inhalten an die Hand gibt, lässt sich aus diesen Ergebnissen ableiten, dass sich die für das Pflegehandeln konstitutiven Wissensformen wie auch deren institutionelle Verwobenheit in dem Modell niederschlagen müssen.

Literatur

Arbeitsgruppe Bielefelder Soziologen (Hrsg.) (1973): Alltagswissen, Interaktion und gesellschaftliche Wirklichkeit, Band 1. Reinbek: Rowohlt
Benner, Patricia (1994): Stufen zur Pflegekompetenz: From Novice to Expert. Bern: Hans Huber
Blumer, Herbert (1973): Der methodologische Standpunkt des symbolischen Interaktionismus. In: Arbeitsgruppe Bielefelder Soziologen (Hrsg.): 80-146
Bromm, Burkhart (2004): Schmerz: ein Körper-Seele-Problem. In: Bromm/Pawlik (Hrsg.): 15-32
Bromm, Burkhart/Pawlik, Kurt (Hrsg.) (2004): Neurobiologie und Philosophie zum Schmerz. Göttingen: Vandenhoeck & Ruprecht
Combe, Arno/Buchen, Sylvia (1996): Belastung von Lehrerinnen und Lehrern. Weinheim: Juventa
Combe, Arno/Helsper, Werner (Hrsg.) (1996): Pädagogische Professionalität. Frankfurt/Main: Suhrkamp
Combe, Arno/Helsper, Werner (1994): Was geschieht im Klassenzimmer? Perspektiven einer hermeneutischen Schul- und Unterrichtsforschung. Weinheim: Deutscher Studienverlag
Combe, Arno/Kolbe, Fritz-Ulrich (2004): Lehrerprofessionalität: Wissen, Können, Handeln. In: Helsper/Böhme (Hrsg.): 833-851
Darmann-Finck, Ingrid (2010): Interaktion im Pflegeunterricht. Frankfurt/Main: Lang
Darmann-Finck, Ingrid/Böhnke, Ulrike/Straß, Katharina (2009): Fallrekonstruktives Lernen. Ein Beitrag zur Professionalisierung in den Berufsfeldern Pflege und Gesundheit. Frankfurt/Main: Mabuse

Deppermann, Arnulf (1999): Gespräche analysieren. Opladen: Leske + Budrich
Friesacher, Heiner (2008): Theorie und Praxis pflegerischen Handelns. Begründung und Entwurf einer kritischen Theorie der Pflegewissenschaft. Göttingen: Vandenhoeck & Ruprecht
Glaser, Barney/Strauss, Anselm L. (1967): The Discovery of Grounded Theory. Strategies for Qualitative Research. New York: Aldine
Grammes, Tilman (1991): Unpolitischer Gesellschaftskundeunterricht? Anregungen zur Verknüpfung von Lebenskundeunterricht und Politik. Schwalbach/Ts.: Wochenschau-Verlag
Helsper, Werner/Böhme, Jeanette (Hrsg.) (2004): Handbuch der Schulforschung. Wiesbaden: VS Verlag für Sozialwissenschaften
Hericks, Uwe (2008): Bildungsgangforschung und die Professionalisierung des Lehrerberufs – Perspektiven für die Allgemeine Didaktik. In: Meyer/Hellekamps/Prenzel (Hrsg.): 61-75
Klafki, Wolfgang (1994): Zum Verhältnis von Allgemeiner Didaktik und Fachdidaktik – Fünf Thesen. In: Meyer/ Plöger (Hrsg.): 42-64
Klafki, Wolfgang (1993): Neue Studien zur Bildungstheorie und Didaktik. Zeitgemäße Allgemeinbildung und kritisch-konstruktive Didaktik. Weinheim, Basel: Beltz
Koerfer, Armin/Kohle, Karl; Obliers, Rainer (1994): Zur Evaluation von Arzt-Patienten-Kommunikation. Perspektiven einer angewandten Diskursethik in der Medizin. In: Redder /Wiese (Hrsg.): 53-94
Kolbe, Fritz-Ulrich/Combe, Arno (2004): Lehrerbildung. In: Helsper /Böhme (Hrsg.): 853-877
Krummheuer, Götz (1997): Narrativität und Lernen. Mikrosoziologische Studien zur sozialen Konstitution schulischen Lernens. Weinheim: Deutscher Studienverlag
Krummheuer, Götz (1992): Lernen mit Format: Elemente einer interaktionistischen Lerntheorie. Weinheim: Deutscher Studienverlag
Krummheuer, Götz/Naujok, Natalie (1999): Grundlagen und Beispiele Interpretativer Unterrichtsforschung. Opladen: Leske + Budrich
Meyer, Meinert A. (2008): Unterrichtsplanung aus der Perspektive der Bildungsgangforschung. In: Meyer/Hellekamps/Prenzel (Hrsg.): 117-137
Meyer, Meinert A./Hellekamps, Stephanie/Prenzel, Manfred (Hrsg.) (2008): Perspektiven der Didaktik. Wiesbaden: VS Verlag für Sozialwissenschaften
Meyer, Meinert A./Plöger, Wilfried (Hrsg.) (1994): Allgemeine Didaktik, Fachdidaktik und Fachunterricht. Weinheim, Basel: Beltz
Naujok, Natalie (1999): Die Forschungspraxis in Untersuchungen zur sozialen Konstitution von Lernen. In: Krummheuer/Naujok: 61-73
Naujok, Natalie/Brandt, Birgit/Krummheuer, Götz (2004): Interaktion im Unterricht. In: Helsper/Böhme (Hrsg.): 753-773
Neuweg, Georg Hans (1999): Könnerschaft und implizites Wissen. Münster, New York, München, Berlin: Waxmann
Oevermann, Ulrich (1996): Theoretische Skizze einer revidierten Theorie professionalisierten Handelns. In: Combe /Helsper (Hrsg.): 70-182
Redder, Angelika/Wiese, Ingrid (Hrsg.) (1994): Medizinische Kommunikation. Opladen: Westdeutscher Verlag

Siegrist, Johannes (1995): Medizinische Soziologie. München, Wien, Baltimore: Urban & Schwarzenberg

Voigt, Jörg (1990): Die interaktive Konstitution fachlicher Themen im Unterricht. Zum Einfluß von Alltagsvorstellungen. In: Wiebel (Hrsg.): 74-88

Wiebel, Klaus Hartmut (Hrsg.) (1990): Zur Didaktik der Physik und Chemie. Alsbach: Leuchtturm

Interaktionsprozesse in der Altenpflege

Bettina Hünersdorf

In der stationären Altenpflege spielt Gesundheit in Interaktionsprozessen eine zentrale Rolle. Dabei bilden immer wieder der Wille der Bewohnerin bzw. des Bewohners und ihr bzw. sein Wohl aus der Perspektive der Pflegekraft keine Einheit, sondern werden als Gegensätze kommunikativ hervorgebracht. Es besteht aber die Gefahr, dass diese Aushandlungen in einem Machtkonflikt münden, anstatt das Potenzial für ein selbstbestimmtes Leben in stationärer Altenpflege zu erkennen. Hier stellt sich eine professionelle Herausforderungen, wie damit umzugehen ist, einerseits den Willen der Bewohnerin bzw. des Bewohners zu berücksichtigen und andererseits auch dem Wohl gerecht zu werden. Es muss geklärt werden, unter welchen Bedingungen von einem autonomen Leben gesprochen werden kann. Darüber hinaus stellt sich die Frage, inwieweit die rechtlichen und organisatorischen Voraussetzungen vorhanden sind, diesem Konflikt gerecht werden zu können.

In dem folgenden Artikel werde ich zunächst darstellen, was unter Gesundheit im Alter zu verstehen ist. Daraufhin erörtere ich, welche Bedeutung Professionalisierung und Qualitätsentwicklung in der Altenpflege für die Herstellung von Gesundheit haben und inwieweit sie einen Beitrag zur Selbstbestimmung über Gesundheit leisten. Es folgt eine Darstellung, welchen Beitrag ethnographische Forschung zur Rekonstruktion der Herstellung von Arbeitsbündnissen leisten kann. Anhand der Analyse eines Protokolls aus einer ethnographischen Forschung im Altenpflegeheim wird ein konkreter Aushandlungsprozess über gesundheitsbewusstes Verhalten zwischen einer Pflegefachkraft und einer Bewohnerin rekonstruiert. Zum Schluss wird aufgezeigt, welche Folgerungen aus diesem Forschungsbeispiel gezogen werden können.

1 Gesundheit und Alter

In der individualisierten Gesellschaft hat Gesundheit eine zentrale Bedeutung bekommen und ist zu einem Leitwert der Moderne geworden. Um diesen Umstand zum Ausdruck zu bringen, spricht Kickbusch von der ‚Gesundheitsgesellschaft' (Kickbusch 2006). Diese Wertschätzung, um nicht zu sagen ‚Überbetonung' von Gesundheit, spiegelt sich auch in der kürzlich vom Statistischen Bundesamt, des Deutschen Zentrums für Altersfragen und der Robert-Bosch-Stiftung veröffentlichten Studie „Gesundheit und Krankheit im Alter" (Statistisches Bundesamt et al. 2009) wieder. Dort heißt es[1], dass jeder verpflichtet ist, seine Gesundheit zu gestalten. Eine Vernachlässigung dieser Pflicht gilt als Problem und zwar nicht nur für das Individuum, sondern auch für die Gesellschaft, da es Kosten hervorbringt, die durch das Solidaritätsprinzip der Krankenversicherung von allen getragen werden müssen. Damit wird Gesundheit sowohl als ein individuelles als auch ein soziales Problem wahrgenommen; aber nicht in dem Sinne, dass es um eine Solidarität mit denjenigen geht, die krank geworden sind, sondern als Infragestellung von Solidarität, wenn eine Person sich ungesund verhält. Im Kontext des Aktivierenden Sozialstaates wird die individuelle Verantwortung für ein gesundheitsbewusstes Verhalten, trotz allen Wissens über den großen Einfluss sozialer Ungleichheit auf Gesundheit, betont (Hünersdorf/Huber 2008).

Verhaltensbezogene Prävention und der Ausbau einer diese unterstützende Infrastruktur spielen in diesem sozialpolitischen Kontext eine zentrale Rolle. Prävention ist darauf ausgerichtet, dass jeder sich so verhält, dass Krankheiten nicht auftreten (primäre Prävention), eine Chronifizierung (sekundäre Prävention) oder Folgeschäden verhindert werden (tertiäre Prävention). Verhaltensprävention setzt den „self-made men" (Wenzel 1990: 30) voraus, der als oberstes Lebensziel die Gesundheit hat. Von der Altenpflege wird erwartet, dass sie sich in den Dienst dieser Gesundheitserwartung stellt und entsprechend ihrerseits präventiv wirksam wird. In einer auf Prävention und Aktivierung ausgerichteten Pflege steht die funktionale Gesundheit im Vordergrund und damit das Ziel, das Leben in größtmöglicher Selbstständigkeit aufrechtzuerhalten. Dabei spielen bei der Pflege der Hochaltrigen, d.h. der über 80-Jährigen, gerade die sekundäre und tertiäre Prävention in den (Alten-)Pflegeheimen eine zentrale Rolle, da trotz Krankheit ein gesundes Leben möglich sein soll. „Chronischen Erkrankungen, wie beispielsweise kardiovaskuläre Erkrankungen, Krebs oder Diabetes, kann zwar in gewissem Ausmaß über den Lebensstil vorgebeugt werden; treten sie

---

[1] „Ein hohes Alter in guter Gesundheit zu erreichen ist ein hohes individuelles und gesellschaftliches Ziel. In Gesundheit lassen sich die Alltagskompetenzen aufrechterhalten, die ein selbstständiges und selbstverantwortliches Leben mit eigenen Zielen ermöglichen. Entsprechend steigt die individuelle Wertschätzung wie die gesellschaftliche Bedeutung guter Gesundheit mit dem Alter an. Die Grundlagen für ein gesundes Altern werden früh im Lebensverlauf gelegt, dennoch kann jeder Einzelne in allen Phasen des Lebens zu seiner Gesundhaltung beitragen. Körperliche Aktivität, ausgewogene Ernährung und weitgehender Verzicht auf Nikotin und Alkohol spielen dabei eine entscheidende Rolle. Der Erhalt guter Gesundheit im Alter hat darüber hinaus Konsequenzen für die individuellen und gesellschaftlichen Ausgaben: Eine bessere Gesundheit älter werdender Menschen könnte auch eine geringere Inanspruchnahme von (kostenträchtigen) Krankenbehandlungen mit sich bringen" (Statistisches Bundesamt et al. 2009: 7).

jedoch auf, sind sie oftmals unheilbar. Auf längere Sicht konzentrieren sich die Behandlungen deshalb stärker auf den Umgang mit der jeweiligen Krankheit und der Verhinderung von Folgeproblemen wie funktionalen Einschränkungen" (Statistisches Bundesamt et al. 2009: 12).

2 Professionalisierung und Qualitätsentwicklung in der Pflege

Die Betonung der Bedeutung von Gesundheit im Alter wird strukturell sowohl auf der Ebene der Fachlichkeit der Pflegekräfte als auch auf der Ebene der Organisation erwartet. Fachkräfte, aber auch die Träger der Altenpflegeheime, können dafür haftbar gemacht werden, wenn sie den Anforderungen, zur Gesundheit der Klienten und Klientinnen beizutragen, nicht gerecht werden. Um Gesundheit besser gewährleisten zu können, ist der Professionalisierungsprozess in der Pflege vorangetrieben worden. Hintergrund dieser Entwicklung bilden der geringe Verberuflichungsgrad gerade in der Ausbildung der Altenpflege und damit das Problem einer nicht ausreichenden Verfachlichung in diesem Bereich. In der 2003 verabschiedeten Altenpflege-Ausbildungs- und Prüfungsverordnung (AltPflAPrV), die zur Verbesserung der Altenpflegeausbildung beitragen sollte, wird versucht, die Verfachlichung zu verbessern. Die Ausbildung ist in dieser Verordnung als eine medizinisch-pflegerische wie sozial-pflegerische konzipiert, wobei der erstere Bereich überwiegt (vgl. Schroeter 2006: 48f.). Damit steht eine expertokratische, auf das Wohl des Bewohners und der Bewohnerin ausgerichtete Vorstellung von Gesundheit im Vordergrund. Momentan vollzieht sich aber ein Perspektivenwechsel von einer fachgebundenen Qualifizierung für spezifische pflegeberufliche Tätigkeiten hin zu einem auf „Multiperspektivität und Reflexion" zielenden Bildungsprozess (Darmann/Keuchel 2006: 180). Dabei wird der Wille der pflegebedürftige Person deutlicher in den Blick genommen und bei der Planung, Durchführung und Evaluation der Pflege mit berücksichtigt. Die Pflegeausbildung zielt auf die Interpretation und Sinnkonstitution komplexer Pflegesituationen. Theoriegeleitetes pflegeberufliches Handeln wird im Rahmen handlungsfeldspezifischer Pflege- und Interaktionsprozesse angestrebt (vgl. Keuchel 2005: 46).

Darüber hinaus wurde die Qualitätssicherung/-entwicklung in der Pflege systematisch verankert, um aufzeigen zu können, inwieweit der Träger stationärer Altenhilfe den Erwartungen, Gesundheit zu gewährleisten, auch gerecht geworden ist. Mit der Einführung des § 80 SGB XI wurde eine Qualitätsoffensive vorangetrieben, die darauf zielt, Gesundheit in der stationären Altenhilfe systematisch zu gewährleisten und zugleich effizient zu arbeiten. Mit dieser Qualitätsoffensive haben in den letzten Jahren Kommunikations- und Informationssysteme in Institutionen der stationären Altenpflege Eingang gefunden. „Durch den gestiegenen Anteil pflegebedürftiger Personen, verstärkten Kostendruck und juristische Anforderungen an Dokumentationspflichten hat sich der administrative Aufwand erhöht. Hinzu kommen pflegefachliche Innovationen, wie die Entwicklung von umfassenden Bewohnerassessments (...) und Personalmessungsverfahren (...). Für die Pflege ist diese Entwicklung mit Gefahren und Chancen verbunden. Die Gefahren liegen in einer immer stärker technisierten, durch Kommunikationstechnologie überwachten und gesteuerten Pflege. Die Chancen sind in der erhöhten Transparenz der Effektivität und Ineffektivität von pflegerischen Leistungen zu sehen" (Brandenburg 2002: 4). Die Gefahr dieser Bürokratisierung liegt darin, dass diese zwar einerseits regelgeleitet und wissensbasiert gehandelt wird, aber andererseits ein mechanischer Arbeitsstil und Entpflichtungsneigungen gefördert werden, statt selbstständiges, verantwortliches Handeln herauszufordern (vgl. BMFSFJ 2006: 7). Dabei ist für professionelles Handeln neben dem Bezug auf wissenschaftliches Wissen gerade das Fallverstehen von zentraler Voraussetzung, welches die Besonderheit des Falls berücksichtigt. Es stellt sich also die Frage, wie viel Klienten- und wie viel Organisationsautonomie in der stationären Altenpflege zu beobachten und wie viel Selbstbestimmung damit im Hinblick auf Gesundheit in der stationären Altenpflege zu erwarten ist.

3 Autonomie in der stationären Altenpflege

Um die Frage nach der Klienten- und Organisationsautonomie zu stellen, muss die Bedeutung von Autonomie näher in den Blick genommen werden. In den letzten Jahren setzt sich ein Verständnis von Autonomie durch, das nicht unbedingt mehr dem entspricht, was in der Ottawa Charta (Weltgesundheitsorganisation 1986) unter Selbstbestimmung im Hinblick auf Gesundheit verstanden wurde und auch im Widerspruch zu einem professionstheoretischen Autonomiebegriff steht.

Während im Kontext der Ottawa Charta noch der Ansatz vertreten wird, dass körperliche und seelische Gesundheit nicht objektiv bestimmt werden können, sondern es sich um soziale Konstrukte handelt, bei denen angestrebt wird, dass alle Personen die Möglichkeit bekommen, selbst zu bestimmen, welche Bedeutung für sie Gesundheit hat, in welcher Weise sie sich dafür engagieren wollen und darüber hinaus die sozialen Bedingungen erhalten, die notwendig sind, um dieses Ziel zu erreichen[2], bedeutet im Kontext des Aktivierenden Sozialstaats Autonomie das Nicht-Angewiesensein auf Hilfe: „Chronische Erkrankungen und Multimorbidität können besonders im höheren Alter die Alltagskompetenz und Selbstständigkeit gefährden. Dabei bezieht sich funktionale Gesundheit auf die Fähigkeit, selbstständig eigenen Grundbedürfnissen wie Essen, Körperpflege oder Anziehen nachzukommen sowie weitere alltägliche Aufgaben wie Einkaufen, Mahlzeiten zubereiten oder Wohnungsreinigung ausführen zu können" (Statistisches Bundesamt et al. 2009: 13). Das heißt, dass nicht anerkannt wird, dass Gesundheit nicht unbedingt für jeden den zentralen Wert im Leben spielen muss.

Aus professionstheoretischer Perspektive ist dieser Zwang zur Selbständigkeit ein performativer Widerspruch, da die Selbstständigkeit nicht unbedingt frei gewählt wird (Helsper 1996). Häufig haben sich ältere Personen mit der Bedeutung von Gesundheit in ihrem Leben auseinandergesetzt und Wege gefunden, entsprechenden Anforderungen mehr oder weniger gerecht zu werden. Gerade bei chronischen Krankheiten haben ältere Personen bereits vor Eintritt in die stationäre Altenpflege gelernt, mit einer Erkrankung zu leben, d.h. ein sinnerfülltes Leben trotz gesundheitlicher Belastungen zu führen (Charmaz 1997, Corbin 1998). Dieses Wissen haben sie inkorporiert, d.h., sie haben im Laufe ihrer Biographie Routinen entwickelt, den entsprechenden Anforderungen im Rahmen der sozial gegebenen Möglichkeiten gerecht zu werden.

Aus strukturtheoretischer Perspektive wird unter Autonomie zum einen die Möglichkeit verstanden, zwischen verschiedenen Optionen wählen zu können, zum anderen wird auf die Selbstbezüglichkeit der Lebenspraxis hingewiesen, bei der die der Lebenspraxis zugrunde liegende Fallstruktur reflexiv zur Verfügung steht (vgl. Oevermann et al. 1979, Oevermann 1996). Das bedeutet für den Übergang vom Leben in einem selbstständigen Haushalt zum Altenpflegeheim, die Option zu haben, auch im Altenpflegeheim an dem anzuschließen, was vorher für diese Person als sinnerfüllend wahrgenommen wurde.

Neben diesem Aspekt der biographischen Herstellung von Autonomie stellt sich aber auch – und das steht in den folgenden Ausführungen im Vordergrund – die Frage, wie Autonomie in der Interaktion der stationären Altenpflege ermöglicht wird.

---

2 Konkret heißt das Ziel in der Ottawa Charta, „allen Menschen ein höheres Maß an Selbstbestimmung über ihre Gesundheit zu ermöglichen und sie damit zur Stärkung ihrer Gesundheit zu befähigen. Um ein umfassendes körperliches, seelisches und soziales Wohlbefinden zu erlangen, ist es notwendig, daß sowohl einzelne als auch Gruppen ihre Bedürfnisse befriedigen, ihre Wünsche und Hoffnungen wahrnehmen und verwirklichen sowie ihre Umwelt meistern bzw. verändern können. In diesem Sinne ist die Gesundheit als ein wesentlicher Bestandteil des alltäglichen Lebens zu verstehen und nicht als vorrangiges Lebensziel" (WHO 1986).

Autonomie kann aus systemtheoretischer Perspektive potenziell entstehen, wenn in der Interaktion Kontingenz ins System eingeführt wird, indem soziale Erwartungen, wie man (gesund) zu leben hat, in Frage gestellt werden. Das zeigt sich z.B. dadurch, dass das psychische System des Klienten als ‚psychisches Widerlager' (Fuchs 2004) zu den sozialen Erwartungen des sich an der Organisation orientierenden Interaktionssystems auftaucht. Dadurch stellt es die funktionale Orientierung im Hilfesystem in Frage. Soziale Erwartungen werden wieder im Hinblick auf Zukunft geöffnet, so dass Dinge anders laufen können als es zu erwarten war. Wenn eine Bewohnerin oder ein Bewohner, indem er oder sie sich anders verhält, als die Pflegekraft es erwartet, einen Widerspruch evoziert, kann dieser entweder zum Konflikt oder zum Ausgangspunkt von Achtungskommunikation werden. Bei letzterem stehen scheinbar Person-zu-Person-Beziehungen im Vordergrund, welche sich von der asymmetrischen Kommunikation zwischen Pflegekraft und Pflegebedürftigen unterscheiden. Diese trägt zur Freisetzung von sozialen Erwartungen bei und lässt Individualität entstehen. Es wird gezeigt, dass es im Hilfesystem auch anderes möglich ist als das, was als soziale Erwartung im Funktionssystem vorausgesetzt wird. In der Achtungskommunikation zeigen sich sozial-kommunikativ Repräsentationen idealer sozialer Partizipation. „Innerhalb systemstrukturell festgelegter Grenzen entsteht so ein (funktionaler Spielraum) für legitime Devianz" (Heyting 1992: 140). Das Prekäre einer solchen Form professioneller Handlungspraxis, die sich als personenbezogene Pflege versteht (Benner/Wrubel 1989, Benner et al. 1996), besteht darin, dass eine Außenlegitimität als im Kontext einer funktional differenzierten Gesellschaft nicht selbstverständlich (Bommes/Scherr 2000) zugestanden wird.

Diese Form der Herstellung von Autonomie in der Interaktion setzt bestimmte rechtliche und organisatorische Bedingungen voraus, die es ermöglichen, den Willen der Pflegebedürftigen zu berücksichtigen, auch wenn das gesundheitliche Wohl dabei in Frage gestellt wird. Dazu gehört nach dem Betreuungsgesetz, falls die pflegebedürftige Person kognitiv nicht mehr voll zurechnungsfähig ist, die Auskunft der Betreuungsperson, dass die oder der Pflegebedürftige auch schon vor der stationären Altenpflege sich gesundheitsgefährdend verhalten hat, wohl wissend um die Folgen, die dieses haben wird.

4 Zur Rekonstruktion von Arbeitsbündnissen zwischen Pflegefachkräften und pflegebedürftigen Personen

Ziel ethnographischer Forschung ist, empirisch zu beobachten, wie sich ein Arbeitsbündnis etabliert. Methodische Kontrolle bedeutet die Einsicht in die Verschlingung von ethnographischer Forschung und dem professionellen Arbeitsbündnis als kultureller Praxis (vgl. Nassehi/Saake 2002: 81). In dieser Perspektive wird deutlich, wie teilnehmende Beobachtung den Fall mit konstruiert, der ihr scheinbar vorausgeht. Systemtheoretisch wird diese Verwobenheit dadurch ausgedrückt, dass von dem „re-entry der Beschreibung in das Beschriebene" gesprochen wird und von diesem eine „organisierte Selbstbeobachtung" (Luhmann 1991: 547) ausgeht.

In einer systemtheoretisch orientierten ethnographischen Forschung, der es um die Frage der Ermöglichung von Autonomie in Altenpflegeheimen geht, wird der Blick weniger auf die Kultur der Funktionssysteme gerichtet, mittels derer diese sich reproduzieren, sondern vielmehr darauf, wie sich Individualität als kulturelle Praxis konstituiert. Diese Perspektive wird aber immer in Relation zur Eigendynamik des Funktionssystems sowie der Organisation gesetzt. Das Verhältnis zwischen Kultur als kulturelle Praxis der Ermöglichung von Individualität und der funktional differenzierten Gesellschaft wird heterarchisch verstanden und empirisch bestimmt (vgl. Baecker 2003: 119).

Was bedeutet dieser sozialtheoretische Zugang aber im Hinblick auf die empirische Erforschung dieses Phänomens? Oevermann erläutert, dass, wenn man an Krisen in Bezug auf autonome Lebenspraxis interessiert ist, teilnehmende Beobachtung bzw. die Gesprächsanalyse die geeigneten Erhebungsinstrumente seien, da sie die unbewussten Prozesse aufzeigen könnten, vor allem dann, wenn diese sich als ein lebendiger und neugieriger Gesprächsaustausch zeigen (vgl. Oevermann 2004: 328f.).

Wichtig ist zu sehen, dass der Forscher ein Mitglied der fremden Welt ist, was aber hautsächlich etwas über die Differenzschemata aussagt, die die anderen Feldteilnehmer verwenden. Daraus entsteht keine gemeinsame Welt. Interessant ist vor allem, wie der Forscher bzw. die Forscherin von den anderen Feldteilnehmern bzw. -teilnehmerinnen „als Bestandteil eines virtuellen Publikums in eine virtuelle Welt eingepasst wird" (Nassehi/Saake 2002: 77). Diese Situation lässt sich nicht kontrollieren, da es „die Kommunikation selbst ist, die die beiden Rollen – des Forschers und des Beforschten – konstituiert und in deren Möglichkeitsraum diese erscheinen" (Nassehi/Saake 2002: 77).

Durch ethnographische Forschung entsteht eine Herauslösung aus der ‚Symbiose', in der sich der Bewohner bzw. die Bewohnerin an der Pflegekraft und vice versa orientiert. Dadurch wird Rollendistanz als Grundlage für die Autonomie professionellen Handelns wahrscheinlicher, da die Pflegekraft nicht nur beobachtet, wie der Bewohner sie beobachtet, sondern darüber hinaus beobachtet, wie der teilnehmende Beobachter oder die teilnehmende Beobachterin sie im Hinblick auf Achtungskommunikation beobachtet und sich in Relation dazu verhält. Das setzt aber eine teilnehmende Beobachtung voraus. Wenn aber eine

Pflegekraft handelt so *als ob* ein Ethnograph oder eine Ethnographin in teilnehmender Beobachtung anwesend sei, kann sie die Reflexivität übernehmen. Methodische Kontrolle ist nur durch das Transparentmachen der eigenen „verstehenden beobachtungsleitenden Unterscheidungen" (Nassehi 1997: 156) möglich. Damit wird in der Rekonstruktion deutlich, welche Bedeutung diese Unterscheidungen bei der Analyse entfalten. Sie haben eine heuristische Funktion, ohne den Gegenstand schon vor der Analyse bestimmt zu haben. Im Gegenteil: Ziel ist, den Gegenstand beobachtbar zu machen. Zugleich wird aber jene „untergründige, im kommunikativen Prozeß selbst entstehende Dynamik des Nacheinanders je aktueller sinnhafter Verweisungen" beobachtet (Nassehi 1997: 166). Dadurch können Latenzen des beobachteten sozialen Systems systematisch herausgearbeitet werden. „Es kann eine blinde Dynamik des kommunikativen Geschehens gezeigt werden, in der es ereignishaft zu neuen Strukturformen, Thematisierungsebenen und Brüchen, Aus- und Einblendungen kommt" (Nassehi 1997: 166). Es wird beobachtet, mit Hilfe welcher beobachtungsleitenden Unterscheidungen der Text auf die ethnographische Realität seiner Sprecher zugreift (vgl. Nassehi 2007: 151) und wie das Arbeitsbündnis und dessen soziale Kontexte thematisiert werden.

5 Exemplarische Analyse

Im Folgenden stelle ich anhand der Analyse eines Protokolls, das im Kontext einer ethnographischen Forschung im Altenpflegeheim geschrieben wurde, dar, wie sich eine Interaktion zwischen einer Pflegekraft (Frau Dörfert) und einer Bewohnerin (Frau Schmidt) vollzieht, in der am Frühstückstisch in einem Essraum eines Altenpflegeheims über das Essen von Zucker der an Diabetes erkrankten Bewohnerin verhandelt wird[3]. Vorausgegangen ist gerade ein Missgeschick der Bewohnerin, bei dem sie ihren Pullover bekleckerte. Der Versuch, dieses Problem zu bewältigen und eine weitere Verschmutzung durch eine Serviettenbenutzung zu verhindern, wurde von der Pflegekraft nicht unterstützt, da sie gerade dabei war, einer anderen Person das Essen zu reichen.

---

3 Das zu verhandelnde Problem besteht darin, dass die Bewohnerin schon Jahre bevor sie ins Altenpflegeheim eingezogen ist, unter Diabetes litt, nun aber aus der Perspektive der Pflegefachkräfte, konkret einer Altenpflegerin, die Einnahme von Zucker zu vermeiden sei, um Folgeschäden, wie Arteriosklerose, zu verhindern, da diese unter anderem die Wahrscheinlichkeit für Herzinfarkt, Nierenversagen und Erblindung erhöhen.

> Dann dreht sich Frau Schmidt nach hinten und beugt sich dabei nach unten, so dass sie völlig verdreht über der Armlehne ihres Stuhls hängt, um sich etwas von ihrem schräg hinter ihr stehenden Rollator zu holen.

Der Text stellt dar, dass Frau Schmidt sich erheblich anstrengt, um ihren eigenen Wunsch selbst durchzusetzen. Das heißt, anstatt sich bedienen zu lassen, macht sie alles, um von dieser Hilfe nicht abhängig zu sein. Damit reagiert sie auf die dispräferierte Folgeerwartung. Das heißt, der Glaube daran, dass sie in ihren Anliegen unterstützt wird, ist möglicherweise verloren gegangen und sie besinnt sich auf das, was sie selbst leisten kann. Damit übernimmt sie das, was dieser Sequenz vorausgegangen ist, den Zwang zur Selbsthilfe, wenn sie ihr Interesse durchsetzen möchte, und bestätigt ihn.

> Ich frage sie, was sie möchte, schiebe den Rollator zu ihr und frage noch einmal laut: „Zucker?"

Die Beobachterin unterstützt die Bewohnerin und fragt, was sie denn möchte, um ihr behilflich sein bzw. beistehen zu können. Zugleich bedeutet die Nachfrage aber auch, dass die Bewohnerin von der Beobachterin als möglicherweise nicht eigenständig konstituiert wird. Dadurch ergibt sich eine Differenz zu der „Neutralität" der Beobachterin in der Sequenz davor.

Das kann aus der Erwartung heraus geschehen, dass Frau Dörfert sich nicht gegenüber Frau Schmidt engagieren wird und die Beobachterin sich dieses Mal parteiisch für die Bewohnerin engagieren möchte, um dem Kontrollverlust entgegenzusteuern.

> Frau Dörfert guckt neugierig zu und berichtet mir, dass Frau Schmidt keinen Zucker essen darf.

Die Altenpflegerin beobachtet die Interaktion zwischen Frau Schmidt und der teilnehmenden Beobachterin. Sie kommentiert das Handeln der Forscherin, indem sie sie darauf hinweist, dass die Hilfe bei der Beschaffung des Zuckers nicht angebracht ist. Dadurch bekommt die Information für die teilnehmende Beobachterin einen Aufforderungscharakter. Es wird an sie die Erwartung gerichtet, als *teilnehmende* Beobachterin in Sinne der Unterstützung der Pflege zu reagieren. Dieses geschieht, indem Frau Dörfert der Beobachterin und nicht der Bewohnerin mitteilt, dass diese keinen Zucker essen darf. Hierdurch wird die Beobachterin explizit dazu aufgefordert, sich auf die Seite der Pflegekraft zu stellen und sich so zu verhalten, als ob sie der verlängerte Arm der Pflegekraft wäre. Die Beobachterin wird in eine Entscheidungssituation versetzt, diesem Anliegen gerecht zu werden oder mit der Pflegekraft einen Disput über den Sinn bzw. Unsinn dieses Nichtdürfens zu führen oder sich der Anforderung zu widersetzen.

Im Unterschied zu der vorhergehenden Sequenz nimmt in dieser die Pflegekraft die Bewohnerin als hilfsbedürftig wahr, aber in dem Sinne, dass die Bewohnerin daran gehindert werden soll, ihre Absicht durchzusetzen, da sie ihrem Wohl widerspricht. Frau Dörfert sorgt dafür, dass das Wohl der Bewohnerin gewährleistet und so eine pflegerische Ordnung etabliert wird. Dadurch konstituiert sie ihren Machtanspruch als Pflegekraft, die dafür zu sorgen hat, dass die Bewohner sich bei Krankheit an die ärztlichen Absprachen halten (Compliance). Dieses Verhalten ist vor dem Hintergrund qualitätssichernder Maßnahmen verständlich. Diese ermöglichen es, den Erfolg der Intervention durch die Beobachtung der Krankheitsverlaufkurven zu messen. Die Pflegekräfte werden dadurch angehalten darauf zu achten, dass sich eine Compliance zwischen ärztlichen Anweisungen und Bewohnerinnen vollzieht. Damit wird Frau Dörfert in die Situation gebracht, sich entscheiden zu müssen: Sie kann entweder ihrer Mitgliedschaftsrolle gerecht werden oder sich von der pflegerischen Ordnung distanzieren. Der Mitgliedschaftsordnung gerecht zu werden, bedeutet, Frau Schmidt der medizinischen Norm zu unterwerfen und dadurch auch in gewissem Maße zum Autonomieverlust beizutragen. Der Autonomieverlust wäre aber hier auf einer anderen Ebene als in der Situation zuvor, denn er bezieht sich auf ein begrenztes Sachproblem. Hier stehen sich möglicherweise Wille und medizinisch definiertes Wohl der Bewohnerin gegenüber.

Dadurch, dass die Pflegekraft aber zuvor die Bewohnerin in ihrem eigenen Anliegen nicht unterstützt hat, obwohl aus pflegerischen Gründen nichts dagegen gesprochen hätte (außer das Unterbrechen des Essreichens von Frau Dingel), ist es möglich, dass Frau Schmidt die Aufforderung nicht auf sich als Person bezogen und damit nicht als Hilfe wahrnimmt, die ihrem persönlichem Wohl gilt.

> Ich lege meine Hand auf ihren Rücken und sage mit sanfter Stimme: „Frau Schmidt, der Zucker tut Ihnen nicht gut, trinken Sie doch den Kakao ohne."

Die Beobachterin entscheidet sich für die Loyalität mit der Pflegekraft, wodurch sie zu deren Vollzugsgehilfin wird: Zugleich setzt sie sich in Differenz zu der Pflegekraft, indem sie die Anweisung mit sanften Stimme und einer Berührung umsetzt. Dadurch inszeniert sich die Beobachterin als eine ‚weibliche', sich um Frau Schmidt sorgende Pflegekraft.

> Aber sie lässt sich nicht abhalten, dreht nur kurz den Kopf zu mir und sagt: „Warum denn?"

Die Bewohnerin zeigt sich widerständig, da sie auf der Sachebene und nicht auf der performativen Ebene der Zuwendung reagiert. Zwar fragt sie noch danach, warum sie keinen Zucker essen soll, fährt aber in ihrem Anliegen fort. Das heißt, durch die Bewohnerin wird die Möglichkeit angeboten, sie über den Ablehnungsgrund aufzuklären, aber sie selbst folgt sehr bestimmt ihrem Willen und setzt ihn auch gegen Widerstand durch.

> Es gelingt ihr, den Zucker in ihren Kakao zu werfen.

Das Sachproblem ist aus ihrer Perspektive gelöst, da der Zucker im Kakao gelandet ist. Sie ist sozusagen ‚handgreiflich' geworden, anstatt das Thema in Ruhe auszudiskutieren, Vor- und Nachteile abzuwägen und, aus einer Distanz heraus, eine ‚richtige' Entscheidung zu treffen. Dadurch hat sie ihre Autonomie erfolgreich gegen den Widerstand durchgesetzt.

> Nun mischt sich Frau Dörfert energisch ein: „Frau Schmidt, lassen Sie den Zucker sein!"

Die Art und Weise, wie die Pflegekraft sich mitteilt, weist auf eine Drohung hin, obwohl inhaltlich keine Drohung ausgesprochen wird. Das heißt, hier kündigt sich ein Machtkonflikt an, der sich um die Aufrechterhaltung der pflegerischen Ordnung dreht. Der Konflikt wird inszeniert, obwohl der Konfliktgegenstand nicht mehr gegenwärtig ist, da das, was verhindert werden soll, schon eingetreten ist. „Obgleich die sprachliche Drohung nicht unmittelbar die Handlung ist, auf die sie hinweist, ist sie immer noch ein Akt, nämlich ein Sprechakt. Dieser Sprechakt kündigt nicht nur die kommende Handlung an, sondern zeigt eine bestimmte Kraft in der Sprache auf, eine Kraft, die eine nachfolgende Kraft sowohl ankündigt wie bereits einleitet. Während die Drohung normalerweise eine bestimmte Erwartung erzeugt, zerstört die Gewaltandrohung jede Möglichkeit von Erwartungen. Denn sie eröffnet eine Zeitlichkeit, in der man gerade die Zerstörung der Erwartung erwartet und damit zugleich gar nicht erwarten kann" (Butler 2008: 20f.). Derjenige, der droht, versteht nie vollständig die Handlung, die er ausführt. „Neben dem, was gesagt wird, gibt es eine Weise des Sagens, die das körperliche ‚Instrument' der Äußerung ausführt" (Butler 2008: 22). Durch die Drohung „Lassen Sie den Zucker sein!" wird die Unterwerfung ausgesprochen, die möglicherweise zukünftig, wenn die Bewohnerin nicht gehorcht, auch handgreifliche Formen annehmen kann. Die angedrohte Handlung und die Handhabung der Drohung sind durch einen Chiasmus miteinander verbunden (vgl. Butler 2008: 23), insofern in der Drohung gestisch das Kommende entworfen wird. Dabei wird aber offen gelassen, was das Kommende ist.

> Frau Schmidt betont, dass sie den Zucker gekauft habe, und er ihr gehöre, und sie deswegen bestimmen könne, dass sie ihn jetzt trinken möchte.

Frau Schmidt reagiert nicht auf der Ebene der Drohung, sondern sie möchte den Gegenstand diskutieren, indem sie ihre Position darstellt und dadurch ihr Handeln legitimiert. Das heißt, nachdem sie Tatsachen geschaffen hat, lässt sie sich mit aller Vehemenz auf eine diskursive Ebene ein, indem sie auf Rechte pocht, die sie hat, und gewillt ist, sie durchzusetzen. Zu diesem Recht gehört, den Zucker, den sie sich selbst gekauft hat, zu sich zu nehmen, unter Umständen auch dann, wenn es schädlich ist, da sie das Recht hat, ihr Leben selbst zu bestimmen. Damit stellt sie auf der Sachebene die Kulturalisierung der Gesellschaft und damit das Recht auf Selbstbestimmung der Medizinalisierung der pflegerischen Ordnung gegenüber. Das heißt, sie stellt einen anderen Referenzpunkt – das Recht auf Selbstbestimmung, welches sich am Eigentum festmacht und nicht angetastet werden darf – der Medizinalisierung gegenüber. Durch das Abweichen von sozialen Erwartungen wird Individualität konstituiert.

> Frau Dörfert weist sie auf Diabetes hin und sagt, dass es nicht gesund sei.

Frau Dörfer reagiert daraufhin auf der Sachebene, indem sie Frau Schmidt über den Grund der Intervention aufklärt und dabei andeutet, dass es nicht darum ginge, ob der Zucker von ihr gekauft sei oder nicht, sondern darum, dass er aus Gesundheitsgründen nicht gegessen bzw. getrunken werden dürfe. Der Ausdruck „Diabetes" ist ein Expertenausdruck, wodurch professionelle Autorität seitens der Pflegekraft sowohl gegenüber der Bewohnerin als auch gegenüber der Beobachterin etabliert und dem Recht auf Selbstbestimmung gegenübergestellt wird. Dabei wird aber nicht ausgeführt, was Diabetes für die Bewohnerin Frau Schmidt bedeutet, möglicherweise weil es von der Pflegekraft als Wissen seitens der Bewohnerin vorausgesetzt wird. Dann würde der Hinweis eher eine Erinnerungshilfe sein als eine Aufklärung. Frau Dörfert versucht scheinbar diskursiv Frau Schmidt mit rationalen Argumenten zu überzeugen, aber sie lässt sich genauso wenig auf den ‚Kommunikationsstil' bzw. den Rahmen von Frau Schmidt ein wie umgekehrt.

> Dann versucht sie, ihr den Zucker wegzunehmen.

Durch die Eröffnung des ‚neuen Rahmens der Selbstbestimmung' durch Frau Schmidt wird für Frau Dörfert die Möglichkeit, sich durchzusetzen unwahrscheinlicher. Anstatt abzuwarten, ob Frau Schmidt auf den Diskurs reagiert und sich einsichtig zeigt, sorgt Frau Dörfert dafür, dass sie die Absicht mit Sicherheit erreicht. Das Wegnehmen des Zuckers bietet Sicherheit für machtgesteuerte

Prozesse (vgl. Luhmann 2003: 62). Nach dem Motto: lieber Fakten schaffen als Einsicht ermöglichen. Dadurch wird eine gesundheitserzieherische Absicht, die auf die Einsicht der Bewohnerin setzt, nicht möglich, aber möglicherweise durch Gewalt erreicht, was für das Wohl aus der Perspektive der Pflegekraft angemessen erscheint. Damit wird das, was sich in der Drohung unspezifisch ankündigte, konkretisiert. Die Alternative, trotz Zuckerkrankheit Zucker zu essen, wird eliminiert (vgl. Luhmann 2003: 64). Die Gewaltanwendung ist ein ‚Kulminationspunkt eines Konflikts' und damit ein Machtkonflikt, da nur die eine oder andere gewinnen kann (vgl. Luhmann 2003: 65).

> Aber Frau Schmidt umklammert ihn.

Frau Schmidt lässt sich auf den Nahkampf ein, indem sie den Zucker festhält. Das Ergreifen des Zuckers stellt sich als eine Art der Einverleibung dar. Dadurch wird die Erwartung getestet, inwieweit die körperliche Integrität unangetastet bleibt. Zugleich wird die Beobachterin benutzt, im Zweifelsfall Zeuge für einen möglichen Übergriff zu sein, so dass diese erkennen kann, wie mit dem Selbstbestimmungsrecht der Bewohnerin umgegangen wird.

> Frau Dörfert zuckt mit den Schultern und gibt auf ...

Diese Grenzziehung wird von Frau Dörfert resignierend akzeptiert, ein Schulterzucken signalisiert: ‚Es ist mir doch egal, mach, was du möchtest'. Das heißt, die mögliche Erwartung von Frau Schmidt, dass die körperliche Integrität gewahrt bleibt, wird von der Pflegekraft bestätigt. Zugleich stellt Frau Dörferts Schulterzucken eine Form der Distanzierung von der Situation dar, nachdem sie als unterlegen aus ihr herausgegangen ist. Möglicherweise hat es aber auch die Funktion, der Bewohnerin Missachtung zu zeigen.

> ... und lächelt mich dabei an.

Frau Dörfert distanziert sich durch das Lächeln vom Geschehen und nimmt es nicht so ernst, oder sie erscheint unsicher, da sie ihre Autorität verloren hat, da sie weder die pflegerische Ordnung aufrechterhalten, noch im Nahkampf gewinnen konnte. Das Lächeln kann aber auch auf eine überlegene Position von Frau Dörfert zeigen, die aufrechterhalten wird, obwohl sie verloren hat. Es wäre dann wie in einem Boxkampf, in dem man zwar überwältigt worden ist und auf dem Boden liegt, aber solange man sich wieder erheben und auf den Beinen stehen kann, wird die nächste Runde eingeleitet. Dem Zuschauer (der teilnehmenden Beobachterin und der Bewohnerin als Publikumsrolle) wird hierdurch gezeigt, dass der Kampf noch nicht entschieden ist.

> Sie schimpft zu mir gerichtet, dass Frau Schmidt heute echt schlecht gelaunt und aggressiv sei.

Die dritte Version wird sozial validiert. Frau Dörfert greift Frau Schmidt verbal an, indem sie sie als schlecht gelaunt und aggressiv bezeichnet (aber nur eingeschränkt auf den heutigen Tag, d.h. nicht generalisiert), wodurch sie sich wieder über Frau Schmidt stellt. Dieses Mal wird Überlegenheit aber nicht als Fachkraft, sondern als Person konstituiert, denn Frau Schmidt ist aufgrund ihrer schlechten Laune und ihrer Aggressivität an dem Verlauf des Geschehens schuld. Hier wird der Beziehungskonflikt explizit. Zugleich legitimiert Frau Dörfert gegenüber der Beobachterin die außergewöhnliche Situation des Handgreiflichwerdens.

> Dann kommt die Aushilfskraft von hinten und während Frau Schmidt mit Frau Dörfert im Disput ist, entwendet er ihr den Zucker grinsend.

Die Aushilfskraft solidarisiert sich im Konflikt mit der Pflegekraft, indem er das Problem handgreiflich zu lösen versucht. Dadurch wird diese Art der Konfliktaustragung nicht als Versehen dargestellt, sondern als eine möglicherweise gewöhnliche Art der Konfliktregulierung.
Dadurch, dass Frau Schmidt die Situation nicht vorhersehen und sich nicht wehren konnte, gewinnt die Aushilfskraft den Kampf. Zugleich distanziert er sich von der Tragik der Situation durch ein Grinsen: Spielpartnerin ist, wer mitgrinst.

> Es dauert nur zwei Sekunden, bis sie es merkt, ...

Das heißt, sie ist mit allen Sinnen bei der Sache, sie ist hellwach und überhaupt nicht eingeschränkt, halb blind oder nicht mehr viel wahrnehmend, wie es augenscheinlich wirkt.

> ... dann schimpft sie lauthals wie ein Rohrspatz.

Es wird deutlich, dass es sich für Frau Schmidt nicht um ein Spiel handelt. Sie schimpft laut, um sich zumindest dadurch zu wehren.

> Sie ist so aufgeregt, dass sie ihre Tasse mit der Kanne verwechselt und die Kanne hält, als ob sie aus einer Tasse trinke.

Der Kontrollverlust setzt sich fort, denn es wird dargestellt, dass sie vor lauter Aufregung aus der Kanne anstatt aus der Tasse trinkt, wodurch sie wieder ihr Gesicht verliert, da sie anscheinend Tasse und Kanne nicht auseinander halten kann und dadurch nicht mehr mental klar erscheint.

Dann schmiert sie sich das Brötchen aufgebracht und zitternd.

Die Bewohnerin lässt sich trotz der Aufregung nicht davon abhalten zu frühstücken. Obwohl es ihr Schwierigkeiten bereitet (Zittern), setzt sie ihre Aktivität fort. Dabei schimpft sie weiter.

5.1 Vertiefende Analyse durch die Zurechnung von Erleben und Handeln

Frau Schmidt legt selbst Hand an, um sich Zucker zu holen, anstatt eine Bitte zu formulieren. Dadurch konstituiert sie sich als Handelnde und macht sich unabhängig von der Pflegekraft und der teilnehmenden Beobachterin, da eine sie in ihrer Absicht unterstützende Dienstleistung möglicherweise nicht zu erwarten ist. Die Beobachterin verlässt ihre Beobachtungsposition. Dadurch wird ihr auf der Beobachtungsebene 1. Ordnung Handeln zugerechnet, wodurch sie in ihrer Selbstreflexion (Beobachtungsebene 2. Ordnung) zur Erlebenden wird. Sie fühlt sich von der Bewohnerin aufgefordert, ihr zu helfen. Die Pflegekraft greift als Handelnde daraufhin ein, indem sie die Beobachterin dazu auffordert, in anderer als von ihr beabsichtigter Weise zu handeln, um die Bewohnerin an ihrer Handlung zu hindern. Durch die Aufforderung der Pflegekraft wird die Zurechnung des Erlebens seitens der Beobachterin sozial validiert. Die Beobachterin konstituiert sich aber als Handelnde, indem sie den Handlungsspielraum, den Auftrag auf ihre eigene Art und Weise auszuführen, nutzt und sich dadurch in ihrer Selbstbeschreibung von der Pflegekraft absetzt. Die Bewohnerin führt ihr Handeln fort, bis sie ihr Ziel erreicht hat. Sie setzt die pflegerische Ordnung als kontingent, indem sie diese dem Recht auf Selbstbestimmung unterordnet. Die Pflegekraft wiederum wehrt sich gegen diese Kontingentsetzung der pflegerischen Ordnung, indem sie erst droht, dann einen Diskurs führt und schließlich das Problem handgreiflich zu lösen versucht. Dadurch wird die pflegerische Ordnung in der Kommunikation als relevant konstituiert, denn die Pflegekraft entscheidet sich erneut, diese zu verteidigen. Der Konflikt verselbständigt sich und geht von einem Sachkonflikt über die Vorherrschaft von Wohl und Wille in dieser Situation zu einem Beziehungskonflikt über, der als Machtkonflikt in Szene gesetzt ist. Dabei riskiert die Pflegekraft ihre Autorität, indem sie durch Gewaltanwendung Kontingenz auflöst, obwohl der Kampf nur noch ein symbolischer ist, da der Zucker schon in der Tasse gelandet war. Erst mit der Unterstützung durch die Aushilfskraft wird das Ziel, die Gefahr für das ‚Wohl' der Publikumsrolle zu eliminieren, erreicht. Zwar wird die Bewohnerin in diesem Moment als Verliererin konstituiert, sie erscheint aber zugleich als moralische Gewinnerin, die gegenüber der Beobachterin zeigen kann, wie ungerecht sie gepflegt wird. Obwohl die Bewohnerin sich dadurch Erleben zurechnet, versucht sie diese Niederlage durch Schimpfen und damit durch öffentliche Beschwerde zu kompensieren. Dadurch streicht sie den moralischen Gewinn gegenüber der Beobachterin heraus.

6 Theoretische Reflexion

Die formalisierte Erwartungsstruktur der Leistungs- und Publikumsrolle des Hilfesystems, sich gesundheitsbewusst zu ernähren, wird durch den Widerstand der Bewohnerin in Klammern gesetzt. Zuckerhaltig essen zu können, steht für die Möglichkeit, selbst bestimmt im Altenpflegeheim leben zu können, gefährdet aber die Erwartung der Pflegekräfte, sich möglichst so zu verhalten, dass keine Krankheit entsteht. Durch diesen Widerstand besteht die Möglichkeit entweder einer Konfliktkommunikation über die widersprechenden Erwartungshaltungen oder einer moralischen Kommunikation. Letztere hat die Funktion, ein Passungsverhältnis zwischen den Erwartungen der Organisation und denen der Bewohnerin wahrscheinlicher zu machen, wodurch die Bewohnerin an das Hilfesystem angeschlossen werden kann (vgl. Fuchs 2004).

Die Rekonstruktion hat nicht das Ziel, einen normativen Standpunkt in dem Sinne einzunehmen, dass dafür plädiert wird, dauerhaft moralisch zu kommunizieren, da ein Wissen über die Gefahr besteht, dass das Scheitern dieser Kommunikationsform in Konfliktkommunikationen als Missachtungskommunikation mündet (vgl. Fuchs 2004). In diesem Sinne ist es durchaus berechtigt, wenn Fuchs zur Sparsamkeit im Umgang mit moralischer Kommunikation aufruft.

Zeigt sich aber ein Widerstand seitens einer Bewohnerin oder eines Bewohners, bleibt der Pflegekraft nichts anderes übrig, als sich mit der Abweichung von der Erwartung auseinanderzusetzen. Deswegen steht im Vordergrund der Rekonstruktion, wie sich moralische Kommunikation aufgrund des Widerstandes eines Adressaten vollzieht[4]. Das bedeutet aber zugleich, dass die Einheit, die moralische Kommunikation, die identisch gehalten wird, nicht subsumptionslogisch durch den Bezug auf rationales kommunikatives Handeln gebraucht wird. Stattdessen geht es darum, nicht von der Fiktion der Achtungskommunikation als garantiert sicherer Position auszugehen, sondern die Sicherheit moralischer Kommunikation vielmehr im Prozess zu suchen (vgl. Luhmann 1998: 418). Das bedeutet, die „Ausgangspositionen aller Schritte (auch der ‚ersten'!) jederzeit revidieren zu können, wenn der Prozeß dazu Anlaß gibt" (vgl. Luhmann 1998:

---

[4] ‚Reine' moralische Kommunikation ist genauso unwahrscheinlich wie ‚reine' unmoralische Kommunikation. Es ist nur eine Annäherung an moralische Kommunikation in der Zeit, nie aber moralische Kommunikation in ‚Reinform' möglich, da diese Fiktion und nicht Wirklichkeit ist.

418). An diesem lässt sich ablesen, inwieweit sich ein Mehr oder Weniger von Achtungskommunikation im Verlauf der Aufeinanderfolge der Sequenzen durchsetzt (vgl. Luhmann 1998: 418). Schaut man sich den Verlauf des rekonstruierten Handlungsprozesses an, fällt auf, dass die Pflegekraft zu Beginn den Wunsch der Bewohner und Bewohnerinnen berücksichtigt, da sie deren Bedürfnis im Hinblick auf die Sitzordnung beachtet. Die Anerkennung dieses Bedürfnisses ist ihr möglich, da es nicht in Konflikt zu ihrer eigenen Leistungsrolle und den daran geknüpften Erwartungen steht. Anders verhält es sich schon, wenn es um die Frage geht, wer dafür zu sorgen hat, dass die Kleidung beim Essen sauber bleibt. Hier meldet die Bewohnerin eine Erwartung an die Pflegekraft an, die diese ablehnt und in die Verantwortung der Bewohnerin zurück gibt. Anstatt aber z. B. darüber aufzuklären, warum sie an dieser Stelle die Bewohnerin nicht unterstützen kann, da sie mit dem Essenreichen beschäftigt ist, wertet sie sie mit einem „ze" ab und leitet dadurch eine Missachtungskommunikation ein. Die Situation der Missachtungskommunikation verschärft sich angesichts dessen, dass dem Wunsch, Zucker zu essen, nicht nachgegangen wird. Der Konflikt verselbständigt sich derart, dass es zu einem Machtkampf kommt bei dem beide ihr Gesicht verlieren.

Eine andere Möglichkeit wäre gewesen, den Widerstand gegen das ‚Zuckerverbot' als Ausgangspunkt für eine Beratung zu nehmen, indem die Frage geklärt wird, inwieweit es berechtigt ist, dem Wunsch der Bewohnerin gerecht zu werden, obwohl ihr gesundheitliches Wohl gefährdet wird. Sofern das Ergebnis schriftlich dokumentiert ist, würde die Pflegekraft von der mit den Mitgliedschaftsbedingungen einer Organisation einhergehenden Verpflichtung zum gesundheitlichen Wohl der Bewohner und Bewohnerinnen beizutragen, entlastet werden. Aber diese Möglichkeit wurde in dem Forschungsbeispiel nicht aktualisiert. Das Betreuungsgesetz, mit dem eigentlich kein Bildungsanspruch verbunden wird, konstituiert insofern die Möglichkeit zur Bildung, als es einerseits die Möglichkeit lässt, die Gewohnheiten aufrechtzuerhalten, andererseits aber ein Konflikt zum Anlass genommen werden kann, zu reflektierten, ob diese Lebensgewohnheit trotz aller Probleme aufrechterhalten werden soll (vgl. Crefeld 1996: 25f.). Dadurch könnte sich seitens der Bewohnerin die Erkenntnis, dass Gewohnheiten gelernt werden, ergeben (Heyting 1992: 137). Das heißt, die Lebensgewohnheiten, trotz Zuckerkrankheit Zucker zu essen, die die Bewohnerin schon vor dem Altenpflegeheim hatte, kann zum Anlass genommen werden, darüber nachzudenken, wie viel ihr diese Lebensgewohnheit wert ist und ab welchem Punkt sie bereit wäre, diese in Frage zu stellen, da deren Folgen schlimmer sind als die Befriedigung, die sie durch dass Zuckeressen hat. „Pädagogische Semantik als eine der Ausdrucksformen dieser Reflexivität sozialer Systeme bezieht sich direkt auf die Mitglieder eines Systems. In dieser Semantik äußert sich das Bewußtsein, daß es auch anders möglich ist (daß Gewohnheiten Gewohnheiten sind)" (Heyting 1992: 140). Diese Reflexivität wird produktiv, sobald die Bewohnerin Gewohnheiten anhand von Kriterien für ‚besser' oder ‚schlechter', d.h. im Hinblick auf Wertzuschreibungen, zu beurteilen beginnt. Umgedreht muss aber auch die Pflegekraft lernen, dass es nicht nur darum geht, Gesundheit zum absoluten Wert zu setzen, sondern die Möglichkeit der Selbstbestimmung so einzuräumen, dass sie einerseits der Erwartung an ihrer Leistungsrolle gerecht wird, andererseits aber die Instrumente nutzt, die ihr ein Abweichen von diesen Erwartungen ermöglichen.

Das auf diese Weise konstituierte Bildungs‚system' ist als ‚Immunsystem' im Hilfesystem zu verorten. Die Funktion des Bildungs‚systems' bestände darin zu vermeiden, dass ein Konfliktsystem, d.h. eine Systemintegration durch Machtkommunikation, entsteht. Das Bildungs‚system' ist das soziale System des Erlebens und Handelns, das sich bewusst an der Willensbildung orientiert und sich dadurch aus dem alltäglichen Hilfevollzug des Hilfesystems ausdifferenziert. Dann stellt sich die Frage, wie Organisationspraktiken implementiert werden können, die Sprecherpositionen wahrscheinlicher werden lassen (vgl. Saake/Nassehi 2004: 127).

Literatur

Baecker, Dirk (2003): Wozu Kultur? Berlin: Kulturverlag Kadmos
Benner, Patricia/Tanner, Christine A./Chesla, Catherine (1996): Expertise in Nursing Practice. Caring, Clinical Judgement, and Ethics. New York: Springer
Benner, Patraca/Wrubel, Judith (1989): The Primacy of Caring. Stress and Coping in Health and Illness. Menlo Park: Addison-Wesley Publishing Company
BMFSFJ (2006): Identifizierung von Entbürokratisierungspotenzialen in Einrichtungen der stationären Altenpflege in Deutschland. Berlin
Bommes, Michael/Scherr, Albert (2000): Soziologie der Sozialen Arbeit. Eine Einführung in Formen und Funktionen organisierter Hilfe. Weinheim: Juventa
Brandenburg, Hermann (2002): Zukunft der Pflege – der soziale Wandel und neue Tätigkeitsfelder in der professionellen Pflege alter Menschen. In: PR-INTERNET/Pflegemanagement. 7/8. 133-148
 http://www.bibb.de/redaktion/altenpflege_saarland/literatur/pdfs/zukunft_der_pflege .pdf [15.5.2011, 1-15]
Burkart, Günter; Runkel, Gunter (Hrsg.) (2004): Luhmann und die Kulturtheorie. Frankfurt am Main: Suhrkamp
Butler, Judith (2008): Hass spricht. Zur Politik des Performativen. Berlin: Berlin-Verlag
Charmaz, Kathy (1997): Good days, bad days. The self in chronic illness and time. New Brundwick: Rutgers University

Combe, Arno/Helsper, Werner (Hrsg.) (1996): Pädagogische Professionalität. Untersuchungen zum Typus pädagogischen Handelns. Frankfurt am Main: Suhrkamp
Corbin, Juliet (1998): The Corbin and Strauss Chronic Illness Trajectory model: an update. In: Scholarly Inquiry of Nursing Practice. 12. 1. 33-41
Crefeld, Wolf (1996): Zur Einführung: Warum eine Psychiatrietagung zum Betreuungsgesetz? In: Crefeld/Kunze/Jagoda (Hrsg.) (1996): 19-29
Crefeld, Wolf/Kunze, Heinrich/Jagoda, Bernhard (Hrsg.) (1996): Das Betreuungswesen für die gemeindepsychiatrische Versorgung. Köln: Rheinland-Verlag
Darmann, Ingrid/Keuchel, Regina (2006): Gesundheit/Pflege. In: Rauner (Hrsg.) (2006): 175-180
Falk, Juliane/Keuchel, Regina (Hrsg.) (2007): Moderne Pflegeausbildung heute. Bildungstheoretische Orientierungen und bewährte Praxisbeispiele für den Unterricht. Weinheim: Juventa
Fuchs, Peter (2004): Die Moral des Systems Sozialer Arbeit. In: Merten/Scherr (Hrsg.): 17-32
Helsper, Werner (1996): Antinomien des Lehrerhandelns in modernisierten Kulturen. Paradoxe Verwendungsweisen von Autonomie und Selbstverantwortlichkeit. In: Combe/Helsper (Hrsg.) (1996): 521-569
Heyting, Frieda (1992): Pädagogische Intention und pädagogische Effektivität. Beschreibungsformen und Perspektiven der Pädagogik. In: Luhmann/Schorr (Hrsg.) (1992): 125-154
Huber, Sven (2008): Gesundheit fordern und fördern. Soziale Arbeit im Spannungsfeld zwischen gesundheitsbezogener Prävention bzw. Intervention, sozialer Ungleichheit und Aktivierungsstrategien. In: Sozial aktuell 2008. 7/8. 16-20
Hünersdorf, Bettina/Huber, Sven (2008): Gesundheit fordern und fördern. Die Rolle der Sozialen Arbeit in der aktuellen Gesundheits- und Sozialpolitik. In: Sozial Aktuell. 7/8.16-20
Keuchel, Regina (2007): Pflegeausbildung heute: Die Perspektive heißt Bildung. In: Falk/Keuchel (Hrsg.) (2007): 13-27
Keuchel, Regina (2005): Bildungsarbeit in der Pflege. Bildungs- und lerntheoretische Perspektiven in der Pflegeausbildung. Lage: Jacobs-Verlag
Kickbusch, Ilona (2006): Die Gesundheitsgesellschaft. Gamburg: Verlag für Gesundheitsförderung
Luhmann, Niklas (2003): Soziologie des Risikos. Berlin: Walter de Gruyter
Luhmann, Niklas (1998): Die Wissenschaft der Gesellschaft. Frankfurt am Main: Suhrkamp
Luhmann, Niklas (1991): Soziale Systeme. Frankfurt am Main: Suhrkamp
Luhmann, Niklas/Schorr, Karl Eberhard (Hrsg.) (1992): Zwischen Absicht und Person. Fragen an die Pädagogik. Frankfurt am Main: Suhrkamp
Merten, Roland/Scherr, Albert (Hrsg.)(2004): Inklusion und Exklusion in der Sozialen Arbeit. Wiesbaden: VS Verlag für Sozialwissenschaften
Nassehi, Armin (1997): Kommunikation verstehen. Einige Überlegungen zur empirischen Anwendbarkeit einer systemtheoretisch informierten Hermeneutik. In: Sutter (Hrsg.) (1997): 134-163

Nassehi, Armin/Saake, Irmhild (2002): Kontingenz: Methodisch verhindert oder beobachtet? Ein Beitrag zur Methodologie der qualitativen Sozialforschung. In: Zeitschrift für Soziologie 31. 1. 66-86

Oevermann, Ulrich (2004): Objektivität des Protokolls und Subjektivität als Forschungsgegenstand. In: Zeitschrift für qualitative Bildungs-, Beratungs- und Sozialforschung. 2. 311-336

Oevermann, Ulrich (1996): Theoretische Skizze einer revidierten Theorie professionalisierten Handelns. In: Combe/Helsper (Hrsg.) (1996): 70-183

Oevermann, Ulrich/Allert, Tilman/Konau, Elisabeth et al. (1979): Die Methodologie einer ‚objektiven Hermeneutik' und ihre allgemeine forschungslogische Bedeutung in den Sozialwissenschaften. In: Soeffner (Hrsg.) (1979): 352-434

Rauner, Felix (Hrsg.) (2006): Handbuch Berufsbildungsforschung. Bielefeld: Bertelsmann

Saake, Irmhild/Nassehi, Armin (2004): Die Kulturalisierung der Ethik. Eine zeitdiagnostische Anwendung des Luhmannschen Kulturbegriffs. In: Burkart/Runkel (Hrsg.) (2004): 102-135

Schroeter, Klaus D. (2006): Das soziale Feld der Pflege. Eine Einführung in Strukturen, Deutungen und Handlungen. Weinheim: Juventa

Soeffner, Georg (Hrsg.) (1979): Interpretative Verfahren in den Sozial- und Textwissenschaften. Stuttgart: Metzler

Statistisches Bundesamt/Deutsches Zentrum Altersforschung/Robert Bosch Stiftung (Hrsg.) (2009): Beiträge zur Gesundheitsberichterstattung des Bundes. Gesundheit und Krankheit im Alter. Berlin: Robert Koch Institut

Sutter, Tilmann (Hrsg.) (1997): Beobachtung verstehen. Opladen: Westdeutscher Verlag

Weltgesundheitsorganisation (1986): Ottawa Charta

Wenzel, Eberhard (1990): Gesundheit als Epidemie. Unveröffentlichte Dissertation

Nichtsprachliche Interaktion und das Entstehen von Bedeutung in der Pflege

Matthias Zündel

Dass Interaktion eine zentrale Bedeutung für den Pflegeberuf hat, ist eine schon fast triviale Aussage. Unentwegt findet Interaktion sowohl bei den Pflegenden untereinander als auch im Kontakt mit den zu Pflegenden statt. Ein bislang wenig beachteter Bereich sind jedoch Interaktionssituationen, in denen zu Pflegende nicht mehr in der Lage sind, verbal zu kommunizieren oder auf eine verbale Ansprache adäquat zu reagieren. Die Settings sind dabei durchaus unterschiedlich. Sowohl auf Intensivstationen, in der neurologischen Frührehabilitation als auch in der Langzeitbetreuung von an Demenz erkrankten Menschen kommen diese Situationen vor. Wie sehr die verbale Interaktion dabei in den Hintergrund rückt, hängt vom individuellen Ausmaß des Befindens und der noch vorhandenen Kommunikationsfähigkeiten des zu pflegenden Menschen ab. Dieser Beitrag widmet sich der Besonderheit und den Herausforderungen ebendieser Interaktionssituationen. Die zu Pflegenden sind hier nicht in der Lage, einen nichtsprachlichen Interaktionscode einzusetzen – wie zum Beispiel ein Blinzeln mit dem Auge oder das Drücken der Hand, um Zustimmung auszudrücken. Nachfolgend wird als erstes auf die Schwierigkeiten und Herausforderungen eingegangen, die damit einhergehen. Problematisiert wird dies mit Hilfe der Lebensweltkonstruktion von Alfred Schütz (Schütz/Luckmann 2003). In einem zweiten Schritt wird auf Basis der Gedanken von George Herbert Mead ein theoretischer Bezugsrahmen gespannt, in dem eine an das direkte soziale Handeln gebundene, nichtsprachliche Interaktionen gedacht werden kann. Der theoretische Rahmen dient zunächst dazu, die Herausforderungen dieser Handlungssituationen darzustellen und auf theoretischer Ebene die Möglichkeiten bedeutungsvoller Interaktion, die nicht per se an Bewusstsein gekoppelt ist, herauszuarbeiten. Im Verlauf des Textes werden Rückbezüge zur theoretischen Rahmung hergestellt, wobei diese Gedankengänge über das eigentliche Forschungsprojekt hinausgehen, dass dann im Weiteren vorgestellt wird. Darin sind Pflegekräfte per Video bei der Unterstützung von Bewegungshandlungen aufgenommen worden (z.B. Positionierung im Bett oder Mobilisation), für die diese besondere Interaktionssituation kennzeichnend war.

1 Problematisierung der Ausgangssituation

Als kleines Beispiel dient eine an Demenz erkrankte Frau in einem Pflegeheim. Diese lebt schon seit einigen Jahren dort. In den ersten Jahren ihres Aufenthaltes war ein verbaler Kontakt mit ihr möglich. Nach und nach wurde es aber immer schwieriger, über verbale Sprache Kontakt aufzubauen, schließlich hat die Bewohnerin kaum noch verbal kommuniziert. Sie ist inzwischen sehr schwach und die Pflegekräfte kommen zu der Einschätzung, dass eine Interaktion mit dieser Frau nicht mehr möglich ist. Adäquate Reaktionen auf verbale Ansprachen von Seiten der Pflegekräfte finden nicht mehr statt.

1.1 Interaktion in der Lebenswelt bei Alfred Schütz

Mit dem Lebensweltkonzept von Alfred Schütz kann die schwierige Ausgangslange der Interaktionspartner verdeutlicht werden. Die alltägliche Lebenswelt wird durch Schütz als diejenige definiert, in der wir Menschen wie selbstverständlich handeln und interagieren. Wesentlich dabei ist, dass dieser Wirklichkeitsbereich fraglos hingenommen wird und damit als selbstverständliche Grundschablone des Handelns und Interagierens dient. Zur Bedingung der alltäglichen Wirklichkeit gehört für Schütz ein Zustand der Wachheit, der bei ihm einen Zustand von Bewusstheit voraussetzt. Nur in der alltäglichen Lebenswelt ist Interaktion zwischen den Menschen möglich. Diese findet zunächst unhinterfragt statt und nur in Problemsituationen wird sich bewusst auf diese bezogen. Bewusstwerdungsprozesse finden nur dann in der alltäglichen Wirklichkeit statt, wenn die aus der bislang gewonnen Erfahrung gebildeten Typen nicht mehr passen. Dann kommt es zu einer Modifikation oder Erweiterung des Typus, jedoch nur bis zu dem Reflexionsgrad, der für die aktuell benötigte Situation notwendig ist. Auf gemeinsame Interaktion bezogen verdeutlicht Schütz, dass der Mensch den Grundannahmen folgt, dass seine Mitmenschen ihm gleich seien und die Welt in ähnlicher Art und Weise deuten würde wie man selbst. Schütz zeigt, dass der Mensch bei genauer Reflexion natürlich wisse, dass diese Grundbedingungen gar nicht zutreffen. Für die Interaktion in der gemeinsamen Lebenswelt sei es aber notwendig, dies zu negieren und zunächst zu unterstellen, dass die Schnittfläche der Gemeinsamkeiten größer ist als die Differenz. Diese Grundannahmen münden bei Alfred Schütz in der Generalthese der wechselseitigen Beziehungen, die durch zwei Idealisierungen konstituiert werden. Die Idealisierung der Vertauschbarkeit der Standorte meint, dass eine Person in der Interaktion davon ausgeht, dass sie die Interaktion auf dieselbe Art und Weise wahrnehmen und deuten würde, wenn sie den Platz des Interaktionspartners einnehmen würde. Die Idealisierung der Relevanzsysteme ist dadurch gekennzeichnet, dass trotz des Wissens um eine einzigartige Biografie des Gegenübers diese für die Interaktion als nicht relevant eingestuft und ausgeblendet wird (Schütz/Luckmann 2003: 29ff.).

Überträgt man diese theoretischen Gedanken zurück auf das kurze Eingangsbeispiel, wird deutlich, welche Schwierigkeiten diese Interaktionssituation konstituiert und welche Auswirkungen dies auf die Durchführung der Handlungen mit sich bringt. Ein ‚fraglos Gegebenes' in der Interaktion und eine adäquate Reaktion wären Voraussetzung für eine Interaktion. Wenn diese schon nicht verbal erfolgen kann, dann wären doch Zeichen notwendig, die eindeutig zu verstehen und durch die Erfahrung der Pflegenden deutbar wären. Da in der oben beschriebenen Situation die Pflegekräfte keinen greifbaren Typus mehr erkennen, kommt es zu der Deutung, dass eine Interaktion mit der zu Pflegenden nicht möglich sei, wobei sich hier auf die sozialisierten Erfahrungen bezogen wird. Dies ist insoweit auch nachvollziehbar, da es fraglich ist, inwieweit beide Interaktionspartner in der alltäglichen Lebenswelt verortet sind und die Generalthese der wechselseitigen Beziehung nicht mehr angenommen werden kann. Diese Interpretation macht dann ein Handeln für Pflegende wieder möglich, weil sie eine Auslegung der Situation gefunden und mit dem Typus der ‚Nichtkommunizierbarkeit' belegt haben. Wahrnehmbare Zeichen der zu Pflegenden, bspw. ein Stirnrunzeln oder eine veränderte Atmung, müssen in diesem Deutungsmuster dann gar nicht notwendigerweise interaktiv verstanden und interpretiert werden: Eine Handlung, wie bspw. eine Positionierung im Bett, kann scheinbar fachlich korrekt und in sich stimmig durchgeführt werden. Die Interaktionsdimension hat dann in der fachlichen Durchführung keine Bedeutung mehr und auch Professionalität wird nicht daran gemessen, wie interagiert wird, sondern wie die Bewegungshandlung im Handling fachlich richtig ausgeführt worden ist. Unterstützt wird diese Auslegung evtl. noch durch pathophysiologische Erklärungsmuster. Eine Pflegekraft, deutet bspw. während einer Mobilisation eine starke Tonuserhöhung im Arm bei einem Schlaganfallpatienten als pathophysiologisches Zeichen und nicht interaktionistisch im Sinne eines Kommunikationszeichens. Dieses Beispiel verdeutlicht, dass die berufliche Sozialisation der Pflegekräfte maßgeblich mit dafür verantwortlich ist, wie eine Bewegungshandlung ausgeführt wird.

Wenn es jedoch zu einem Versuch kommt, die erwähnten Zeichen (Zucken mit dem Arm, Lidschlag etc.) zu deuten, wird die Situation damit problematisch, weil kein passender Typus einer gewohnten Kommunikationsfolge gefunden werden kann und die Pflegekraft hier nach einer Neuinterpretation suchen muss. Mit dem von Alfred Schütz erarbeiteten Konzept der Lebenswelt wird die Möglichkeit einer Interaktion in solchen Situationen in der Argumentation schwierig.

Die Voraussetzungen, wie Schütz sie beschreibt, beinhalten immer zwei reflexiv über Bewusstsein agierende Interaktionspartner, aus deren Kommunikation Sinn entsteht. Die Pflegekraft ist zu dieser Bewusstseinsleistung fähig, inwieweit das jedoch für die zu Pflegende in den hier beschriebenen Situationen möglich ist, bleibt fraglich. Zumindest an ihren Reaktionen ist eine solche Bewusstseinsleistung nicht mehr auszumachen, da sich die dargebotenen Zeichen eben nicht in Interpretationsschablonen pressen lassen. Fraglich ist auch, ob überhaupt davon ausgegangen werden kann, dass beide Interaktionspartner in der alltäglichen Lebenswelt verortet sind. Ein Stirnrunzeln könnte in der einen Situation ein Nicht-Verstehen zum Ausdruck bringen, in einer anderen Situation hingegen eine Abweisung oder ein Zeichen von Schmerz. Die Deutungsvielfalt ist so groß, dass sich eine Interpretation nur situativ verorten und einordnen lässt. Notwendig wird deshalb ein Interaktionsbegriff, der Handeln und die Entstehung von Bedeutung situativ fast. Sinn entsteht jedoch für Schütz letztlich immer über kognitive Akte des Bewusstseins (Schütz/Luckmann 2003: u.a. 44,107, 449), während George Herbert Mead die Ausbildung von Bedeutung an Handeln durch Interaktion und Kommunikation bindet und körperlichen Ausdruck nicht als „...evolutionäre Vorstufe[n], sondern als immer gegebene Kommunikationsforme[n]..." ansieht (Joas 1985: 17).

1.2 Die Entstehung von Bedeutung im sozialen Handeln bei George Herbert Mead

Mead erarbeitet sein Konzept der symbolvermittelten Interaktion auf Basis der Annahme eines sozialen Handelns, das davon ausgeht, dass ein Gegenüber sich auf die Gesten des Anderen bezieht. Gesten oder Gebärden sind für Mead nichtsprachliche Elemente, die dazu führen, dass ein anderer auf das Zeichen Bezug nimmt. Diese ganz grundlegende Form sieht Mead auch bei Tieren. Er verdeutlicht es mehrfach am Beispiel von zwei Hunden in einem Hundekampf (Mead 1910; 1978: 81ff.). Wesentlich für die Herausbildung der menschlichen Kommunikation ist bei Mead, dass Bedeutung nicht als etwas objektiv Vorhandenes definiert wird, sondern diese sich erst im konkreten Handeln generiert:

> „Und Handlungen konnten eine Bedeutung besitzen, wenn sie bestimmte Reaktionen hervorriefen, die ihrerseits weitere angemessene Reaktionen hervorriefen, d.h. wenn der gemeinsame Inhalt einer Handlung in den von einzelnen Individuen übernommenen unterschiedlichen Teilen durch Gebärden (...) widergespiegelt wurde" (Mead 1909: 207).

Es ist nicht zwingend ein Bewusststeinsakt notwendig, um bedeutungsvoll interagieren zu können. Mit dem Beispiel eines Fechters verdeutlicht Mead, wie dieser aufgrund der Körperbewegungen seines Gegenübers agiert und reagiert ohne darüber nachzudenken. Würde er dies bewusst tun, hätte sein Gegner ihn längst getroffen:

"Gebärden sind also insofern schon signifikant, d.h. bedeutungsvoll, als sie Reize für ausgeführte Reaktionen darstellen, noch bevor sie Zeichen im Sinne bewusster Bedeutungen werden" (Mead 1910: 228).

Nichtsprachliche körperliche Gebärden können damit zu einer bedeutungsvollen Interaktion werden, die sich situativ herausbildet. Auch Mead beschäftigt sich im Weiteren mit der Herausbildung von Bewusststein und Identität. Wesentlicher Schritt hierfür ist die Ausbildung einer symbolvermittelten Geste. Er versteht darunter, dass es zu einer Übereinstimmung der Bedeutung zwischen demjenigen, der die Geste einbringt, und demjenigen, der sie empfängt, kommen muss. Ab hier ist für ihn der Zustand der Sprache erreicht (Mead 1978: 85). Bedeutung entsteht bei Mead also innerhalb der Interaktion, wenn ein Gegenüber auf das reagiert, was der Interaktionspartner ihm gezeigt hat und dieser wiederum darauf eingeht. Soziales Verhalten richtet sich immer wieder neu aus und die Bedeutung selbst kann nicht objektiv gefasst werden, sondern ist nur situativ zu verorten und zu verstehen.

Übertragen auf das Beispiel hieße es, dass es zu einem sozialen Handeln kommen kann, wenn Zeichen der zu Pflegenden als Interaktionszeichen aufgenommen werden und sich auf diese bezogen wird. Die Handlungsdurchführung einer Mobilisation oder eines Transfers ist immer als ein interaktives Geschehen zu verstehen, inwieweit es jedoch zu einem sozialen Handeln kommt, bleibt fraglich. Nach Mead zeichnet das soziale Handeln aus, dass ein Wechselspiel beider Akteure stattfindet. Bedeutung entsteht dabei in der unmittelbaren situativen Verortung und muss nicht zwingend bewusst werden. Die Ausgangslage, dass beide Interaktionspartner gänzlich andere Voraussetzungen und Möglichkeiten haben, bleibt dennoch bestehen. Die Pflegekraft ist klar in der alltäglichen Lebenswelt verortet und orientiert sich zunächst mit ihren Deutungsmustern an dieser. Inwieweit die zu Pflegende noch Zugriff darauf hat, ist von außen schwer zu bemessen und bleibt fraglich. Mit den Vorstellungen von George Herbert Meads Entstehung von Bedeutung ist jedoch ein Bogen geschlagen, der auf theoretischer Ebene die Möglichkeit einer bedeutungsvollen Kommunikation und Interaktion über Zeichen und den Körper möglich macht, ohne dies an die Bedingung eines Bewusstseins zu binden. Über diese Aussagen ist die Konzipierung von bedeutungsvoller Interaktion möglich. Schütz' Gedanken machen deutlich, wie stark wir mit unseren Deutungsmustern in der alltäglichen Lebenswelt verhaftet sind und wie schwer die Ausgangsbasis dieser Interaktion herzustellen ist. Für die Pflegekraft ist ein Reflektieren auf die Situation eine Möglichkeit, bewusster die Zeichen der zu Pflegenden aufzunehmen und interaktiv auf sie zu reagieren. Für diesen Reflexionsprozess ist es jedoch unabdingbar, sich der eigenen starken Verhaftung in der alltäglichen Lebenswelt und den eigenen Deutungsmustern bewusst zu werden. Die Suche nach einer angepassten Interaktion und damit der Versuch, eine Bewegungssituation mit diesen Menschen im Modus des sozialen Handelns auszuführen, bleibt eine große Herausforderung, die zunächst einseitig auf der Pflegekraft lastet. Es bietet sich möglicherweise jedoch die Chance der Ausbildung einer neuen Sprache und Lebenswelt, die dazu führt, dass sich auf längere Sicht Zeichen ausbilden können und als Bedeutungsstrukturen fassbar werden. Dies könnte damit zu einer anderen Wirklichkeit werden. Ausgangsbasis bildet jedoch eine Haltung, die auch der zu Pflegenden im o. g. Beispiel die Möglichkeit von Entwicklung und Identität zuspricht.

2 Das Forschungsprojekt „Interaktionsorientiertes Bewegungshandeln"

Nach der Einordnung des Interaktionsbegriffes in einen theoretischen Zusammenhang wird jetzt auf die empirische Arbeit Bezug genommen. Zentrale Fragestellung war, wie Pflegekräfte während Bewegungssituationen mit Menschen interagieren, die verbale Sprache nicht mehr verstehen bzw. nicht adäquat darauf reagieren können. Bei den untersuchten Bewegungssituationen handelte es sich immer um Situationen, in denen die Bewegung als pflegerische Handlung im Vordergrund stand, bspw. bei der Mobilisation vom Bett in den Rollstuhl oder bei einer Positionierung im Bett. Die Studie nutzte dazu Videodaten und kann durch ihre Fokussierung auf alltägliches Handeln und die damit notwendigen Kompetenzanforderungen den „Studies of Work" zugerechnet werden (Bergmann 2006).

2.1 Datenbasis und Feldaufenthalt

Datenbasis für die Auswertung sind 18 Filme aus der Pflegepraxis. Aufgenommen wurden auf Seiten der Pflegekräfte neun Frauen und drei Männer und auf Seiten der zu Pflegenden fünf Männer und drei Frauen. Ein zu Pflegender lag auf der Intensivstation, drei in einem Altenpflegeheim und vier waren auf einer neurologischen Frührehabilitation. Die Altersstruktur der zu Pflegenden liegt zwischen 19 und 94 Jahren. Die Filmdauer variiert zwischen fünf bis 20 Minuten. Vor der Aufnahme der Videos hielt sich der Forscher meist mehrere Tage im

Feld als Krankenpfleger auf. Damit konnte eine vertrauensvolle Basis aufgebaut werden und die Akzeptanz für den Forscher und das Forschungsvorhaben erhöhte sich. Die Videosequenzen entstanden während des normalen Tagesablaufes, wenn sowieso eine Positionierung oder Mobilisation der zu Pflegenden anstand. Die Anwesenheit eines Forschers mit einer Videokamera könnte vermuten lassen, dass dies Auswirkung auf die Handelnden hat. Studien zu diesem Thema zeigen, dass vor allem zu Beginn einer Situation ein Effekt darstellbar ist, dieser aber im Verlauf der Handlung nachlässt (Jordan/Henderson 1995; Laurie/Philo 2006). Dieses Phänomen wird mit dem Begriff der Reaktanz beschrieben. Diese lässt sich in den Aufnahmen des Projekts vor allem dann feststellen, wenn der Forscher bspw. durch das Wegschieben eines Infusionsständers die Aufmerksamkeit auf sich gelenkt hat. In diesen Situationen blicken die Pflegekräfte für einen Moment auf und verlassen damit die eigentliche Handlung der Bewegungsausführung. Auch in Anfangssituationen ist Reaktanz in den Filmen darstellbar, wenn Pflegekräfte zunächst mit dem Forscher sprechen und nicht mit der Handlung beginnen. Insgesamt weisen die Aufnahmen jedoch einen hohen Alltagscharakter auf. Die Pflegekräfte bestätigten dies bei der Betrachtung der Videodaten – auch in den Situationen, die in der späteren Analyse kritisch aufgegriffen wurden. Falls doch ein systematischer Effekt in den Daten vorhanden ist, dann ist davon auszugehen, dass dieser zu einer Verzerrung führt, die die Ergebnisse dahingehend verfälscht, dass sie positiver sind als in der normalen Alltagspraxis.

2.2 Datenauswertung

Die Analyse der Daten orientierte sich an der Video-Interaktions-Analyse (VIA) (Knoblauch 2004). Diese rekurriert auf natürliche Daten, die im normalen Alltag entstehen und nicht extra für die Aufnahmesituation konstruiert werden. Weiter wird eine sequentielle Auswertung der Daten verfolgt, bei der die zeitliche Dimension berücksichtigt bleibt. Deutungen nehmen also keinen Bezug auf noch folgende Sequenzen im Datenmaterial. Sequenzbildung in der VIA findet in Anlehnung an die Konversationsanalyse durch Redezüge (turn-taking) statt (Bergmann 1988; Eberle 1997). Die vorliegenden Videodaten beinhalten viele nichtsprachliche Anteile, was dazu führte, die Orientierung des turn takings auf Handlungszüge zu übertragen. Sequenzen haben sich also sowohl durch sprachliche Hinweise der Pflegekräfte, hauptsächlich jedoch durch Handlungsakte abgebildet. Bei der konkreten Interpretationsmethodik werden Elemente der Grounded Theory eingesetzt, die eine sinnvolle Ergänzung der VIA darstellen kann (Knoblauch 2004). Zunächst ist jede Handlungssequenz, die häufig nur einige Sekunden lang ist, mit Hilfe eines Zitatmemos des Bildes versprachlicht worden. Im Anschluss daran fand eine offene Kodierung statt (Strauss/Corbin 1996). Dieser offene Code wurde über ein Codememo beschrieben. Im weiteren Verlauf wurden Beziehungen zwischen den einzelnen Codes hergestellt (axial kodiert) und ein übergeordnetes Memo zu diesen Beziehungen verfasst. Die vorgefundenen Beziehungen wurden mit dem weiteren Material überprüft, um dann im selektiven Kodieren eine Kernkategorie auszubilden. Die Datenanalyse hat hauptsächlich durch den Autor stattgefunden. Jedoch wurden in verschiedenen Gruppen (im Promotionskolleg „NutzerInnenorientierte Gesundheitssicherung", im Doktorandenkolleg der Erstbetreuerin, in zwei eigenen Lehrveranstaltungen mit Studierenden, mit einer Kollegin aus dem Kolleg, die selbst ein Grounded Theory Projekt durchgeführt hat) einzelne Videoausschnitte analysiert bzw. sind zu einem späteren Analysezeitpunkt Teilergebnisse durch die anderen validiert worden (Zündel 2009).

2.3 Ethische Aspekte

Das Forschungsprojekt hat vielfältige forschungsethische Implikationen. Die zu Pflegenden mit der starken Einschränkung in der Interaktion und der fehlenden Möglichkeit, selbst in das Projekt einwilligen zu können, sind als hoch vulnerabel einzuschätzen. Auch die Pflegekräfte haben eine hohe Vulnerabilität, da sie ja über das Bild identifizierbar bleiben (Schnell 2006). Für die Analyse der Daten ist es wichtig, dass die Mimik erhalten bleibt, was damit eine Anonymisierung der Beteiligten nur zum Teil ermöglichte. Sowohl vor wie auch während und nach der Datenerhebung sind zahlreiche ethische Reflexionen und Entscheidungen notwendig geworden. Es ist bspw. auf einen Erstkontakt zu gesetzlichen Betreuern (meist waren es nahe Angehörige) verzichtet worden, wenn das Pflegeteam vor Ort zu der Einschätzung kam, dass dies zu einer Belastung in der Beziehung zwischen Team und den gesetzlichen Betreuern führen könnte. Die Pflegekräfte sind in der Feldphase während des gemeinsamen Arbeitens angefragt worden. Nachdem ihnen die Informationen schriftlich ausgehändigt wurden, gab es meist noch mehrere kleinere Gespräche in Pausensituationen, bevor die Pflegekräfte eine Entscheidung getroffen haben. Nach der Feldphase sind die Videodaten so weit als möglich anonymisiert worden (Balken über dem Namensschild, wenn dies zu sehen war). Dass es sich bei den Videodaten nur um eine Teilanonymisierung handelt, ist von Anfang an offen in der Institution mit den Pflegekräften sowie den gesetzlichen Betreuern angesprochen worden und ist auch Teil der schriftlichen Information, die die Beteiligten erhielten. Die Institutionen sowie die Namen der zu Pflegenden und der Pflegekräfte sind nur dem Durchführenden der Untersuchung bekannt und zugänglich. Einverständniserklärungen und Videodaten sind unabhängig voneinander aufbewahrt, wobei die Videodaten auf einer externen Festplatte in einem abschließbaren Schrank gelagert sind. In allen geschnittenen Videosequenzen wird beim Abspielen „© Zündel, Uni Bremen" eingeblendet. Dies verhindert natürlich keinen Missbrauch, macht jedoch eine eindeutige Zuordnung möglich.

2.4 Ergebnisse der Untersuchung

Für die Interaktion zwischen den zu Pflegenden und den Pflegekräften war es notwendig, aus den Videos herauszuarbeiten, ob die Beteiligten die Situationen interaktionsorientiert im Sinne eines sozialen Handelns gestalteten und welche Kommunikationsmittel die Beteiligten dabei einsetzten. Im Fokus des Projektes standen die Kompetenzen der Pflegekräfte. Für die Pflegekräfte stand bei der Durchführung ihrer Handlungen zunächst die Mobilisation oder eine Umpositionierung im Bett im Vordergrund.

2.4.1 Die Ergebniskategorien

Die Ergebnisse der Untersuchung zum Bewegungshandeln teilen sich in zwei Hauptkategorien: *Interaktionssituationen gestalten* und *Bewegungssituationen gestalten*. Bei der ersten Kategorie handelt es sich um Situationen, die einen klaren Interaktionsbezug erkennen lassen. In diesen Situationen steht also die Interaktion im Zentrum des Handelns der Pflegekräfte. Es handelt sich dabei um Abfolgen in der Handlung, die von den Pflegekräften bewusst als Interaktion ausgestaltet werden. Hierzu zählen bspw. die Begrüßung und die Verabschiedung. Es konnten auch Situationen identifiziert werden, in denen aus der direkten Bewegungshandlung ausgestiegen wurde, um bspw. etwas zu erläutern oder einen konkreten Handlungsschritt direkt vor der Durchführung zu erklären. Zentrales Element dieser Kategorie ist die bewusste Hinwendung der Pflegekräfte zu den Pflegenden und die bewusste Gestaltung einer Interaktionssequenz im Rahmen der Gesamthandlung. Auffallend an diesen Situationen ist jedoch, dass verbale Sprache dabei häufig an exponierter Stelle steht, obwohl zu hinterfragen ist, inwieweit ein Verstehen auf Seiten der zu Pflegenden stattfindet. Diese Kategorie verdeutlicht damit eine Grundhaltung, die zeigt, dass Pflegekräfte explizit versuchen die zu Pflegenden in die Handlung einzubeziehen. In diesen expliziten Interaktionssituationen zeigt sich jedoch, dass es ihnen schwerfällt, Interaktionselemente wie Berührungen so zu integrieren und zu kombinieren, dass ein Verstehen für den zu Pflegenden möglich wird. In diesen Handlungssequenzen zeigt sich damit zwar eine Grundhaltung, die allerdings durch die Elemente einer Interaktion geprägt ist, wie diese im Schützschen Sinne über Bewusstsein und Sprache sich wiederfindet. Es gibt den Versuch einer interaktiven Hinwendung durch die Pflegekräfte, die zu Pflegenden reagieren dann jedoch nicht in dem ‚üblichen' Interaktionsmuster mit einer verbalen Antwort oder einer klar verständlichen Geste. Die Pflegekräfte haben damit die Möglichkeit wieder, in einen Handlungsmodus umzuschalten, der das ‚Sich-Aufeinander-Beziehen' deutlich mehr in den Hintergrund drängt. Damit bleiben Sie in der alltäglichen Lebenswelt verhaftet und operieren in dieser, denn scheinbar gibt es ja keine gemeinsame, verlässliche Basis der Interaktionsgestaltung.

Die zweite Kategorie *Bewegungssituationen gestalten* beinhaltet Elemente der Gesamthandlung, die mehr das konkrete Bewegungshandeln abbilden, und bei der die Interaktion nicht im Fokus steht. Sie umfasst die drei Unterkategorien *Tätig sein, Mit Impulsen des zu Pflegenden umgehen* und *Gemeinsam handeln*. Die Unterkategorien nehmen dabei unterschiedliche Perspektiven ein. Tätig sein zeigt, inwieweit Pflegekräfte im Handeln Interaktionsangebote machen, während in *Mit Impulsen des zu Pflegenden umgehen* der Fokus darauf liegt, wie körperliche Zeichen des zu Pflegenden in die Bewegungshandlung aufgenommen werden. Der reaktive Einbezug von Impulsen der zu Pflegenden steht hier im Vordergrund. *Gemeinsam handeln* umfasst Situationen, in denen es zu einer gemeinsam gestalteten, interaktiven Bewegungssequenz kommt. Die Unterkategorien spiegeln dabei also eine analytische Trennung wider, die sich in der Kategorie *Gemeinsam handeln* auflöst.

Die Kategorien *Tätig sein* sowie *Mit Impulsen des zu Pflegenden umgehen* sind in sich noch weiter differenziert und gehen darauf ein, inwieweit überhaupt interaktive Gestaltungsmomente erkennbar sind. Es zeigt sich, dass es zahlreiche Situationen gibt, in denen die Pflegekräfte nicht interaktiv auf die zu Pflegenden eingehen und auch nicht deren Zeichen als Interaktionsangebot aufnehmen. Weiter fällt auf, dass es immer wieder Situationen gibt, in denen die verbale Sprache von Seiten der Pflegekräfte eine disponierte Stellung einnimmt, obwohl dieser Interaktionskanal zumindest zu hinterfragen ist. Auf diesen Aspekt wurde bereits weiter oben eingegangen und er soll an dieser Stelle durch ein Beispiel aus der Forschungsarbeit veranschaulicht werden. Das Beispiel entspringt der Unterkategorie *Handlungsbegleitendes Reden*[1] und die dargestellte Sequenz ist der Beginn einer Umpositionierung im Bett. Die Pflegekraft hat zuvor den zu Pflegenden bereits begrüßt und bereitet jetzt einige Dinge vor, bevor sie mit der direkten Umpositionierung anfangen kann:

---

1 Es handelt sich dabei um eine Unterkategorie von Tätig Sein. Die genaue Kategorienkette ist: Bewegungshandeln – Bewegungssituationen gestalten – Tätig Sein – Bezug durch Sprache herstellen – Handlungsbegleitendes Reden – Handlungsbegleitendes Reden ohne Körperkontakt.

Beschreibung: Zu Beginn des Filmes hört man die Pflegekraft sagen: „Die Bettgitter gehen mal runter." und nach einer kurzen Pause: „Das kennst Du ja." Man sieht die Pflegekraft nicht ganz im Bild, hört jedoch das Klicken der Bettgitter und aufgrund der Haare und der Drehbewegung, die sich erkennen lassen, zeigt sich, dass sie dem zu Pflegenden dabei den Rücken zudreht. Danach tritt sie ans Bett. Inwieweit sie dabei Blickkontakt zum Gepflegten aufnimmt, ist auf dem Video nicht eindeutig zu sehen. Sie entfernt die Bettdecke mit den Worten: „Die Decke muss auch mal ein bisschen weg, ne". Und als diese dann weg ist, endet sie mit einem: „Jou". Während sie die Decke vom zu Pflegenden wegnimmt, ist ihr Blick auf die Bettdecke gerichtet. Ihre Hände sind in direktem Kontakt mit der Bettdecke und berühren nicht den zu Pflegenden. Das Abdecken macht sie in drei Etappen. Danach ist auf dem Bild nicht zu erkennen, was die Pflegekraft tut, man hört nur, wie sie sagt: „Das packen wir hier hinten hin". Danach sieht man sie wieder im Bild, sie räumt ein Lagerungshilfsmittel weg mit den begleitenden Worten: „Den Block nehm ich auch schon mal raus". Als sie den Block entfernt, ist ihr Blick auf diesen gerichtet, sie schaut in Richtung der Füße des zu Pflegenden.

Deutung: Die Pflegekraft konzentriert sich auf ihre Tätigkeit und die verbalsprachlichen Äußerungen dienen eher einer Information und begleiten das Geschehen. Durch sie wird keine direkte Interaktion eingeleitet oder gestaltet. Die gesprochenen Inhalte wären für Personen ohne kognitive Einschränkungen klar nachzuvollziehen. Im hier dargestellten Fall ist es jedoch fraglich, ob der zu Pflegende diesen handlungsbegleitenden Äußerungen inhaltlich wirklich folgen kann. Für die Pflegekraft scheint in diesem Moment auch eine Partizipation des zu Pflegenden nicht von zentraler Bedeutung, ansonsten hätte sie bspw. die Situation des Aufdeckens und das Wegnehmen der Bettdecke anders gestalten können. Sie nimmt zwar die Bettdecke nicht auf einmal weg, sondern in drei Abschnitten, und zeigt damit einen Rhythmus an. Der Wille, wirklich mit dem zu Pflegenden in Kommunikation treten zu wollen, ist hier jedoch nicht ersichtlich. Sie wendet sich in keiner Situation dem zu Pflegenden bewusst zu oder gestaltet eine bewusste direkte Ansprache oder eine gezielte Berührung. Für den Beobachter ergibt sich der Eindruck, als hätte die Pflegekraft jemanden vor sich, der ihr problemlos verbalsprachlich folgen kann. Für sie scheint die Spezifik der Situation und des zu Pflegenden nicht präsent oder sie hat ihrer Meinung nach für ein interaktives Vorgehen keinen zentralen Stellenwert und sie verzichtet daher darauf. Hier wird besonders deutlich, dass die Pflegenden den Möglichkeitsraum für Interaktion und Partizipation bestimmen können. Sie legen fest, wann und wie Interaktion stattfinden soll. Interessant an dieser Sequenz ist noch, dass am Schluss der Situation der zu Pflegende die Bewegung der Pflegekraft mit den Pupillen verfolgt und auch eine Kopfbewegung macht. Er zeigt hier eine klare Reaktion, wodurch deutlich wird, dass er die andere Person im Raum durchaus wahrnimmt" (Zündel 2009: 162f.).

Die Situation beschreibt sehr gut, wie die Pflegekraft in ihrem Modus der Interaktion, der nach Schütz (2003) beschrieben werden kann, bleibt und diese Haltung aufgrund der starken Unterschiede im Möglichkeitsraum der Ausdrucksweisen auch durchhalten kann. Für die Pflegekraft muss es in dieser Situation noch nicht einmal zu einer Problematisierung kommen, denn entweder nimmt sie die Reaktionen des zu Pflegenden gar nicht wahr, misst ihnen keine Bedeutung zu oder übergeht sie sogar bewusst. Inwieweit sie sich darüber im Klaren ist, dass ihr Handeln ständige Interaktionsangebote an den zu Pflegenden darstellen, bleibt fraglich. Wenn jedoch dann eine Reaktion nicht aufgenommen wird, hat dies für den Handlungsverlauf weitreichende Konsequenzen für beide Akteure.

Des Weiteren können Situationen beschrieben werden, in denen die Zeichen der zu Pflegenden zwar wahrgenommen werden, auf sie aber nicht interaktiv eingegangen wird im Sinne einer veränderten Gesamtdurchführung. Das nachfolgende Beispiel findet während einer Umpositionierung im Bett statt. Die Sequenz beginnt, als die Pflegekraft die Positionierung ankündigt und ist der Subkategorie Impulse unterbinden[2] zugeordnet:

Beschreibung: Die Pflegekraft schaut der zu Pflegenden ins Gesicht und sagt: „Jetzt geht es mal auf die andere Seite hmm Frau (...), eine Seite." Man sieht, wie die Pflegekraft sich auf das Gesicht der zu Pflegenden konzentriert, ihre Hände legt sie an Schulter und Becken der zu Pflegenden und dreht diese dann von sich weg, bis diese auf der Seite liegt. Sie streicht kurz über die Schulter und zieht den Pullover von hinten aus gerade. Bis zu diesem Zeitpunkt sind von der zu Pflegenden nur kurze stoßartige Geräusche zu hören. Das Video zeigt die Pflegekraft nur teilweise und es kann daher keine Aussage dazu gemacht werden, wie die Pflegekraft bspw. Blickkontakt aufnimmt. Als die zu Pflegende auf der Seite liegt, beginnt sie ihren rechten Arm zu bewegen und sie macht relativ laute Geräusche. Die Pflegekraft ist weiter mit der Ausführung der Tätigkeit beschäftigt, nimmt jedoch den Arm und streicht über die Schulter und den Oberarm der zu Pflegenden. Die zu Pflegende wird ruhig und die Pflegekraft löst ihre Hand wieder von der Schulter. Die zu Pflegende gibt wieder ein Geräusch von sich, woraufhin die Pflegekraft erneut ihren Arm auf die Schulter legt und dort eine kurze Berührung ausführt, dann aber in ihrem Handeln fortfährt. Zum Schluss ist zu sehen, dass die Pflegekraft den Blick der zu Pflegenden sucht. Sie bleibt dabei im Handeln und positioniert das Kissen hinter deren Rücken. An dieser Stelle blendet das Video aus.

Deutung: Unmittelbar nach der Durchführung einer Bewegung zeigt die zu Pflegende eine Reaktion über die Stimme. Die Pflegekraft nimmt dies wahr, bleibt aber in der Ausführung der Tätigkeit und geht nicht näher auf dieses Interaktionszeichen ein. Sie reagiert mit einem beruhigenden Streichen über die Schulter und später noch einmal mit einer kurzen Berührung. Damit vermittelt sie nichtsprachlich über die Berührung Zuwendung und zeigt, dass sie das Interaktionszeichen wahrgenommen

---

2 Es handelt sich dabei um eine Unterkategorie von *Auf Impulse eingehen*. Die genaue Kateogorienkette ist: Bewegungshandeln – Bewegungssituationen gestalten – Mit Impulsen des zu Pflegenden umgehen – Auf Impulse eingehen – Impulse unterbinden.

hat. Letztlich hat es aber keinen Einfluss auf ihre konkrete Handlungsgestaltung, sondern diese Äußerungen werden nebenbei bearbeitet. Die Kommunikationsreaktion der Pflegekraft beschwichtigt den Interaktionsimpuls. Er wird nicht aufgenommen, um explizit die Interaktion fortzuführen. Der Bedeutung dieses Interaktionszeichens wird kein großer Raum gegeben und führt auch nicht zu einer grundlegenden anderen Art und Weise des Handelns. Es ist nicht erkennbar, dass sich die Pflegekraft darum bemüht, die Bedeutung der Zeichen weiter aufzuschlüsseln. Der Ausdruck der zu Pflegenden wird damit nicht ernst genommen, sondern beiseite geschoben und beschwichtigt. Die Tätigkeit der Pflegekraft wird durch das Zeichen kaum beeinflusst, sondern entsprechend ihrer Planung fortgesetzt. Damit wird Partizipation am Bewegungshandeln unterbunden" (Zündel 2009: 181f.).

In den Unterkategorien *Tätig sein* und *Mit Impulsen des zu Pflegenden umgehen* und deren weiteren Verzweigungen zeigt sich eher ein tätigkeitsorientiertes Bild, das die Interaktion nur teilweise in die Handlungen mit einbezieht. Häufig konzentrieren sich Pflegekräfte auf die Durchführung der Tätigkeit und halten daran fest, auch wenn dies zur Folge hat, dass Interaktionsmöglichkeiten nicht genutzt werden.

Positiv aufgelöst wird dieses Bild in der Kategorie Gemeinsam handeln. Hier zeigen Pflegekräfte, wie sie Bewegungssituationen gemeinsam mit den zu Pflegenden im Sinne eines sozialen Handelns gestalten. Für diese Form der Interaktion ist es notwendig, dass Pflegende andere Möglichkeiten als die etablierten Zeichencodes, wie die verbale Sprache, einsetzen und sich zudem dafür öffnen, bei ihrem Gegenüber diese wahrzunehmen. Diese Kommunikationsmittel werden nachfolgend dargestellt und müssen für die individuelle Situation miteinander kombiniert werden. Die dargestellten Kommunikationsmittel sind nicht nur in der Kategorie Gemeinsam handeln lokalisierbar, sondern liegen quer zu allen Kategorien. Jedoch spiegelt sich in der Kategorie Gemeinsam handeln die bedeutungsvolle, situationsbezogene Verwendung wider.

2.4.2 Die Kommunikationsmittel

Es konnten unterschiedliche Kommunikationsmittel identifiziert werden, wobei diese in Gegensatzpaare sprachlich so voneinander getrennt worden sind, dass es sich bei dem einen Teil eher um den aktiv agierenden und beim anderen um den wahrnehmenden Part handelt.

Blicken, Sprechen und Berühren verweisen eher auf Interaktionselemente, die eine Pflegekraft individuell anwendet, um von sich aus die Interaktion mit den zu Pflegenden zu gestalten. Es wurden dabei unterschiedliche Verwendungsbereiche aus dem Material identifiziert. Blicken wurde mit in die Kontaktaufnahme integriert, aber auch, um den Kontakt über den Blick zum Kommunikationspartner aufrecht zu erhalten. Es gab Situationen, in denen ein Blick eher dazu diente kurz zu schauen, ob in der direkten Durchführungssituation alles in Ordnung ist. Sprechen konnte sehr häufig identifiziert werden, wobei dieser Kommunikationskanal ja eigentlich derjenige ist, auf den keine adäquate Reaktion stattfindet. Trotzdem hat er für die Pflegenden eine hohe Bedeutung und wird bspw. bei der Begrüßung und Verabschiedung eingesetzt. Mit Hilfe der Sprache werden häufig Folgehandlungen erklärt, in anderen Situationen erhält die Sprache eine Signalfunktion, um den Beginn einer Handlungssituation zu verdeutlichen, wie bspw. ein gesprochenes „Achtung" von Seiten der Pflegekraft, bevor mit dem nächsten Handlungsschritt während einer Positionierung im Bett weitergemacht wird. Darüber hinaus werden Handlungen häufig verbalsprachlich begleitet. Berührungen werden eingesetzt, um Interaktionen zu beginnen bzw. den Kontakt über die Berührung aufrechtzuerhalten, Bewegungen einzuleiten und zu führen. Durch Berührung kann auch Nähe gezeigt werden oder etwas erklärt werden. Wenn bspw. die Pflegekraft die rechte Körperseite ausstreicht und dabei sagt, dass die Drehung jetzt gleich zu dieser Seite gehen wird, dann versucht sie mithilfe der Berührung einen Handlungsschritt zu erklären.

Die dazugehörenden Gegensätze sind Sehen, Hören und Spüren. Auch hier geht die Untersuchung von den Pflegekräften aus und zeigt auf, welche Leistung notwendig ist, um die Bewegungshandlungen interaktiv zu gestalten. Mit Sehen wird auf die Wahrnehmung verwiesen, die dazu dient, die Mimik des zu Pflegenden, seine Gestik, aber auch Anspannung oder Entspannung des Gegenübers sowie Bewegungen, die der oder die Andere ausführt, aufzunehmen. Hören umfasst hier die Wahrnehmung von Lauten oder auch der Atmung des zu Pflegenden, die schneller werden kann oder tiefer oder angestrengter. Spüren ist aufgrund des Video-Datenmaterials nur sehr schwer darstellbar. Pflegekräften ist es dadurch möglich, Anspannung und Entspannung in den Muskeln und im Körper der zu Pflegenden wahrzunehmen. Auch Bewegungsinitiativen können häufig gespürt werden.

Die Integration und Interpretation dieser Elemente ist nur situativ in den Bewegungssituationen möglich und verweist damit auf die Theorie von Mead (1910; 1978), der Bedeutungsentstehung immer in das Handeln selbst hinein legt und nicht objektiv fasst[3]. An einem versprachlichten Beispiel soll deutlich werden, wie ein solches interaktionsorientiertes Bewegungshandeln aussehen kann. Es ist der Kategorie Gemeinsam handeln entnommen und zeigt, wie die unterschiedlichen Kommunikationsmittel kombiniert eingesetzt werden und zu einer Interaktion im Bewegungshandeln führen. Die Situation findet auf einer neuro-

---

[3] Dieser Grundsatz wird später von Herbert Blumer im symbolischen Interaktionismus hervorgehoben (Blumer 1973).

logischen Frührehabilitation statt. Der zu Pflegenden ist noch sehr jung und hat bei einem Autounfall ein schweres Schädel-Hirn-Trauma erlitten. Zum Zeitpunkt der Aufnahme gibt es keinen gesicherten Kommunikationscode mit ihm. Die hier beschriebene Situation findet am Ende einer Positionierung statt, wobei der Kopf noch mittiger ausgerichtet werden soll:

> *Beschreibung:* Die Pflegekraft fasst mit ihrer rechten Hand auf das Brustbein des zu Pflegenden. Sie steht auf der linken Seite des Bettes, ihr Blick ist auf sein Gesicht gerichtet und sie sagt: „Kannst Du noch mal versuchen, hier rüber zu mir zu schauen?" Der zu Pflegende blinzelt einmal und die Pflegekraft sagt: „Mhm". Zu Beginn der Berührung streckt sich der linke Finger des zu Pflegenden deutlich ab. Im Verlauf entspannt sich dieser dann erst einmal wieder. Während der Gesamtsituation streicht der Daumen der Pflegenden über das Brustbein. Nach einer kurzen Pause fragt sie den zu Pflegenden: „Soll ich Dir mal helfen bei dem Kopf? Den Kopf hier rüber zu drehen? Die Augen nimmst Du schon n'bisschen mit. Noch'n bisschen mehr hier rüber." Als sie das sagt, macht sie auf dem Brustbein kleine Bewegungen in die Bewegungsrichtung. Die Reaktion der Pflegekraft auf die Veränderung der Augenposition des zu Pflegenden in eine mittlere Blickrichtung spiegelt sich in ihrer verbalen Äußerung wider. Der Finger unten links ist wieder etwas mehr in die Streckung gegangen. Sie sagt dann: „Dann helf ich Dir mal so'n bisschen bei dem Kopf." Ihre linke Hand will auf den Schädel des zu Pflegenden fassen. Sie nimmt sie aber sofort wieder zurück und sagt: „Hä, Deine Augenbrauen." Sie nimmt hier ein Interaktionszeichen wahr, das auf dem Video nicht zu sehen ist. Sie will den Kopf wieder anfassen, lässt aber wieder davon ab, da der zu Pflegende sehr laut ein- und ausatmet, sein Gesicht etwas nach links wegdreht und die Muskulatur im Gesicht sehr anspannt. Sie fragt ihn daraufhin zunächst: „Willst Du alleine?" Ihre linke Hand ist dabei vom Kopf entfernt. Dann legt sie sie wieder auf den Kopf und sagt: „Guck mal hier, ich helf so'n bisschen mit." Bei dem zu Pflegende hat die Spannung im Gesicht etwas nachgelassen, sein Zeigefinger ist immer noch gestreckt. Die Pflegekraft ist jetzt mit beiden Händen am Körper und beginnt die Veränderung der Kopfposition mit ihrer Hand einzuleiten. Dabei entspannt sich auch der Zeigefinger des zu Pflegenden. Er atmet tief und sie sagt zu ihm: „Du nimmst die Augen mit! Hier rüber (...) Auf diese Seite." Mit ihrer rechten Hand zeigt sie dabei die Bewegungsrichtung mit an, indem sie vom Brustbein zur Seite streicht und dann auf der rechten Schulter über eine Berührung und Streichung anzuzeigen versucht, wo es hingehen soll. Zuletzt zeigt sie dies auch über eine Streichung an der Wange an. Die Augen des zu Pflegenden kommen etwas mehr in die Mitte und sie sagt: „Genau." Der zu Pflegende bewegt dann aber von sich aus seinen Kopf wieder nach links. Seine Atmung ist zuvor relativ laut und man sieht auch eine Veränderung in seinem Gesicht. Der Kopf liegt dann wieder zur linken Seite gedreht. Die Pflegende lässt es dabei bewenden und sagt: „Du kannst ihn auch da lassen."
>
> *Deutung:* Die Pflegende versucht, dem zu Pflegenden eigene Handlungsspielräume der Gestaltung zu lassen und geht sehr genau auf seine Reaktionen ein. Dies führt dazu, dass sie bspw. ihre Hand zweimal vom Kopf zurückzieht und ihm die Option

gibt, die Bewegung alleine einzuleiten. Hier zeigt sie klar eine Kompetenz, Zeichen als bedeutungsvoll und interaktiv zu deuten und sie konkret in ein interaktives Handeln einfließen zu lassen. Dadurch kommt es zu einer Situation, in der gemeinsames Handeln überhaupt möglich wird. Die Situation zeigt auch, wie sehr sich die Pflegekraft auf die Interaktionen des zu Pflegenden einlassen muss, um am Schluss zu der Erkenntnis zu kommen, dass der zu Pflegende den Kopf nicht verändert haben will. Sie hat versucht, ein Angebot zu gestalten, dies auch gemeinsam durchzuführen, dabei die Zeichen des zu Pflegenden zu interpretieren und direkt mit ins Handeln zu integrieren. Es zeigt sich, wie konzentriert die Pflegekraft dabei sein muss, und dass damit bestimmte Bewegungshandlungen einen anderen Zeitrahmen benötigen. „Der Aushandlungsprozess des Interagierens und gemeinsamen Bewegens muss immer erst entwickelt werden, ist vage und benötigt der ständigen interaktiven Rückkopplung" (Zündel 2009: 194f.).

3 Konsequenzen

Die Untersuchung zeigt, dass Pflegekräfte in den beschriebenen Situationen interaktiv agieren können, wenn sie unterschiedliche nichtsprachliche und sprachliche Elemente situativ anwenden. Die Ergebnisse zeigen jedoch auch, dass die Pflegekräfte dafür grundsätzlich eine Haltung einnehmen müssen, mit der sie davon ausgehen, dass eine Interaktion überhaupt möglich ist. Dass dafür eine Reflexion und Sensibilisierung stattfinden muss, zeigen auch die theoretischen Ausführungen. Bleiben die Pflegekräfte in der Annahme verhaftet, dass Interaktion nicht möglich ist, hat dies weitreichende Konsequenzen. Zeichen werden dann evtl. als pathophysiologische Zeichen ohne Bedeutung deklariert mit der Folge, dass Bewegungshandlungen zwar fachlich korrekt durchgeführt werden, jedoch das Interaktionselement keinerlei Bedeutung mehr erlangt. Die oben dargestellten Beispiele zeigen, dass die Pflegekräfte häufig in einem Interaktionsmodus bleiben, der stark in der Verbalsprache verankert ist. Dies ist ein Indiz dafür, dass die Prägung des Interaktionshandelns in der alltäglichen Lebenswelt stattfindet. Den Pflegekräften fällt es schwer, sich davon zu lösen und Bewegungshandlungen im Sinne einer sozialen Handlung durchzuführen. Weiterhin verdeutlichen die Beispiele auch, dass Pflegekräfte auf die Deutungsschablonen und Erfahrungen zurückgreifen, die sie in ihrer beruflichen Sozialisation durchlaufen. Bewegungskonzepte in der Pflege haben häufig einen sehr schwammigen Interaktionsbegriff. Meist lernen Pflegekräfte ein Handling, das ihnen erlaubt, jemanden dabei zu unterstützen, von A nach B zu gelangen, nicht aber eine gemeinsam (Kommunikations-)Situation gelingend zu gestalten (Zündel 2009: 65ff.). Zum Teil gehen die Pflegekräfte auf Zeichen der zu Pflegenden gar nicht oder nur bedingt ein. Inwieweit und wie lange sich dann zu Pflegende darum bemühen, Reaktionen zu zeigen, bleibt fraglich, wenn sie immer wieder die Erfahrung machen, dass ihre Interaktionsmöglichkeiten nicht wahrgenommen werden oder auf diese nicht eingegangen wird. Explizit für das Arbeitsfeld der neurologischen Frührehabilitation hat das weitreichende Konsequenzen. Denn dort ist ja eines der zentralen Ziele, zu Beginn wieder einen Kommunikationscode aufzubauen. Eine grundlegende Ausprägung, die dadurch gekennzeichnet wäre, dass die Gesamthandlung so gestaltet werden würde, dass sich Pflegekraft und zu Pflegender aufeinander einlassen und Bedeutungen versuchen auszuhandeln, ist nur partiell darstellbar. Jedoch ist das nicht darauf zurückzuführen, dass die Pflegekräfte grundsätzlich mit einer Haltung die Situationen gestalten, die den zu Pflegenden negiert. Vielmehr zeigt sich die Schwierigkeit, situative Bedeutungen herauszuarbeiten und in das Handeln zu integrieren. Neben den beschriebenen Deutungsmustern, dem Verhaftet-Sein in der alltäglichen Lebenswelt, den Lernbiografien und der großen Unsicherheit, wie die Interaktionszeichen zu interpretieren, aber auch bedeutungsvoll und situationsangepasst miteinander kombiniert werden können, nehmen auch institutionelle Rahmenbedingungen sowie personelle und zeitliche Ressourcen Einfluss auf die Durchführung der Handlungen. Gerade für eine Debatte von Pflegequalität lässt sich weitergehend fragen, ob es ausreichend ist, einzelne Aufgaben, wie bspw. eine Positionierung im Bett, an niedrigqualifizierte MitarbeiterInnen zu delegieren. Vielmehr zeigt die vorgestellte Analyse, wie komplex gerade in den Bereichen, in denen verbale Sprache als Interaktionsmedium an Bedeutung verliert, andere Formen der professionellen interaktiven Begleitung und Pflege gelehrt und gelernt werden müssten. Wenn es gelingt, in diesen alltäglichen Situationen eine situative Interaktion einzugehen, ergeben sich weitreichende Chancen, die Selbstbestimmung und Partizipation der zu Pflegenden auf einer ganz anderen, wesentlich grundlegenderen Ebene zu denken und zu verwirklichen. Pflege hat hier die Möglichkeit, eine bedeutsame Rolle in diesen Interaktionen einzunehmen, auch wenn die derzeitigen politischen Ausrichtungen in gänzlich andere Richtungen zu gehen scheinen.

Literatur

Bergmann, Jörg, R. (2006): Studies of Work. In: Rauner (Hrsg.) (2006): 639-646
Blumer, Herbert (1973): Der methodologische Standort des Symbolischen Interaktionismus. In: Hora (Hrsg.) (1973): 80-147
Eberle, Thomas S. (1997): Ethnomethodologische Konversationsanalyse. In: Hitzler/ Honer (Hrsg.) (1997): 245-279
Hitzler, Ronald/Honer, Anne (Hrsg.) (1997): Sozialwissenschaftliche Hermeneutik. Opladen: Leske + Budrich

Hora, Eginhard (Hrsg.) (1973): Symbolischer Interaktionismus und Ethnomethodologie: Alltagswissen, Interaktion und gesellschaftliche Wirklichkeit. Reinbek bei Hamburg: Rowohlt

Joas, Hans (1985): Einleitung: Neuere Beiträge zum Werk von George Herbert Meads. In: Joas (Hrsg.) (1985): 7-25

Joas, Hans (Hrsg.) (1985): Das Problem der Intersubjektivität. Neuere Beiträge zum Werk George Herbert Meads. Frankfurt/Main: Suhrkamp

Joas, Hans (Hrsg.) (1987): Mead, George Herbert: Gesammelte Aufsätze 1. Frankfurt/Main: Suhrkamp

Jordan, Brigitte/Henderson, Austin (1995): Interaction Analysis: Foundations and Practice. In: Journal of the Learning Sciences 4. 1. 39-103

Knoblauch, Hubert (2004): Die Video-Interaktions-Analyse. In: sozialersinn. 1. 123-138

Knoblauch, Hubert/Schnettler, Bernt/Raab, Jürgen/Soeffner, Hans-Georg (Hrsg.): Video analysis. Frankfurt/Main: Lang

Laurier, Eric/Philo, Chris (2006): Natural problems of naturalistic video data. In: Knoblauch et al. (Hrsg.) (2006): 181-190

Mead, Georg Herbert (1909): Sozialpsychologie als Gegenstück der physiologischen Psychologie. In: Joas (Hrsg.) (1987): 199-210

Mead, George Herbert (1910): Soziales Bewußtsein und das Bewußtsein von Bedeutungen. In: Joas (Hrsg.) (Jahreszahl): 210-221

Mead, Georg Herbert (1978): Geist, Identität und Gesellschaft. Frankfurt/Main: Suhrkamp

Rauner, Felix (Hrsg.) (2006): Handbuch Berufsbildungsforschung. Bielefeld: Bertelsmann

Schnell, Martin W./Heinritz, Charlotte (2006): Forschungsethik. Bern: Huber

Schütz, Alfred./Luckmann, Thomas (2003): Strukturen der Lebenswelt. Stuttgart: UVK

Straus, Anselm L./Corbin, Juliet (1996): Grounded theory: Grundlagen qualitativer Sozialforschung. Weinheim: Beltz

Zündel, Matthias (2009): Interaktionsorientiertes Bewegungshandeln. http://nbn-resolving.de/urn:nbn:de:gbv:46-diss000113576 (14.01.2011)

Auswirkungen des ‚Stellvertretungsparadoxes' auf das Arbeitsbündnis in der Sozialen Arbeit

Nina Wyssen-Kaufmann

Der vorliegende Beitrag[1] will einen Aspekt der Interaktion zwischen den Professionellen Sozialer Arbeit[2] und ihren Klienten zur Diskussion stellen, den ich ‚Stellvertretungsparadox' nenne. Auf das Phänomen der regelmäßigen Stellvertretung bzw. Ferienvertretung als professionelle und nicht nur organisatorische Fragestellung bin ich im Rahmen einer von mir durchgeführten Studie zur Bedeutung der Anamnese in der Sozialen Arbeit gestoßen. In der untersuchten Erwachsenenpsychiatrie sind Vertretungen gang und gäbe, da viele Professionelle der Sozialen Arbeit zwar für alle Klienten einer bestimmten Station zuständig, aber häufig aufgrund von Bürozeiten, Teilzeitarbeit und Urlaub abwesend sind. So werden in Teilzeit angestellte Sozialarbeiter jeweils freitags vertreten, damit werden Erstgespräche auf ihrer Station von einem anderen Sozialarbeiter übernommen. Es handelt sich in der Praxis um eine übliche Ausgangslage, d.h. um ein Routinehandeln, das auf den ersten Blick v.a. organisatorische Implikationen mit sich bringt (wer, wann, wen vertritt, und wie die Fallarbeit wieder an den zuständigen Professionellen übergeben wird). Dabei handelt es sich um eine professionelle Paradoxie, die unter bestimmten Organisationszwängen wirksam wird (vgl. Schütze 1996, Kähler 2005). Obwohl es sich um eine verbreitete Praxis handelt, sind die Auswirkungen von Stellvertretungen auf die professionelle Interaktionsgestaltung und den Arbeitsbogen (nach Strauss et al. 1985) theoretisch nicht diskutiert.

In dem hier behandelten Datenmaterial („Fall Gantenbein") ist das Stellvertretungshandeln der Sozialarbeiterin mit Problematiken verbunden, die ich als Dilemmata nicht nur der Professionellen, sondern auch der Klientin rekonstruiere: So wie es für die Professionellen der Sozialen Arbeit nach Schütze (vgl.

---

1 Ich danke Andreas Hanses für seine Anregungen, Franz Hamburger und Ulrich Reitemeier für ihre kritischen Rückmeldungen sowie Roger Schnellmann für seine Unterstützung, ohne die dieser Beitrag nicht entstanden wäre.
2 Der Begriff ‚Soziale Arbeit' wird von vielen Autoren als etablierter Überbegriff für die lang verbreitete Schrägstrichverbindung ‚Sozialarbeit/Sozialpädagogik' verstanden. Dieser Sichtweise schließe ich mich an. Dennoch verwende ich in der Fallstudie die Bezeichnungen ‚Sozialarbeiter' und ‚sozialarbeiterisch', da sie in der untersuchten Erwachsenenpsychiatrie üblich sind.

1997, 2000: 58, 85) ein „Adressatendilemma" gibt (Professionelle haben verschiedene Klientenparteien zu berücksichtigen), geht die stellvertretende Aufgabenwahrnehmung von Professionellen m. E. mit spezifischen Dilemmata für die Klienten einher. Diese könnten aus deren Sicht als ‚Professionellendilemma' bezeichnet werden, da sie vor der Herausforderung stehen, mehrere Professionellenparteien mitdenken zu müssen. Die Berücksichtigung der Klientenperspektive soll dazu beitragen, die Strukturlogik dieses Dilemmas, mit dem die Professionellen letztlich einen umsichtigen Umgang finden müssen, besser zu beschreiben. Es geht dabei um ein doppeltes Interaktionsverhältnis, das an Professionelle wie Klienten hohe kognitive Anforderungen stellt und von beiden Seiten in der Interaktion bewältigt werden muss. Dieses Phänomen bezeichne ich als ‚Stellvertretungsparadox', das insbesondere in der Aushandlung zwischen Professionellen und Klienten hinsichtlich eines Arbeitsbündnisses wirksam wird. Dies soll über die vorliegende Fallstudie rekonstruiert werden.

1 Fallstudie zur Sozialen Arbeit in der Erwachsenenpsychiatrie

Die von mir durchgeführte Untersuchung hat nicht die Stellvertretung zur Forschungsfrage, sondern beschäftigt sich mit der Bedeutung der Anamnese in der Sozialen Arbeit (vgl. Wyssen-Kaufmann/Hollenstein 2007). Dieser gehe ich in fallrekonstruktiver Perspektive nach. Bei Fallstudien geht es „um die Dokumentation, Beschreibung, Beurteilung, Bewertung oder Analyse einzelner Fälle" (Kraimer 1994: 167). Fischer (2007: 24) verweist explizit auf die lange Tradition im Gesundheitswesen, aus Krankengeschichten, Diagnosen und Behandlungsverläufen vom Fall modellhaft für die konkrete Praxis lernen zu können. Der Forschungslogik der Grounded Theorie (nach Glaser/Strauss 2005) folgend, wurden in der Studie Datenmaterial und Interpretationsmethoden trianguliert, um eine sozialtheoretische Sicht auf professionelles Handeln (vgl. Hamburger 2008: 57) in der sozialarbeiterischen Anamnese zu entwickeln und eine induktiv-abduktive Theoriegenerierung zu ermöglichen.

Nach Kraimer zielt „Anamnese auf das Insgesamt der Erkenntnisbemühungen zur Vorgeschichte eines zu untersuchenden Falles im Kontext von (diagnostischen) Zuordnungs- und Entscheidungsfindungen" (Kraimer 1992: 83). Anamnestische Erkenntnisbemühungen zu einem Fall folgen einem Dreischritt: 1. Gegenwärtige Sachverhalte analysieren, 2. den interessierenden Sachverhalten vorausgegangene Ereignisse zurückerzählend deuten, 3. die gewonnenen Informationen in Form von Zuordnungs- und Entscheidungsfindungen für zukünftiges Handeln diagnostisch weiterverarbeiten. Dies geschieht in der Regel, aber nicht ausschließlich, im Rahmen von Erstgesprächen (vgl. Kähler 2009). ‚Erstgespräche' bezeichnen ein zeitliches Ordnungsprinzip, es geht um den Beginn einer potentiellen, langfristigen Beziehung zwischen Professionellen Sozialer Arbeit und ihren Klienten, die unterschiedlichen Charakter haben kann. Der Begriff ‚Anamnese' folgt einem inhaltlichen Ordnungsprinzip, prägt maßgeblich den Einstieg in den Hilfeprozess, geht jedoch über Erstgespräche hinaus und gilt für den gesamten Arbeitsbogen (vgl. Wyssen-Kaufmann 2010). Wird das ‚Arbeitsbündnis' (vgl. Oevermann 2009) als alltagsorientierter, diskursiver, verbindlicher und professionell reflektierter Arbeitskonsens, der aus der Beziehung mit der Klientin entsteht (vgl. Müller 1991: 100-105), als ein wichtiges Ziel der Anamnese betrachtet, werden Vertrauensaufbau und Motivationsarbeit (vgl. Wigger 2009) zu einer wichtigen Aufgabe bereits in Erstgesprächen.

Als Hauptmaterial der Studie werden deshalb Erstgespräche zwischen Professionellen Sozialer Arbeit und erstmals in die Psychiatrie eintretenden Klienten untersucht[3]. In Anlehnung an den gesprächsanalytischen Ansatz (vgl. Bergmann 2000; Deppermann 2008) und die Narrationsanalyse (vgl. Kallmeyer/Schütze 1977; Schütze 1987; Riemann 2006) in der Tradition der Chicagoer Schule gehe ich davon aus, dass im kommunikativen Austausch soziale Wirklichkeit nicht nur widergespiegelt, sondern interaktiv hervorgebracht wird. Über die kleinschrittige Rekonstruktion kommunikativer Beiträge der Akteure können gesellschaftliche, und eben auch professionelle Realitäten mikroskopisch analysiert werden. Bei der gesprächsanalytischen Vorgehensweise werden kommunikative Handlungen der Gesprächsbeteiligten in ihren wechselseitigen Bezügen aufeinander betrachtet. Rekonstruiert wird die Sequenzialität des Geschehens, dabei sind auch die Verstehensleistungen der Beteiligten sowie die zwischen ihnen ablaufenden Aushandlungsprozesse von analytischem Interesse. Über diesen Zugang stieß ich (neben anderen Phänomenen) auf die Interaktionsproblematik des Stellvertretungsparadoxes im „Fall Gantenbein".

Analysen von natürlichen Erstgesprächsdaten haben in der Sozialen Arbeit Seltenheitswert (vgl. Kähler 2009: 17-21). Eine wichtige Grundlagenforschung stammt von Jörg Bergmann (vgl. 1980), der eine klassische konversationsanalytische Studie zur sozialen Organisation der Eröffnungsphase von psychiatrischen Aufnahmegesprächen von Seiten der Ärzte gemacht hat. Eine Zurückhaltung von Professionellen gegenüber solchen Studien gründet wohl in der Scheu vor der Aufdeckung professioneller ‚Fehler'. Dies ist deshalb zu betonen, da es mir bei der Gesprächsanalyse nicht um die Bewertungen professionellen Handelns in der Praxis geht. Stattdessen soll über die analytische Rekonstruktion dessen, wie soziale Wirklichkeit in Erstgesprächen interaktiv hergestellt wird, und welche

---

3 Beteiligte Klienten und Professionellen haben freiwillig mit schriftlichem Einverständnis an der Studie teilgenommen, sämtliche Daten wurden anonymisiert und alle Fälle maskiert.

Paradoxien professionellen Handelns (vgl. Schütze 2000) für die Soziale Arbeit wirksam werden, eine Reflexion des hier aufgeworfenen Handelns in Stellvertretungsfunktion angeregt werden.

2 Kontextualisierung des Datenmaterials „Fall Gantenbein"

Die Klientin Frau Gantenbein ist bei Klinikeintritt 19jährig und kommt erstmals mit dem Sozial- und Gesundheitswesen in Kontakt. Damit steht sie als Fall für eine klassische Erstaufnahme, d. h. für einen jungen Menschen, der noch keine Prozessierungserfahrungen mit sozialen Institutionen gemacht hat. Sie stellt aus Sicht der aufnehmenden Psychiatrie ein ‚unbeschriebenes Blatt' dar. Seit einem Jahr volljährig, ist sie kein Fall für die Jugendpsychiatrie, sondern aus formalen Gründen der allgemeinen Erwachsenenpsychiatrie zugeordnet. Es handelt sich somit um eine klassische Erstgesprächssituation, da weder die helfenden Professionen noch die Klientin (aktenkundige) Vorinformationen über den jeweiligen Anderen haben. Der institutionelle Kontext ist der Klientin somit fremd.

Die Sozialarbeiterin Frau Windlin ist zum Zeitpunkt der Studie 27 Jahre alt, hat die Ausbildung in Sozialarbeit 2004 erfolgreich auf Fachhochschulstufe absolviert. In der erforschten klinischen Erwachsenenpsychiatrie ist sie seit eineinhalb Jahren im Sozialdienst angestellt, hauptsächlich zuständig für alle Klienten einer Akutabteilung, zudem ist sie in der teilstationären Tagesklinik und im Gerontologiebereich tätig. Dem Erstgespräch zwischen der Sozialarbeiterin und der Klientin geht in dieser Klinik ein erstes Aufnahmegespräch voraus, das von einem Arzt und einer Pflegefachkraft gemeinsam durchgeführt wird, den Bericht verfasst der Arzt und er wird mit „1. Aufnahme" betitelt. Frau Gantenbein wird laut dem Aufnahmebericht an einem Samstag um 23 Uhr in die Psychiatrie aufgenommen. Ohne diesen gelesen zu haben, führt die Sozialarbeiterin Frau Windlin das Erstgespräch mit Frau Gantenbein am Montagvormittag vor 10 Uhr (rund 35 Stunden nach Eintritt), nachdem der Sozialdienstleiter zuvor das Einverständnis der Klientin, an der Studie teilzunehmen, eingeholt und das Kommen von Frau Windlin angekündigt hat. Das Erstgespräch wird mit einem Tobandgerät aufgenommen, später wörtlich transkribiert und ist mit 40 Minuten das längste der Studie. Es wird auf der Station in einem geschlossenen Mehrzweckraum unter vier Augen geführt. Frau Windlin macht eine Ferienvertretung für die sonst für diese Station zuständige Sozialarbeiterin Frau Valese.

Das Gespräch wird im Schweizer Dialekt geführt[4]. Es verläuft sehr flüssig, da Frau Windlin wie Frau Gantenbein schnell reden, oftmals die Stimme in der Schwebe halten und den ‚Turn' sofort übernehmen, d. h. direkt an die vorangegangene Sprecherin an- oder überlappend einsetzen. Es kommen kaum Gesprächspausen im Sprecherwechsel von mehr als zwei Sekunde vor. Frau Windlin orientiert sich an dem Leitfaden „Sozialstatus bei Klinikeintritt", der nach Beendigung des Erstgesprächs ausgefüllt an den zuständigen Arzt weitergeleitet wird. Es handelt sich um ein standardisiertes Formular im A4-Format mit folgenden Themenrubriken, deren Reihenfolge Frau Windlin konsequent einhält: Personaldaten der Klientin, Zivilstand, Ausländerkategorie, Wohnen, Arbeitssituation, Einkommen, involvierte Beratungsstellen, vormundschaftliche Maßnahmen/Bewährungshilfe, Sucht. Die Sozialarbeiterin formuliert die Fragen nicht wie schriftlich vorhanden, sondern variiert flexibel den Fragemodus von geschlossen bis offen. Formal setzt sich kein bestimmtes Beratungsschema durch, sondern es prägen viele z. T. abrupte kommunikative Schematawechsel den Gesprächsverlauf.

3 Gesprächsanalyse dreier Auszüge des Erstgesprächs

Um die Stellvertretungsfrage im Gesamtgespräch einordnen und die folgende Gesprächsanalyse nachvollziehbar machen zu können, wurden strukturelle Beschreibungen mit analytischen Reflexionen verknüpft. Dabei könnte der Eindruck entstehen, dass fertige Theoriekonzepte subsumtionslogisch auf die Daten angewendet wurden. Dies ist nicht der Fall, sondern es wurde zuerst das Erstgespräch strikt sequenziell formal-strukturell beschrieben. Dabei stieß ich auf Phänomene (wie bspw. das Stellvertretungsparadox), nach denen ich in einem zweiten Schritt in der Literatur recherchiert habe. Da der Fokus meiner Studie auf dem professionellen sozialarbeiterischen Handeln liegt, sollen die meist in Fußnoten herangezogenen theoretischen Modelle und Ergebnisse aus anderen Forschungen dazu dienen, die rekonstruierten Phänomene verständlicher zu machen. Die Verbindung beider Analyseschritte in der Verschriftung soll eine dichtere gesprächsanalytische Erkenntnisdarstellung begünstigen.

Die Gesprächsanalyse wurde vorab in die drei Hauptphasen eines Beratungsgesprächs (vgl. Kallmeyer 2000, Reitemeier 2000) eingeteilt, orientiert sich an der Chronologie des Gesprächsverlaufs und stellt diesen ins Verhältnis zum Formalblatt „Sozialstatus bei Klinikeintritt". Dabei fließen folgende Elemente

---

4 Deshalb werden Deutschen Lesern einige Ausdrücke fremd erscheinen und markante Spezialhelvetismen in der wörtlichen Transkription kenntlich gemacht.

ein: Gesprächsanalyse auf Makro-/Meso- und Mikroebene, Art der Fragen/Gesprächstechnik der Sozialarbeiterin, Art der Antwort der Klientin (Kommunikationsschemata der Erzählung, Beschreibung oder Argumentation) und zentrale Redewechsel-Momente (‚Turns').

Die Auswahl des Gesprächsbeginns, einer Passage aus dem Gesprächshauptteil und des Gesprächsabschlusses für den vorliegenden Beitrag haben sich aufgrund der Frage hinsichtlich der Auswirkungen der Ferienvertretung auf den Gesprächsverlauf und das professionelle Handeln ergeben. Es sind die drei Stellen, in denen m. E. die Stellvertretung thematisiert wird, und die die Basis für eine analytische Reflexion bieten.

3.1 Der Gesprächseinstieg

Das Gespräch wird von der Sozialarbeiterin Frau Windlin (W) gestaltet und gegenüber der Klientin Frau Gantenbein (G) wie folgt eröffnet (Z. 1-11)[5]:

> W: Ja (,) eben, ich bin da vom Sozialdienst von der Klinik angestellt und äh bin auf der anderen Abteilung (nennt Stationsnamen) eigentlich zuständig. Jetzt Frau Valese (andere Sozialarbeiterin), die da sonst für Ihre Station zuständig ist, ist im Moment Ferien halber abwesend. Für das haben wir so „chli" die Stellvertretungssituation (-). Also, ich werde jetzt mit Euch das Gespräch machen und dann werden wir schauen, gibt es etwas zu tun (-) während dieser Zeit, wo Ihr in der Klinik seid, also an Sozialem, das wir zusammen organisieren müssten, einfädeln und so, und da müssen wir dann schauen, eben, bin *ich* mit Euch da dran oder übernimmt dann wieder Frau Valente nach ihren Ferien (-). So „chli", dass Ihr das auch etwas wisst, von der Ansprechperson her, gellen Sie.
> G: Mhm

Da die Begegnung schon vor Beginn der Aufzeichnung stattgefunden hat, ist anzunehmen, dass sich die Sozialarbeiterin zuvor mit Namen vorgestellt hat (sie macht dies in anderen aufgenommenen Erstgesprächen). Ebenso wird sie geklärt haben, dass es sich bei der Klientin tatsächlich um Frau Gantenbein handelt, mit der sie ein Erstgespräch führen sollte. In der Regel geschieht dies auf dem Gang der geschlossenen Station oder im Zimmer der Klientin, bevor sie gemeinsam in einen andern Raum gehen. Die Aufnahme beginnt, als sich die beiden Frauen gegenübersitzen. Frau Gantenbein hat bis dato wenig Kontakt mit sozialen Institutionen gehabt, sie ist im Gesundheits- oder Sozialwesen noch nicht aktenkundig geworden. Dies weiß Frau Windlin bei Gesprächsbeginn noch nicht. Sie

---

5 In Klammern genannte Zeilenangaben beziehen sich auf die Originaltranskripte.

übernimmt selbstverständlich die Moderatorenrolle und stellt damit eine asymmetrische Sprecherbeziehung her. Sie macht von ihrer Kompetenz zur Steuerung des Gesprächs Gebrauch und führt sich als Expertin ein, indem sie einerseits die Kommunikation beginnt und per Status die Gastgeberrolle einnimmt; andererseits führt sie aus, worum es im Gespräch gehen wird. Mit dieser Steuerungsrolle legt sie zu Beginn die Relevanzen des Gesprächs fest, die nicht ausgehandelt werden. Mit „*Ja (,) eben*" als Einstieg in ein Beratungsgespräch greift sie auf vorangegangene Geschehnisse zurück; entweder, weil sie damit den offiziellen Gesprächsbeginn signalisiert oder (wegen des für die Studie laufenden Tonbands) eine Art Neubeginn des Gesprächs einleitet. Sie deutet an, dass sie an bereits von ihr explizit gesagtem oder implizit geteiltem Wissen (da der Sozialdienstleiter ihre Ankunft angekündigt hatte) ansetzen kann. Daraufhin stellt sich Frau Windlin mit einem „*ich bin*"-Satz vor, indem sie sich „*vom Sozialdienst*" herkommend (dessen Büros sich außerhalb der Station befinden) und von der Klinik „*angestellt*" (als Lohnempfängerin mit einem bestimmten Aufgabenprofil) bezeichnet. Darüber werden ihr funktionaler Rahmen, der ihre Sprecherberechtigung begründet, aber auch ein damit einhergehender Wissensvorsprung dominant. Sie hätte den Satz mit „ich bin Sozialarbeiterin" formulieren und so ihre Professionszugehörigkeit benennen können, stattdessen bezieht sie sich auf Organisationsstrukturen. Sie ist Fachkraft eines bestimmten Dienstes und Kollektivs, eine institutionelle Rollenträgerin, die entpersönlicht und austauschbar ist. Dies bestätigt sie, indem sie mit „*eigentlich*", „*jetzt...*" und „*im Moment*" auf das Spezifikum überleitet, dass es sich um eine Stellvertretungssituation handelt, und die weitere Beziehungsgestaltung noch offen ist. Dies macht sie mit den Verweisen deutlich, sie käme von einer anderen Abteilung und dass eigentlich Frau Valese „*zuständig*" sei. Mit dem typisch schweizerischen Füllwort „*so chli*" (übersetzbar mit „ungefähr, ein bisschen, eine Art von") verniedlicht sie die Stellvertretungsauswirkungen zuerst, konkretisiert diese aber über die Offenheit des weiteren Prozessverlaufs während des Klinikaufenthalts, ob sie selber oder Frau Valese mit Frau Gantenbein weiterarbeiten werden. Dabei scheint es eine Aushandlungsmasse zu geben, ob zwischen Frau Gantenbein und Frau Windlin, Frau Windlin und Frau Valese oder Frau Windlin und weiteren Personen, bleibt unklar. Die Sozialarbeiterin führt eine institutionelle Handlungslogik ein und macht deutlich, dass die Klientin in einem bestimmten Prozedere ist, dessen Folgen bei der Fallübergabe aufgrund der Stellvertretungssituation bleiben auf Ebene der Beziehungs- und Prozessgestaltung aber vage. Damit wird die hohe Steuerungskompetenz und -macht der Expertin sichtbar.

Im selben Satz weist Frau Windlin Frau Gantenbein die Klientenrolle zu, als sie sie erstmals direkt anspricht mit „*für Ihre Station*". Dieser Formulierung ist zu entnehmen, dass die Klientin auf eine bestimmte Art und Weise, und zwar über ihren Klinikaufenthalt generell und ihre Stationszugehörigkeit speziell als solche identifiziert und definiert wird. Dies suggeriert, die Station gehöre Frau Gantenbein, oder sie sei für diese zuständig. Dabei vermeidet die Sozialarbeiterin eine Etikettierung von Frau Gantenbein, indem sie sie nicht als „Patientin dieser Station" bezeichnet, sondern zeigt eine partielle Lebensweltorientierung: Indem die Klientin derzeit hier schläft, isst und den Tag auf der Station verbringt, macht sie sich diese zu eigen, die Station wird ein Teil ihres derzeitigen Alltags. Es verweist auf jeden Fall darauf, dass es nicht die Station von Frau Windlin ist.

Die Sozialarbeiterin präzisiert daraufhin das weitere Vorgehen aufgrund der Stellvertretungsausgangslage. Interessant bei dieser Erläuterung ist, dass ihr die Klärung des Vorgehens notwendig erscheint. Sie bringt sich erstmals als handelnde Person ein und kennzeichnet ihre Expertenrolle über das, was sie im Folgenden machen wird – und zwar das Gespräch führen. Diese Präzisierung bzw. Beschränkung ergibt sich u. a. aus der Stellvertretungslogik. Zugleich bringt sich Frau Windlin auf der Beziehungsebene ein „und dann werden wir schauen" und kündigt eine Reihenfolge von Geschehnissen an, in der ein „*wir*" betrachten wird, was daraus entsteht. Um wen es sich dabei handelt, bleibt offen und verschärft für die Klientin die Vagheit des weiteren Vorgehens. Auch hier scheint die Ferienvertretung wirksam zu werden. Denn dieses „*Wir*" kann Frau Windlin mit Frau Gantenbein, Frau Windlin mit Frau Valese mit oder ohne Frau Gantenbein sein. Diese Vagheit setzt sich fort, da die Frage, was „*das Soziale*" alles umfasst, von der Sozialarbeiterin nicht benannt wird. Sie kennzeichnet aber über die Einführung dieser Begrifflichkeit einen bestimmten arbeitsteiligen Ausschnitt der Hilfeleistungen der Klinik, für den sie sich zuständig erklärt. Dies deutet einerseits eine thematische Selbst- und/oder Fremdbeschränkung, andererseits einen aus ihrer Sicht klaren Gegenstand Sozialer Arbeit in der Psychiatrie an. Das Soziale gilt es zu „*organisieren*" und „*einzufädeln*". Etwas also, dass eine Brückenfunktion einnimmt hinsichtlich eines noch offenen zukünftigen Handelns.

Diese Einführung könnte schließend auf die Klientin wirken und eine prekäre Gesprächsbasis bilden, da sie Irritationen auslöst (Vagheiten hinsichtlich Stellvertretung, „*Soziales*", „*Wir*" etc. mit der Betonung auf Organisationslogiken statt der Beziehungsgestaltung). Die Sozialarbeiterin spricht die Klientin direkt mit einer Erläuterung an, dass damit diese zumindest ansatzweise „*wisse*", wer ihre Ansprechperson sei. Von Wissen kann hier zwar nicht die Rede sein, Ziel scheint aber zu sein, dass sie auf jeden Fall eine der beiden Sozialarbeiterinnen werde ansprechen können. Frau Windlin signalisiert zugleich ihr eigenes Unwohlsein in der Situation, mit der sie die Gesprächssituation gleich wieder öffnet. Ihre Höflichkeitsform „*gellen Sie*" (dem Deutschen „nicht wahr" oder dem Englischen „isn't it" ähnlich) fordert von Frau Gantenbein eine Reaktion ab, der die Klientin mit einem bejahenden „*Mhm*" folgt. Entweder ratifiziert Frau Gantenbein hiermit die Organisationslogik, der Vagheit des Verfahrens und die Auswirkungen der Stellvertretungssituation, die Offenheit bezüglich der Beziehungsgestaltung, die Inhalte und die Gesprächsstrukturierung; oder sie willigt in Vorgängeräußerungen ein und verzichtet lediglich an diesem Punkt auf eigene Gestaltungsleistungen. Sie stellt die eingeführte Expertenrolle von Frau Windlin wie die ihr zugewiesene Klientenrolle nicht in Frage bzw. widersetzt sich diesen nicht. Damit konstruiert sie sich als Klientin mit, da ihr die Interaktion trotz Organisationszwängen plausibel erscheint. Frau Gantenbein lässt sich auf das weitere Vorgehen ein (Z. 12-15):

> W: Ja (,) also. Jetzt eben der Sozialstatus, der ist ganz zu verschiedenen Punkten. Ich würde jetzt einfach mal anfangen.
> G: Mhm
> W: Und hören, wie Ihre Situation ist.

Frau Windlin leitet zum Erstgespräch selber über und bezieht sich mit den Füllbegriffen wieder auf anscheinend geteiltes Wissen. Sie hat das Formular „Sozialstatus bei Klinikeintritt" wohl vor sich und einen Stift in der Hand, beides kann die Klientin sehen. Der gemeinsame Bezug stellt sich aber nicht darüber her, dass beide wissen, was der Fachbegriff „Sozialstatus" bedeutet, sondern durch den administrativen Fakt des Vorhandenseins und des gemeinsamen Besprechens. Die Sozialarbeiterin führt medizinischen Fachjargon ein und kündigt über diese professionelle Kategorie an, was folgen wird, erläutert sie aber nicht. Frau Gantenbein wird über einen für sie wohl unbekannten Verfahrensschritt mit dem Ausschnitt „*Soziales*" als Klientin bekannt gemacht. Dennoch ist die Form behutsam, mit welcher die Sozialarbeiterin sie auffordert, mitzumachen, da sie die Erlaubnis bei der Klientin einholt, indem sie „*einfach mal anfangen*" würde. Sie traut der Klientin zu, dass sich ihr Inhalte, Form und Sinn des Gesprächs im gemeinsamen Besprechen erschließen werden und kündigt einen offenen Prozess an. Damit eröffnet sie im Transparentmachen ihrer Steuerkompetenz, dass sie vorsichtig mit dem ihr gegenüber sitzenden Menschen umgehen wolle. Im Sinne von „folge mir vertrauensvoll nach", fordert sie Frau Gantenbein auf, auf nicht benannte, aber „*ganz verschiedene*" Punkte einzugehen. Die Sozialarbeiterin macht der Klientin keine Scheinklarheit vor, sondern führt von Anbeginn ein Dilemma ein, dass es einen Kontrast zwischen geklärtem administrativem Vorgehen und offenem Beziehungsgestaltungsprozess geben wird. Über diese Handlungen wird deutlich, dass Frau Gantenbein ins Klientensein eingeführt wird und nicht per se, d.h. naturwüchsig Klientin ist[6]. Sie ratifiziert Form und Vorgehen abermals ohne Zögern (keine Pause, kein Absetzen) mit einem von der Lautstärke her deutlicheren „Mhm" und geht auf den kommenden Prozess ein. Dass dieser Einstieg schließend wirken könnte, lässt die Sozialarbeiterin möglicherweise nach dieser Einleitung und dem Einverständnis der Klientin hinzufügen, dass sie von Frau Gantenbein „hören" möchte, wie ihre Situation ist. Frau Windlin hätte an diesem Punkt bereits in der administrativen Logik handeln und eine erste Frage aus dem Formular stellen können, dies tut sie nicht. „Hören" vermittelt einerseits Zuhören, sich Einlassen von Seiten der Sozialarbeiterin und andererseits Gesprächsraum für Frau Gantenbein, was einer Einladung an die Klientin gleichkommt, im Folgenden ausführen zu können. Das Wissen, welche geschlossenen Fragen das Formular aufführt, ermöglicht es Frau Windlin an dieser Stelle, dass sie diese nicht vorlesen oder stoisch abarbeiten muss, sondern Frau Gantenbein ihre Situation darstellen lassen will. Damit öffnet sie der Klientin einen Gesprächsraum („Floor") und kündigt Wechsel zwischen Handlungsschemata (administrative und beziehungsgestaltende Kommunikation darüber) an. Mit „Situation" engt die Sozialarbeiterin zugleich ein, dass es sich um Gegenwärtiges handeln wird, was Entstehungszusammenhänge zwar nicht ausschließt, den Hauptfokus des Gesprächs aber definiert. Diesen stellt sie nicht zur Disposition, sodass es zu keiner Aushandlung darüber kommt. Zudem kündigt Frau Windlin weder an, wie lange das Gespräch dauern wird, noch, welches Ziel es hat. Die vorherige Vagheit wird somit in der öffnenden Form weitergeführt. Es ist zu diesem Zeitpunkt noch nicht klar, wo die Stimme der Klienten gehört werden wird, wo nicht und wozu.

3.2 Auszug aus der Gesprächsmitte

Bevor auf die Passage eingegangen wird, hier die zuvor besprochenen Inhalte, um den Ausschnitt zu kontextualisieren: Die Sozialarbeiterin hat zuerst Personaldaten abgefragt, die Wohnsituation extensiv erkundet und erfährt zur Arbeitssituation, dass die Klientin eine Drogistenlehre absolviert, aber Konzentrationsschwierigkeiten und Leistungsabfall hat. In dieser Sequenz setzt sich eine lange, von der Sozialarbeiterin mit vielen Rezeptionssignalen und verstehenden Nachfragen unterstützte, selbstläufige Erzählung von Frau Gantenbein durch, die zuvor v.a. argumentativ geantwortet hatte. Aus der darin eingebetteten Hintergrundkonstruktion erfährt Frau Windlin sowohl die Eintrittshintergründe in die

---

6 Das Phänomen, dass Frau Gantenbein nicht per se Klientin ist, sondern zur Klientin wird, nenne ich im Folgenden ‚Prozess der Klientwerdung'.

Psychiatrie aufgrund einer Konflikteskalation mit den Eltern als auch das Aufenthaltsziel des „*Abklärens*" jahrelanger Suizidgedanken der Klientin. Die Sozialarbeiterin geht auf beides nicht ein, sondern verbleibt im Thema Lehre mit der Frage, ob der Lehrmeister über den Klinikeintritt von Frau Gantenbein informiert sei. Frau Windlin stößt an Gesprächsbarrieren und geht anamnestisch nicht weiter. Formal wechselt die Sozialarbeiterin an dieser Stelle abrupt vom erkenntnisgenerierenden Erkundungs- zum Abfrageschema und durchbricht das Handlungsschema des Erzählens der Klientin mit administrativen Fragen, auf die diese paarsequenziell einsteigt. Ziel von Frau Windlin scheint zu sein, die finanziellen Angelegenheiten, die mit einem Klinikaufenthalt einhergehen, anzugehen, da aufgrund des Eintrittgrunds „*Suizidgedanken*" nicht absehbar ist, wie lange dieser dauern könnte. Daraufhin geht die Sozialarbeiterin übergangslos in ein Informationsschema über. Die Klientin erfährt, dass es für die Versicherung oder die Lohnfortzahlung ein Arztzeugnis braucht, das die Ärztin ausstellen und der Arbeitgeber von Frau Gantenbein erhalten muss. Hiermit wird eine *institutionelle Paradoxie* über Hierarchie geöffnet: Die Sozialarbeiterin kann ohne Arztzeugnis nichts ausrichten. Es folgt eine zentrale Stelle des Erstgesprächs (Z. 339-371):

> W: Wäre es Euch lieber, wenn Ihr das (-) direkt machen könnt oder sollen <u>wir</u> das äm dem Arbeitgeber schicken gerade?
> G: Lieber wenn Ihr es machen würdet.
> W: Wärt Ihr froh?
> G: Ja gerne.
> W: Ok.
> G: Weil, ich bin im Moment eigentlich nicht in der Verfassung etwas zu machen
> W: Dann dürfte man bei *ihm* auch allenfalls ein Telefon machen und kurz „ä chli" hören, wie es von seiner Seite her tönt (,) wie er das sieht? Ihr habt ja geschildert, eben, es seien von ihm her so Signale gekommen, es müsse sich etwas ändern auch, gellen Sie?
> G: Mhm mhm
> W: So chli wie *er* es sieht, ob man mal zusammensitzen kann, auch zum Schauen, was braucht Ihr äm (,) ja, wenn äm dann auch die Abklärung „ä bitz wyt" fortgeschritten ist.
> G: Mhm
> W: Und man sieht, man kann Euch *dort* und *dort* allenfalls unterstützen, dass man ihn dort auch eng einbinden würde so. Wärt Ihr damit einverstanden, oder (-)?
> G: (,) Ja, soviel ich weiß, ist er schon informiert (,) und ich ähem, ich, ich weiß jetzt aber nicht genau, wie weit er informiert ist. Also man müsste das schon abklären. *Klar* ich bin, ich bin sofort bereit zusammen zu sitzen.
> W: Mhm. Also informiert, gellen Sie, wir geben keine, also ich sowieso nicht als Sozialarbeiterin, dass wir irgendwelche Diagnosen oder so äh, weiterleiten, dass ich wirklich, das wird von *Euch* bestimmt, oder, wieviel da rausgehen soll, oder. Für

mich ist *mehr* so „chli" ein Anliegen in der Gesamtabklärung, wie sieht es von ihm her auch aus, so „chli" zu hören. Ich tue dann meist so „chli" Verständnis, also eigentlich signalisieren und ähem, ja, in dem Sinne aufzeigen, eben, diese Person ist in einer Krise (-) und es braucht jetzt im Moment Zeit und wir würden eigentlich gerne mit Euch zusammenschaffen, *so*.
G: Mhm
W: Mit dem wäret Ihr so einverstanden?
G: Ja, und ich denke, er ist auch bereit (-).

Interessant ist, dass die Sozialarbeiterin an dieser Stelle einen ausführlichen Aushandlungsprozess gestaltet und darum bemüht ist, die Partizipation der Klientin zu gewährleisten. Diese kann entscheiden, ob jemand Kontakt mit dem Lehrmeister aufnehmen darf (eine Frage aus dem Statusbogen). Allerdings bleibt von Seiten von Frau Windlin unklar, wer *„wir"* und *„man"* sind; die mögliche Spannbreite reicht von der vertretenen Sozialarbeiterin über den Sozialdienst als Ganzes zu den anderen involvierten Professionellen der Station bis hin zur Psychiatrie als Ganzes. Wahrscheinlich meint sie sich und Frau Valese, da sie ja deren Ferienvertretung ist. Die paarsequenzielle Reaktion von Frau Gantenbein mit *„ihr"* kann im Dialekt beides bedeuten: dass sie Frau Windlin oder eine Gruppe meint (indem sie noch weitere einschließt wie bspw. Arzt oder Pflege). Auf der Basis der entstandenen professionellen Beziehung ist anzunehmen, dass sie Frau Windlin persönlich meint, mit der sie hier aushandelt. Sie ist dankbar, wenn sie momentan nichts machen muss. Die Sozialarbeiterin manövriert aber die Klientin über die kommunikative Vagheit in ein Dilemma, da für Frau Gantenbein unklar ist, welche Professionelle zukünftig für sie zuständig ist. Die Klientin weiß letztlich nicht, wer in dieser Aushandlung (reflexiv und konkret) mit einbezogen ist. Das könnte ad extremis ‚gefährlich' für sie werden, denn sie weiß nicht, auf wen sie sich neben Frau Windlin noch einlässt. Es bleibt offen, wer das Telefonat auf dem Hintergrund der Stellvertretungssituation mit dem Lehrmeister führen wird. Das nicht explizite Ansprechen dieses Kontextes bzw. die fehlende deutliche Klärung, dass Frau Windlin das selber tun wird, macht die Basis dieser Aushandlung fragil. Ergo wird sie ad absurdum geführt bzw. ethisch fragwürdig, wenn nicht Frau Windlin selber den Kontakt mit dem Lehrmeister aufnehmen wird (was sie später auch tun wird).

Interessant ist, wie Frau Windlin daraufhin ihr sozialarbeiterisches Handeln alltagssprachlich darlegt, wenn sie vorsichtig Frau Gantenbein um Erlaubnis fragt „gellen Sie?", telefonischen Kontakt mit deren Lehrmeister aufnehmen zu können. Sie erläutert, wozu dies dienen könnte, und weshalb es bei Frau Gantenbein indiziert sei: weil es möglicherweise ein Problem mit dem Lehrmeister geben, der eine Verhaltensänderung von Frau Gantenbein erwarten könnte. Damit verbalisiert sie zuvor gegebene Informationen der Klientin. Zudem, weil sie „hören" möchte, wie der Lehrmeister die Situation sieht, d.h. eine fremdanamnestische Sicht einbeziehen, die sie mit dem „so chli" etwas verniedlicht. Darunter kann sich Frau Gantenbein etwas vorstellen, da sie erlebt hat, wie Frau Windlin „hörend" Gespräche gestaltet. Diese ist mit einem vermittelnden Angebot des Zusammensitzens und einem anwaltschaftlichen Aspekt verbunden, um herauszufinden, was Frau Gantenbein „allenfalls" „ä bitz wyt" „dort und dort" für Unterstützung bräuchte. Zudem bietet sie Hilfe an, den Lehrmeister zur Kooperation zu motivieren und „eng einbinden" zu wollen nach der „Abklärung". In diesem Ausblick auf den Klinikaustritt von Frau Gantenbein bleibt die Sozialarbeiterin vorsichtig, alltagssprachlich und vage.

Obwohl die Klientin bis dahin mit drei Rezeptionssignalen rückmeldet, dass sie dem Gehörten zustimmt, zögert sie kurz nach der Frage der Sozialarbeiterin, ob sie *„damit"* einverstanden sei. Das Abwägen der Klientin, inwiefern der Lehrmeister tatsächlich zu informieren ist, deutet ein Nachdenken an. Der Relevanzsteuerung der Sozialarbeiterin folgend, ratifiziert sie aber nur den konkreten Fokus *„zusammensitzen"*, die weiteren Angebote greift sie dagegen nicht auf. Vielleicht, weil sie sich noch nicht im Klaren ist, wie eng sie den Lehrmeister zu diesem Zeitpunkt einbinden will, vielleicht, weil sie noch keine Vorstellung darüber hat, wie ihr das dienen könnte. Ein Arbeitsbündnis wäre hier also nur auf ein gemeinsames Gespräch zu dritt, nicht aber auf ein Telefonat zwischen Sozialarbeiterin und Lehrmeister abgestellt. Die Frage auf dem Formular erkundet aber weiter, ob die Klientin generell der Kontaktaufnahme mit dem Arbeitgeber zustimme, was Frau Gantenbein hier nicht tut. Diese Einschränkung hört die Sozialarbeiterin und verweist darauf, dass noch Erklärungsbedarf besteht. Sie konkretisiert, was sie unter informieren versteht, indem sie zuerst betont, dass ohne Mitbestimmung der Klienten von niemandem in der Psychiatrie Diagnosen weitergegeben würden und setzt hinzu *„also ich sowieso nicht als Sozialarbeiterin"*. Inhaltlich öffnet sich ein Spannungsfeld, was sie ansonsten mit dem Lehrmeister unter solchen Rahmenbedingungen besprechen könnte. Die Beschränkung kommt sprachlich mit dem dreimaligen *„so chli"* zum Ausdruck, wenn Frau Windlin darlegt, wie sie das Telefonat gestalten würde. Es ist ihr ein Anliegen, weitere Informationen zur *„Gesamtabklärung"* zu gewinnen, sie verweist auf weitere Erkenntnisgewinnungsmöglichkeiten. Sie legt offen, dass eine ausführliche soziale Anamnese dem weiteren Fallverständnis dienlich sein könnte und versucht, Verständnis für die Klientin in der Krise und deren Zeitbedarf zu signalisieren sowie für das Anliegen zu werben, mit der externen Person zusammenzuarbeiten. Sie formuliert dies alles vorsichtig und im Vergleich zu vorher in der Ich-Form, sodass die Klientin bei der expliziten Frage, ob sie *„so einverstanden"* wäre, mit deutlichem *„Ja"* dem Vorgehensvorschlag von Frau Windlin zustimmt. Dies möglicherweise auch, weil sie in dieser Aushandlungssequenz eine Mitbestimmungszusage der Sozialarbeiterin erhalten hat. Es ist hierbei hervorzuheben, dass Frau Gantenbein das ausgehandelte Arbeitsbündnis ausschließlich mit Frau Windlin als Person herstellt und es aufs Telefonat beschränkt. Damit schließt sie die Stellvertretungssituation aus, d.h. nur Frau Windlin dürfte den Lehrmeister anrufen.

3.3 Gesprächsabschluss

Wenn das Ende betrachtet wird, ist zu bedenken, dass das Gespräch bereits 38 Minuten, d.h. rund 20 Minuten länger gedauert hat, als übliche Erstgespräche in dieser Psychiatrie. Die Sozialarbeiterin hat viele erkenntnisgenerierende Suchbewegungen gemacht, als die Gesprächsbeendigung an diesem Punkt einsetzt (Z. 991-1008):

> W: Ok. Gut, doch, ich bin da durch von den Themen her, ich habe das Gefühl ich habe sehr viel auch gehört, oder, das Euch stört und auch gehört, eben, dass jetzt gerade mit dem Arbeitgeber, dass wir dort *zusammenschaffen* können, dass ich dort der Ärztin sagen werde wegen dem Arbeitszeugnis und werde das weiterleiten, und dann denke ich ähem, werden wir schauen, ähem ja,
> G: Mhm
> W: Was sich daraus ergibt sonst (-) auch noch, Ihr habt jetzt da gesehen, für was ich zuständig bin, gellen Sie?
> G: Mhm
> W: Also wenn irgendwie eine Frage auftaucht oder ein Anliegen in diesen Bereichen, verlangen Sie bei der Pflege einen Termin bei der Sozialarbeiterin (.).
> G: Mhm
> W: Ja, und dann können wir das (,) zusammensitzen und anschauen.
> G: Ja.
> W: Ja.
> G: Doch (-) ist gut.
> W: Ist das so gut?
> G: Ja.

Die Sozialarbeiterin bezieht sich zuerst auf die administrative Handlungslogik, die das Erstgespräch über das Sozialstatusformular strukturiert hat, indem sie darlegt, dass sie bestimmte Themen durchgearbeitet hat, die sie aber nicht resümierend aufzählt. Der nächste Schritt ist keine Leerformel von Frau Windlin, denn formal-strukturell hat sie dem „Zuhören" tatsächlich eine kommunikative Gestalt gegeben und ihre Ankündigung eingelöst, sodass es sich hier um mehr als nur ein Gefühl handelt. Dies ist auf den ersten Blick eine unprofessionelle Aussage, allerdings weniger als emotionale Ausdrucksweise zu verstehen, als vielmehr mit empathisch zugewandten Aspekten aktiven Zuhörens und eigenen Reflektierens zu koppeln. Frau Windlin präzisiert auch, was sie gehört hat: *„sehr viel auch, das Euch stört"* und leitet den Handlungsbedarf ebenfalls mit dem Ausdruck „*eben*" für geteiltes Wissen ein, wie zu Beginn des Erstgesprächs.

Die abschließende Ergebnissicherung fällt rudimentär aus, da nur der Aspekt der besprochenen Aushandlung aufgegriffen wird. Frau Windlin bezieht sich ausschließlich auf die Zusammenarbeit mit dem Arbeitgeber, wobei sie eine Wir-Formulierung gebraucht, die aus ihrer Sicht entweder sich und Frau Gantenbein oder sich, Frau Gantenbein und Frau Valese oder sie als Teil eines interdisziplinären Teams fasst. Aus Sicht der Klientin wirft das nur Fragen auf, wenn sie das „Wir" nicht als sie selbst und die anwesende Sozialarbeiterin versteht. Deshalb bleibt die Zusammenfassung nicht nur verkürzt, sondern auch unklar, wer hier was tun wird, während die Klientin zuvor eindeutig mit Frau Windlin das Arbeitsbündnis hergestellt hat. Konkret ist dagegen, dass sich Frau Windlin um das Arbeitszeugnis kümmern wird. Daraufhin zögert sie mit doppeltem „ähem" und macht einen vagen Ausblick „werden wir schauen, ja, was sich daraus ergibt, sonst (-) auch noch", den die Klientin ratifiziert, obwohl er beiden unklar sein muss. Mit der nächsten Feststellung geht Frau Windlin von geteilten Wissensbeständen aufgrund des gemeinsam geführten Gesprächs aus und schließt die anfangs geöffnete Form (dass es um verschiedene Punkte gehen, und sie mal anfangen würde) ab, indem sie auch hier nicht die Rubriken des Sozialstatus bei Klinikeintritt (im administrativen Schema) oder die besprochenen Themen (im anamnestischen Erkundungs- und Beratungsschema) aufzählt. Stattdessen geht sie davon aus, dass die Klientin über das Gespräch erlebt und gesehen habe, wofür sie zuständig ist. Dies stellt nach 38 Minuten eine hohe Anforderung an die Klientin dar. Dabei spricht sie Frau Gantenbein direkt an, betont „für was ich zuständig bin" und fordert diese mit der Höflichkeitsform „gellen Sie?" zu einer Reaktion auf, was diese analog zur Aushandlungssituation in der Mitte des Gesprächs wieder ratifizierend tut. Die Klientin muss die Aufforderung, dass sie über die Pflege einen Termin bei „der Sozialarbeiterin" verlangen könne, auf Frau Windlin beziehen. Mit der Berufsbezeichnung weist Frau Windlin zwar über sich hinaus, schließt sich aber als Person auch mit ein. Interessant ist nach der vagen Skizzierung des Handlungsbedarfs in der Beziehungsgestaltungslogik hier die Präzisierung der Ablauforganisation und Professionsbezeichnung in der Organisationslogik wie zu Beginn des Gesprächs. Es wird deutlich, dass die Klientin keinen direkten Zugang zur Sozialarbeiterin hat, sondern ihn nur über die organisatorische Mittelfunktion der Pflege „verlangen" kann. Dies vermittelt einerseits eine große Hürde und Zeitspanne, andererseits, dass es wahrscheinlich dringende oder wichtige Belange sein sollten. Die Formulierung „können wir das (,) zusammensitzen und anschauen" wiederum verweist auf ein sich Zeitnehmen von Seiten der Sozialarbeiterin. Wen Frau Windlin beim anschließenden „wir" meint, ist abermals unklar und lässt offen, ob sie sich und Frau Gantenbein oder ein ‚wir vom Sozialdienst' meint und damit die eigentlich zuständige Frau Valese integriert. Für Frau Gantenbein kann es nur Frau Windlin persönlich sein, da die Stellvertretungssituation nach rund 40 Minuten Gespräch nicht wieder thematisiert wurde und der Zuständigkeitsbezug auf Frau Windlin selber formuliert ist. Ob und wie die Klientin diese Zuständigkeit, die Stellvertretungsfrage und das anfangs angedeutete ‚Soziale' tatsächlich differenziert verstanden hat, bleibt offen. Die Klientin ratifiziert explizit das vorgeschlagene Vorgehen zweimal und vermittelt einerseits, dass der Ablauf für sie annehmbar ist und andererseits, dass ihr das Gespräch gut getan hat. Frau Windlin ist bis zuletzt um Ergebnissicherung im Gesprächsverlauf bemüht und wiederholt beides nochmals fragend, was Frau Gantenbein nochmals bejaht. Auf die Verabschiedung, die dann folgt, wird verzichtet, da sie die Stellvertretungsfrage nicht betrifft.

4 Schlussfolgerungen hinsichtlich des ‚Stellvertretungsparadoxes'

Der Beitrag geht der Frage nach, welche Auswirkungen eine Stellvertretung auf die professionelle Interaktion und den Gesprächsverlauf hat. Diese Frage stellt sich in der Fallstudie zu Gesprächsbeginn aufgrund der Ratifizierungen des Settings und Gesprächsverlaufs, in der Gesprächsmitte während der Aushandlung des weiteren Vorgehens sowie bei Gesprächsabschluss hinsichtlich der Bestätigung des Arbeitsbündnisses. Unter dem Stichwort ‚Stellvertretungsparadox' soll, wie angekündigt, die Analogie zum „Adressatendilemma" nach Schütze (vgl. 1997, 2000: 58, 85) diskutiert werden, um die Strukturlogik stellvertretenden Handelns zu verdeutlichen.

Während Professionelle der Sozialen Arbeit beim Adressatendilemma vor der Herausforderung stehen, zu definieren, wer Klient und wer aus dem sozialen Umfeld des Klienten als Klientenpartei zusätzlich beider Fallarbeit mitzudenken bzw. (z. T. befristet) einzubeziehen ist, stellt sich bei der Stellvertretungssituation m. E. eine ähnliche Ausgangslage: Frau Gantenbein wird damit konfrontiert, dass sie mit Frau Windlin interagiert, von Beginn an aber eine andere, ihr unbekannte, nicht anwesende Sozialarbeiterin, Frau Valese, für sie zuständig ist. Von Frau Windlin wird sie in den Prozess als Klientin des Sozialdienstes der Psychiatrie behutsam eingeführt, kann die Interaktion ko-produzierend mitgestalten und handelt mit ihr ein Arbeitsbündnis aus; die Interventionen aber könnten von Frau Valese gestaltet werden. Weiter bleibt vage, wer sonst noch im Kontext interdisziplinärer Zusammenarbeit der Erwachsenenpsychiatrie im von Frau Windlin unterschiedlich genutzten „Wir" integriert und involviert ist, d. h. Mitgestaltende/r des Arbeitsbündnisses wird. Frau Gantenbein hat es hier mit einer Professionellenpartei zu tun und wird vor eine hohe kognitive Anforderung gestellt, da ihr zudem die Lebenswelt Psychiatrie neu bzw. fremd ist. Dieses Phänomen kann man aus Sicht der Klientin als „Professionellendilemma" bezeichnen. Schütze spricht beim Adressatendilemma von „Wir-Gemeinschaften", die im Arbeitsbogen einbezogen werden sollten; dies gilt m. E. beim Stellvertretungsparadox für beide Interaktionspartner. Neben komplexen Kommunikations-, Selbstreflexions- und Selbstkritikleistungen muss Soziale Arbeit enorme kognitive Analyseleistungen vollbringen (vgl. Schütze 1997), um einen umsichtigen Umgang mit dem Stellvertretungsparadox zu finden. Die kommunikativen Schematawechsel der Sozialarbeiterin verweisen darauf, dass sie das Dilemma zwar implizit bearbeitet (indem sie aus Wir-Sätzen Ich-Sätze formuliert), sie spricht es aber nicht explizit an.

Nach der Professionstheorie der stellvertretenden Krisenbewältigung sind Freiwilligkeit und Aushandlung Bedingungen für ein gelingendes Arbeitsbündnis (vgl. Oevermann 2009). Die Sozialarbeiterin handelt einen bestimmten Punkt mit der Klientin konkret aus, diese geht darauf freiwillig ein und präzisiert, gesprächsanalytisch betrachtet, dass das Arbeitsbündnis einerseits nur gegenüber Frau Windlin gilt, andererseits auf die Vernetzung mit der Ärztin und das Telefongespräch mit dem Lehrmeister beschränkt ist. Es wird deutlich, dass die Klientin immer auf ‚Ich'-Aussagen der Sozialarbeiterin reagiert und darauf ansetzend den weiteren Prozessverlauf bestätigt. Frau Windlin dagegen versucht innerhalb der Organisationszwänge der Psychiatrie ein Arbeitsbündnis auszuhandeln, das über ihre Person hinausgeht, z.T. Frau Valese und z.T. das interdisziplinäre Team der Psychiatrie insgesamt mit einbeziehen soll. Entsprechend müsste nicht nur von einem, sondern von mehreren Arbeitsbündnissen ausgegangen werden, die zur Aushandlung stehen. Die Gesprächsanalyse verdeutlicht exemplarisch, dass das Arbeitsbündnis in der Sozialen Arbeit selten idealiter vollkommen freiwillig und in allen Details ausgehandelt werden kann. Eine Professionstheorie mit Fokus auf zu bewältigende Widersprüche als strukturelle Logik professionellen Handelns (vgl. Schütze 2000) ermöglicht im Vergleich zum Oevermannschen Arbeitsbündnis als Bedingung von Professionalität einen ‚wohlwollenderen' und weniger ‚klinischen' Blick auf Praxen Sozialer Arbeit (vgl. Wyssen-Kaufmann 2011), wie auf die hier rekonstruierte. So könnten die Schematawechsel von Frau Windlin innerhalb ihrer widersprüchlichen Stellvertretungsbedingungen als Versuch verstanden werden, auf weitere Arbeitsbündnisse hin zu arbeiten. Denn Frau Windlin motiviert Frau Gantenbein, mit weiteren Professionellen der Psychiatrie zu kooperieren. Deshalb kann das Arbeitsbündnis als wichtiges Ziel sozialarbeiterischer Intervention generell und nicht

nur von Anamnese und Erstgesprächen speziell betrachtet werden (vgl. Wigger 2009).
Dass die Gesprächsbasis aufgrund der Stellvertretung prekär ist, zeigt der Blick auf die Gesamtformung des Erstgesprächs: Die Sozialarbeiterin versucht einen flexiblen Umgang mit diversen Kommunikationsschemata auszubalancieren, produziert aber gleichzeitig Schemabrüche. Dabei werden widersprüchliche kommunikative Formen von Frau Windlin von Beginn an geöffnet, während des gesamten Gesprächs wirksam und am Ende wieder geschlossen. Kernthemen dieser professionellen Praxis Sozialer Arbeit werden aufgrund des Stellvertretungsparadoxes besonders deutlich und verweisen auf typische Paradoxien von Interaktionen in stationären Einrichtungen des Sozial- und Gesundheitswesens:
- Organisationslogik vs. Beziehungslogik
- Administratives Abfrageschema vs. ‚hörendes' Erkundungsschema
- Prozess der Klientwerdung über Wissensvorsprung der Expertin vs. fortlaufende Ratifizierungs- und Erkenntnissicherungsbemühungen der Sozialarbeiterin
- Vagheit, was das ‚Soziale' ist, vs. Kennenlernen des ‚Sozialen' über die Interaktion
- Ein personenbezogenes, ausgehandeltes Arbeitsbündnis vs. Bedarf nach mehreren Arbeitsbündnissen aufgrund der Unklarheiten durch die Stellvertretungssituation
- Wissensgenerierung vs. Gefahr des Wissensverlustes bei Fallübergabe

Wie beim Adressatendilemma handelt es sich beim Stellvertretungsparadox also weniger um eine organisatorische, als vielmehr um eine hohe kognitive Anforderung, die Sichtweise der Klienten zu analysieren und kommunikativ in der Interaktion zu berücksichtigen (vgl. Schütze 1997). Deshalb unterscheidet Müller (vgl. 1991: 105-130) fünf Reflexionsebenen eines gelingenden Arbeitsbündnisses, das nicht nur einer diskursiv-methodischen Interaktionskompetenz, sondern v. a. einer Reflexivitätskompetenz der Professionellen Sozialer Arbeit bedarf, die einer ‚moralischen Strategie' verpflichtet sein sollen (die ich „professionsethisch" bezeichne). Übertragen auf die Fallstudie heißt das, eine Reflexivität für die drei Beratungsphasen zu entwickeln, wie bspw.:
- *Gesprächseinstieg*: Die Organisationszwänge unter Stellvertretungsbedingungen verlangen, im Erstgespräch eine Beziehung auf Zeit aufzubauen, damit eine minimale Zusammenarbeitsbasis gesichert ist. Dies erfordert von den Klienten Vertrauen und Offenheit gegenüber einem austauschbaren und damit entpersonalisierten Experten, insbesondere wenn sie erstmals mit dem Sozial- und Gesundheitswesen in Kontakt kommen. Professionelle der Sozialen Arbeit können nicht auf Vorannahmen geteilten Wissens aufbauen

und müssen Vertrauen nicht nur für sich, sondern stellvertretend für weitere Fachpersonen gewinnen. Diese Ausgangslage ist für beide Interaktionspartner unangenehm. Deshalb ist es nicht selbstverständlich, dass sich Klienten zur kommunikativen Koproduktion und Kooperation motivieren lassen. Gefahr ist dabei, dass die Macht- und Hierarchieverhältnisse über Anpassung wirksam werden. Anpassung von Seiten der Klienten schafft aber keine Basis für ein oder mehrere gelingende Arbeitsbündnisse, die von den Gesprächsteilnehmenden eine gemeinsame Interaktions- und Arbeitsbogengestaltung verlangen. Eine Verharmlosung des Stellvertretungsparadoxes kann zu einem erzwungenen oder erschlichenen Arbeitsbündnis führen, das weder im Qualitätsinteresse der Klinik ist, noch dem Klientenwohl dient. Deshalb ist gerade zu Gesprächsbeginn ein detailliertes Transparentmachen der Herausforderungen einer Stellvertretung wesentlicher Umgang mit dieser professionellen Paradoxie: Welche Rechte hat der Klient, wie funktioniert der Datenschutz im Rahmen eines interdisziplinären Teams klinikintern und klinikextern, insbesondere bei der Erstellung und im Umgang mit der Akte, was wird im Erstgespräch besprochen, wie wird das Erstgespräch ablaufen, was ist sein Ziel, was bedeutet das für die Interaktionsgestaltung und den Arbeitsbogen, etc.?

- *Gesprächsmitte*: Der Hauptteil eines Erstgesprächs ist davon geprägt, wie Professionelle Sozialer Arbeit eine Beziehung zum Klienten aufbauen und dessen Vertrauen gewinnen. Die Fallrekonstruktion verweist darauf, dass öffnende Fragetypen und flexible Wechsel zwischen administrativen und beraterischen Kommunikationsschemata eine komplexe Wissensgenerierung auslösen und differenzierte anamnestische Erkenntnisse ermöglichen. Unter Stellvertretungsbedingungen zeigt die Aushandlungssituation in der Gesprächsmitte, dass interaktive, thematische und prozessuale Grenzen auftauchen können. Somit ist eine Reflexivität darüber notwendig, welche Arbeitsbündnisangebote dem Klienten gemacht werden können. Hauptfokus liegt hierbei auf der Interaktionsgestaltung, die nicht nur zwischen zwei Personen, sondern von Seiten der Professionellen stellvertretend auf weitere Fachpersonen verweist. Deshalb kommt der Motivationsarbeit eine besondere Bedeutung zu.

- *Gesprächsabschluss*: Idealiter ist unter Stellvertretungsbedingungen ein Arbeitsbündnis nur mit der präsenten Person möglich, da die Freiwilligkeit gegenüber unbekannten Bündnispartnern nicht herstellbar ist. Die Gefahr, stellvertretend für jemand anders über kommunikative Vagheiten oder Verharmlosungen die Zusammenarbeit des Klienten zu erschleichen, ist unter Stellvertretungsbedingungen groß und kein Garant für eine Kooperation der Klienten im weiteren Prozess. Deshalb sollte die Stellvertretung explizit zu

Gesprächsende nochmals thematisiert werden. Die Fallstudie rekonstruiert, dass die Klientin aufgrund des vertrauensbildenden Beziehungsaufbaus offen ist, auch mit weiteren Professionellen Sozialer Arbeit zu kooperieren, da sie sich, gesprächsanalytisch betrachtet, an keiner Stelle dagegen wehrt, sondern dazu schweigt (auch wenn zu berücksichtigen ist, dass der ihr noch unbekannte Klinikkontext als Steuermacht ebenfalls wirksam wird). Deshalb sind im Stellvertretungsparadox kognitive Analysekompetenzen und professionsethische Aspekte zu berücksichtigen, die zur methodischen Offenlegung und detaillierten Klärung der verschiedenen Interaktionsebenen verpflichten: Die Hilfeplanung sollte bewusst auf einer präzisen, ergebnissichernden Zusammenfassung der sozialen Anamnese aufbauen, welche für den Klienten wie für den Sozialarbeiter diagnostische Entscheidungen hinsichtlich der Priorisierung von Interventionsschritten ermöglicht und klärt, wer im Rahmen eines ausgehandelten, konkreten, eingegrenzten Arbeitsbündnisses stellvertretend was wann tun wird, und wer wann Ansprechperson für den Klienten ist. Falls noch offen ist, wie der Hilfeprozess verlaufen wird, sollten die Kriterien diskutiert werden, wovon mögliche personelle Wechsel in den Arbeitsbündnissen abhängen, und wie das Mitspracherecht der Klienten garantiert wird. Deshalb ist eine klare Kommunikation über die konkrete Fallübergabe angebracht.

Zusammenfassend stellt sich heraus, dass die Stellvertretungssituation eine besondere Bewusstheit am Beginn, eine große Reflexivität am Ende des Gesprächs sowie eine präzise und detaillierte Kommunikation verlangt, um eine vertrauensbildende Gesprächsbasis für eine transparente Aushandlung zu legen. Die Berücksichtigung der Klientensicht als kognitive Anforderung des Stellvertretungsparadoxes soll darauf hinweisen, dass Entstehungsbedingungen eines Arbeitsbündnisses bei Stellvertretungsinteraktionen einer mehrperspektivischen, analytisch triangulierenden Herangehensweise und kommunikativen Explizierung bedürfen, da sie die komplexen Wirkungen von Beratung in Zwangskontexten (vgl. Kähler 2005) verschärfen und die Entstehung eines bzw. mehrerer Arbeitsbündnisse erschweren bis verunmöglichen. So überrascht es nicht, nachdem Frau Windlin ein fremdanamnestisches Telefongespräch mit dem Lehrmeister geführt, einen ausführlichen Akteneintrag dazu verfasst und danach den Fall an die aus den Ferien zurückgekehrte, zuständige Sozialarbeiterin Frau Valese übergeben hat, dass Frau Gantenbein im weiteren Beratungsprozess einem durch Frau Valese und die Pflege angebotenem Gespräch zwischen ihrem Lehrmeister, Frau Valese und ihr selbst nicht zustimmt. Gesprächsanalytisch rekonstruiert, ist dafür kein Arbeitsbündnis zustande gekommen. Dennoch zeigt sich an der Fallstudie, dass Motivation über kompetente Erstgesprächsführung von Seiten der Professionellen Sozialer Arbeit einen iterativen Arbeitbogen auch in einer Beziehung auf Zeit entstehen lassen kann und bereits eine Form von Arbeitsbündnis darstellt.

Literatur

Bauer, Rudolph (Hrsg.) (1992): Lexikon des Sozial- und Gesundheitswesens, Band 1. München, Wien: Oldenbourg

Becker-Lenz, Roland/Busse, Stefan/Ehlert, Gudrun/Müller, Silke (Hrsg.) (2009): Professionalität in der Sozialen Arbeit. Wiesbaden: VS Verlag für Sozialwissenschaften

Becker-Lenz, Roland/Busse, Stefan/Ehlert, Gudrun/Müller-Hermann, Silke (Hrsg.) (2011): Professionelles Handeln in der Sozialen Arbeit. Wiesbaden: VS Verlag für Sozialwissenschaften

Bergmann, Jörg R. (1980): Interaktion und Exploration. Eine konversationsanalytische Studie zur sozialen Organisation der Eröffnungsphase von psychiatrischen Aufnahmegesprächen. Dissertation. Konstanz: Universität Konstanz

Bergmann, Jörg R. (2000): Konversationsanalyse. In: Flick et al.(Hrsg.) (2000): 524-537

Bohnsack, Ralf/Marotzki, Winfried/Meuser, Michael (Hrsg.) (2006): Hauptbegriffe Qualitative Sozialforschung. Ein Wörterbuch. Opladen/Farmington Hills: Barbara Budrich

Combe, Arno/Helsper, Werner (Hrsg.) (1996): Pädagogische Professionalität. Untersuchungen zum Typus pädagogischen Handelns. Frankfurt/Main: Suhrkamp

Deppermann, Arnulf (2008): Gespräche analysieren. Eine Einführung. Wiesbaden: VS Verlag für Sozialwissenschaften

Fischer, Wolfram (2007): Fallrekonstruktion und Intervention. In: Giebeler et al. (Hrsg.) (2007): 23-34

Flick, Uwe/Kardorff, Ernst von/Steinke, Ines (Hrsg.) (2000): Qualitative Forschung: ein Handbuch. Reinbek bei Hamburg: Rowohlt

Giebeler, Cornelia/Fischer, Wolfram/Goblirsch, Martina/Miethe, Ingrid/Riemann, Gerhard (Hrsg.) (2007): Fallverstehen und Fallstudien. Interdisziplinäre Beiträge zur rekonstruktiven Sozialarbeitsforschung. Opladen, Farmington Hills: Barbara Budrich

Glaser, Barney G./ Strauss, Anselm L. (2005): Grounded Theory. Strategien qualitativer Forschung. Bern: Huber

Hamburger, Franz (2008): Einführung in die Soziapädagogik. Stuttgart: Kohlhammer

Kallmeyer, Werner/Schütze, Fritz (1977): Die Konstitution von Kommunikationsschemata der Sachverhaltsdarstellung. In: Wegner (Hrsg.) (1977): 159-274

Kallmeier, Werner (2000): Beraten und Betreuen. Zur gesprächsanalytischen Untersuchung von helfenden Interaktionen. In: ZBBS. 2. 227-252

Kähler, Harro D. (2005): Soziale Arbeit in Zwangskontexten. München: Ernst Reinhardt

Kähler, Harro D. (2009): Erstgespräch in der sozialen Einzelhilfe. Freiburg: Lambertus

Kraimer, Klaus (1992): Anamnese. In: Bauer (Hrsg.) (1992): 83-86

Kraimer, Klaus (1994): Die Rückgewinnung des Pädagogischen. Aufgaben und Methoden sozialpädagogischer Forschung. Weinheim/München: Juventa

Müller, Burkhard (1991): Die Last der großen Hoffnungen: Methodisches Handeln und Selbstkontrolle in sozialen Berufen. Weinheim: Juventa

Oevermann, Ulrich (2009): Die Problematik der Strukturlogik des Arbeitsbündnisses unter Dynamik von Übertragung und Gegenübertragung in einer professionalisierten Praxis von Sozialarbeit. In: Becker-Lenz et al. (Hrsg.) (2009): 113-142

Reitemeier, Ulrich (2000): Zum interaktiven Umgang mit einbürgerungsrechtlichen Regelungen in der Aussiedlerberatung. Gesprächsanalytische Beobachtungen zu einem authentischen Fall. In: ZBBS. 2. 253-282

Riemann, Gerhard (2006): Erzählanalyse. In: Bohnsack et al. (Hrsg.) (2006): 45-47

Schütze, Fritz (1987): Das narrative Interview in Interaktionsfeldstudien. Erzähltheoretische Grundlagen. Studienbrief der Fernuniversität Hagen. Teil I: Merkmale von Alltagserzählungen und was wir mit ihrer Hilfe erkennen können. Hagen: Fernuniversität Hagen

Schütze, Fritz (1996): Organisationszwänge und hoheitsstaatliche Rahmenbedingungen im Sozialwesen: Ihre Auswirkungen auf die Paradoxien des professionellen Handelns. In: Combe/Helsper (Hrsg.) (1996): 183-275

Schütze, Fritz (1997): Kognitive Anforderungen an das Adressatendilemma in der professionellen Fallanalyse der Sozialarbeit. In: Wensierski/Jakob (Hrsg.) (1997): 39-60

Schütze, Fritz (2000): Schwierigkeiten bei der Arbeit und Paradoxien des professionellen Handelns. Ein grundlagentheoretischer Aufriss. In: Zeitschrift für qualitative Bildungs-, Beratungs- und Sozialforschung. 1. 49-96

Strauss, Anselm/Fagerhaugh, Shizoku/Suczek, Barbara/Wiener, Carolyn (1985): Social Organisation of Medical Work. Chicago und London: University of Chicago Press

Wegner, Dirk (Hrsg.) (1977): Gesprächsanalysen. Hamburg: Buske

Wensierski, Hans-Jürgen von/Jakob, Gisela (Hrsg.) (1997): Rekonstruktive Sozialpädagogik. Konzepte und Methoden sozialpädagogischen Verstehens in Forschung und Praxis. Weinheim und München: Juventa

Wigger, Annegret (2009): Der Aufbau eines Arbeitsbündnisses in Zwangskontexten – professionstheoretische Überlegungen im Licht verschiedener Fallstudien. In: Becker-Lenz et al. (Hrsg.) (2009): 143-158

Wyssen-Kaufmann, Nina (2010): Rezension vom 09.09.2010 zu Harro Dietrich Kähler: Erstgespräche in der sozialen Einzelhilfe. Freiburg: Lambertus 2009. www.socialnet.de/rezensionen/9326.php (20.2.2011)

Wyssen-Kaufmann, Nina (2011): Kommentar zu dem Beitrag von Peter Schallberger: Pädagogisches Credo oder jüdisch-christliche Deutung professioneller Qualität? In: Becker-Lenz et al. (Hrsg.) (2011): 182-187

Wyssen-Kaufmann, Nina/Hollenstein, Lea (2007): Relevante Forschungsergebnisse der Sozialen Arbeit im Gesundheitsbereich am Beispiel Erwachsenenpsychiatrie. Präsentation am 14.07.2007. Tagung des Schweizerischen Fachverbandes Sozialdienst in Spitälern SFSS. Solothurn. www.sfss.ch/dateien/46/referat_wyssen.pdf (20.2.2011)

Mensch-Tier-Interaktionen in der subjektiven Wahrnehmung psychisch auffälliger Kinder und Jugendlicher

Sandra Wesenberg und Frank Nestmann

„Was Tiere für ein Kind bedeuten, vermögen Erwachsene nur sehr unvollständig und dann immer etwas zu ‚vernünftig' und vielfach nur einseitig wahrzunehmen." (Bergler 1994, S. 17)

Viele AutorInnen stimmen mit Reinhold Bergler in der Auffassung überein, dass Tiere eine besondere Rolle im Leben vieler Kinder und Jugendlicher einnehmen. In verschiedenen Studien, in denen Heranwachsende zur Bedeutung ihrer Haustiere befragt wurden, ordnen sie ihren Haustieren häufig ganz selbstverständlich einen wichtigen Platz in ihrem Leben zu (vgl. u.a. Bergler 1994). Hunde, Katzen oder Meerschweinchen werden als Spielgefährten und beste Freunde geschätzt, mit denen Kinder gern Zeit verbringen, denen sie vertrauen und von denen sie sich verstanden fühlen.

1 Haustiere sind Familienmitglieder

Nicht nur in der Kindheit und Jugend, sondern auch im Erwachsenenalter verbindet viele Menschen mit ihren Haustieren eine enge, partnerschaftliche Beziehung, deren subjektive Bedeutsamkeit durchaus mit zwischenmenschlichen Beziehungen vergleichbar scheint. HaustierhalterInnen gehen davon aus, dass ihre Tiere sie verstehen, auf ihre Stimmung reagieren und mit ihnen Freude wie Kummer fühlen (vgl. Voith 1985). Haustiere bedeuten für viele Menschen entsprechend wichtige ‚Bezugspersonen', die Hilfe und Unterstützung im Alltag und besonders in kritischen Lebenssituationen bieten – dies zum Teil sogar in höherem Maße als menschliche PartnerInnen. So gaben in einer Befragung von mehr als 500 über 55-jährigen KatzenbesitzerInnen mehr als drei Viertel der Befragten an, ihre Gefühle manchmal lieber mit ihrer Katze zu teilen als mit der Partnerin/dem Partner oder anderen ihnen nahestehenden Personen (vgl. Osborne/McNicholas 2004). Dass sich viele Menschen von ihren Haustieren völlig verstanden fühlen, scheint auf den ersten Blick erstaunlich, sprechen Mensch und Tier doch ganz verschiedene ‚Sprachen'. Allerdings scheint gerade darin eine Basis für die vielfältigen positiven Wirkungen der Beziehung zu liegen.

2 Mensch-Tier-Interaktion als analoge Kommunikation

Mensch-Tier-Interaktionen, eingebettet in Wissen übereinander und Erwartungen aneinander wie in gegenseitige Gefühle und Emotionen, sind einerseits tragende Elemente einer Beziehung zwischen Mensch und Tier und andererseits grundlegend durch eben diese ‚persönliche' Beziehung geprägt. Dies unterscheidet sie nicht kategorial von der Interaktion zwischen Menschen. Die ebenfalls überwiegend kommunikative Basis der individuellen Interaktionen zwischen Mensch und Tier birgt allerdings einen ganz entscheidenden Unterschied. Mensch-Tier-Kommunikation ist vornehmlich analoge Kommunikation. Sie ist nicht verbal (im Sinne von ‚wortsprachlich'). Mit Tieren kommunizieren wir nicht digital, nicht in verbalem Austausch von Informationen über Dinge und Ereignisse, über Mitteilung von Inhalten, Themen, Zuständen etc. wie mit anderen Menschen, sondern in erster Linie ‚analog' und über nonverbale Signale, über Mimik, Gestik, Körperhaltungen und Motorik. Analoge Kommunikation läuft hier über das gegenseitige Empfangen von Reizen des Sehens, Fühlens, Riechens und des Hörens von Lauten, Stimmlage, Ausdrucksform, Lautstärke etc., oft in ihrer spezifischen ganzheitlichen Kombination (der wütend schimpfende und gestikulierende Mensch/der freudig winselnde, Schwanz wedelnde Hund). Die analoge Kommunikation, die in zwischenmenschlichen Interaktionen schon in den ersten Lebenstagen praktiziert und erfahren wird, die im weiteren Leben ebenso bedeutsam ist (gerade in persönlichen Beziehungen sowie in existenziellen Herausforderungen und Situationen und oft nicht bewusst und verbal ‚überformt'), ist die generell dominierende Kommunikationsform in der Mensch-Tier-Interaktion.

Menschen wie Tiere zeigen spezifische, mimische, gestische und lauthafte Ausdrücke ihrer Stimmungen und Gefühlslagen, ihrer Motive und Verhaltensabsichten und sie lernen sie im Rahmen ihrer Sozialisation und ihrer sozialen Erfahrungen wahrzunehmen, zu deuten (zu decodifizieren) und sie zu verstehen – selbst über Artgrenzen hinweg (soweit die neurophysiologischen Wahrnehmungs- , Organisations- und Reaktionspotenziale und -mechanismen der jeweiligen beteiligten Spezies sich ähneln). Menschen verstehen somit die ‚Sprache' ihrer Tiere und Tiere verstehen die ‚Sprache' ihrer Menschen.

So können Menschen analoge Botschaften senden und Tiere reagieren oft sofort und spontan analog darauf. Tiere zeigen nonverbal was sie fühlen, wie es ihnen geht, was sie wollen oder beabsichtigen und Menschen können es wahrnehmen und darauf reagieren. Beide teilen sich über analoge Kommunikation dem anderen mit und diese Kommunikationsform ermöglicht gerade auf der emotionalen Beziehungsebene sehr viel eindrücklichere und ‚tiefer liegende' Erfahrungen als eine Interaktion, die primär verbal und digital geprägt ist. Carola Otterstedt demonstriert und analysiert diese Spezifik analoger Kommunikation differenziert in ‚Der Dialog zwischen Mensch und Tier' (2003). Während die digitale Kommunikation sozusagen ‚indirekt' über den Wortsinn und Satzsinn der Mitteilung Informationen übermittelt, macht die analoge Kommunikation nonverbal sehr viel unmittelbarer und direkter den Inhalt der Botschaft bzw. die Botschaft selbst aus. Ohne Worte wird das ausgedrückt und aufgenommen, worum es geht, ohne dass (wie in der digitalen zwischenmenschlichen Kommunikation) darüber zu reden ist. Analoge Botschaften – das, was Menschen und Tiere tun, wie sie sich anblicken und bewegen, wie sie ihr Gesicht verziehen oder sich berühren – sind somit tendenziell authentischer und ‚ehrlicher' als das, was erzählt wird. Insofern ist auch in zwischenmenschlicher Interaktion die analoge Kommunikation dort dominant, wo emotionale Erlebnisinhalte tiefer gehen – ‚positiv' in Zuwendung, Intimität, Liebe, Geselligkeit und Gemeinsamkeit oder ‚negativ' in Streit und Konflikt, Verletzung und Angst, Schmerz oder Trauer. Wenn Tiere mit Menschen interagieren, brauchen sie diese ‚offenen' und ‚transparenten' analogen Signale und Reize, um kommunizieren zu können und fordern damit von ihrem menschlichen Interaktionspartner ebenfalls eine ‚stimmige Kommunikation' (Olbrich 2003), die Sach- und Beziehungsaspekt kongruent übermittelt. Sie selbst kommunizieren ‚unverstellt' analog – wenn man ihre Signale versteht. Es ist davon auszugehen, dass diese analoge Form kommunikativer Interaktion zwischen Mensch und Tier über das gegenseitige Wahrnehmen von Lautausdruck (beruhigendes Sprechen, gedämpfte Stimmmodulation, ‚Schnurren' und ‚Wohlfühlgrunzen'), Berührungskontakt (Streicheln, Fell, Körperwärme und Atembewegung spüren), optische Wahrnehmung (entspannte Körperhaltung, freudige Erregtheit, Blickkontakt, Lächeln), motorische Interaktionen (Spielen, Herumtollen, Gegenstände werfen und bringen) usw. eine zentrale Grundlage auch gesundheitsförderlicher Mensch-Tier-Beziehungen ist, die heute von der Kindheit bis ins hohe Alter nachgewiesen werden können.

3 Die Mensch-Tier-Beziehung im Fokus der Wissenschaft

Positive Wirkungen von Haustieren auf das Leben und die Gesundheit ihrer HalterInnen sind seit geraumer Zeit vielfältig beschrieben und nachgewiesen und wurden zum Beispiel von Katcher und Beck (1983), Beck und Katcher (1996), Wilson und Turner (1998), Fine (2004), Olbrich und Otterstedt (2003), Greiffenhagen und Buck-Werner (2007), Vernooij und Schneider (2008), Otterstedt und Rosenberger (2009) sowie Nestmann, Beckmann und Wesenberg (2010) umfassend und systematisch zusammengestellt. Hunderte von Einzelstudien belegen, dass Haustiere – vornehmlich Hunde und Katzen, Kaninchen, Meerschweinchen und Goldhamster, Vögel und Zierfische, aber auch die ‚Exoten' unter den ‚Pets' wie z. B. Ratten oder Reptilien sowie Nutz- und Hoftiere (Pferde, Esel, Lamas etc.) und Delfine – in ihrer Relation und Interaktion mit gesunden und kranken Erwachsenen, Kindern und alten Menschen hilfreiche und heilsame Qualitäten entfalten können.

Die Forschung zur Mensch-Tier-Beziehung und zu gesundheitsförderlichen Wirkungen von Tieren ist seit ihrem Beginn eine sehr ‚breite' – lange dominiert durch Praxisberichte, wenig systematisierte Beobachtungen und Einzelfallschilderungen, Felduntersuchungen mit kleinen Stichproben und deskriptive Studien, Programmbeschreibungen etc. Erst in den Entwicklungsphasen der 80er und 90er Jahre mehren sich auch im engeren Sinne Hypothesen testende Forschung, experimentelle und quasi-experimentelle Designs, groß angelegte Surveys und differenzierte Programmevaluationen.

Reviews der Wirkung von Tieren auf menschliches Wohlbefinden konstatieren generell die positiven Effekte gelingender Mensch-Tier-Interaktionen und -Be-ziehungen, doch nicht alle Menschen profitieren in gleicher Weise von dem Zusammensein mit Tieren. Die subjektive Bedeutung der Beziehung zu Tieren variiert interindividuell stark und die Formen von Hilfe und Unterstützung, die Tiere bieten können, sind in Abhängigkeit des Lebensalters und der aktuellen Lebenssituation unterschiedlich relevant. Bestimmte Menschen können von einzelnen Aspekten des Wirkungspanoramas der Mensch-Tier-Beziehung (vgl. Nestmann 1994) besonders profitieren. Gerade für Menschen, die in ihren physiologischen oder psychologischen Funktionen eingeschränkt sind oder deren Teilhabe am sozialen Leben beeinträchtigt ist, kann die Interaktion mit Tieren einen besonderen Stellenwert erhalten. In diesem Zusammenhang weisen verschiedene AutorInnen (vgl. Greiffenhagen/Buck-Werner, 2007; Prothmann, 2007) auf die hohe Bedeutung hin, die der Interaktion mit Haustieren für psychisch auffällige Kinder und Jugendliche zukommt.

4 Interaktionen zwischen psychisch auffälligen Kindern und Jugendlichen und Tieren

Ursachen und Entwicklungsbedingungen psychischer Störungen sind in den vergangenen Jahrzehnten zunehmend zum Gegenstand wissenschaftlicher Forschung geworden und Untersuchungen zu Risikofaktoren und protektiven Faktoren für die psychische Gesundheit in Kindheit und Jugend expandierten stark. Nach den Ergebnissen der BELLA-Studie, welche als Modul zur psychischen Gesundheit an den Kinder- und Jugendgesundheitssurvey (KiGGS) angeschlossen ist, zeigen 21,9 % der deutschen Kinder und Jugendlichen Hinweise auf psychische Auffälligkeiten (vgl. Ravens-Sieberer et al. 2007). Die Ergebnisse bestätigen die Einschätzung verschiedener AutorInnen, wonach etwa bei jedem fünften Heranwachsenden mit einer behandlungsbedürftigen seelischen Störung zu rechnen ist (vgl. u.a. Ihle/Esser 2002; Steinhausen 2006). Dabei sind viele psychische Auffälligkeiten im Kindes- und Jugendalter nach Ihle und Esser (2002) nicht nur durch hohe Auftretenshäufigkeiten, sondern auch durch hohe Persistenzraten, also hohe Beständigkeiten, gekennzeichnet. Es handelt sich entsprechend bei diesen Auffälligkeiten häufig nicht um begrenzte, entwicklungsbedingte Phänomene, sondern um langfristige, behandlungsbedürftige psychische Störungen. Die Autoren weisen auf die hohe Bedeutung hin, die diesem Lebensabschnitt bezüglich Prävention und Intervention zukommt. In der wissenschaftlichen Debatte um mögliche Einflussfaktoren, die der Entstehung von Auffälligkeiten entgegenwirken oder die Folgen psychischer Störungen mildern, wird in den letzten Jahren auch die Interaktion mit bzw. die Beziehung zu Tieren als ein solcher möglicher protektiver Faktor diskutiert. Interaktionen mit Tieren können gerade in kritischen Lebenssituationen unterstützend wirken und helfen, die psychische Gesundheit von Kindern und Jugendlichen aufrechtzuerhalten (vgl. u.a. Bergler 2000; Hoff/Bergler 2006a; Greiffenhagen/Buck-Werner 2007; Prothmann 2007). So zeigten Hoff und Bergler (2006a) in einer Untersuchung mit 6- bis 11-jährigen Kindern, die die elterliche Scheidung miterlebten, dass das Zusammenleben mit einem Hund entscheidend dazu beitrug, dieses kritische Lebensereignis zu bewältigen. Bergler (2000) belegte in einer Studie zum Einfluss von Hunden auf das Verhalten und Erleben Jugendlicher in der Großstadt Berlin, dass ein Hund in unvollständigen und gestörten Familien präventiv dem Entstehen psychischer Auffälligkeiten entgegenwirken kann. Auch im Rahmen einer Studie zum Einfluss von Haustieren auf das schulische Leistungs- und Sozialverhalten von 13- bis 15-jährigen Jungen kommen Hoff und Bergler (2006b) zu ähnlichen Ergebnissen und bemerken abschließend, dass positive Beziehungen zu Haustieren, insbesondere Hunden, „einen zentralen Katalysator zum einen für die emotionale Befindlichkeit und zum anderen für die sozialen Interaktionskompetenzen der Jugendlichen und damit auch einen Schutz vor Risikofaktoren der emotionalen Fehlentwicklungen in der krisenbehafteten Pubertätszeit darstellen" (ebd., S. 98). Sowohl die Interaktion mit Tieren in der Familie als auch in anderen Lebensbereichen kann sich positiv auf das psychosoziale Wohlbefinden und die psychische Gesundheit von Kindern und Jugendlichen auswirken. Verschiedene Studien bestätigen die positiven Effekte der Interaktion mit Tieren in pädagogischen Feldern (vgl. u. a. Mallon 1994; Kotrschal/ Ortbauer 2003; Katcher/Wilkins 2004) sowie in psychiatrischen und psychotherapeutischen Bereichen (vgl. u. a. Redefer/Goodman 1989; Martin/Farnum 2002; Prothmann 2005; Prothmann 2007; Prothmann et al. 2009). Die Mehrzahl der angeführten Studien erfasste die Wirkungen der tiergestützten Interventionen mithilfe von Fremd- und Selbsteinschätzungsbögen zu verschiedenen Parametern psychosozialen Wohlbefindens, wobei die Testwerte zwischen der tiergestützten Intervention und einer Kontrollbedingung oder zu zwei Messzeitpunkten (vor und nach Beendigung der Intervention) verglichen wurden. Hieraus lassen sich allerdings noch keine Schlussfolgerungen ableiten, wie psychisch auffällige Kinder und Jugendliche in einer konkreten Situation mit ihrem Haustier oder einem Therapietier interagieren. Um diese Frage zu beantworten, führte Prothmann (2005) an der Klinik für Psychiatrie, Psychotherapie und Psychosomatik des Kindes- und Jugendalters in Leipzig eine Studie durch, in der die Interaktionen von 40 ProbandInnen (jeweils zehn PatientInnen mit Anorexia nervosa, Bulimia nervosa, Angststörung oder einer autistischen Störung) mit einem Therapiehund auf Video aufgezeichnet und analysiert wurden. Die Ergebnisse der Studie zeigen, dass während der nondirektiven tiergestützten Spieltherapie charakteristische Interaktionsmuster beobachtet werden können, die so spezifisch für das jeweilige Störungsbild sind, dass anhand der Beobachtungsdaten Zuordnungen zu bestimmten Diagnosegruppen möglich sind. Mehr als drei Viertel der ProbandInnen konnten so der richtigen Diagnosegruppe zugeordnet werden. Nach Prothmann (2005) kann die differenzierte Analyse der Interaktionsstile zur Erkennung diagnosespezifischer Interaktionsdefizite verhelfen und die Festlegung entsprechender Therapieziele ermöglichen. Beispielsweise nahmen die PatientInnen mit Anorexia nervosa in der Interaktion mit dem Hund bevorzugt starre, unbequeme Körperhaltungen ein. Nach der Konstatierung eines solchen Interaktionsstils könnte entsprechend eine Normalisierung der Körperhaltung in den Mittelpunkt der tiergestützten Therapie gerückt werden. In einer anderen Studie untersuchten Prothmann, Ettrich und Prothmann (2009) ebenfalls mithilfe einer Videoanalyse das Kommunikations- und Interaktionsverhalten von autistischen Kindern während der tiergestützten Therapie. Die Ergebnisse zeigen, dass sich die Kinder häufiger und länger dem Hund als der anwesenden Person oder den Spielgeräten im Raum zuwandten. Sie interagierten mit dem Hund bedeutend intensiver und ausdauernder als mit dem menschlichen Interaktionspartner. Am häufigsten sprachen sie zum Hund oder forderten ihn zum Spiel auf. Auch Redefer und Goodman (1989) konnten in einer frühen Studie zeigen, dass bei den untersuchten autistischen Kindern in der Interaktion mit einem Hund eine gesteigerte Bereitschaft zur sozialen Interaktion zu beobachten war und seltener introvertierte, selbststimulierende Verhaltensweisen auftraten.

Wie diese und viele andere internationale Studien verdeutlichen, kann die Interaktion mit Tieren oft sehr hilfreich und unterstützend wirken. Das unterstellt nicht die Annahme allgegenwärtiger, grenzenlos positiver Wirkungen der Kind-Tier-Beziehung. Mensch-Tier-Interaktionen sind wie zwischenmenschliche Interaktionen vielschichtig und sehr facettenreich – sie können zugewandt und fürsorglich sein, unterstützend und heilsam wirken, können aber ebenso von Distanz oder Gewalt bestimmt sein, schädigend und belastend erlebt werden. Die Interaktionen und ihre potentiell heilsamen Effekte müssen also genau und differenziert betrachtet werden. In den bislang vorliegenden Untersuchungen werden negative Aspekte in den Interaktionen zwischen Mensch und Tier aber wenig berücksichtigt. Zudem existieren aktuell kaum Untersuchungen, die die subjektive Bedeutung der Beziehung zu Tieren für psychisch auffällige Kinder und Jugendliche erfassen. Im deutschsprachigen Raum kann lediglich auf eine Studie von Rost und Hartmann (1994) sowie auf zwei Studien von Bergler (1994; 2000) verwiesen werden. In diesen Untersuchungen beschrieben die befragten Kinder und Jugendlichen, die selbst ein Tier besaßen oder mit einem Tier in der Familie aufwuchsen, vertrauensvolle persönliche Beziehungen zu ihren Haustieren. Die Interaktion mit Tieren wird demnach von nahezu allen Heranwachsenden als positiv und gewinnbringend erlebt. Haustiere, v. a. Hunde, werden als wichtige Lebens- und Spielgefährten wahrgenommen, die zu einem gewissen Grad auch defizitäre zwischenmenschliche Beziehungen kompensieren können. Es erscheint vielversprechend, die subjektive Bedeutung der Mensch-Tier-Interaktion zukünftig en detail zu betrachten, insbesondere da davon ausgegangen werden kann, dass die potentiellen Effekte der Interaktion mit Tieren und die Wirkung der Mensch-Tier-Beziehung als protektiver Faktor in der psychischen Entwicklung durch diese interindividuell verschiedenen Bedeutungszuschreibungen mitbestimmt werden.

5   Eine empirische Studie

Eine am Universitätsklinikum Leipzig durchgeführte Studie verfolgte das Ziel, die subjektive Bedeutung der Interaktion mit Tieren vergleichend zwischen psychisch auffälligen Kindern und Jugendlichen und Heranwachsenden ohne psychische Auffälligkeiten zu analysieren. Dabei wurden sowohl positive, gewinnbringende und potentiell gesundheitsförderliche als auch negative, problematische Anteile der Beziehung erfasst. Zwei relevante Aspekte der Untersuchung werden im Folgenden näher betrachtet: einmal die Formen der Bindung zu Tieren, zum anderen problematische Interaktionsweisen gegenüber Tieren und Tiermisshandlungen.

Die Untersuchung wurde als prospektiv angelegte Studie mit einer zufällig ausgewählten klinischen Gruppe von Kindern und Jugendlichen, die sich in stationärer psychiatrischer Behandlung befanden, und einer ebenfalls zufällig ausgewählten klinisch unauffälligen Vergleichsgruppe aus drei Jugendgruppen in Sachsen durchgeführt. Insgesamt nahmen 50 ProbandInnen im Alter zwischen 11 und 18 Jahren an der Studie teil. Die klinische und die nichtklinische Stichprobe unterschieden sich signifikant hinsichtlich der familiären Situation, in der die ProbandInnen aufwachsen. Die Kinder und Jugendlichen der nichtklinischen Gruppe lebten häufiger mit beiden Elternteilen zusammen als die StudienteilnehmerInnen der klinischen Stichprobe (χ^2 = 8,913, p = 0,003). Die Angaben zum Haustierbesitz waren in beiden Stichproben gleich verteilt, allerdings unterschieden sich die Gruppen hinsichtlich der gehaltenen Tierarten. Die Kinder und Jugendlichen der klinischen Stichprobe hielten signifikant häufiger Hunde (Fisher-Test: p = 0,01) und Zierfische (Fisher-Test: p = 0,05). Der Einfluss dieser Variablen fand in der Auswertung besondere Berücksichtigung.

Verschiedene Erhebungsinstrumente kamen in der Studie zum Einsatz. Zum einen wurde die deutsche Version des Youth Self-Reports von Achenbach verwendet (YSR; vgl. Achenbach 1991). Der YSR erfasst bei Jugendlichen im Alter zwischen 11 und 18 Jahren die Selbsteinschätzung eigener Kompetenzen, Verhaltensauffälligkeiten und emotionaler Probleme.

Die Selbsteinschätzung der Beziehung zu Tieren wurde mithilfe des an der Universität Regensburg entwickelten Mensch-Tier-Interaktionsfragebogens für Kinder (MIT-K) erhoben, der sich aus insgesamt acht Einzelfragebögen zusammensetzt, von denen vier in der durchgeführten Untersuchung Verwendung fanden. Der erste Teil erhebt allgemeine Angaben zur Person wie Alter, Geschlecht, Familiensituation, ethnische Herkunft und schulische Situation sowie Angaben zum Tierbesitz. Den zweiten Teil des MIT-K bildet der Animal Relations Questionnaire (ARQ; vgl. Beetz/Ascione 2004; hier in einer von Beetz überarbeiteten, bislang unveröffentlichten Version verwendet). Der ARQ besteht aus zwei Teilen. Den ersten Teil bilden 21 Items, die auf dem Inventory of Parent and Peer Attachment basieren (IPPA; vgl. Armsden/Greenberg, 1987), einem Instrument, dass die Bindungen Jugendlicher an Eltern und FreundInnen erfasst und von Beetz zur Beschreibung der Beziehung zu Tieren umformuliert wurde. Jedes Item lässt sich einer der drei Dimensionen Kommunikation, Vertrauen und Entfremdung zuordnen. Außerdem kann ein Gesamtwert der Bindung zu Tieren berechnet werden. Der zweite Teil des ARQ basiert auf dem Relationship Scales Questionnaire (RSQ; vgl. Griffin/Bartholomew, 1994). 15 der 30 Items des RSQ wurden von Beetz übersetzt und für die Erfassung der Bindung zu Tieren modifiziert. Die Items bilden vier Skalen, die jeweils eine bestimmte Haltung gegenüber Tieren abbilden: sicher, anklammernd, ängstlich-vermeidend und abweisend. Beetz fügte weitere vier Items hinzu, die die Skala fürsorglich bilden.

Als weiterer Teil des MIT-K wurde in der vorliegenden Studie das Inventar zur Erfassung interpersonaler Probleme in der Version für Tiere (IIP-Tiere; vgl. Stupperich et al. o.J.) verwendet. Dieses Instrument basiert auf dem Inventar zur Erfassung interpersonaler Probleme (IIP; vgl. Horowitz et al. 1994). Alle 64 Items der Kurzform des IIP wurden zur Beschreibung problematischer Interaktionen mit Tieren umformuliert und in das IIP-Tiere übernommen. Die Items bilden folgende acht Skalen: autokratisch/dominant, streitsüchtig/konkurrierend, abweisend/kalt, introvertiert/sozial vermeidend, selbstunsicher/unterwürfig, ausnutzbar/nachgiebig, fürsorglich/freundlich und expressiv/aufdringlich, sowie die beiden übergeordneten Skalen Dominanz und Zuneigung.

Der letzte verwendete Teil des MIT-K erfasst verübte Tiermisshandlungen mithilfe von 25 Items, die Misshandlungen aus unterschiedlichen Beweggründen beschreiben. In der Originalversion des Fragebogens bilden alle 25 Items die Skala Tiermisshandlung. In der vorliegenden Studie wurde das Item „wenn das Tier dich angreift" nicht in die Skalenberechnung einbezogen, da die Notwehr gegen den Angriff eines Tieres nicht als intendierte Tiermisshandlung gewertet werden kann.

Aus der Vielzahl der vorliegenden Ergebnisse interessieren in diesem Rahmen zunächst die Formen der Bindung zu Tieren, die mithilfe des Animal Relations Questionnaire (ARQ) erfasst wurden. In Abbildung 2 sind die Skalenmittelwerte vergleichend zwischen klinischer und nichtklinischer Stichprobe dargestellt. Die klinische Stichprobe weist im Vergleich zur nichtklinischen Gruppe einen geringeren Mittelwert der Skala Entfremdung auf sowie höhere Durchschnittswerte der Skalen Vertrauen, Kommunikation und des Gesamtwertes der Bindung zu Tieren, wobei lediglich zwischen den Werten der Skala Vertrauen ein signifikanter Unterschied besteht (U = 190,5; p = 0,018).

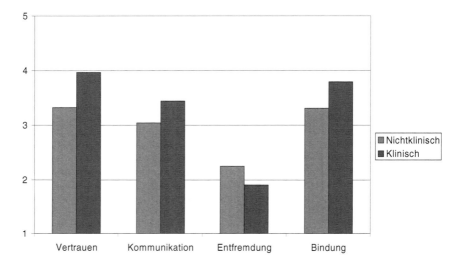

Abbildung 1: Mittelwerte der Skalen des ersten Teils des ARQ

Auch bezüglich der Selbsteinschätzungen der Haltungen gegenüber Tieren, die mithilfe des zweiten Teils des ARQ erhoben wurden, zeigen sich Unterschiede zwischen den Stichproben (vgl. Abb. 3). Die Mittelwerte der Skalen abweisend, anklammernd und fürsorglich unterscheiden sich signifikant zwischen beiden Gruppen. Die ProbandInnen der klinischen Stichprobe beschreiben ihr eigenes Verhalten gegenüber Tieren im Vergleich zu den TeilnehmerInnen der nichtklinischen Vergleichgruppe in leicht signifikant geringerem Maße als abweisend (U = 212; p = 0,050) und in signifikant höherem Maße als fürsorglich (U = 197; p = 0,024) und anklammernd (U = 190; p = 0,016).

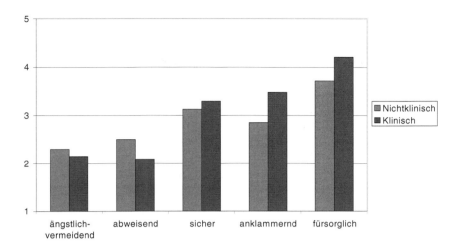

Abbildung 2: Mittelwerte der Skalen des zweiten Teils des ARQ

Da sich die beiden Stichproben hinsichtlich der Variablen Familiensituation, Hundehaltung und Aquariumsbesitz signifikant unterscheiden, wurde nun geprüft, inwiefern diese Unterschiede die Ergebnisse möglicherweise beeinflussen. Die Berechnungen zeigen, dass sich für die ProbandInnen, die in einem Haushalt mit beiden Elternteilen leben, auf der Skala Entfremdung ein signifikant höherer Mittelwert ergibt als für die Kinder und Jugendlichen, die nicht mit beiden Elternteilen aufwachsen (U = 182; p = 0,043). Zur Überprüfung des Einflusses der Merkmale Aquariumsbesitz und Hundebesitz fand aufgrund der stark unterschiedlichen Gruppengrößen der Mediantest Verwendung. Zwischen den BesitzerInnen von Zierfischen und den StudienteilnehmerInnen, die kein Aquarium besitzen, unterschieden sich die Skalenwerte nicht signifikant. Zwischen HundebesitzerInnen und Kindern und Jugendlichen ohne Hund zeigen sich hingegen signifikante Mittelwertunterschiede der Skalen abweisend (χ^2 = 5,444; p = 0,020) und anklammernd (χ^2 = 3,948; p = 0,047). Für einen Teil der ermittelten Unterschiede zwischen der klinischen und der nichtklinischen Stichprobe kann entsprechend nicht ausgeschlossen werden, dass diese durch den Einfluss dieser Drittvariablen mitbedingt sind.

Die bisher meist vernachlässigten problematischen Verhaltensweisen gegenüber Tieren wurden mithilfe des Inventars zur Erfassung interpersonaler Probleme in der Version für Tiere (IIP-Tiere) erfasst. Hier wird untersucht, inwieweit die StudienteilnehmerInnen Probleme in ihrer Beziehung zu und der Interaktion mit Tieren wahrnehmen. Diese problematischen Verhaltensweisen lassen sich auf 8 Skalen abbilden. In Abbildung 4 sind die z-standardisierten Skalenmittelwerte der klinischen und der nichtklinischen Stichprobe dargestellt. Signifikant sind die Unterschiede zwischen beiden Gruppen bezüglich der Skalen rachsüchtig/konkurrierend (U = 209; p = 0,044), unterwürfig/selbstunsicher (U = 204; p = 0,035) und fürsorglich/freundlich (U = 173,5; p = 0,007) sowie der übergeordneten Skala Zuneigung (U = 168,5; p = 0,005).

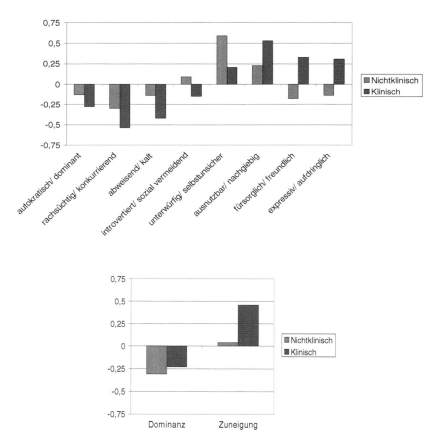

Abbildung 3: Mittelwerte der Skalen des IIP-Tiere

Wiederum wurde bezüglich der unterschiedlichen problematischen Verhaltensweisen ein möglicher Einfluss anderer Variablen geprüft. Zwischen den Kindern und Jugendlichen, die zusammen mit beiden Elternteilen leben, und denjenigen, die in anderen Familienformen bzw. in stationären Einrichtungen der Kinder- und Jugendhilfe aufwachsen, bestehen signifikante Unterschiede der Werte der Skalen rachsüchtig/konkurrierend (U = 184; p = 0,048) und abweisend/kalt (U = 168,5; p = 0,022). Die Variablen Hundehaltung und Aquariumsbesitz beeinflussen die Ergebnisse hingegen nicht.

Im letzten Teil des Fragebogens wurden die ProbandInnen gebeten, anzugeben, aus welchen Gründen sie in ihrem Leben bereits einmal Tiere gequält haben. Die ProbandInnen der nichtklinischen Stichprobe gaben signifikant häufiger an, Tiermisshandlungen verübt zu haben (U = 201,5; p = 0,018), wobei zu beachten ist, dass Tiermisshandlungen in beiden Gruppen äußerst selten beschrieben werden. Die Merkmale Familiensituation, Hundebesitz sowie Aquariumsbesitz zeigen dabei keinen Einfluss auf die Ergebnisse.

Welche Schlüsse erlaubt die Untersuchung, die erstmals subjektive Wahrnehmung der Interaktion mit Haustieren und ihre Bedeutung für psychisch auffällige Kinder und Jugendliche ermittelt? Die Ergebnisse zeigen, dass die Interaktionen mit Haustieren in der klinischen Untersuchungsgruppe und der nichtklinischen Vergleichsgruppe in verschiedener Hinsicht unterschiedlich sind. Im Vergleich zu den psychisch unauffälligen Kindern und Jugendlichen beschrieben die psychisch auffälligen Heranwachsenden engere, vertrauensvollere Bindungen zu Tieren und einen fürsorglicheren Umgang mit ihnen. Die untersuchten psychisch auffälligen Kinder und Jugendlichen schätzten ihre Haustiere in höherem Maße als wichtige ‚Bezugspersonen' ein, von denen sie sich angenommen und unterstützt fühlen. Diese Ergebnisse bestätigen die These verschiedener AutorInnen, dass die Interaktion mit Tieren für psychisch auffällige Kinder und Jugendliche von ganz besonderer Bedeutung sei (vgl. u.a. Greiffenhagen/Buck-Werner 2007; Otterstedt 2001).

Die StudienteilnehmerInnen mit psychischen Auffälligkeiten nehmen zudem andere problematische Verhaltensweisen im Umgang mit Tieren wahr als die ProbandInnen der nichtklinischen Gruppe. Sie schätzen sich in signifikant stärkerem Ausmaß zu fürsorglich oder zu freundlich gegenüber Tieren ein. Die psychisch auffälligen Befragten sind also gern mit Tieren zusammen, umsorgen sie und übernehmen bereitwillig Verantwortung für sie, erleben dieses fürsorgliche Verhalten allerdings nicht nur als positiv, sondern erkennen auch problematische Anteile eines solchen Umgangs mit Tieren.

Verschiedene bisherige Studien weisen darauf hin, dass eine psychische Störung auch einen wesentlichen Risikofaktor für gewalttätige Verhaltensweisen gegenüber Tieren darstellt (vgl. Ascione et al. 2004; Tapia 1971; Dadds et al.

2004). Diese Befunde konnten in der vorliegenden Studie nicht bestätigt werden. Die ProbandInnen der klinischen Stichprobe wiesen im Vergleich zu den TeilnehmerInnen der nichtklinischen Gruppe sowohl hinsichtlich der Skalen, die aggressive, abweisende Verhaltensweisen gegenüber Tieren beschreiben, als auch bezüglich der Angaben zu verübten Tiermisshandlungen durchschnittlich geringere Werte auf. Eine mögliche Erklärung ist, dass in den bisher durchgeführten Studien vornehmlich Fremdeinschätzungen analysiert wurden, hier aber die Tendenz zu sozial erwünschtem Antwortverhalten aufgrund der Verwendung eines Selbsteinschätzungsinstruments erhöht war. Auch scheinen, so die Erkenntnisse von Tapia (1971) und Dadds et al. (2004), nicht alle psychischen Auffälligkeiten in gleicher Weise Prädiktoren für Tiermisshandlungen zu sein. Es sind vor allem externalisierende Auffälligkeiten, die mit dem Misshandeln von Tieren verknüpft sind. Die geringe Zahl der Kinder und Jugendlichen in der vorliegenden Studie schränkten hier eine statistische Auswertung stark ein.

Die Qualität einer Mensch-Tier-Beziehung kann nach heutigem Erkenntnisstand von vielfältigen Faktoren beeinflusst werden. Die subjektive Bedeutung und Qualität der Mensch-Tier-Beziehung wird offenbar von der familiären Situation (vgl. Bergler 2000), dem Lebensalter (vgl. Collis/McNicholas 2004), der Art und Dauer des Tierbesitzes (vgl. Bergler 2000; Rost/Hartmann 1994) und der Art des Haustieres (vgl. Rost/Hartmann 1994) bestimmt. Auch in der vorliegenden Studie zeigte sich, dass sich die beschriebenen Mensch-Tier-Beziehungen insbesondere in Abhängigkeit der familiären Situation der Kinder und Jugendlichen sowie der Tierart tendenziell unterschieden.

Besonders interessant und auf den ersten Blick auch überraschend scheint hier, dass Heranwachsende mit psychischen Störungen, welche oft mit Schwierigkeiten in der Gestaltung zwischenmenschlicher Beziehungen verknüpft sind, kaum Probleme in der Kontaktaufnahme zu Tieren beschreiben und die Interaktionen mit ihren Haustieren in hohem Maße als hilfreich und unterstützend erleben. Die Studienergebnisse bestätigen damit die Hypothese verschiedener AutorInnen, wonach viele psychisch auffällige Kinder und Jugendliche sich eher auf Beziehungen zu Tieren als zu Menschen einlassen können (vgl. Greiffenhagen/Buck-Werner 2007; Mallon 1994). Einen Erklärungsansatz für die so gelingenden Interaktionen zwischen psychisch auffälligen Heranwachsenden und ihren Haustieren sehen wir in den eingangs beschriebenen Besonderheiten der Kommunikation zwischen Menschen und Tieren. Die analoge Kommunikation mit Tieren scheint vielen Kindern und Jugendlichen mit psychischen Auffälligkeiten besser zu gelingen als die digitale Kommunikation mit anderen Menschen. Die nonverbale Kommunikation mit Tieren erfolgt direkt und ‚unverstellt', ermöglicht unmittelbare emotionale Erfahrungen und ist tendenziell authentischer und ‚ehrlicher' als zwischenmenschliche Interaktionen, die überwiegend digital geprägt und überdies in unterschiedlichen Kontexten an spezifische Verhaltenskodexe geknüpft sind. Die Einhaltung solcher impliziten Kommunikationsregeln gelingt vielen Kindern und Jugendlichen mit psychischen Störungen nur schlecht, weshalb zwischenmenschliche Kontaktanbahnungen häufig scheitern. Während es Heranwachsenden mit psychischen Auffälligkeiten entsprechend oft schwer fällt, in Interaktion mit ihren Mitmenschen zu treten, soziale Beziehungen aufzubauen und zu erhalten, gelingt die ‚unverfälschte' Kommunikation mit Tieren in der Regel besser und förderliche, subjektiv hoch bedeutsame Mensch-Tier-Beziehungen werden möglich.

6 Implikationen für die Praxis tiergestützter (Sozial-) Pädagogik und Therapie

Die Studienergebnisse belegen einerseits, dass Tieren in den Selbsteinschätzungen von Kindern und Jugendlichen eine hohe Bedeutung zugeschrieben wird, unabhängig davon, ob die Befragten psychische Auffälligkeiten aufweisen oder nicht. Andererseits zeigen die Ergebnisse aber auch, dass die Qualität der Interaktion, das Bindungsverhalten sowie problematische Interaktionsweisen gegenüber Tieren zwischen psychisch auffälligen Kindern und Jugendlichen und Heranwachsenden ohne Auffälligkeiten unterschiedlich charakterisiert sind. Hieraus lassen sich verschiedene Konsequenzen bezüglich des Einsatzes von Tieren in der durchaus erfolgversprechenden pädagogischen und therapeutischen Arbeit mit psychisch auffälligen Kindern und Jugendlichen ableiten.

Die TeilnehmerInnen der klinischen Stichprobe gaben im Vergleich zu den Befragten der nichtklinischen Gruppe in signifikant stärkerem Maße an, mit Tieren sehr fürsorglich umzugehen. Sie umsorgen Tiere sehr gern und übernehmen bereitwillig Verantwortung für sie. Diesen Kindern die Pflege eines Tieres zu übertragen, könnte einen idealen Ansatzpunkt in der therapeutischen oder pädagogischen Arbeit darstellen, um positive Erfahrungen zu ermöglichen, Vertrauen in die eigenen Fähigkeiten zu entwickeln und das Selbstwertgefühl zu stärken. In vielen sozialpädagogischen Projekten und in Einrichtungen der Kinder- und Jugendhilfe ist man sich der wichtigen Funktionen von Tieren zur Verbesserung des Selbstvertrauens und zur Erfahrung von Selbstwirksamkeit bewusst und überträgt den betreuten Kindern und Jugendlichen gezielt die Verantwortung für das Wohlergehen eines Tieres (vgl. u.a. Beetz 2003; Katcher/ Wilkins 2004). In den stationären Einrichtungen der Kinder- und Jugendpsychiatrie in Deutschland scheinen hingegen die Möglichkeiten zur eigenverantwortlichen Betreuung eines Tieres begrenzt. Ein Großteil der tiergestützten Arbeit erfolgt hier in Form des therapeutischen Reitens (vgl. Prothmann 2007). Dabei können die jungen PatientInnen durchaus für die Pflege und Versorgung des Pferdes vor und nach der Reitstunde verantwortlich sein, allerdings ist die Therapie auf wenige Stunden wöchentlich beschränkt, womit wichtige Erfahrungen von Selbstvertrauen und Selbstwirksamkeit nur begrenzt möglich sind. Ebenso gestaltet sich die zeitlich befristete Interaktion mit Tieren, beispielsweise Hunden, in einzelnen Therapiesitzungen. Stationstiere bieten hingegen in höherem Maße die Möglichkeit, eigenverantwortliches Handeln zu trainieren. Wird einer Patientin/ einem Patienten die Versorgung eines Stationstiers anvertraut, ist sie/ er über längere Zeit für das Wohlergehen eines anderen Lebewesens verantwortlich und kann Vertrauen in die eigenen Fähigkeiten entwickeln. Zudem stellt ein Stationstier einen immer verfügbaren Freund, Vertrauten oder Zuhörer dar. Die meisten der befragten psychisch auffälligen Kinder und Jugendlichen schätzen Tiere als wichtige Partner, mit denen sie sich gern beschäftigen, denen sie Probleme anvertrauen und von denen sie sich unterstützt fühlen. Ein Stationstier kann sicherlich nicht die Beziehung zu einem geliebten Haustier ersetzen, es kann aber dennoch kontinuierliche Zuwendung bieten und hilft, Gefühle des Alleinseins zu lindern, die ein großer Teil der PatientInnen der stationären Kinder- und Jugendpsychiatrie erlebt. Die Interaktion mit Katze, Hase oder Meerschweinchen wirkt sich positiv auf das psychosoziale Wohlbefinden der Patienten aus und kann so auch als wesentlicher Wirkfaktor im Genesungsprozess interpretiert werden. Die stärkere Etablierung von Stationstieren in der stationären Kinder- und Jugendpsychiatrie erscheint entsprechend als wertvolle Ergänzung zu den bestehenden tiergestützten Therapieangeboten.

Die Studienergebnisse weisen allerdings auch auf einige potentielle Risiken hin, die in der tiergestützten Arbeit mit psychisch auffälligen Kindern und Jugendlichen unbedingt beachtet werden sollten. So gab ein großer Teil der TeilnehmerInnen der klinischen Stichprobe an, sich manchmal oder häufig ‚zu' fürsorglich oder ‚zu' aufdringlich gegenüber Tieren zu verhalten. Ein aufdringliches Verhalten gegenüber Tieren kann dazu führen, dass die natürlichen Bedürfnisse des Tieres unbewusst oder bewusst zugunsten eigener Wünsche missachtet werden. Die Haltung der StudienteilnehmerInnen mit internalisierenden Störungen gegenüber Tieren lässt sich zudem als relativ stark ‚anklammernd' charakterisieren. Ein solches Bindungsverhalten birgt die Gefahr, eine so genannte ‚pathologische Liebe' zum Tier zu entwickeln (vgl. Greiffenhagen/Buck-Werner 2007). Pathologische Liebe beschreibt eine Form der Zuwendung zum Haustier, die das Tier in den Mittelpunkt des täglichen Erlebens rückt und alle anderen sozialen Beziehungen in den Hintergrund treten lässt. Dieses Verhaltensmuster entsteht wahrscheinlich kaum bei den kurzfristigen Therapiesitzungen mit Pferden oder Hunden, die in der stationären Kinder- und Jugendpsychiatrie vorwiegend durchgeführt werden. In sozialen Projekten, in denen Kinder und Jugendliche teilweise über Jahre betreut werden und konstant mit Tieren zusammenleben, ist es allerdings vorstellbar, dass sich übermäßig enge Bindungen etablieren. In den Berichten über Green Chimneys, eine der renommiertesten stationären Jugendhilfeeinrichtungen für psychisch auffällige Kinder und Jugendliche in den USA, die tiergestützt arbeiten, finden sich allerdings keinerlei Indizien für übermäßig enge Bindungen zwischen Kindern und Tieren (vgl. Beetz 2003; Mallon 1994). Dennoch scheint hier Vorsicht geboten. Die TherapeutInnen, ErzieherInnen oder ÄrztInnen, die Tiere gezielt in ihre Arbeit integrieren, sollten um diese Problematiken wissen und sensibel damit umgehen – auch und vor allem, weil sie die Verantwortung für das Wohlergehen des Tieres tragen.

Insgesamt belegen die vorgelegten Studienergebnisse, dass psychisch auffällige Kinder und Jugendliche der Beziehung zu Tieren eine sehr hohe Bedeutung beimessen und die Interaktion mit Tieren in vielerlei Hinsicht als unterstützend und gewinnbringend erleben. Die subjektive Bedeutung der Interaktion mit Haustieren geht dabei über die von außen objektiv beobachtbaren Effekte weit hinaus. Aus diesem Grund scheint es auch für zukünftige Untersuchungen vielversprechend und sinnvoll, Kinder und Jugendliche als ‚Experten in eigener Sache' selbst zu Wort kommen zu lassen. Im Gegensatz zu einer Fülle an subjektiv wahrgenommenen positiven Aspekten und Wirkungen des Zusammenseins mit Tieren berichteten die ProbandInnen in der vorliegenden Studie nur in sehr geringem Maße von problematischen Facetten der Interaktionen mit Tieren. Die potentiellen heilsamen Effekte überwiegen deutlich die möglichen Risiken in der Kind-Tier-Beziehung. Es lässt sich der Schluss ziehen, dass Tieren eine hohe Bedeutung im Leben von Heranwachsenden mit psychischen Auffälligkeiten zukommt und dass der gezielte Einsatz von Tieren ein erfolgversprechendes Mittel darstellt, das die therapeutische und pädagogische Arbeit mit psychisch auffälligen Kindern und Jugendlichen entscheidend bereichern und verbessern könnte.

Literatur

Achenbach, Thomas M. (1991): Integrative Guide for the 1991 CBCL/4-18, YSR, and TRF Profiles. Burlington: University of Vermont, Department of Psychiatry

Armsden, Gay C./Greenberg, Mark T. (1987): The inventory of parent and peer attachment: Individual differences and their relationship to psychological well-being in adolescence. In: Journal of Youth and Adolescence 16. 427-454

Ascione, Frank R./Kaufmann, Michael E./Brook, Susan M. (2004): Animal Abuse and Developmental Psychopathology: Recent Research, Programmatic, and Therapeutic Issues and Challenges for the Future. In: Fine, A. (Hrsg.) (2004): 325-354

Beck, Alan/Katcher, Aaron H. (1996): Between pets and people – The importance of animal companionship. West Lafayette/Indiana: Purdue University Press

Beetz, Andrea/Ascione, Frank R. (2004): The Animal Relations Questionnaire – Assessing Trust, Communication, and Alienation in Human-Animal Relationships. In: International Conference on Human Animal Interactions: People and animals: a timeless relationsship; the 10th International Conference on Human-Animal Interactions; conference handbook. Glasgow: Society for Companion Animal Studies:169

Beetz, Andrea (2003): Green Chimneys – ein Vorbild für tiergestützte Therapie mit Kindern und Jugendlichen. In: Olbrich/Otterstedt (Hrsg.) (2003): 75-84

Bergler, Reinhold (1994): Warum Kinder Tiere brauchen. Informationen, Ratschläge, Tips. Freiburg: Herder

Bergler, Reinhold (2000): Gesund durch Heimtiere. Beiträge zur Prävention und Therapie gesundheitlicher und seelischer Risikofaktoren. Köln: Deutscher Instituts-Verlag

Bortz, Jürgen/Lienert, Gustav A. (2003): Kurzgefasste Statistik für die klinische Forschung. Leitfaden für die verteilungsfreie Analyse kleiner Stichproben. 2., aktualisierte und bearbeitete Auflage. Berlin, Heidelberg: Springer

Collis, Glyn M./McNicholas, June (2004): The role of pets in the social networks of children, adolescents and elderly people. In: International Conference on Human Animal Interactions: People and animals : a timeless relationsship ; the 10th International Conference on Human- Animal Interactions; conference handbook. Glasgow: Society for Companion Animal Studies: 11

Dadds, Mark R./ Whiting, Clare/ Bunn, Paul/Fraser, Jennifer A../Charlson, Juliana H./Pinola-Merlo, Andrew (2004): Measurement of Cruelty in Children: The Cruelty to Animals Inventory. In: Journal of Abnormal Child Psychology 32. 321-334

Fine, Aubrey H. (ed..) (2004). Handbook on animal-assisted therapy. Theoretical foundations and guidelines for practice. San Diego: Academic Press

Greiffenhagen, Sylvia/Buck-Werner, Oliver N. (2007): Tiere als Therapie. Neue Wege in Erziehung und Heilung. Mürlenbach: Kynos

Griffin, Dale W./Bartholomew, Kim (1994): Relationship Scales Questionnaire. http://www.sfu.ca/psyc/faculty/bartholomew/selfreports.htm. (25.08.2009)

Hoff, Tanja/Bergler, Reinhold (2006a): Heimtiere und schulisches Leistungs- und Sozialverhalten. Regensburg: S. Roderer

Hoff, Tanja/Bergler, Reinhold (2006b): Heimtiere und Kinder in der elterlichen Scheidungskrise. Regensburg: S. Roderer

Horowitz, Leonard/Strauß, Bernhard/Kordy, Hans (1994): Inventar zur Erfassung interpersonaler Probleme – Deutsche Version – (IIP-D). Weinheim: Beltz

Ihle, Wolfgang/Esser, Günter (2002): Epidemiologie psychischer Störungen im Kindes- und Jugendalter. Prävalenz, Verlauf, Komorbidität und Geschlechtsunterschiede. In: Psychologische Rundschau 53. 159-169

Katcher, Aaron H./Beck, Alan (Hrsg.) (1983): New perspectives on our lives with companion animals. Philadelphia: University of Pennsylvania Press

Katcher, Aaron/Friedmann, Erika/Beck, Alan/Lynch, James (1983): Looking, talking and blood pressure: The physiological consequences of interaction with the living environment. In: Katcher/Beck (Hrsg.) (1983): 351-359

Katcher, Aaron H./Wilkins, Gregory G. (2004): The Centaur's Lessons: Therapeutic Education through Care of Animals and Nature Study. In: Fine (Hrsg.) (2004): 153-178

Kotrschal, Kurt/Ortbauer, Brita (2003): Behavioral effects of the presence of a dog in a classroom. In: Anthrozoös 16. 147-159

Mallon, Gerald P. (1994): Cow as Co-Therapist: Utilization of Farm Animals as Therapeutic Aides with Children in Residential Treatment. In: Child and Adolescent Social Work Journal 11. 455-474

Martin, François/Farnum, Jennifer (2002): Animal-Assisted Therapy for Children With Pervasive Developmental Disorders. In: Western Journal of Nursing Research 24. 657-670

Nestmann, Frank (1994): Tiere helfen heilen. In: Wissenschaftliche Zeitschrift der Technischen Universität Dresden 43. 64-74

Nestmann, Frank/Beckmann, Antje/Wesenberg, Sandra (Hrsg.) (2010): Tiere heilen! (Schwerpunkt). In: Verhaltenstherapie & Psychosoziale Praxis 42. 5-95

Olbrich, Erhard/Otterstedt, Carola (Hrsg.) (2003): Menschen brauchen Tiere. Grundlagen und Praxis der tiergestützten Pädagogik und Therapie. Stuttgart: Franckh-Kosmos

Olbrich, Erhard (2003): Kommunikation zwischen Mensch und Tier. In: Olbrich /Otterstedt (Hrsg.) (2003): 84-89

Osborne, Emma/ McNicholas, June (2004): Cats as valued relationships in people's social networks. In: International Conference on Human Animal Interactions: People and animals : a timeless relationsship ; the 10th International Conference on Human-Animal Interactions; conference handbook. Glasgow: Society for Companion Animal Studies 2004: 12

Otterstedt, Carola (2001): Tiere als therapeutische Begleiter. Gesundheit und Lebensfreude durch Tiere – eine praktische Anleitung. Stuttgart: Kosmos

Otterstedt, Carola (2003): Der Dialog zwischen Mensch und Tier. In Olbrich/Otterstedt (Hrsg.) (2003): 90-105

Otterstedt, Carola/Rosenberger, Michael (Hrsg.) (2009): Gefährten – Konkurrenten – Verwandte. Die Mensch-Tier-Beziehung im wissenschaftlichen Diskurs. Göttingen: Vandenhoeck & Ruprecht

Prothmann, Anke (2005): Verhaltensmuster psychisch auffälliger Kinder und Jugendlicher in der tiergestützten Therapie – eine Interaktionsanalyse. Aachen: Shaker

Prothmann, Anke (2007): Tiergestützte Kinderpsychotherapie. Frankfurt/M.: Peter Lang

Prothmann, Anke/Ettrich, Christine/Prothmann, Sascha (2009). Preference and responsiveness to people, dogs and objects in children with autism. In: Anthrozoös 22. 161-171

Ravens-Sieberer, Ulrike/Wille, Nora/Bettge, Susanne/Erhart, Michael (2007): Psychische Gesundheit von Kindern und Jugendlichen in Deutschland. Ergebnisse aus der BELLA-Studie im Kinder- und Jugendgesundheitssurvey (KiGGS). Bundesgesundheitsblatt – Gesundheitsforschung – Gesundheitsschutz 50. 871-878

Redefer, Laurel A./Goodman, Joan F. (1989): Brief Report. Pet-facilitated therapy with autistic children. In: Journal of autism and developmental disorders 19. 461-467

Rost, Detlef/Hartmann, Anette (1994): Children and their pets. In: Anthrozoös 7. 242-254

Steinhausen, Hans-Christoph (2006): Psychische Störungen bei Kindern und Jugendlichen. Lehrbuch der Kinder- und Jugendpsychiatrie und -psychotherapie. 6., neu bearbeitete und erweiterte Auflage. München, Jena: Urban & Fischer

Stupperich, Alexandra/Strack, Micha/Stache, Gabi (o.J.): Inventory of Assessing Problem Interactions with Animals (IPI-Animals) – Development and first experiences with a new questionnaire. Bislang unveröffentlichtes Manuskript

Tapia, Fernando (1971): Children Who Are Cruel To Animals. In: Child Psychiatry and Human Development 2. 70-77

Vernooij, Monika/Schneider, Silke (2008): Handbuch der Tiergestützten Intervention. Grundlagen, Konzepte, Praxisfelder. Wiebelsheim: Quelle & Meyer

Voith, Victoria L. (1985): Attachment of people to companion animals. In: Veterinary Clinics of North America 15. 2. 289-295

Wilson, Cindy C./ Turner, Dennis C. (Hrsg.) (1998): Companion animals in human health. Thousand Oaks: Sage

Krankheitsarbeit von Patienten und Patientinnen mit rheumatoider Arthritis – Ein ungesehenes Thema in der Interaktion

Petra Richter, Maren Stamer und Norbert Schmacke

Welche Perspektive haben Patienten und Patientinnen mit rheumatoider Arthritis auf ihren Krankheitsverlauf? Diese Frage steht im Mittelpunkt einer qualitativen Studie[1] zum Verständnis von patientenseitigen Haltungen und Entscheidungen an der Schnittstelle von therapeutischem Fortschritt und Krankheitserleben im Kontext von rheumatoider Arthritis (RhA). Ausgangspunkt der Studie bildet die Annahme, dass sich vor allem für den gravierend betroffenen Teil der Patientinnen und Patienten das Bild der RhA durch medizinischen Fortschritt grundlegend gewandelt habe, insbesondere durch Innovationen im pharmakologischen Bereich. Aus dieser Perspektive ist RhA als chronische Erkrankung zu beschreiben, die prinzipiell gut behandelbar ist. Anknüpfend an diese Überlegungen sind qualitative Leitfadeninterviews mit an RhA erkrankten Menschen geführt worden, um ihre Perspektive auf den Krankheitsverlauf zu ergründen und um zu erfassen, worin für sie – trotz bzw. jenseits des pharmakologischen Fortschrittes – Versorgungsdefizite bestehen. Zu fragen bleibt, welche Schlussfolgerungen sich aus dem Krankheitserleben von Menschen mit RhA ziehen lassen für die Gestalt medizinischer Versorgungsprozesse, explizit für Begegnungen zwischen Ärzten/Ärztinnen und Patienten/Patientinnen.

1 Hintergrund

Die Berücksichtigung der Perspektive von Patientinnen und Patienten auf ihre Erkrankung zur Verbesserung der Versorgung ist keineswegs neu, in der Gesamtbetrachtung publizierter Studien zu chronischen Krankheiten aber nach wie

---

1 Grundlage des Artikels ist eine Studie mit dem Titel „Die Perspektive von Patientinnen und Patienten mit Rheumatoider Arthritis auf ihren Krankheitsverlauf unter besonderer Berücksichtigung der Erfahrungen im Versorgungssystem". Der Abschlussbericht zur Studie findet sich unter: http://www.akg.uni-bremen.de/pages/projektBeschreibung.php?ID=5. Die Studie wurde finanziert von Wyeth Pharma Deutschland.

vor nicht ausreichend präsent. Grundlegend zum Verständnis des Themenkreises ‚chronische Krankheiten' sind die Arbeiten von Corbin und Strauss (v. a. 1988), die erstmals umfassend auf dem Boden qualitativer Forschung herausgestellt haben, dass ein Verstehen der Patientensicht deshalb von so hoher Bedeutung ist, weil chronische Krankheit den Betroffenen auf verschiedenen Ebenen ein hohes Maß an krankheitsbedingter Leistung abverlangt. Die kontinuierlich zu erbringende Arbeit im privaten, beruflichen und medizinischen Setting kennzeichnet den Kranken als Akteur bzw. Akteurin auch in der Beziehung zum professionellen Helfersystem, welches diese Leistung und Problematik oft nicht versteht und schlicht auf Folgsamkeit insistiert. Rheumatoide Arthritis ist nicht nur isoliert mit massiven Einschränkungen der körperlichen Integrität verbunden. Auszugehen ist ferner von sozialen und ökonomischen Folgen, die vermutlich nach wie vor unterschätzt werden. Die Ergebnisse einzelner qualitativer Studien zeigen, welche allgemeinen und spezifischen Erwartungen Patientinnen und Patienten mit rheumatoider Arthritis an das Helfersystem haben. So stellen Haugli et al. beispielsweise heraus, dass Patientinnen und Patienten mit rheumatoider Arthritis unabhängig von zugleich geäußerter Wertschätzung spezifische Erwartungen an die Arzt-Patienten-Beziehung äußern: in der Erkrankung als Individuum mit eigener Lebens- und Krankheitsbiographie wahrgenommen und insbesondere im Erleben von Schmerzen und Leiden ernst genommen zu werden – ‚to be seen' und ‚to be believed' (Haugli et al. 2004). Dies geht offenkundig weit über die Zuweisung einer anerkannten Diagnose und die damit verbundene Aufmerksamkeit durch die Ärzteschaft und die Gesellschaft hinaus. Das erlebte Leiden steht offenbar nicht regelhaft in einem als fair erlebten Verhältnis zum erfahrenen Verständnis durch die Außenwelt. Eine qualitative Studie von Lempp et al. zeigt, dass Patientinnen und Patienten auf Grund ihrer Erfahrungen mit dem Versorgungssystem sehr detailliert erzählen, was sie in der Kommunikation und Organisation der Betreuung positiv und negativ empfunden haben. Zusammenfassend deutet diese Arbeitsgruppe ihre Ergebnisse als Hinweis darauf, dass Patientinnen und Patienten mit rheumatoider Arthritis nicht länger als passive Empfänger von Beratung und Behandlung betrachtet werden wollen und eine Wertschätzung ihrer eigenen Bemühungen im Umgang mit der Erkrankung erwarten (Lempp et al. 2006).

Anknüpfend an die vorab skizzierten Studienergebnisse zeigt sich ein Bedarf an qualitativen Forschungsansätzen, um weiterführende Erkenntnisse zum Krankheitserleben von Patienten und Patientinnen mit RhA zu gewinnen und daraus Schlussfolgerungen zu ziehen für die zukünftige Gestaltung von Versorgungsprozessen.

2 Methodisches Vorgehen

Zur Untersuchung der Perspektiven von Patienten und Patientinnen mit rheumatoider Arthritis auf ihren Krankheitsverlauf ist ein qualitatives Design gewählt worden. Mit qualitativen Methoden werden Phänomene sowie die Bedeutungen, die diese für die beteiligten Personen haben untersucht. Insoweit ist qualitative Forschung geeignet für die Mikroebene sozialer Analysen und orientiert sich am interpretativen Paradigma. Damit einher geht das generelle Forschungsziel, soziale Wirklichkeiten nachvollziehen und verstehen zu wollen. Neben dem Prinzip der Offenheit als Grundlage qualitativer Forschung – in Abgrenzung zum Prinzip der Standardisierung bei quantitativer Forschung – sind demnach als weitere Kennzeichen Subjektorientierung, Alltagsorientierung und Kontextualität zu benennen. (Flick et al. 2000; Flick 2007)

Zum Erfassen der subjektiven Sichtweisen von Patienten und Patientinnen mit rheumatoider Arthritis ist auf der Erhebungsebene die Methode der Befragung in Form von leitfadengestützten Experteninterviews nach Meuser und Nagel (2005) gewählt worden. Der Begriff des Experteninterviews verdeutlicht, dass die für ein Interview angefragten Personen als Experten oder Expertinnen – z.B. bezogen auf ein Thema, einen Sachverhalt oder eine Personengruppe – betrachtet werden. Nach Meuser und Nagel ist ein Kennzeichen von Experten und Expertinnen – im Sinne der hier vorgestellten Methodik –, dass sie „selbst Teil des Handlungsfeldes sind" (Meuser/Nagel 2005: 73) und nicht als Außenstehende auf das zu untersuchende Feld schauen. Die Interviews sind auf der Grundlage eines teilstrukturierten, halboffenen Interviewleitfadens (Mayring 2003: 66f.) durchgeführt worden. Der Leitfaden setzt sich zusammen aus einer Erzählaufforderung zur Gestaltung der Eröffnungssituation des Interviews und sich an die Einstiegserzählung anschließende Leitfragen. Mit der Verwendung einer Erzählaufforderung erfolgt eine Abweichung vom herkömmlichen Experteninterview in der Beschreibung von Meuser und Nagel (2005) und damit zugleich eine für qualitative Forschung charakteristische Kombination und Weiterentwicklung bestehender Methoden (Knoblauch 2008)[2]. Der Interviewleitfaden umfasst Leitfragen zu den nachstehenden Themen: Folgen der Erkrankung in den verschiedenen Lebensbereichen (Was hat sich für Sie durch die Erkrankung verändert?), Rolle von Information und Aufklärung (z.B. Wie fühlen Sie sich über Ihre Erkrankung informiert bzw. aufgeklärt?), Erfahrungen mit dem Versorgungssystem

---

2 Die Erzählaufforderung lautet: Ich möchte Sie bitten, sich zurück zu erinnern an die Zeit, als die Krankheit bei Ihnen begann, in welcher Lebenssituation Sie sich befanden und wie Sie dann nach und nach die Anzeichen der Krankheit wahrgenommen haben. Vielleicht fallen Ihnen besondere Ereignisse ein. Sie können sich so viel Zeit nehmen, wie Sie möchten, auch für Einzelheiten, denn für mich ist alles das interessant, was für Sie wichtig ist.

(z.B. Was hat Ihnen zurückblickend am meisten geholfen?), Therapieziele und Zukunftsperspektiven (z.B. Inwieweit hat sich im Verlauf Ihrer Erkrankung etwas daran verändert, was für Sie besonders wichtige Behandlungsziele sind?). Nach Durchführung von zwei Pre-Tests und einer sich daran anschließenden geringfügigen Modifikation des Leitfadens ist mit der Erhebung begonnen worden.

Das Sample setzt sich zusammen aus insgesamt 22 Patienten und Patientinnen mit RhA. Die Interviewteilnehmerinnen und -teilnehmer wurden aus der Frühfallkohorte des Deutschen Rheumaforschungszentrums (DRFZ) an der Charité Berlin ausgewählt. Am Forschungsbereich Epidemiologie des DRFZ ist in den Jahren 2000 und 2001 unter Beteiligung rheumatologischer Einrichtungen eine Frühfall-Kohorte (Krankheitsdauer unter zwei Jahren) aufgebaut worden, die für über 900 Patienten und Patientinnen Verlaufsdaten zur Krankheitsaktivität, Krankheitsschwere, Komorbidität, Lebensqualität, Art und Frequenz der ärztlichen Betreuung sowie zu Krankschreibungen, Krankenhausbehandlungen, Therapie und Nebenwirkungen umfasst (Westhoff/Zink 2007). Entlang der Kriterien „Alter bis 67 Jahre", „wohnhaft in nördlichen Bundesländern" sowie „Arzturteil zur Krankheitsschwere ‚mittel bis schwer'" sind 103 der über 900 Patienten und Patientinnen der Frühfall-Kohorte ausgewählt und mit der Frage nach ihrer Bereitschaft zu einem Interview angeschrieben worden. Etwa 20 Personen erklärten sich zu einem Interview über Krankheitserleben und Krankheitsfolgen bereit. Aufgrund der geringen Anzahl an Männern, die Interesse an einem Interview zeigten, wurde das Kriterium „Alter" im Verlauf der Samplebildung auf 70 Jahre hoch gesetzt. Durch diese Maßnahme konnten weitere Interviewpartner gewonnen werden. Das der Studie zu Grunde liegende Sample setzt sich wie folgt zusammen: 13 Frauen im Alter von 43 bis 67 Jahren sowie neun Männer im Alter von 40 bis 70 Jahren. Sieben Frauen und acht Männer leben zum Zeitpunkt des Interviews in einer Partnerschaft, sechs Frauen und ein Mann leben alleine. Erwerbstätig sind drei Frauen und zwei Männer; jeweils sieben Männer und Frauen sind Rentner bzw. Rentnerinnen, eine Frau ist erwerbsarbeitslos und zwei gehen Familienarbeit nach.

Zur Auswertung der Interviewdaten ist für das Projekt die Methode der qualitativen Inhaltsanalyse (Mayring 2003) gewählt worden. Kennzeichnend für die qualitative Inhaltsanalyse sind nach Mayring das Verfahren der Zusammenfassung, das der Explikation und das der Strukturierung (Mayring 2003: 56ff.). Der Prozess der Auswertung beginnt mit einer wortgenauen Transkription aller Interviews. Vom einzelnen Interview ausgehend erfolgt im nächsten Schritt eine Paraphrasierung der einzelnen Interviewtexte. Durch verschiedene Schritte der Reduktion, z.B. Bündelung bei Überschneidungen, ergibt sich eine Zusammenfassung der Paraphrasen und damit des gesamten Interviewmaterials. Die Zusammenfassung entlang von Themenkomplexen führt zugleich zur Entstehung eines aus dem Material abgeleiteten Kategoriensystems, das es wiederum entlang aller Interviews zu überprüfen gilt (Mayring 2003: 59 ff.). Nach Mayring kann ein Kategoriensystem auch von ‚außen', also entlang bereits vorliegender theoretischer Erkenntnisse an das Material herangetragen werden (Mayring 2003: 74f.). Da der Erhebung ein Interviewleitfaden zugrunde liegt, in dessen Entwicklung theoretische Erkenntnisse eingeflossen sind, lässt sich die Auswertung – in Verbindung mit Schritten der Zusammenfassung, der Explikation und der Strukturierung – als eine Kombination aus einem aus dem Material entwickelten und einem an das Material herangetragenen Kategoriensystems charakterisieren.

Ergänzend zur Qualitativen Inhaltsanalyse ist bei der Auswertung auf das von Glaser und Strauss (1967, 1993) entwickelte Rahmenkonzept der grounded theory zurückgegriffen worden. Die Ergänzung der Datenanalyse durch das Konzept der grounded theory hat sich als sinnhaft gezeigt angesichts der in den Interviews enthaltenen, vielfach mit der Einstiegserzählung in Verbindung stehenden Narrationen. Dieses Konzept einer gegenstandsbezogenen oder gegenstandsverankerten Theorie ist begründet auf zwei Kernaussagen. (1) Aus empirischem Material lässt sich eine Theorie entwickeln; d.h. das Datenmaterial hat nicht nur illustrativen Charakter, ist nicht bloßer Beleg für vorhandene Theorien. Das empirische Material selbst dient der Theoriebildung. (2) Die Theorie soll am empirischen Material gesättigt sein. Sie wird belegt an ausführlich interpretierten Stellen des Datenmaterials. Durch systematisches Erheben und Analysieren von Daten, die sich auf das untersuchte Phänomen beziehen, kann eine Theorie entdeckt, ausgearbeitet und vorläufig bestätigt werden (Strauss/Corbin 1996). Datensammlung, Analyse der Daten und Theoriebildung stehen so in einer wechselseitigen, prozessualen Beziehung.

Aus der Gesamtheit der Ergebnisse sind für die nachfolgende Darstellung zwei Themen ausgewählt worden: ‚Wandel und Kontinuität von Selbstbeschreibungen' und das Thema ‚Zeit'.

3 Wandel und Kontinuität von Selbstbeschreibungen

In der medizinsoziologischen Forschung sind in den letzten Jahrzehnten eine Reihe von Arbeiten entstanden, die sich mit dem Zusammenhang zwischen der Diagnose einer chronischen Erkrankung und dem Zusammenbruch von Selbstbeschreibungen beschäftigen (z B. Blaxter 1976; Bury 1982; Corbin/Strauss 1987; Charmaz 1983, 1987, 1991). Neben somatischen Konsequenzen einer chronischen Erkrankung ist der Fokus dieser Forschungstradition auf die Selbstdefinitionen der Erkrankten gerichtet.

Die folgenden Beobachtungen zu Selbstbeschreibungen von Menschen, die an rheumatoider Arthritis erkrankt sind, knüpfen an diesen Diskussionsstand an. Die Krankheitsfolgen werden von den interviewten Personen in beeindruckendem Ausmaß in sozialen Bereichen sowie vor dem Hintergrund sich wandelnder Identitätskonstruktionen thematisiert. Explizit im Rahmen der Eingangsnarrationen haben die interviewten Personen Selbstbeschreibungen formuliert. Nach den Umständen des Beginns der Erkrankung gefragt, schilderten die Interviewpartner und -partnerinnen die ersten Symptome und den (oft langwierigen) Verlauf der Diagnostik im Kontext ihrer damals aktuellen Lebenssituation aus einer Gegenwartsperspektive. Es ist bei diesen Schilderungen nicht beliebig, welche Rahmungen besonders erzählrelevant werden. Interviewte schildern den Krankheitsbeginn zum Beispiel vor allem vor dem Hintergrund ihrer beruflichen Situation, familiärer Konstellationen oder im Hinblick auf Lebensziele. Dass insbesondere in diesen Bereichen im Verlauf einer chronischen Erkrankung Neu-Auslegungen des Selbst notwendig werden, hat vor allem Charmaz (1991) eindrucksvoll aufgewiesen. Offensichtlich ist, wie bedeutsam diese Elemente der Lebensgestaltung mit der chronischen Krankheit RhA aus Perspektive der Erkrankten sind. Neu-Auslegungen der Selbstbeschreibungen stellen bei chronischen Erkrankungen kontinuierlich einen wesentlichen Teil der Krankheitsarbeit dar. Prozesse dieser Art können gelingen, mühsam sein sowie nicht oder nur teilweise gelingen (und so einen eigenen Teil der Chronifizierung darstellen)[3].

3.1 Der Interviewpartner Herr S

Dem Interviewpartner Herrn S gelingen Neu-Auslegungen der Selbstbeschreibung unter Mühen. Er hat schwer daran zu tragen, früh aus dem Berufsleben ausscheiden zu müssen und sein Tätigkeitsprofil auf Hausarbeit zu übertragen.

> „… haben die Ärzte mich erwerbsunfähig ja geschrieben. So und das ja, das erste Jahr war ganz schlimm. Wenn man immer, immer auf'e Beine war, immer gearbeitet hat, mit mal zu Hause (weint)." (R23/3/78–81)[4]

---

3 Zu ähnlichen Einschätzungen kommen Stamm et al. (2008), die biographische Interviews mit RhA-Patientinnen und Patienten geführt haben. Einige Teilnehmer sahen in ihrer Erkrankung eine Herausforderung für die Meisterschaft in ihrem Leben, während andere durch die Krankheit angepasst wurden und keine eigenen Gestaltungsoptionen mehr verfolgten.
4 Die Angaben in Klammern nach den Zitaten bezeichnen das Interview und die Seite bzw. Zeilennummern der Originaltranskription.

Auch an späteren Stellen des Interviews greift Herr S das frühe Ende seiner Erwerbstätigkeit problematisierend auf. Unterstrichen wird dadurch die hohe Relevanz, die das Thema für den Interviewpartner aufweist.

> „Ich hab das ja, merk das jetzt wieder, wenn man alleine ist und nur in sich rein grübelt, das ist unwahrscheinlich schwer mit der Situation zurechtkommt. Wenn man sich hilflos nutzlos fühlt, obwohl man noch nicht, kein Rentenalter erreicht hat, sitzt man zuhause, darf nicht mehr arbeiten, das ist wirklich ganz ganz schwer." (R23/7/215–220)

Für Herrn S ist das Auftreten der Rheumaerkrankung insbesondere im Kontext seiner Erwerbstätigkeit von hoher Relevanz. Der ‚Sitz im Leben' der Erkrankung ist die ‚Arbeitswelt', in diesem Bereich wird die Neuauslegung der Identität notwendig. Herr S berichtet darüber wie folgt:

> „Wie gesagt und wenn das wirklich so ist, ich mach ja auch denn hier zuhause Haushalt, Staub saugen, Staub wischen, Boden wischen, Spülmaschine und so. Und wenn das so ist, ich kann nicht mehr, ich hab alle Welt der Zeit, dann setz ich mir 'ne halbe Stunde hin und mach denn weiter, mich treibt da keiner, ich, sind nicht mehr auf Arbeit, dass ich acht Stunden, dass da hinter mir einer steht das muss gemacht werden, ich kann mir die Zeit einteilen. Hat auch wieder 'n Vorteil sag ich. Den Haushalt das schaff ich schon alleine alles." (R23/16/524–533)

Neben dem Prozess der Neuauslegung der Identität erweist sich Herr S als handlungsfähig auch in Krankheitszeiten – die Handlungsfähigkeit ist biographisch sowie berufsbiographisch fest verankert und kann für Aspekte der Krankheitsverarbeitung sowie des Agierens im Versorgungssystem reaktiviert werden.

> „Weil das war so 'n kleiner Diktator da auf Station und die haben sich gefreut, dass sich einmal mal einer beschwert hat ja. Und da bin ich selbstbewusst da. Ich war auch, wie so soll ich 's nicht sagen, ich war 20 Jahre bei der bewaffneten Armee, hab da 'n Leitungsposten gehabt und hab mir weder von unten noch von oben was sagen lassen, hab immer meine eigene Meinung vertreten und mach ich heut auch noch. Meine Familie weiß auch, die können an mich, kann eigentlich alles passieren, die können alles machen und ich lass vieles gefallen, die merken dann schon an meinen Mienen und so, oh jetzt geht's nicht mehr weiter, jetzt jetzt platzt er gleich. Denn ist auch zuviel, denn sag ich meine Meinung. Sonst können sie von mir aus machen was sie wollen, aber wenn mir dann, dafür bin ich bekannt." (R23/11f./389–402)

Neben wesentlichen Neu-Auslegungen kann Herr S auf stabile Identitätsanteile zurückgreifen. Wichtige Faktoren für die gelingende Arbeit an den Neu-Auslegungen der Selbstbeschreibung stellen für Herrn S familiäre sowie biographische Ressourcen dar.

3.2 Die Interviewpartnerin Frau Z

Die Interviewpartnerin Frau Z trifft die Erkrankung RhA mitten in einer Neuorientierung ihrer Lebensplanung, diese wird komplett „über den Haufen geworfen". In der Folge muss Frau Z sich mit einem drastischen Rollenkonflikt auseinandersetzen: Gleichwohl sie eigentlich ihrer Mutter Unterstützung zukommen lassen wollte, wird sie nun selbst hilfebedürftig. Durch zunehmende Immobilität werden bisher gültige Selbstbeschreibungen von Frau Z brüchig. Sie kann nicht mehr tatkräftig helfen, sie ist auf Feten keine „Stimmungskanone" mehr usw. Es fällt Frau Z zunehmend schwerer, am aktiven Leben teilzunehmen. Frau Z fühlt sich mit den verschiedenen Umbrüchen allein gelassen. Sie ist der Auffassung, ärztliche bzw. medizinprofessionelle Tätigkeit müsse auch beinhalten, mit Patientinnen und Patienten eine neue Lebensplanung zu entwerfen bzw. überhaupt auf diesen Themenbereich hinzuweisen. Dazu heißt es im Interview:

> „Ja wenn so eine Lebensplanung voll übern Haufen geschmissen wird (weint). Und da reden Ärzte mit einem nicht drüber. Das ist doch bei jeder Krankheit so, die chronisch ist und die man nicht loswird. Das ist ja sicher nicht nur bei Rheuma. Aber das ist es eben auch. Es ist nicht nur Krebs fürchterlich für die Menschen. Und dafür wär's wahrscheinlich wirklich gut, wenn 'n Arzt mit einem 'ne Lebensplanung macht oder 'ne Zielplanung oder was auch immer. Zumindest es anreißt oder auch den Patienten 'n Stück vorwarnt. Ich glaube nicht, dass das nur mir so geht. Also man könnte wirklich eher was unternehmen und sich darauf einstellen. Ja ich glaube, dafür wäre so 'ne ja so 'ne Zielplanung oder so 'ne ja so 'n krasser Hinweis, dass das Leben sich wirklich verändert. Da war ich nicht drauf eingestellt ne. Und dass sich das so Stück für Stück abgebaut hat, natürlich auch die Berufstätigkeit, das ist sicher der größte Hammer gewesen, ne. Weil wir alle definieren uns über Leistung, der große Teil jedenfalls, ich auch. Das ist mir, ja da ist man alleine mit." (R30/19f./616-636)

3.3 Der Interviewpartner Herr K

Herrn K gelingt es, Neudefinitionen seines Selbst zu erarbeiten. Als berufstätiger Familienvater liegt ihm viel daran, Rollenerwartungen weiter zu erfüllen. Durch kontinuierliches Ausbalancieren von verbleibender Leistungsfähigkeit, krankheitsbedingten Einschränkungen und äußeren Umständen kann Herr K seine Selbstbeschreibungen so modifizieren, dass er zufrieden ist. Als Ressourcen stehen ihm familiärer Rückhalt sowie Flexibilität am Arbeitsplatz zur Verfügung. Beispielhaft sei die von Herrn K im Interview dargestellte Unterstützung durch seine Familie und seine Ehefrau skizziert:

„Am meisten geholfen hat mir meine Familie. Meine Frau, die viele Sachen von mir ferngehalten hat, die zumindest auch in der Anfang_ oder ausschließlich in der Anfangszeit sonst auf mich zugekommen wären. Das Ganze spielt sich über die Zeit ein oder hat sich eingespielt. Und nicht alles, was sie damals von mir ferngehalten hat, an Aufgaben oder an Problemen, hält sie heute auch noch von mir fern. Also ich kriege das auch heute wieder mit und man geht das auch gemeinsam an. Das zweite was mir viel geholfen hat, sind Bayersdorf und Co. wenn man mal 'nen Namen nennt, also einfach die Chemie und ohne die würde es mir mit Sicherheit nicht so gut gehen wie es mir heute geht ja, auch das muss man ganz klar sagen." (R11/24/799-810)

3.4 Die Interviewpartnerin Frau J

Frau J beschreibt im Interview keine Neu-Auslegungen oder Modifikationen der Selbstbeschreibung. Sie scheint gefangen in Traurigkeit, Einsamkeit und einer diffusen Handlungsunfähigkeit. Bei der Bewältigung der Krankheitsarbeit kann sie nur in äußerst geringem Maß auf Ressourcen zurückgreifen. Danach gefragt, was sich durch die RhA verändert habe, führt Frau J im Interview aus:

„Ach vieles. Ich ich hab mich selbst verändert, ich bin sehr zurückgezogen, und na ja die Menschen haben sich auch geändert. Wenn man gesund ist, kommen alle, wenn man alles macht und so. Und ich hab leider meine Familie nicht hier, das ist auch große Sache, was mich immer auch traurig macht, die sind so weit weg. Obwohl wir haben Kontakt, wir reden immer, die rufen alle Woche an. Aber manchmal will man jemand haben ne, grade wenn mir so dreckig ging und dann mit den Kindern, dass sie mal was andres sehen, Verwandtschaft bisschen, das fehlt mir hier sehr. Ja, na ja die die finanzielle Situation klar, kann ich nicht arbeiten. Ich hab Rente beantragt, das läuft ewig jetzt also, beim Sozialgericht jetzt. Die schicken immer zum einen Gutachter zum andern, die BfA Rentenversicherungsbund und ja. Es ist schwer. Man hat keine, also man kann nicht irgendwie zurücklehnen und sagen da (unverständlich), ich glaube die Psyche spielt auch eine Rolle. Ich merke, wenn ich sehr viel Probleme habe, dann geht's mir auch schlecht. Ja." (R10/3/78-94)

3.5 Zur Bedeutung von Selbstbeschreibungen in Versorgungsprozessen

Auffallend ist, dass soziale oder berufsbezogene Ressourcen, auf die chronisch Erkrankte Zugriff nehmen können, einen wesentlichen Beitrag zum Gelingen von Neu-Auslegung der Identität darstellen. Für das Versorgungssystem könnte diese Beobachtung insofern von Bedeutung sein, als dass mit Patientinnen und Patienten gemeinsam Erörterungen darüber stattfinden könnten, ob und in welcher Form Ressourcen vorhanden sind. Dabei ist zu beachten, dass Unterstützungsangebote aus dem nahen sozialen Umfeld, etwa aus der Familie, mit Ambivalenz einhergehen können. Fehlen diese gänzlich, könnte ein professionelles Unterstützungsangebot angemessen sein. So weisen die Schilderungen von Frau J beispielsweise darauf hin, wie bedeutsam psychosoziale Unterstützungsangebote für Patientinnen und Patienten mit rheumatoider Arthritis insbesondere dann sein können, wenn die Kraft zur Entwicklung eines neuen Lebensentwurfs nahezu verloren gegangen ist.

Angemessene Unterstützung könnte nicht nur die Arbeit an Selbstbeschreibungen erleichtern, sondern damit auch den gesamten Krankheitsverlauf positiv befördern, da die Kongruenz von Selbstbeschreibungen ein wesentliches Element der Zufriedenheit mit der persönlichen Situation und damit der Lebensqualität chronisch Kranker darstellt (Bury 1982; Charmaz 1987, 1991).

Die hier in der gebotenen Kürze vorgestellten Beobachtungen geben einen Einblick in die erheblichen Aufgaben der Krankheitsverarbeitungsprozesse an RhA erkrankter Menschen und werfen gleichzeitig neue Fragen auf im Hinblick auf die inhaltliche Gestaltung von Versorgungsprozessen, u. a. die Gestaltung von Begegnungen zwischen Ärzten/Ärztinnen und Patienten/Patientinnen.

4 Zeit

Viele verschiedene Facetten des Themenbereiches ‚Zeit' scheinen in den Interviews mit an RhA erkrankten Menschen auf. Diese lassen sich vielfach unter die Bezeichnungen ‚noch nicht', ‚wie lange noch' und ‚nicht mehr' ordnen. Es ist zum Beispiel aus Patientenperspektive eigentlich ‚noch nicht' die Zeit für Berentung oder es ist ‚noch nicht' die Zeit, in der die Annahme fremder Hilfe notwendig ist. ‚Wie lange noch?' ist eine Frage, die zum Beispiel im Zusammenhang mit dem Erhalt von Körperfunktionen gestellt wird. ‚Nicht mehr' ist die Zeit, in der Interviewpartnerinnen und -partner bspw. bestimmte Zukunftspläne verfolgen oder einen als gesund erlebten Körper haben. Auch die Frage nach der Lebenserwartung, nach der noch verbleibenden Lebenszeit, beschäftigt einen Interviewpartner. In einem anderen Interview ist diese Frage verknüpft mit dem Thema der Lebensqualität: Nicht allein die Dauer des Lebens ist relevant, sondern ebenso, wie diese Zeitspanne vor dem Hintergrund der chronischen Erkrankung RhA erlebt werden kann. Die Zeitthematisierungen der interviewten Menschen beziehen sich sowohl auf gesellschaftlich normierte Zeit (etwa die Zeitphase des Erwerbslebens) wie auf subjektives Zeiterleben bzw. individuelle Zeitgestaltung. Neben dem ‚Zeiterleben' im Kontext der RhA-Erkrankung können die Themenbereiche ‚Zeit- und (Früh)Berentung' sowie ‚Keine Zeit für Krankheit' als wesentliche thematische Bereiche beschrieben werden.

4.1 Zeiterleben

Herr A beschreibt, dass unterschiedliche Ärzte verschiedene diagnostische Einschätzungen vertreten. Er selbst sieht sich in der Rolle abzuwarten, wie es weitergeht. Die Einförmigkeit des Zeitflusses wird von Herrn A sprachlich dargestellt. Seine biographische Zeit wird überformt – erlebnisimmanente Zeit wird abgelöst von Wartezeit. Die Krankheit bestimmt das Leben von Herrn A – Lebenszeit wird ihm von der Krankheit gestohlen.

„Und der eine sagt, ja das ist und der andere Doktor sagt na ja vielleicht und der dritte sagt nee das ist nicht. So (lacht). Das ist wie gesagt, war ich gestern da zum MRT und das wollen sich denn die Neurochirurgen angucken und da muss ich erst mal abwarten wie das weitergeht. Und so geht Tag für Tag entlang und Monat und Monat und Jahr und für Jahr (lacht)". (R1/4/126-131)

Einen weiteren Aspekt der Kategorie Zeit und des Zeiterlebens schildert Herr A vor dem Hintergrund einer zukunftsorientierten Planung. Eine solche ist kaum noch möglich. Die planbare Zeit wird als erheblich verkürzt erlebt im Zusammenhang mit der Erkrankung RhA. Gestaltungsspielräume der Lebensplanung sind eingeschränkt. Anstatt für den Sommer Urlaub zu planen, ist Herr A froh, wenn er in der nächsten Woche anstehende Termine wahrnehmen kann. Einen Umgang mit dieser einschneidenden Planungsunsicherheit beschreibt Herr A als Lernprozess.

„Und was man lernt in so 'ner Zeit ist man, dass man nicht mehr so planen kann und soll. Also wenn ich jetzt sage, im Sommer mach ich das und das und das und das will ich machen. Mal sehen, erst mal sehen, was vielleicht nächste Woche ist, weil man kann nicht einschätzen, es kann sein, dass ich morgen wieder im Krankenhaus liege, weil ich irgend 'ne falsche Bewegung gemacht habe. Das lernt man ganz schnell im Prinzip. Dass man nicht mehr so voraus planen kann. Ich würde jetzt im Sommer in Urlaub fahren, weiß ich was im Sommer ist. Ich bin froh, wenn ich nächste Woche meine Termine alle kriege, alle hingehen kann. Und denn sehen wir weiter, was die nächste Woche bringt. Also mehr hat keinen Sinn, bringt nix. Sich irgendwas großartig vorzunehmen, das bringt so, das so nebenbei so mit." (R1/7f./234-247)

4.2 Zeit und (Früh)Berentung

Herr A beschreibt, wie er aus gesellschaftlich normierter Zeit fällt – er muss seine Berufstätigkeit schon mit 46 Jahren aufgeben, fühlt sich „abgestellt". Dieses Erlebnis führt zu erheblicher Irritation bei Herrn A, gleichwohl er den Vorgang kognitiv nachvollziehen kann.

> „Na wie gesagt, erst mal schon mal, dass ich meinen Beruf aufgeben musste. Wie gesagt, dass sie mich auch im Prinzip abgestellt haben. Das Arbeitsamt hat denn gesagt, machen wir nix, zu alt. Und wenn man denn selber da steht und die einen mit 46 sagen, du bist zu alt, so ganz begeistert war ich davon nicht. Der Mann hatte zwar Recht, aber mal ganz abgesehen, dass er Recht hat aber. Damals war wie gesagt, da ist man denn, kiekt man denn auch schon mal erst mal irgendwie doof aus der Wäsche, wenn einer." (R1/14/444-453)

Eine frühzeitige Pensionierung – auch wenn von dem Erkrankten selbst angestrebt – wird als Einfallstor für extensive, quälende Beschäftigung mit der RhA dargestellt. Herr T beschreibt es so:

> „Ich habe um vorzeitige Pensionierung gebeten und dann bin ich also Ende 2000 in Pension gegangen, war ich 62 ¾ Jahr. Ja und dann war man, ist man ja Pensionär und dann hat man noch mehr Zeit, sich mit der Krankheit zu beschäftigen, nur die Krankheit, die war ja nicht weg, das war heftig die ganzen Jahre." (R24/2/46-51)

4.3 Keine Zeit für Krankheit

Frau I berichtet von zwei größeren Ereignissen im Zusammenhang mit der Erkrankung: eine OP an der rechten Hand und ein ‚Abplatzen' einer Sehne. „Aber sonst" – also von diesen Ereignissen abgesehen, so Frau I, habe sie keine Zeit für Krankheit. Deutlich wird ihr Bestreben nach Krankheitsbegrenzung durch Stressreduktion.

> „Aber sonst, also so, ich bin auch niemand, der jetzt so sich sehr auf Krankheit kapriziert. Dafür hab ich keine Zeit und dafür hab ich auch keine Lust, ich hab genug anderes zu tun. Und ich hab das halt gut, in gewissem Maße schränkt mich das ein, in gewissem Maße weiß ich, dass ich, dass es eben stressbedingt ist und jetzt hab ich eigentlich von meiner familiären Situation die Möglichkeit das zu minimieren und da bin ich dran grade." (R9/5/151-158)

Es dauert lange Zeit bis über den Rentenantrag entschieden wird. Im Erleben von Frau J kostet es viel Zeit zu den verschiedenen Ärzten/Ärztinnen bzw. Gutachtern/Gutachterinnen zu gehen. Die weitreichende Entscheidung wird dagegen in kürzester Zeit im Rahmen einer ärztlichen Konsultation getroffen. ‚Keine Zeit für Krankheit' wird hier für den Versorgungsbereich vorgetragen, in dem folgenreiche Einschätzungen sehr schnell getroffen werden. Ihr eigener Zeitaufwand steht in keinem Verhältnis dazu, was Frau J als diskriminierend erlebt. Fehlender Respekt der Professionellen wird deutlich. Für Frau J gibt es gute und weniger gute Zeiten. Weder die einen noch die anderen Zeiten sind konkret vorhersehbar. Nur in guten Zeiten ist es für sie möglich zu arbeiten.

> „Auch z.B. hier diese Rentengeschichte. Ich, ich war so ein Mensch, ich hab früher so viel gearbeitet und ich würde niemals wenn ich gesund wäre so weit wenn ich arbeiten könnte, das beantragen. Und dass es alles so lange dauert und diese, die haben immer wieder zum Gutachter geschickt und das ist, ich finde das ist so eine Diskriminierung ja. Du wirst hin und her geschickt und dann entscheidet ein Arzt in einer Stunde, wie du dich fühlst. Ich meine gut, manche Sachen können sie, aber so innerlich, wie man so unwohl fühlt ja. Ich meine, ich würde gerne arbeiten, aber ich weiß nicht, wer mich nimmt, weil ich kann heute so aussehen, morgen kann ich gar nicht laufen. Oder es geht mir so dreckig, dass ich überhaupt nicht hingehen kann. Und das alles, also. Dass sie so viel Zeit da nehmen jetzt also, mhm na ja. Vielleicht irgendwann geht das zu Ende bald. Aber jetzt ist wieder mit dieser Geschichte ne. Vielleicht denken die, ich will nicht, weil die haben geschrieben zum zum Sozialgericht, ihre Mandantin hat Mitwirkungspflicht. Dann sollen die mir sagen, wie wie soll ich das machen, ich bin bereit für alles. Also außer, ich meine, die werden ja wohl verstehen, dass wenn man krank ist, ich kann nicht einfach so gehen jetzt." (R10/25f./826-846)

5 Diskussion und Schlussfolgerungen

Die beschriebenen Ergebnisse aus der Kategorie ‚Krankheitserleben von Patienten und Patientinnen mit RhA' verweisen darauf, dass der medizinisch-therapeutische Fortschritt, der für RhA beschrieben werden kann, die Dramatik des Krankheitsbildes aus Sicht der von uns befragten Patientinnen und Patienten nicht oder nicht entscheidend abmildert. Die Diagnose RhA bedeutet für die Erkrankten eine Zäsur im Lebensverlauf. Damit geht nicht nur einher, dass an RhA erkrankte Menschen aus einem institutionalisierten Lebenslauf, der sich auf gesellschaftlich normierte Zeitrahmen und Ablaufmuster bezieht (z. B. Schulbildung, Berufstätigkeit, Rente), gleichsam heraus fallen. Der Zäsur im Lebensverlauf ist auch die Infragestellung eigener Lebensziele und Zukunftsoptionen immanent. Gleichzeitig machen RhA-Patientinnen und -Patienten die Erfahrung einer tiefgreifenden Lebensunsicherheit, die vor dem Hintergrund der Unkalkulierbarkeit des Krankheitsverlaufs zu beschreiben ist. Diese drei Aspekte (aus der gesellschaftlich normierten Zeit fallen, eigene Ziele aufgeben oder modifizieren gepaart mit erheblicher Lebensunsicherheit) zusammen genommen, ergeben für die Patientinnen und Patienten eine Situation mit großen Herausforderungen. Die Krankheitsarbeit, die Betroffene vor diesem Hintergrund in persönlichen, sozialen und beruflichen Kontexten leisten müssen, ist hochgradig individuell gestaltet, verläuft in unterschiedlichen Zeitphasen und ist grundsätzlich unabschließbar. Demgegenüber ist vom medizinischen Versorgungssystem ein lineares Ablaufmuster vorgesehen. Während sich die leitliniengestützte Rheumatologie den Patientinnen und Patienten als eine systematische, sich medizinisch verstehbare Abfolge einzelner Behandlungsschritte präsentiert, werden die häufig wechselnden Behandlungsepisoden patientenseitig wohl eher als schwere Irritation wahrgenommen. Dies ist bereits bei der Aufnahme der Behandlung spürbar. Denn während im Sinne der Leitlinienorientierung nach einer Diagnose aus guten Gründen eine möglichst zeitnah einsetzende (medikamentöse) Therapie anzustreben ist, rechnet das linear-logische Denken der ‚Medizin' nicht mit biographischen Einbrüchen der Patientinnen und Patienten. Dieser Aspekt soll an einem Beispiel entfaltet werden. Als wesentliches Therapieprinzip – so ist der interdisziplinären Leitlinie ‚Management der frühen rheumatoiden Arthritis' zu entnehmen – gilt eine frühe, innerhalb der ersten sechs Monate nach Beginn der Beschwerden eingeleitete Therapie (Schneider et al. 2007: 9f.). „Die radiologisch fassbare Gelenkdestruktion schreitet zu Beginn der Erkrankung nicht nur am stärksten fort, sondern ist zu diesem Zeitpunkt auch am besten durch eine krankheitsmodifizierende Therapie (DMARD = Disease Modifying Anti-Rheumatic Drug) zu inhibieren" (ebd.: 9). Abgeleitet aus dieser Empfehlung ergibt sich die Notwendigkeit eines frühzeitigen Termins in einer rheumatologischen Praxis, so dass für die beteiligten Patienten und Patientinnen ausreichend Zeit besteht, sich befassen zu können mit dem Erleben des ‚Erkrankt-Seins' wie auch mit den ärztlichen Informationen zur Erkrankung und zu möglichen Behandlungswegen. Die Frage stellt sich aber zugleich, wie die rheumatologische Praxis die Dramatik der Patienten ein- und auffangen kann. Sofern der Zeitraum zur Auseinandersetzung zu knapp ist bzw. die von Seiten des Versorgungssystems erwartete Geschwindigkeit der Auseinandersetzung mit therapeutischen wie auch psychosozialen Entscheidungen nicht erfüllt werden kann, sind Konflikte in der Interaktion zwischen Ärztinnen/Ärzten und Patienten/Patientinnen im Sinne nicht gelungener Passungsprozesse zu befürchten. So stellt Frau Z im Interview beispielsweise folgenden Konflikt mit dem sie behandelnden Arzt dar:

> „Nicht nur so wie der erste Orthopäde, der das festgestellt hat, mir gesagt hat, ob ich schon mal über Berufsunfähigkeit nachgedacht, 50% Schwerbehinderung. Bruch, Bruch, Bruch. Eh ich überhaupt kapiert hatte, dass ich Rheuma habe, das war schon. Ja da war ich erst mal trotzig ne, hab gedacht du Arsch, du kannst mir was erzählen. Kein Stück passiert das ne. Und es ist doch passiert. Ja sonst fällt mir nix mehr ein dazu." (R30/19f./636-643)

Auch in weiteren Bereichen fallen das Krankheitserleben aus Perspektive von Patientinnen und Patienten und das medizinisch-professionelle Ablaufmuster auseinander. So wird bspw. die anstrengende Arbeit am Selbst, an den Neu-Auslegungen der Patientinnen und Patienten vor dem Hintergrund der Erkrankung vom therapeutischen Fortschritt kaum berührt. Wie in den vorhergehenden Abschnitten ausführlich beschrieben, stellen die Veränderungen der Beweglichkeit, der Leistungsfähigkeit sowie die zunehmenden Beeinträchtigungen im sozialen Bereich, das Herausfallen aus gesellschaftlich normierter Zeit und die tief greifende Lebensunsicherheit an RhA erkrankter Menschen eine umfängliche, anspruchsvolle Aufgabe für die Erkrankten dar, die niemals beendet ist und kontinuierlich neu austariert werden muss am je aktuellen Gesundheitszustand. Diese Krankheitsarbeit wird sowohl vom professionellen System als auch vom sozialen Umfeld eher unterschätzt. Patientinnen und Patienten haben die Bedeutsamkeit und den Umfang dieser Krankheitsarbeit in den Interviews eindrucksvoll dokumentiert – auch, dass diese Arbeit häufig einsame Arbeit ist. In einigen Interviews wird thematisiert, dass ein Unterstützungsangebot gewünscht wird. Patientinnen und Patienten wünschen sich ein Gegenüber, mit dem sie über ihre vereitelten Lebenspläne und deren Neu-Ausrichtung reden können. Sie vermissen Unterstützung in diesem Bereich, es gibt keine Orte der Begegnungen für Patientinnen und Patienten mit ihren Bedürfnissen nach einer gemeinsamen Bearbeitung der Themenbereiche Selbstentwurf, Lebens- und Zukunftsperspektiven. In diesem Zusammenhang wird auch die hohe Bedeutung einer kontinuierlichen Begleitung von an RhA erkrankten Menschen deutlich. Im Einklang mit dieser Beobachtung steht, dass qualitative Studien immer wieder herausarbeiten, dass Patientinnen und Patienten die Betreuung und Behandlung vor allem daran messen, ob sie Hilfe dabei erfahren, sich mit ihren erlebten Einschränkungen wieder in der sozialen Welt einzurichten, ihre Rolle neu definieren zu können (Ahlmèn et al. 2005). Anhand der Beschreibungen von an RhA erkrankten Menschen lässt sich besonders deutlich und eindrucksvoll aufweisen, wie bedeutungsvoll diese Prozesse bei chronischen Erkrankungen sind und wie viel Raum diese benötigen. Eine entsprechende Antwort aus dem Versorgungssystem fehlt bisher, in den Routinen von Arztpraxen sind diese Aspekte weder aufgehoben noch angesprochen.

Dabei bieten insbesondere Interaktions- und Kommunikationsprozesse im Kontext ärztlicher Versorgung Anhaltspunkte, die aufgegriffen werden könnten, um Einblick in die Krankheitsarbeit von Patientinnen und Patienten zu erlangen und sie dabei möglicherweise unterstützen zu können. So können auch Handlungsorientierungen von Patientinnen und Patienten, die vordergründig als Non-Compliance gedeutet werden, wichtige Hinweise für die Krankheitsbewältigung und das Selbstmanagement bilden.

Ein Interviewpartner schildert beispielsweise, wie er vor einigen Jahren eigenmächtig seine gesamte Medikation abgesetzt hat.

„Und ich habe vor vier Jahren aufgehört mit meiner gesamten Medikation, hab die also von selber dann abgesetzt und hinterher auch meinen Rheumatologen darüber informiert. Hab dann vor zwei Jahren aber wieder anfangen müssen, weil 's einfach nicht mehr ging. Und ja bin jetzt wieder akut täglich dabei." (R11/7/206-209)

Die Nicht-Einnahme von Medikamenten wird im klassischen Sinne des Compliance-Modells als Zeichen mangelnder ‚Therapietreue' ausgelegt und als negativ für die Behandlung bewertet. Wird die oben stehende Aussage des Interviewpartners (R11) vor dem Hintergrund seiner weiteren Auskünfte betrachtet, stellt sich heraus, dass ein starkes Unabhängigkeitsstreben sowie das Verfolgen eigener Prioritäten als Handlungsorientierung biographisch gewachsen sind.

Was auf den ersten Blick wie mangelnde Therapietreue oder als Non-Compliance-Merkmal erscheint, kann aus patientenseitiger Perspektive positiv gedeutet werden: als Merkmal der Selbstfürsorge und des Selbstmanagements (Selbstwirksamkeit).

Prozesse dieser Art, die sich in Interaktionen mit Ärztinnen und Ärzten zeigen, können als wichtiger Beitrag zu einer gelingenden Krankheitsverarbeitung im Sinne der Aufrechterhaltung biographischer Identitätskonstruktionen angesehen werden. Aus Perspektive von Patientinnen und Patienten kann es um Autonomieerhalt oder Autonomiegewinn gehen. Interaktionsprozesse, die als noncompliant gedeutet werden, können Ausdruck von Aneignung sein und nicht ausschließlich Anzeichen einer gestörten Arzt-Patient-Beziehung bzw. einer mangelnden patientenseitigen Einsicht in therapeutische Handlungen und Ziele.

Insbesondere in Interaktionsprozessen zwischen Ärzten/Ärztinnen und Patienten/Patientinnen bieten sich wertvolle Hinweise auf die individuelle Gestalt der Krankheitsarbeit chronisch kranker Menschen.

Diesen Hinweisen Wertschätzung entgegen zu bringen, Aufmerksamkeit zu widmen und sie im Sinne einer umfassenden Versorgung, die ein Verstehen patientenseitiger Krankheitsarbeitsprozesse integriert, aufzugreifen, bedarf es der Einsicht in das Potential dieser Art von Verstehen bzw. Verständnis. Gleichzeitig müssen Ärzte/Ärztinnen sich von Deutungsmustern des klassischen Compliance-Modells zumindest partiell verabschieden.

Die Ausbildung bzw. Ergänzung einer in diesem Sinne professionellen Praxis kann vor dem Hintergrund dieser Studie als wertvoller Beitrag einer stärker patientenorientierten medizinischen Versorgung angesehen werden.

Nicht zuletzt vor dem Hintergrund qualitativer Studien, die die Bedeutung einer Unterstützung von Patienten und Patientinnen mit chronischen Schmerzen bzw. mit rheumatoider Arthritis bei der Suche nach Wegen eines neuen Selbstmanagements wie auch einer Rückgewinnung von Selbst-Kontrolle im Prozess der Krankheitsbewältigung aufgezeigt haben (Shariff et al. 2009; Sinclair/Blackburn 2008; McPherson et al. 2001), erstaunt das Fehlen entsprechender (ärztlicher) Versorgungsangebote. Auch die vorliegende Untersuchung legt nahe, dass es neben der biomedizinischen Versorgung eines Versorgungsangebots bedarf, mit dem Patienten und Patientinnen eine Unterstützung finden im Prozess ihrer, aufgrund der Erkrankung erforderlich gewordenen Neu-Auslegung von Identität. Ein solcher Prozess erfordert zum einen Zeit, zum anderen aber auch entsprechende (kommunikative) Kompetenzen auf Seiten der Professionellen, z.B. der Ärzte und Ärztinnen. Die vorgestellten Untersuchungsergebnisse verdeutlichen, dass Patienten und Patientinnen explizit eine ärztliche Unterstützung bei ihrer Krankheitsarbeit erwarten (vgl. z.B. Kap. 3.2). Zu diskutieren bleibt jedoch, inwieweit der patientenseitige Bedarf allein durch Ärzte und Ärztinnen gedeckt werden kann bzw. inwieweit dafür multidisziplinäre Teams – z.B. bestehend aus Ärzten/Ärztinnen, Pädagogen/Pädagoginnen und Psychologen/Psychologinnen sowie Akteuren/Akteurinnen weiterer Berufsgruppen – erforderlich sind. Angebote der Selbsthilfe, so ist der vorliegenden Studie zu entnehmen, scheinen aus Sicht der Interviewpartner und -partnerinnen den Bedarf hingegen nicht abzudecken (Richter et al. 2009). So heißt es in dem Interview mit Herrn S beispielsweise:

„Ich bin aber auch so'n Typ, mit andern Patienten red ich nicht gern über Krankheit, weil ich mag das nicht, wenn sich gegenseitig vollgejammert wird oder so. Da bin ich nicht der Typ für." (R23/4/119–122)

Und im Interview mit Frau D heißt es:

„Und wenn ich das so so'n Elend anderer kann ich nicht ab. Nein, darum würd' ich da [zu einer Selbsthilfegruppe, d. Verf.] gar nicht hingehen. Hört sich jetzt vielleicht blöd an, aber ist meine Meinung. Ich komme dann lieber, ich bin dann für mich so lieber alleine, sag ich jetzt mal. Und rede höchstens mit meinem Arzt darüber. Aber sonst mit keinem. Ist so (lacht). Und darum, ich möchte da nicht so von andren, dann hab ich dann Mitleid, dann tut mir das ja unendlich leid und so. Nein, da würd' ich nicht hingehen, würd' ich nicht machen." (R4/12f./403-410)

Mit dem Ziel der Verbesserung der Versorgungsrealität von an RhA erkrankter Menschen, müsste an der Frage, wie genau der patienten- und patientinnenseitige Bedarf im Einzelnen aussieht und wie und durch wen er gedeckt werden kann, intensiv weiter nachgedacht und geforscht werden. Vieles spricht in weitergehender Interpretation dieser Studie dafür, dass das heutige medizinische Versorgungssystem trotz inzwischen gut fünfzigjähriger wissenschaftlicher Debatten über chronische Krankheit wesentliche Bedürfnisse der Patientinnen und Patienten mit rheumatoider Arthritis nicht sieht oder zumindest nicht systematisch beachtet.

Literatur

Ahlmén, Monica/Nordenskiöld, Ulla/Archenholtz, Birgitha/Thyberg, Ingrid/Rönnqvist, Tage/Lindén, L./Andersson, Annica/Mannerkorpi, Kaisa (2005): Rheumatology outcomes: the patient's perspective. A multicentre focus group interview study of Swedish rheumatoid arthritis patients. In: Rheumatology 44. 105-110

Blaxter, Mildred (1976): The Meaning of Disability. London: Heinemann

Bogner, Alexander/Littig, Beate/Menz, Wolfgang (Hrsg.) (2005): Das Experteninterview. Theorie, Methode, Anwendung. Wiesbaden: VS Verlag für Sozialwissenschaften

Bury, Michael (1982): Chronic Illness as Biographical Disruption. In: Sociology of Health and Illness 2. 167-182

Charmaz, Kathy (1991): Good Days, Bad Days. The Self in Chronic Illness and Time. New Brunswick: Rutgers University Press

Charmaz, Kathy (1987): Struggling for a Self: Identity Levels among the Chronically Ill. In: Research in the Sociology of Health Care 6. 238-321

Charmaz, Kathy (1983): Loss of Self. A Fundamental Form of Suffering in the Chronic Ill. In: Sociology of Health and Illness 2. 168-195

Corbin, Juliet M./Strauss, Anselm L. (1988): Unending work and care: Managing chronic illness at home. San Francisco: Jossey-Bass

Corbin, Juliet M./Strauss, Anselm L. (1987): Accompaniments of Chronic Illness: Changes in Body, Self, Biography and Biographical Time. In: Research in the Sociology of Health Care 6. 249-281

Flick, Uwe/von Kardoff, Ernst/Steinke, Ines (Hrsg.) (2000): Qualitative Forschung. Ein Handbuch. Reinbek: Rowohlt

Flick, Uwe (2007): Qualitative Sozialforschung. Eine Einführung. Reinbek: Rowohlt

Glaser, Barney G./Strauss, Anselm L. (1993): Die Entdeckung gegenstandsbezogener Theorie. Eine Grundstrategie qualitativer Sozialforschung. In: Hopf/Weingarten (Hrsg.) (1993): 91-111

Glaser, Barney G./Strauss, Anselm L. (1967): The discovery of grounded theory. Strategies for qualitative research. Chicago: Aldine

Haugli, Liv/Strand, Elin/Finset, Arnstein (2004): How do patients with rheumatoid disease experience their relationship with their doctors? A qualitative study of experiences of stress and support in the doctor-patient relationship. In: Patient Education and Counseling 52. 169-174

Hopf, Christel/Weingarten, Elmar (Hrsg.) (1993): Qualitative Sozialforschung. Stuttgart: Klett-Cotta

Knoblauch, Hubert (2008): Qualitative Methoden am Scheideweg. Jüngere Entwicklungen der interpretativen Sozialforschung. Mittagsvorlesung. 4. Berliner Methodentreffen Qualitative Forschung. 4.-5. Juli 2008. http://www.qualitative-forschung.de/methodentreffen/archiv/texte/texte_2008/knoblauch.pdf [02.06.2009]

Lempp, Heidi/Scott, David L./ Kingsley, Gabrielle H.(2006): Patients' views on the quality of health care for rheumatoid arthritis. In: Rheumatology 45. 12. 1522-1528

Mayring, Phillip (2003): Qualitative Inhaltsanalyse. Grundlagen und Techniken. Weinheim und Basel: Beltz

McPherson, Kristy/Brander P./Taylor W. J./McNaughton H. K. (2001): Living with arthritis – what is important? In: Disability and Rehabilitation 23. 706-721

Meuser, Michael/Nagel, Ulrike (2005): ExpertInneninterviews – vielfach erprobt, wenig bedacht. Ein Beitrag zur qualitativen Methodendiskussion. In: Bogner/Littig/Menz (Hrsg.) (2005): 71-93

Richter, Petra/Stamer, Maren/Schmacke, Norbert (2009): Die Perspektive von Patientinnen und Patienten mit Rheumatoider Arthritis auf ihren Krankheitsverlauf unter besonderer Berücksichtigung der Erfahrungen im Versorgungssystem. Projektbericht. http://www.akg.uni-bremen.de/pages/projektBeschreibung.php?ID=5 [16.01.2011]

Schneider, Matthias/Lelgemann, Monika/Abholz, Heinz-Harald/Caratti, Roberto/Flügge, Christel/Jäniche, Helga/Kunz, Regina/Krüger, Klaus/Rehart, Stefan/Specker, Christof (2007): Interdisziplinäre Leitlinie Management der frühen rheumatoiden Arthritis. 2. überarbeitete Auflage. Darmstadt: Steinkopff

Shariff, Fauzia/Carter, Jane/Dow, Clare/Polley, Marie/Salinas, Maria/Ridge, Damien (2009): Mind and Body Management Strategies for Chronic Pain and Rheumatoid Arthritis. In: Qualitative Health Research 19. 1037-1049

Sinclair, Vaughn G./Blackburn, Donna S. (2008): Adaptive coping with rheumatoid arthritis: the transforming nature of response shift. In: Chronic Illness 4. 219-230

Stamm, Tanja/Lovelock, Linda/Stew, Graham/Nell, Valerie/Smolen, Josef/Jonsson, Hans/Sadlo, Gaynor/Machold, Klaus (2008): I Have Mastered the Challenge of Living With a Chronic Disease: Life Stories of People With Rheumatoid Arthritis. In: Qualitative Health Research 05. 18: 658-669

Strauss Anselm L/Corbin Juliet M. (1996): Grounded Theory: Grundlagen qualitativer Sozialforschung. Weinheim: Beltz

Westhoff, Gisela/Zink, Angela (2007): Antragsskizze zur Durchführung eines weiteren Follow-up der RA-Frühfallkohorte des Deutschen Rheuma-Forschungszentrums Berlin (DRFZ). Forschungsbereich Epidemiologie

Sterben – das Ende von Interaktion in biographischen Selbstpräsentationen?

Kathleen Paul, Katrin Heuer und Andreas Hanses

„Interaktion mit Sterbenden" lautet der Titel der amerikanischen Studie von Glaser und Strauss (1974, orig. 1965), die den Blick auf den Sterbeprozess und gleichzeitig auf die damit einhergehenden typischen Handlungsmuster und Interaktionsverläufe schärft. Interaktion als wechselseitige Bezugnahme wird ganz deutlich als eine zentrale Kategorie in der letzten Lebensphase definiert und umschließt sowohl die interaktiven Begegnungen der Sterbenden mit Angehörigen und gleichwohl mit dem medizinischen Personal der ÄrztInnen, Schwestern und Seelsorger. Durch ausgedehnte Feldbeobachtungen in den 1960er Jahren ist es anschaulich gelungen, die Interaktionen zwischen den Sterbenden und dem klinischen Personal und, damit einhergehend, bestimmte Wahrnehmungs- und Bewusstheitskontexte in der Situation des Sterbens zu beschreiben und zu kategorisieren. Die soziale Interaktion und die gegenseitige Beeinflussung der Handelnden stehen in verschiedenen Konstellationen in wiederholter Weise im Mittelpunkt und verweisen eindrücklich auf konkrete alltäglich gelungene oder weniger gelungene und dringend notwendige Interaktionen zwischen PatientInnen und professionellem Personal. Durch die Ungleichverteilung des Wissens um das Sterben zwischen medizinischem Personal, PatientInnen und Angehörigen wird erstmals auf die große Bedeutung der interaktiven Aushandlungsprozesse verwiesen (vgl. Glaser/Strauss 1974, orig. 1965).

Während auf der konkreten Alltagsebene in der prekären Situation des Sterbens die interaktiven Begegnungen als Hilfeprozess von höchster Relevanz sind, stehen im Fokus der folgenden Ausführungen nicht diese alltäglichen Begegnungen und Beeinflussungen. Im Rahmen des DFG-Forschungsprojektes „Konstruktionen des Sterbens"[1] liegt der thematische Fokus auf der Analyse von biographi-

---

1 Das Forschungsprojekt „Konstruktionen des Sterbens. Analyse biographischer und professioneller Perspektiven im Dienstleistungskontext" unter der Leitung von Prof. Dr. Andreas Hanses und unter Mitarbeit der wissenschaftlichen Mitarbeiterinnen Dipl-Päd. Kathleen Paul und Dipl.-Soz. Katrin Heuer wird seit August 2010 von der Deutschen Forschungsgemeinschaft zunächst für zwei Jahre an der TU Dresden gefördert. Räumlich konzentriert sich die Studie auf den Raum Sachsen. Besonderer Dank für die sehr produktive Zusammenarbeit gilt den studentischen Hilfskräften Lisa Janotta und Alexander Wedel.

schen Interviews mit schwer erkrankten/sterbenden Menschen. Erste Beobachtungen im Forschungsprojekt zeigen deutlich, dass in den biographischen Erzählungen der sterbenden Menschen Interaktionen wenig thematisiert werden. Dies erstaunt besonders vor dem Hintergrund anderer Analysen autobiographischnarrativer Erzählungen von Personen in anderen Lebensphasen außerhalb des Sterbens. Interaktionen mit relevanten Personen als interaktionsstiftende Subjekte/Objekte werden in diesen biographietheoretischen Forschungskontexten ausdrücklich hervorgehoben (vgl. Schütze 1984). Erzählerische Darstellungen sozialer Interaktionen, d.h. das Einführen, ein detailliertes Beschreiben und sich in Beziehung setzen mit einem sowohl konkreten als auch generalisierten Gegenüber (Mead 1987; Schütz/Luckmann 1975) fungiert für die BiographieträgerInnen als ein zentrales Element im Erzählen und wird gleichzeitig zu einer zentralen Strategie, um biographisch bedeutsame Beziehungen zu rekonstruieren und diese im Erzählen vor dem Hintergrund der aktuellen Situation neu einzuordnen und zu deuten. Damit können nicht nur verschiedenste Funktionen – wie bspw. Selbstdarstellung und Rechtfertigung – erfüllt werden, sondern es besteht zugleich die Möglichkeit einer differenzierten Darstellung von Diskrepanzen oder Übereinstimmungen zwischen den Selbst- und Fremdpositionen. Erzählte interaktive Darstellungen mit anderen Personen können in diesem Sinn Hinweise auf die eigene Identität geben (vgl. Lucius-Hoene/Deppermann 2004b). Die Selbstverständlichkeit der Bedeutung von und Sinnerzeugung durch InteraktionspartnerInnen als relevante Struktur in autobiographischen Erzählungen wird angenommen und bestätigt sich auch in empirischen Untersuchungen (vgl. Dausien 1996; Riemann 1987; Sander 2003).

In Anbetracht der kurz skizzierten Überlegungen erscheint die Annahme einer veränderten bzw. unbedeutenden Rolle von Interaktionen in biographischen Selbstpräsentationen zum Zeitpunkt des Lebensendes umso provokanter. Gerade in einer so prekären Lebenssituation, in welcher nahestehenden Menschen oder auch professionellen HelferInnen eine zunehmende, sich auf verschiedenste Bereiche ausdehnende unterstützende Position zukommt, scheint der Aspekt der fehlenden dargestellten Interaktionen in biographischen Interviews schwer verständlich. Ist auf der einen Seite Interaktion im konkreten Alltag unbedingt notwendig, scheint im Erzählen auf der lebenszeitlichen Ebene die große Bedeutung von InteraktionspartnerInnen am Lebensende kaum Beachtung zu finden. Um der Frage eines möglichen ‚Endes von Interaktion in biographischen Selbstpräsentationen' in angemessener Form nachgehen zu können, wird der Beitrag zunächst das bereits erwähnte relevante Forschungsprojekt skizzieren (1), um anschließend differente Interaktionsbeschreibungen in biographischen Selbstthematisierungen anhand von zwei kontrastierenden Fallbeispielen hervorzuheben (2) und das Sterben in verdichteter Form als eine Situation mit veränderten Perspektiven von Biographie und den dargestellten Interaktionen zu veranschaulichen (3). Abschließend wird vor dem Hintergrund der beobachteten Interaktionsverhältnisse im Sterben ein professionstheoretischer Ausblick eröffnet (4).

1 Konstruktionen des Sterbens – das Forschungsprojekt

Im Zentrum des Forschungsprojektes steht das Thema des Sterbens, wobei eine vor dem Hintergrund einer existentiell bedrohlichen Erkrankung bestimmte krisenhafte Lebenssituation der betreffenden Menschen angesprochen wird. Durch eine Verschiebung im Spektrum der Todesursachen sind es vor allem chronische und degenerative Erkrankungen, die in der Todesursachenstatistik dominieren, einen langsamen, lang andauernden Prozess des Sterbens verursachen und das Sterben durch die Verlagerung aus dem häuslichen Umfeld in verschiedene Institutionen gleichzeitig zu einer professionell gestalteten Situation werden lassen (vgl. auch Gronemeyer 2007; Schaeffer/Günnewig/Ewers 2003; Kruse 2007; Paul 2008, 2009). Das Sterben als unbestimmtes Ereignis mit sehr kritischem Horizont besitzt damit nicht ‚nur' eine besondere Brisanz für die sterbenden Menschen selbst, sondern auch für die Professionellen. Vor allem unterliegen die Perspektiven auf das Sterben differenten Wissensordnungen mit eigenen Logiken, verschiedenen Handlungs- und Entscheidungsrationalitäten.

Um eine in der Forschung kaum vorhandene komplexe Auseinandersetzung mit der letzten Lebensphase zu ermöglichen, wurde in dem DFG-Forschungsprojekt „Konstruktionen des Sterbens. Analyse biographischer und professioneller Perspektiven im Dienstleistungskontext" ein Forschungsdesign konzeptualisiert, welches neben der Einnahme einer Doppelperspektive auf die PatientInnen und die professionellen HelferInnen auch differente institutionelle Rahmungen berücksichtigt. Mit der Analyse von biographischen Interviews mit PatientInnen werden Bedürfnisse und Sinnstrukturen, Deutungskontexte und Selbsttheoretisierungen vor dem Hintergrund einer lebensbedrohlichen Erkrankung untersucht. Die ‚Androhung' des möglichen Sterbens bei einer schweren Erkrankung kann zwar nicht durch den Rückgriff auf eigene Lebens- und damit Lernerfahrung ‚bewältigt' werden, aber dennoch avanciert das biographische Wissen zum zentralen Bezugsrahmen und zur eigentlichen Ressource, sich mit der eigenen Situation der Krankheit und des Sterbens auseinander zu setzen.[2] Die Zusammensetzung der zu interviewenden Gruppe für die biographischen Selbst-

---

2 Zur theoretischen Frage der biographischen Verarbeitung, Bewältigung und Entwicklung von Erkrankungsprozessen entlang biographieanalytischer Studien im Kontext unterschiedlicher gesundheitlicher Problemlagen und innerhalb differenter professioneller Unterstützungssysteme vgl. ausführlich Hanses 1996; Hanses/Richter 2011; Richter/Hanses 2009.

präsentationen ist in Bezug auf die Art der konkreten Diagnose, auf Alter, Geschlecht, Krankheitszustand und erwartbare verbleibende Lebenszeit heterogen, da im Mittelpunkt die existentielle Bedrohung des Lebens durch eine degenerative Erkrankung steht. Die Durchführung und Analyse von ExpertInneninterviews mit unterschiedlichen Professionellen – mit ÄrztInnen, Pflegenden und Personen aus den psychosozialen Professionen – soll Hinweise auf Wissensstrukturen, Entscheidungslogiken und alltägliche Praxen geben und Differenzen sowie Kontrastierungen und ihre Bedingungen hinsichtlich der Konstruktion von Sterben ermöglichen. Indem Sterbende und ExpertInnen innerhalb differenter institutioneller Rahmungen im Kontext des Problembereichs Sterben – im Hospiz und im Krankenhaus und hier sowohl aus dem Kontext der internistischen sowie der palliativen Versorgung – interviewt werden, wird ein Maximalvergleich angestrebt, der Hinweise auf besondere institutionsspezifische Rahmen im Umgang mit einer Situation des Sterbens geben wird. Bis zum jetzigen Zeitpunkt konnten durch die große Offenheit und das Interesse der Institutionen an der beschriebenen Studie zahlreiche, mehr als zu Beginn der Studie geplante Interviews erhoben werden. Aktuell wurden 33 biographische und 37 ExpertInneninterviews überwiegend im stationären und ambulanten Hospizkontext sowie auf Palliativstationen durchgeführt.[3] Im Rahmen dieser Ausführungen wird der inhaltliche Fokus auf die biographischen Interviews gelegt. Da der Zeitpunkt des Sterbens schwer greifbar ist und sich die Grenze zwischen schwer erkrankt und sterbend fließend gestaltet, werden in der Studie nicht mehr kurativ zu behandelnde Menschen mit der Perspektive der damit einhergehenden existentiellen Bedrohung ihres Lebens ins Zentrum des Interesses gestellt. Ethisch relevant sind die Freiwilligkeit, Bereitschaft sowie eine physische und psychische Fähigkeit der PatientInnen zum Erzählen ihrer Lebensgeschichte und bilden die Einschlusskriterien, die Grundlage und Voraussetzung für das Durchführen der biographischen Interviews.

2 Differente Interaktionsbeschreibungen in biographischen Selbstthematisierungen – zwei Fallbeispiele

Wie einleitend schon angedeutet, liegt eine Besonderheit der vorliegenden autobiographischen Stegreiferzählungen darin, dass sich ein besonderes erzählstrukturelles Phänomen beobachten lässt: Die Interaktionsbeschreibungen erhalten in

---

3 An dieser Stelle sei den teilnehmenden Krankenhäusern und den ambulanten sowie stationären Hospizen ausdrücklich für ihre Unterstützung und das große Interesse gedankt. Besonderer Dank für ihre Offenheit und Bereitschaft zum Erzählen gilt auch den zahlreichen InterviewpartnerInnen, durch welche die Studie erst ermöglicht wurde.

den narrativen Selbstpräsentationen sterbender Menschen eine veränderte Relevanz. Um diese Ausgangshypothese empirisch zu belegen, sollen zwei Fallgeschichten als Kontrastvergleich präsentiert werden. So wird einerseits ein biographisches Interview aus der beschriebenen Studie „Konstruktionen des Sterbens" mit dem an Blasenkrebs erkrankten und zum Zeitpunkt des Interviews im Hospiz lebenden Herrn Mann vorgestellt[4]. Um eine eindeutige Andersartigkeit der biographischen Selbstpräsentationen und der dargestellten Interaktionen hervorzuheben, wird aus dem Sample einer früheren empirischen Untersuchung zur professionellen Praxis des Sozialdienstes im Krankenhaus (vgl. Hanses/Börgartz 2001) die biographische Erzählung der an Blutkrebs erkrankten und sich zum Zeitpunkt des Interviews im Krankenhaus befindenden Frau Aden als Kontrastbeispiel gegenübergestellt. Die Auswahl der beiden Fälle begründet sich durch eine strukturelle Ähnlichkeit bei gleichzeitiger maximaler Kontrastierung. Ähnlich bei beiden ausgewählten InterviewpartnerInnen ist die Grundsituation notwendiger Auseinandersetzungen mit einer lebensbedrohlichen Krebserkrankung, deren Prozess der Diagnose und professioneller Bearbeitung jeweils in narrativen Passagen vorgetragen wird. Different ist allerdings der Zeitpunkt, zu dem erzählt wird: Aus der Perspektive von Herrn Mann gibt es keine Chance möglicher Heilung, während bei Frau Aden eine potentielle Lebensbedrohung zwar gegeben ist, der (professionelle) Kampf um das Leben aber noch nicht entschieden ist. Diese Differenz des Zeitpunktes der Erzählung und ihre jeweilige professionelle und institutionelle Rahmung evozieren unterschiedliche Interaktionsmodalitäten in den autobiographischen Stegreiferzählungen.

2.1 Frau Aden

Zum Zeitpunkt des Interviews ist Frau Aden 53 Jahre alt und an Blutkrebs erkrankt. Die Dramatik ihres Krankheitsverlaufes und die Problematik der Diagnoseerstellung bilden die wesentliche Rahmung ihrer biographischen Selbstpräsentation. Frau Aden beginnt ihre Erzählung mit der Darstellung ihrer Krankheitsgeschichte. Den Anfang bildet dabei ein ‚kleiner Unfall' während ihrer Arbeit im Garten: „Und zwar hab ich 'nen Stein getragen musste dabei niesen und da hats ‚Krach' im Rücken gemacht." In den weiteren Ausführungen beschreibt sie die folgenden orthopädischen Behandlungen, die ihre starken Schmerzen jedoch nicht lindern, und dass ihr Hausarzt ein psychosomatisches Leiden als Ursache für die Rückenbeschwerden diagnostiziert. Sie schildert ihre mit der körperlich schweren Situation zusammenfallende prekäre persönliche Lebenssituation, in

---

4 Alle fallbezogenen Personen- und Ortsnamen wurden aus Datenschutzgründen anonymisiert.

der nach 25-jähriger Ehe ihr Mann die Scheidung einreicht und ohne eine Vorankündigung die gemeinsamen Kinder in einer ‚Nacht- und Nebelaktion' aus dem Familienhaus ‚lockt'. In der dargestellten damit einhergehenden finanziell prekären Situation ist Frau Aden zum Verkauf des Familienhauses gezwungen und erwirbt daraufhin eine Eigentumswohnung. In ihrer Erzählung thematisiert sie, wie sie nach der Unterzeichnung der Verträge für diese Wohnung einen Schlaganfall erleidet, in ein Krankenhaus eingeliefert und bei ihr durch Anschlussuntersuchungen Blutkrebs diagnostiziert wird. Die Ärzte konstatieren zunächst eine „harmlose" Form des Krebses, bei dem gute Heilungschancen bestehen. Als sich Frau Aden, geprägt von starken Schmerzen, jedoch erneut untersuchen lässt, wird eine aggressive, lebensbedrohliche Blutkrebserkrankung festgestellt. Ein weit fortgeschrittener Verlauf der Erkrankung wird nach einem Autounfall bei einer späteren Untersuchung festgestellt. Aufgrund der Krankheit, so berichtet sie weiter, konnte sie sich nicht ihrem ursprünglichen Wunsch hingeben, nach der Scheidung ‚neu anzufangen' und ein Studium an einer Kunsthochschule zu beginnen. Erst nach der dargestellten Krankheitsgeschichte wird für Frau Aden ein zweiter Lebenszusammenhang der Berufs- und Familiengeschichte thematisierbar.

Da im Rahmen dieser Publikation eine detaillierte Fallanalyse nicht möglich ist, wird sich im Folgenden auf zwei prägnante Passagen aus dem biographischen Interview mit Frau Aden konzentriert. In dem ersten Abschnitt berichtet Frau Aden über den Prozess ihrer Krankheitsdiagnose:

A: Na ja gut, dann haben die mich jedenfalls da auf Kopf und Nieren untersucht. Und ich kam denn gerade von einer äh Untersuchung zurück aus Klinik A, da wo se meinen Kopf untersucht hätten äh eben aufgrund von Schlaganfall und ... quälte mich da von meiner Liege auf einmal im Bett rum und dann sagen sie: ‚Mensch, wieso bewegen Sie sich so schlecht?' ‚Ja' da sag ich ‚ich hab so fürchterliche Schmerzen im Rücken.' Na ja und da sagten sie noch: ‚Was ist denn passiert, haben Sie nen Unfall gehabt?' Ich sag: ‚Nö'. ‚Sind Sie irgendwie gestürzt oder was?' Ich sag: ‚Nee. Bin ich nicht.' Ich hab nur die Sache erzählt mit dem Stein, wie ich da schon monatelang Probleme mit hatte. Und ich mein mit dem hab ich noch schön renoviert, hier die Decke gestrichen. Ich konnt zwar keinen großen Pinsel mehr halten nech, da nimmt man eben ne kleinere Rolle, nech. Fußboden noch rausgerissen, der Arzt hat mir ja immer erzählt ich hätte nichts, nech. Ja das wär aufgrund meiner seelischen Befindlichkeiten, die ich hatte, ja nun Scheidung und den ganzen Mist, was denn da so drum rankte, das wären also na psychosomatische Schmerzen. Na ja gut. Und dann es fehlt einem ja nichts, also kannste auch arbeiten, nech.
I: Hm.
A: Na ja, jedenfalls haben die mich dann geröntgt im Krankenhaus ja und dann haben sie nen wunderschönen Bruch im vierten Brustwirbel festgestellt. Tja. Und dann haben sie sich überlegt, wie kommt ein Bruch wenn man nicht stürzt? Denn

haben se mich genauer untersucht. Und da haben se den Tumor festgestellt. (Transkript: 4/185 – 5/229)

Die dargestellte Suchbewegung seitens des medizinischen Systems und die Unklarheit über die wirklichen Ursachen ihres prekären körperlichen Zustandes kennzeichnen die ungewisse Lebenssituation von Frau Aden. Dem Wissen der Professionellen vertrauend, nimmt sie mögliche Deutungshorizonte für ihren Zustand trotz ihrer eindeutig wahrgenommenen körperlichen Beschwerden unhinterfragt an und versucht, die Bewältigung ihres Alltags so lange wie möglich aufrecht zu erhalten. Mit der Feststellung eines Tumors enden die diagnostischen Nachforschungen. Im Folgenden spricht Frau Aden über die Verschlechterung ihrer Krankheit und ihre verhinderten Zukunftsvorstellungen:

> A: Und dann kam der dicke Hammer: die Prophezeiung, dass ich also fünf gute Jahre hätte, die für die nächste Zeit oder mindestens oder fünf bis zehn Jahre Ruhe hätte, die war leider nicht so. (-- 13 sek.) Und man hatte mir gesagt fünf bis zehn Jahre hätt ich so ungefähr wohl, könnt ich mit rechnen relativ beschwerdefrei zu leben auch keine Chemo zu brauchen, nech. Na ja 13. September bin ich ins Krankenhaus gegangen, tja, da wär ich beinah (weinen bis *) hopsgegangen so schlimm war es schon wieder. Ja und jetzt renn ich von einer Chemo zur andern. (-- 36 sek.) Jetzt muss ich mich auch noch entscheiden, ob ich die Hochdosis mache oder nicht. Ich weiß nicht, ob Sie wissen was Hochdosis-Chemotherapie ist... (*) (-- 44 sek.) Eigentlich hatt ich mir ja vorgenommen wenn die Scheidung durch ist, meine Scheidung ist nämlich immer noch nicht durch, das läuft immer noch, da wollt ich wieder eigentlich in den Beruf wieder zurückgehen. Eigentlich ... na ja was heißt Beruf zurückgehen, eigentlich hatt ich vorgehabt ganz wieder neu anzufangen (Putzt sich die Nase). Den ersten Anlauf hatt ich schon ja vor nem guten Jahr genommen, mich bei der Kunsthochschule beworben, Studium der Bildhauerei und hatte an für sich auch ganz gute Chancen auch von der Punktzahl her. Hat zwar nicht gereicht weil nur sechs Studienplätze da waren. Aber ich wollt ja eigentlich neuen Anlauf machen aber gut, durch die Krankheit ist natürlich nichts geworden. (Transkript: 6/281 – 7/318)

Bereits in ihrer formulierten Einleitung über die einschneidende Bedeutsamkeit des noch kommenden Ereignisses, setzt Frau Aden den Beginn einer dramatischen Erzählung. Ihre Darstellung verweist auf eine besondere Brisanz ihrer momentanen, sehr unbestimmten Lebenssituation: Während das Sterben in der Vergangenheit ein schon existentielles biographisches Thema darstellte, geht es in ihrer momentanen Situation um medizinische Behandlungsentscheidungen. Der lebensgeschichtliche Zukunftshorizont bleibt dennoch sehr deutlich im offenen Spannungsfeld zwischen der schweren, aber dennoch unter Umständen therapierbaren Krankheit und einem möglichen Sterben. Die Fremdbestimmung durch die Krankheit verhindert gleichzeitig einen Versuch der Umsetzung eines in der Vergangenheit oftmals verhinderten Lebensplans und einen Neuanfang.

Krankheit als biographische Krise und dramatische Zerstörung lebensgeschichtlicher Zukunftshorizonte

Die biographische Selbstpräsentation von Frau Aden ist durch die durchgängige Zentrierung auf die Erzeugung einer dramatischen Struktur sehr besonders. Schon mit der Eröffnung ihrer Erzählung als es „Krach gemacht" hat, deutet sich die Dramatik in ihrer Geschichte an. Die Macht des Dramas bleibt im weiteren Verlauf ihrer Erzählung ständig präsent, sei es durch die Diagnosestellung der Blutkrebserkrankung, die Trennung von ihrem Ehemann oder die unrealisierten künstlerischen Berufswünsche. Um die Dramaturgie des Diagnoseprozesses und dessen Relevanz für das eigene Leben zu markieren, wird erzählerisch immer auf interaktive Elemente zurückgegriffen. Die zahlreichen ausführlichen Beschreibungen von Aushandlungen und problematischen Momenten – sowohl im Bereich der Krankheit als auch im sozial-familiären Bereich – untermauern ihre konfliktreichen Auseinandersetzungen und sind charakteristisch für die doppelte Krise von Frau Aden. Der Gegenwartszeitpunkt ist durch ihren momentanen Diagnoseprozess als eine Situation der Bedrohung mit offenem Horizont zu charakterisieren. Frau Aden als kranke Frau im Leidensprozess befindet sich in einer prekären Umbruchsituation, in der das Ringen und die Aushandlung, ob sie krank ist oder nicht, im Zentrum stehen. Das Leben ist durch die diagnostizierte Blutkrebserkrankung hochgradig gefährdet und die Aushandlung der schwierigen und uneindeutigen Situation zwischen Bedrohung des Lebens und offenem Ausgang führt zu einem Zusammenbruch ihrer Lebenskonstruktionen.

Die ÄrztInnen fungieren im institutionellen Rahmen des Krankenhauses durch ihre diagnostische und therapeutische Kompetenz als ExpertInnen, somit als biographisch relevante Andere und rahmen Frau Adens Situation in entscheidendem Maß. Wiederholt definieren sie neue Möglichkeiten und bieten eine Aussicht, was in Zukunft medizinisch realisierbar sein kann. Frau Aden nimmt diese Grenzsetzung als gesetzte Ordnungsstruktur an, hinterfragt weder Diagnose noch Behandlungsformen. Die Autorität des ExpertInnensystems bleibt trotz der tragisch erlebten, einschneidenden Diagnose sowie ihrer inneren Kampfsituation, ausgelöst durch die Ambivalenz zwischen Behandeln und Sterben, und dem damit einhergehenden dramatischen Krisenprozess eine unhinterfragte und akzeptierte Konstante. Ihre systematische Erfahrung des Kampfes sowie der Zusammenbruch ihrer biographischen Weltordnung werden eben nicht durch Konflikte mit der Medizin in der Diagnose- und Behandlungssituation, sondern durch die prinzipielle Bestätigung der Diagnose selbst und der damit einhergehenden Destabilisierung ihrer Lebenssituation hervorgerufen.

2.2 Herr Mann

Herr Mann wird 1935 geboren und entwickelt seine Lebensgeschichte zunächst vor dem Hintergrund seiner Kriegs- und Nachkriegserfahrungen, in denen er detailliert seine kindheitlichen Eindrücke von Zerstörung, Bombardements und der Besatzungszeit wiedergibt. Der sich daran anschließende Erzählstrang zu seiner Berufsbiographie bildet einen weiteren wichtigen Bestandteil seiner Selbstpräsentation. Die Ausbildung als Golddruckgraveur, seine Karriere in einem Druckhaus, die Aktivitäten als Betriebsratsmitglied und sein vorzeitiges Ausscheiden aus der Arbeitswelt, bedingt durch seine Unzufriedenheit mit den neuen Betriebsleitern, die nach der Wende den Betrieb übernahmen, bilden die Kernpunkte dieses Erzählabschnittes. Schon während seines Berufslebens führt Herr Mann ein aktives Sportvereinsleben. Diese Aktivitäten werden im Ruhestand, neben der Pflege des Gartens, zu zentralen alltagsfüllenden Tätigkeiten. Sein Wirken als Volleyballtrainer, regelmäßiges Bowlen sowie die Organisation von verschiedenen Ausflügen und Festen kompensieren zum Teil die weggefallene Erwerbstätigkeit. Auf Nachfrage der Interviewerin berichtet Herr Mann anschließend, wie er seine Frau kennen lernte und mit ihr eine Familie gründete. Auch in dem gemeinsamen Familienleben spielen die sportlichen Aktivitäten eine zentrale Rolle, so beschreibt Herr Mann, wie wichtig es war bei der Wahl der Partnerin auf die gemeinsamen Interessen zu achten und dass sie auch bei der Tochter Wert auf Ausübung sportlicher Aktivitäten legten. Im letzten Teil des Interviews führt Herr Mann, auf Nachfrage der Interviewerin, seine Krankheitsgeschichte aus. Er beschreibt, wie infolge einer Behandlung gegen Rückenschmerzen ein bösartiger Tumor diagnostiziert wurde, der sich jedoch mithilfe von Operationen und einer Chemotherapie behandeln ließ. Nachdem die Rückenschmerzen bei Herrn Mann nach einiger Zeit dennoch akut wurden, entdeckten die Ärzte erneut ein bösartiges metastasierendes Geschwür. Dem Aufenthalt in einem Krankenhaus folgen die Unterbringung von Herrn Mann zunächst in einem Pflegeheim und die daran anschließende Verlegung in ein Hospiz.

In der ausgewählten Interviewpassage beschreibt Herr Mann die Diagnose seiner Krebserkrankung sowie die folgenden verschiedenen institutionellen Stationen der professionellen Bearbeitung:

M: Und bei dem Röntgen stellte sich dann raus, dass bei mir Metastasen im Körper sind. Obwohl in den Untersuchungen stand ‚Keine Metastasen'. In der Abschlussuntersuchung. (4 sek.) Naja. Und da haben wir dann gesagt ‚Herr Doktor' das ist ein Schmerztherapeut direkt. ‚Herr Doktor, wie gehen wir hier weiter?' ‚Das mache ich alles klar.'
I: Mhm.
M: Da hat sie im Pfarrkrankenhaus einen Arzt, Doktor R., das ist ein Krebsarzt, zu Rate gezogen und dann bin ich da hin. Da habe ich dann auch noch mal Kalkinfusionen bekommen und Spritzen. Jede Woche zur Behandlung, Bestrahlung. Naja und das wurde nichts. Und dann hieß es, das ist ein bösartiger Tumor.
I: Mhm.
M: Krankenhaus. Dann bin ich in ein Pflegeheim gekommen. Das konnte man vergessen. Behandlung überhaupt nicht. Man wurde dort nur mit Tabletten, Medikamenten vollgestopft. Ich hatte Halluzinationen, ich sah Hunde auf dem Tisch rennen, ich sah meinen Bettnachbarn aus dem Schrank herauskommen und lauter solche Dinge. Und da hat meine Frau gekämpft. War sogar noch mal bei diesem Arzt hier. Der Doktor R. Und der hat das dann alles in die Wege geleitet. Und da bin ich dann hierher gekommen. (Transkript: 15/707 – 15/726)

Die Feststellung der infausten Diagnose sowie die institutionellen Wechsel bis hin zum Hospiz werden ohne eine Thematisierung von Leidensprozessen oder Schockerlebnissen dargestellt. Die Grenzen der Behandlung werden nicht als ein persönliches Drama eröffnet, sondern münden in einer detaillierten Darstellung relevanter Behandlungsmethoden und der Beschreibung weiterführender medizinischer Versorgungsstrukturen. Die Unzufriedenheit über die Medikation wird zwar beschrieben, kann durch die Verlegung von Herrn Mann in ein Hospiz dennoch positiv gewendet werden. In einem weiteren Interviewausschnitt greift Herr Mann die sehr gute Betreuung im Hospiz auf, kommt dann jedoch auf die unterschiedlichen Vorstellungen zwischen ihm und dem Hospizpersonal über den Umgang mit seinem kranken Körper zu sprechen:

M: Und nachdem ich hier bin. Also das ist spitze. Hier gibt es keinen Punkt, über den man negativ reden kann. Die sind alle lieb und nett, die Betreuung ist gut. Also das ist Wahnsinn.
I: Ja mhm mhm. Mhm mhm. Ja, ist natürlich sehr schön dann.
M: Bloß ich bin ja einigen bin ich zu aktiv. Die wollen nicht, dass ich so rumwirsch. Ich will laufen. Ich laufe auch hier mit einer Krücke, habe ich eine Krücke dort.
I: Ja, genau, da steht sie.
M: Meine Frau fährt mich vor bis zu den Stangen, dann steige ich aus. Auf der rechten Seite die Krücke, links halte ich mich fest. Dann laufe ich. Und das gefällt denen gar nicht. Ich würde die Kraft, die ich habe, würde ich durch meine Schmerzen im Körper verbrauchen. Bloß ich will nicht nur liegen.

I: Mhm mhm. Mhm.
M: Ich weiß, was ein Hospiz. Das ist ein Heim, wo man nur in der schwarzen Kiste herauskommt. Aber damit kann ich mich nicht abquälen. (Transkript: 15/744 – 16/762)

Die Klarheit über die eindeutige Situation des Sterbens innerhalb des institutionellen Rahmens des Hospizes führt nicht zur Destruktion in der biographischen Selbstpositionierung von Herrn Mann. Die biographische Idee der körperlichen Aktivität wird auch entgegen professioneller Ratschläge und differenter Ansichten weiterhin verfolgt und erzeugt eine konsequent autonome Haltung. Die größte anzunehmende Krise – das Sterben – wird in seiner biographischen Selbstthematisierung nicht als solche dargestellt, mögliche persönliche Dramen des bevorstehenden Lebensendes finden keine Beachtung. Das Sterben bleibt unthematisiert und wird durch Umschreibungen angedeutet.

Entdramatisierung und Darstellung einer Sozial- und Versorgungsgeschichte

Erzähltheoretisch präsentiert Herr Mann eine sehr gestraffte und stringente Erzählung. Mit dem Rückgriff auf vergangene Erfahrungsaufschichtungen ist zunächst eine veränderte Relevanzsetzung in der Selbstdarstellung zu beobachten, die den Deutungsrahmen in der Frage nach sich selbst eröffnet. Der Gegenwartszeitpunkt als Umdeutungshintergrund verweist auf eine starke Zentrierung des biographischen Selbst in der Erzählung. Auffällig ist eine ausdrücklich narrative Darstellung, eine Besonderheit im bisherigen Sample der Studie. In die präsentierte Verlaufsstruktur von der Diagnose bis zum jetzigen Zeitpunkt bettet Herr Mann zahlreiche interaktive Momente, zum Teil untermauert mit Zitationen, ein, in denen er sich aktiv einbringt und die Situationen selbstbestimmt gestaltet. Aber die Interaktion ist bei ihm keine konfliktreiche Aushandlung, sondern wird genutzt, um auf die Wichtigkeit des Sozialen hinzuweisen. Interaktion als biographischer Referenzrahmen verschwindet damit und verweist gleichzeitig auf die Relevanz der Funktion von Interaktionen. Sie zielt auf eine Entdramatisierung, in der keine Reibungen und Verwicklungen hervorgehoben werden. Für eine Sinnerzeugung erscheint diese Entkopplung von konflikthaften Situationen in der Situation des Lebensendes maßgeblich. Indem Herr Mann seine Erlebnisse vorwiegend an die professionellen Systeme und weniger an private Gegebenheiten oder ihm nahe stehende Personen knüpft, wird zugleich eine Versorgungsgeschichte entworfen, bei der es weniger um eine dramatische Darstellung der Diagnose und des Verlaufs seiner Krankheit als vielmehr um eine Beschreibung der Ereignisverkettung mit Wendepunkten innerhalb professioneller Systeme geht. Selbst die schwerwiegende Diagnose eines bösartigen Tumors bricht seine biographische Konstruktion nicht, sondern hebt die Wichtigkeit einer sozialen

Platzierung trotz der körperlichen Beeinträchtigungen hervor. Innerhalb des medizinischen Systems sind wiederholt soziale Kontakte als vertrauensgebende biographische Orientierungsrahmen für seine weiteren Handlungen maßgeblich. Spielt die soziale Komponente eine zentrale Rolle in den Begegnungen mit dem professionellen System, wird die Autorität des ExpertInnensystems nicht in Frage gestellt. Herr Mann zweifelt die gesetzten Ordnungsstrukturen nicht an, sondern akzeptiert die vorgestellten medizinischen Entscheidungen. Eine Anklage, dass das Medizinsystem im Angesicht seiner momentanen prekären und existentiell bedrohlichen Situation versagt hätte, findet nicht statt. Durch die Aufnahme in ein stationäres Hospiz wird die Situation von Herrn Mann klar gerahmt. Das Wissen um den zukünftigen Weg ist zunächst eindeutig: Herr Man ist kein ‚medizinischer Fall' mehr, es geht eben nicht mehr um die Aushandlung einer medizinischen Behandlungssituation, das Hospiz als institutioneller Ort markiert ein ‚Austherapiertsein', womit der erwartbare Tod auch in der Selbstperspektivität von Herrn Mann eindeutig erscheint.

2.3 Interaktionsverhältnisse in den biographischen Selbstpräsentationen von Frau Aden und Herr Mann

An dieser Stelle soll noch einmal auf die eingangs hervorgehobene Ähnlichkeit der Grundsituation in beiden Lebensgeschichten hingewiesen werden. Beide autobiographischen Erzählungen thematisieren die schwere, lebensbedrohende Erkrankung, die Diagnose und die Schwierigkeit der Hilfe durch die professionellen Systeme. Und beide Narrationen nutzen Interaktionsstrukturen als Formen der Selbstpräsentation. Bei genauerer Betrachtung fällt allerdings auf, dass die Funktion der Interaktionsdarstellungen unterschiedliche Relevanzen besitzt. In der Erzählung von Frau Aden wird mit den interaktiven Darstellungen gerade auf die Dramatik des Lebens verwiesen. Diagnose ist nicht einfach Informationsvermittlung, sondern sukzessiver Prozess interaktiv hergestellter Übernahme ärztlicher Wissensordnungen bei gleichzeitiger Erudierung eigener (körperlicher) Souveränität durch die ‚Entdeckung' einer lebensbedrohlichen Erkrankung. Dieses auftauchende biologische Drama fällt für Frau Aden mit ihrer sozialen (familiären) Krise zusammen und vereitelt auch die von angestrebten biographischen Neuorientierungen. Der erzählerische Rückgriff auf ausführliche interaktive Narrationselemente erlaubt der Protagonistin, die Dramatik der eigenen Lebenssituation und Lebensgeschichte zu entfalten. Interaktion wird somit zum narrativen Gestaltungselement, die durch die Krankheit gesetzte Lebenszumutung und die subjektive Evidenz des Erleidens plausibel zu machen ohne weitere Begründungsrahmen einführen zu müssen. In der Erzählung von Herrn Mann lassen sich ähnliche Stilelemente aufzeigen. Auch hier dienen die Interaktionsbeschreibungen professioneller Situationen vordergründig dazu, einen als dramatisch zu bezeichnenden Ablauf scheiternder Hilfeansätze und die damit verbundene Dramatik eines Sterbens markieren zu können. Doch – wie die vorausgegangenen Ausführungen haben aufzeigen können – verweisen die Interaktionsthematisierungen in den medizinischen Hilfekontexten in dieser autobiographischen Stegreiferzählung nicht auf das Drama eines möglichen Sterbens, sondern dokumentieren soziale und letztlich auch gelingende Aushandlungsprozesse. Nicht das Drama des eigenen (bedrohten) Lebens, sondern das Thema der gelingenden Unterstützung, eines ‚social supports', avanciert zum eigentlichen Stilelement der Interaktionsbeschreibungen. Pointiert formuliert dienen Interaktionsbeschreibungen in der erzählten Lebensgeschichte von Herrn Mann der Entdramatisierung der eigenen Lebenssituation und der Herstellung einer ‚Kohärenz' zu anderen zurückliegenden biographischen Lebenssituationen, die ebenfalls durch das Thema des gemeinsam gestaltbaren Sozialen markiert waren. Welche Reichweite kann diesen beiden Kontrastfällen bezüglich der Interaktionsthematisierungen zugeschrieben werden? Sie lediglich als Ausdruck differenter subjektiv erlebter Erfahrungsweisen zu beschreiben, würde die ihnen zugrunde liegenden Rahmen ausblenden. Vor dem Hintergrund des Forschungsvorhabens „Konstruktionen des Sterbens" zeigt sich, dass die Bedeutung von Interaktionen in biographischen Erzählungen durch die besondere Gegenwartssituation der erzählenden Menschen bestimmt ist. Diese These und ihre theoretischen wie praxisrelevanten Konsequenzen sollen nun systematischer begründet werden.

3 Sterben als Situation biographischer Neuordnung

Die an dem Beispiel der biographischen Erzählung von Frau Aden beschriebenen narrativen Interaktionsschemata lassen sich in vielen autobiographischen Erzählungen schwer erkrankter Menschen wiederfinden, unabhängig davon, ob es sich um eine körperliche oder soziale Bedrohung durch auftauchende Krankheit handelt. Auch in dem Sample des vorliegenden Forschungsvorhabens existieren solche biographischen Selbstpräsentationsformen. Dabei handelt es sich um erzählte Lebensgeschichten, in denen das Leben durch eine medizinische Diagnose bedroht zu sein scheint, ein mögliches Sterben in der Selbstrezeption der Erzählenden allerdings eher eine Androhung als eine konkrete soziale Realität darstellt. In der Erzählung von Herrn Mann und vielen anderen lebensgeschichtlichen Erzählungen der vorliegenden Studie, in denen die Situation des nahenden Sterbens nicht mehr zu leugnen ist und Teil – wenn auch unausgesprochen – eines Selbstverständnisses geworden ist, werden Interaktionsschemata zur

Thematisierung des biographischen Dramas nicht mehr benötigt. Herr Mann rekonstruiert interaktive Erfahrungszusammenhänge noch ausdrücklich. In vielen anderen Interviews tauchen sie kaum oder nur sehr fragmentarisch auf. Zwei Gründe können für diese veränderte Perspektive von Biographie und damit auch für die Thematisierung von Interaktionen sterbender Menschen beschrieben werden:

3.1 Veränderter Gegenwarts- und Zukunftsbezug des eigenen Lebens

Vor dem Hintergrund der ganz besonderen lebensgeschichtlichen Gegenwartssituation und zugleich dem Zukunftshorizont des möglichen Sterbens wird eine biographische Selbstpräsentation entworfen, die durch eine Entdramatisierung, die Ausblendung konflikthafter Begebenheiten, Divergenzen, Brüche und Erlebnisse des Scheiterns mit relevanten Anderen gekennzeichnet ist. Wenn aus der Binnenperspektive der Betroffenen das Sterben klar definiert ist, findet eine Neuordnung biographischer Konstruktionen statt, in der auch die Darstellung von Interaktionen anders organisiert wird. Im Mittelpunkt stehen die Sinnerzeugung sowie Kohärenz des eigenen Lebens und es erfolgt eine strikte Entkopplung von krisenhaften Situationen und erlebten Interaktionen. Die Idee der ganz eigenen Geschichte und ein klarer Selbstentwurf stehen für die Erzählenden am Ende des Lebens ganz deutlich im Vordergrund. Während die biographische Sinnleistung der sterbenden Menschen darin besteht, sich von Verwicklungen und Konfliktdimensionen zu distanzieren, kann ebenso eine Entkopplung von Konflikthaftem innerhalb des Medizinsystems beschrieben werden. Durch eine beobachtete Bedeutsamkeit der Gegenwartsituation und die damit einhergehende gegenwärtige Präsenz der Erzählungen von sterbenden Menschen in der Studie kann ebenso von einer ‚Biographisierung des Sterbens' – als ein Prozess einer Deinstitutionalisierung in den Narrationen – gesprochen werden. Diese Neukonstruktionen der Biographie können auch als Selbstbildungsprozess verstanden werden, der auf eine Selbstbefähigung als Ressource in dieser prekären und existentiell bedrohlichen Situation hinweist.

3.2 Relevanz der Institutionen im Prozess des Sterbens

Die Neuordnung der biographischen Konstruktionen der Sterbenden hängt – so die vorläufige These – eng mit einem Rückzug der Professionellen im institutionellen Kontext zusammen. Eine Therapie im klassischen kurativen Sinn ist nicht mehr möglich und diese Situation verweist auf den Freiraum und gleichzeitig auf die zwingende Notwendigkeit einer biographischen Umdeutung und Kohärenzbildung. Mit der Einnahme einer zeitlichen Perspektivität erweisen sich die Institutionen für die Gegenwart wie für die Zukunft nicht mehr als relevante Biographiegeneratoren und treten so in den Hintergrund. Eine in den biographischen Erzählungen analysierte Selbstbemächtigung durch die Entkopplung von den medizinischen Strukturen und Systemen verweist zugleich auf eine Autonomieherstellung der PatientInnen. In der Eigenkonstruktion der Interviewten spielen die Institutionen sowie Reibungen und Auseinandersetzungen keine vordergründige Rolle mehr. Die geringer werdende professionelle und normative Bearbeitung durch die Hilfesysteme rückt das biographische Wissen ins Zentrum und lässt es zu einem machtvollen Wirklichkeitswissen werden, welches die professionelle Situation in bedeutendem Maß mit strukturiert. Dennoch erfolgt in den Situationen des Sterbens kein gänzliches Loslösen von den institutionellen Rahmen. Die Institutionen organisieren die Situation des Sterbens – wenn auch meist stillschweigend – mit. Der offene soziale Raum als Praxis des wechselseitig akzeptierten sprachlich Unbestimmten eröffnet für die PatientInnen die Möglichkeit und zugleich Notwendigkeit einer eigenen Konstruktion ihrer Situation.

4 Interaktionsverhältnisse im Sterben – ein professionstheoretischer Ausblick

Die vorliegenden Ausführungen haben deutlich gemacht, dass Sterben nicht nur als eine existenzielle Übergangssituation zu beschreiben ist. Es ist gleichsam eine Situation der Neuordnung biographischer Selbstthematisierungen und eröffnet somit biographietheoretische Herausforderungen über die Konstituierung biographischer Präsentationen und die damit verbundene Relevanz neu geschaffenen biographischen Wissens als machtvolles Wirklichkeitswissen sterbender Menschen. Die Beobachtungen der Umfunktionalisierung und Reduzierung von Interaktionsbeschreibungen in autobiographischen Stegreiferzählungen sind dabei nur als Indiz für weitreichende Formen biographischer Neukonzeptualisierungen zu sehen. Die Eingangsthese vom Ende der Interaktionen in biographischen Selbstpräsentationen sollte nicht verwechselt werden mit der Bedeutung professioneller Interaktionen mit sterbenden Menschen. Alltagszeit und Lebenszeit als verschiedene Zeithorizonte müssen an dieser Stelle dringend differenziert werden (vgl. Alheit 1988). Die strukturellen Unterschiede der beiden Zeitmodi sind gerade im Kontext des möglichen Sterbens von höchster Relevanz. In der Alltagszeit als Perspektive aktuell-spontaner Handlungsorientierungen sind im Prozess des Sterbens Interaktionen mit den Professionellen als unmittelbare Hilfe elementar und dringlich. Die Notwendigkeit von Zuwendung, Gesprächen sowie eine Linderung von Symptomen als konkrete Praxis und Interaktion zwischen den Sterbenden und den ExpertInnen im medizinischen System sind unbestritten und stets als diskursive, interaktive Begegnungen vorhanden. Das Thema „Interaktion mit Sterbenden" bleibt auch bald 50 Jahre nach der Studie von Glaser und Strauss immer noch eine Herausforderung. Die erzählte Lebensgeschichte hingegen verbindet diese alltagszeitlichen Erfahrungen mit den lebenszeitlichen Horizonten oder überschreitet sogar diesen alltagszeitlichen Rahmen und „steht für die »Sequenzialisierung« einzelner Handlungen und Erlebnisse, für die subjektive »Kontinuität« und »Kohärenz«" (Alheit 1988: 373). Im Fall der vermeintlich biographischen Krise des bevorstehenden Todes werden die eigene biographische Idee sowie die biographische Selbst- und Weltordnung durch die existentielle Bedrohung des eigenen Lebens in Frage gestellt und führen aus lebenszeitlicher Perspektive zu einer Neuordnung von Biographie, um in der alltagszeitlichen Rahmung handlungsfähig zu bleiben (vgl. auch Fischer 1986).

Auch wenn eine gezielte Auseinandersetzung seitens der Professionellen mit der Gestaltung des Lebensendes in mehreren Publikationen diskutiert wird (vgl. bspw. Vogd 2002; Streckeisen 2001; Göckenjan/Dreßke 2002; Student/Mühlum/Student 2004; Paul 2009), verweisen bisherige Studien immer wieder auf Unsicherheiten, Missverständnisse[5] und deuten eine professionelle Suchbewegung an, in der ein ‚gelingender Umgang' mit sterbenden Menschen umschrieben werden will. Kann das Sterben in diesem Sinn als ein Raum professioneller Unbestimmtheit beschrieben werden? Im Angesicht der klar gesetzten Situation des Lebensendes, in der keine professionelle, normative Bearbeitung durch professionelle Systeme erfolgt, wird ein neues professionelles (Selbst-)Verständnis – darüber, was in dem Fall des bevorstehenden Lebensendes Hilfe bedeuten könnte – erforderlich. Die sehr zugespitzte These der professionellen Unbestimmtheit verweist auf eine ebenso notwendige Umdeutung des professionellen Selbstverständnisses in einer Situation, in der Therapie, Heilung, Problembearbeitung, Wiederherstellung der Gesundheit sowie ein ausschließlich ‚klinischer Blick' auf den kranken Körper (Foucault 1991) unzureichend sind und nicht als primäre Handlungsziele definiert werden können. Außerhalb des rein wissenschaftlichen Körperwissens und diagnostischer Verfahren werden neue Ausrichtungen professionellen Handelns für Medizin, Pflege und psychosoziale Berufsfelder in der Situation des Sterbens höchst notwendig und mit Verweis auf die machtvolle Bedeutung des biographischen Wissens im Rahmen der ‚Neuordnung biographischer Konstruktionen' der sterbenden Menschen werden Fragen der professionellen Setzungen und der Machtdifferenzen neu zu

---

5 Vgl. exemplarisch Farber et al. 2003; Streckeisen 2001; Vogd 2002 und 2004; Göckenjan/Dreßke 2002; Schaeffer et al. 2003; Reiter-Theil 2003; Oorschot et al. 2005; Wünsch et al. 2001; Pockrandt 2005

hinterfragen sein. Dies bedeutet nicht nur auf der Ebene der konkreten Dienstleistungspraxis notwendige Veränderungen, sondern bedarf aus einer forschenden Perspektive ein Wissen über die Aneignungs-, Nutzungs- und Umnutzungspraxen der schwer erkrankten NutzerInnen und eine institutionelle Selbstreflexivität (vgl. Alheit/Hanses 2004) gegenüber den professionellen und institutionalisierten Praxen. Gleichzeitig stellt sich insbesondere im Kontext des Sterbens die zentrale Frage, was Gegenstand einer Dienstleistung oder deren Nutzen eigentlich sein kann. Die Analyse der ‚produktiven Eigensinnigkeiten' subjektiver und professioneller Suchbewegungen und ihre Wechselbeziehung werden in Zukunft die Analyse des Materials bestimmen.

Literatur

Alheit, Peter (1988): Alltagszeit und Lebenszeit. Über die Anstrengung, widersprüchliche Zeiterfahrungen „in Ordnung zu bringen". In: Zoll (Hrsg.) (1988): Zerstörung und Wideraneignung von Zeit. Frankfurt/Main: Suhrkamp, 371-386

Berger, Peter L./Luckmann, Thomas (2007): Die gesellschaftliche Konstruktion der Wirklichkeit. Eine Theorie der Wissenssoziologie. Frankfurt/Main: Fischer

Busse, Stephan/Ehlert, Gudrun (Hrsg.) (2009): Soziale Arbeit und Region: Lebenslagen, Institutionen, Professionalität. Berlin: RabenStück

Darmann-Finck, Ingrid/Böhnke, Ulrike/Straß, Katharina (Hrsg.) (2009): Fallrekonstruktives Lernen. Ein Beitrag zur Professionalisierung in den Berufsfeldern Pflege und Gesundheit. Frankfurt/Main: Mabuse, 83-100

Dausien, Bettina (1996): Biographie und Geschlecht. Zur biographischen Konstruktion sozialer Wirklichkeit in Frauenlebensgeschichten. Bremen: Donat

Dausien, Bettina (2009): Sozialisation – Geschlecht – Biographie. Theoretische Diskurse und Forschungsperspektiven. Wiesbaden: VS Verlag für Sozialwissenschaften

Farber, Stuart J./Egnew, Thomas R./Herman-Bertsch, Janet L./Taylor, Thomas R./Guldin, Gregory E. (2003): Issues in End-of-Life Care: Patient, Caregiver, and Clinician Perceptions. In: Journal of Palliative Medicine. 6. 1. 19-31

Fischer, Wolfram (1986): Alltagszeit und Lebenszeit in Lebensgeschichten chronisch Kranker. In: Hurrelmann (Hrsg.) (1986): Lebenslage, Lebensalter, Lebenszeit. Weinheim, Basel: Beltz, 157-171

Foucault, Michel (1991): Die Geburt der Klinik. Eine Archäologie des ärztlichen Blicks. München: Fischer

Glaser, Barney G./Strauss, Anselm L. (1974/orig. 1965): Interaktion mit Sterbenden. Beobachtungen für Ärzte, Schwestern, Seelsorger und Angehörige. Göttingen: Vandenhoeck & Ruprecht [Original-Titel: Awareness of Dying]

Göckenjan, Gerd/Dreßke, Stefan (2002): Wandlungen des Sterbens im Krankenhaus und die Konflikte zwischen Krankenrolle und Sterberolle. In: Österreichische Zeitschrift für Soziologie 27. 4. 80-96

Gronemeyer, Reimer (2007): Sterben in Deutschland. Wie wir dem Tod wieder einen Platz in unserem Leben einräumen können. Frankfurt/Main: Fischer

Hanses, Andreas (1996): Epilepsie als biographische Konstruktion. Eine Analyse von Erkrankungs- und Gesundungsprozessen anfallserkrankter Menschen anhand erzählter Lebensgeschichten. Bremen: Donat

Hanses, Andreas/Börgartz, Holger (2001): Soziale Arbeit im Krankenhaus. Eine biographische PatientInnenstudie zur Praxis klinischer Sozialarbeit. In: neue praxis 31. 6. 573 – 593

Hanses, Andreas/Richter, Petra (2011): Die soziale Konstruktion von Krankheit. Analysen biographischer Selbstthematisierungen an Brustkrebs erkrankter Frauen und ihre Relevanz für eine Neubestimmung professioneller Praxis. In: Oelerich/Otto (Hrsg.) (2011): Empirische Forschung und Soziale Arbeit. Ein Studienbuch. Wiesbaden: VS Verlag für Sozialwissenschaften, 137-159

Hurrelmann, Klaus (Hrsg.) (1986): Lebenslage, Lebensalter, Lebenszeit. Weinheim; Basel: Beltz

Kohli, Martin/Robert, Günther (Hrsg.) (1984): Biographie und soziale Wirklichkeit. Neue Beiträge und Forschungsperspektiven. Stuttgart: Metzler

Kruse, Andreas (2007): Das letzte Lebensjahr. Zur körperlichen, psychischen und sozialen Situation des alten Menschen am Ende seines Lebens. Stuttgart: Kohlhammer

Lucius-Hoene, Gabriele/Deppermann, Arnulf (2004a): Rekonstruktion narrativer Identität. Ein Arbeitsbuch zur Analyse narrativer Interviews. Wiesbaden: VS Verlag für Sozialwissenschaften

Lucius-Hoene, Gabriele/Deppermann, Arnulf (2004b): Narrative Identität und Positionierung. http://www.gespraechsforschung-ozs.de/heft2004/ga-lucius.pdf (12.07.2011)

Mead, George H. (1987): Das Wesen der Vergangenheit. In: Mead (1987): Gesammelte Aufsätze, Bd. II. Hrsg. von Hans Joas. Frankfurt/Main: Suhrkamp, 337-347

Oelerich, Gertrud/Otto, Hans-Uwe (Hrsg.) (2011): Empirische Forschung und Soziale Arbeit. Ein Studienbuch. Wiesbaden: VS Verlag für Sozialwissenschaften

Oorschot, Birgitt von/Lipp, Volker/Tietze, Andrea/Nickel, Nicole/Simon, Alfred (2005): Einstellungen zu Sterbehilfe und zu Patientenverfügungen. Ergebnisse einer Befragung von 727 Ärzten. In: Deutsche medizinische Wochenschrift 130. 261-265

Paul, Kathleen (2008): Gesellschaftlicher Umgang mit Tod und Sterben. Präventive Sensibilisierung als notwendiges Aufgabenfeld der Elementarbildung in Kindertageseinrichtungen. Saarbrücken: Dr. Müller

Paul, Kathleen (2009): Sterben als individuelle, professionelle und institutionelle Gestaltungsaufgabe. Professionelle Verortung Sozialer Arbeit im Bereich der Sterbebegleitung. In: Busse/Ehlert (Hrsg.) (2009): Soziale Arbeit und Region: Lebenslagen, Institutionen, Professionalität. Berlin: RabenStück, 245-261

Pockrandt, Bruno (2005): Grenzgänge im Angesicht des Todes. Biographische Narrationsanalysen zur Kontingenzverarbeitung im onkologischen Feld. Kassel: Univ. Press (Diss.)

Reiter-Theil, S.a/Träbert, S./Lange, D./Hiddemann, W. (2003): Sterben und Sterbehilfe. Problemwahrnehmung von Ärzten und Pflegenden in der Onkologie – Ergebnisse einer Interviewstudie. In: Der Onkologe 9. 2. 153-161

Richter, Petra/Hanses, Andreas (2009): Biographische Konstruktionen von Brustkrebs – Auswertungen narrativer Interviews am Beispiel eines Forschungsprojekts. In: Darmann-Finck/Böhnke /Straß (Hrsg.) (2009): 83-100

Riemann, Gerhard (1987): Das Fremdwerden der eigenen Biographie. Narrative Interviews mit psychiatrischen Patienten. München: Wilhelm Fink

Sander, Kirsten (2003): Biographie und Interaktion. Lebensgeschichten im institutionellen Rahmen eines Altenheims. Eine empirische Studie. INBL Werkstattberichte, Bd. 13. Bremen: Universität

Schaeffer, Doris/Günnewig, Johannes/Ewers, Michael (2003): Versorgung in der letzten Lebensphase. Analyse einzelner Fallverläufe. Veröffentlichungsreihe des Instituts für Pflegewissenschaft an der Universität Bielefeld. http://www.uni-bielefeld.de/gesundhw/ag6/downloads/ipw-120.pdf (12.07.2011)

Schütz, Alfred/Luckmann, Thomas (1975): Strukturen der Lebenswelt. Neuwied, Darmstadt: Luchterhand

Schütze, Fritz (1984): Kognitive Figuren des autobiographischen Stegreiferzählens. In: Kohli/Robert (Hrsg.) (1984): Biographie und soziale Wirklichkeit. Neue Beiträge und Forschungsperspektiven. Stuttgart: Metzler, 78-117

Streckeisen, Ursula (2001): Die Medizin und der Tod. Opladen: Leske + Budrich

Student, Johann-Christoph/Mühlum, Albert/Student, Ute (2004): Soziale Arbeit in Hospiz und Palliative Care. München u.a.: Reinhardt

Vogd, Werner (2002): Die Bedeutung von "Rahmen" (frames) für die Arzt-Patienten-Interaktion. Eine Studie zur ärztlichen Herstellung von dem, „was der Fall ist" im gewöhnlichen Krankenhausalltag. In: Zeitschrift für qualitative Bildungs-, Beratungs- und Sozialforschung. 2. 301-326

Vogd, Werner (2004): Ärztliche Entscheidungsprozesse des Krankenhauses im Spannungsfeld von System- und Zweckrationalität. Eine qualitativ rekonstruktive Studie unter dem besonderen Blickwinkel von Rahmen (frames) und Rahmungsprozessen. Berlin: VWF

Wünsch, A./Lange, D./Bengel, J./Hiddemann, W./Reiter-Theil, S. (2001): Ärztliche Sterbebegleitung und passive Sterbehilfe. Eine empirische Studie zu ethischen, medizinischen und psychologischen Problemen. In: Zeitschrift für Palliativmedizin 2. 20-24

Zoll, Rainer (Hrsg.) (1988): Zerstörung und Wiederaneignung von Zeit. Frankfurt/Main: Suhrkamp

AutorInnenverzeichnis

Darmann-Finck, Ingrid, Prof. Dr. , Professorin für Pflegewissenschaft an der Universität Bremen. Schwerpunkte in Forschung und Lehre: Weiterentwicklung der Pflegedidaktik, empirische Unterrichtsforschung, praxisnahe Curriculumentwicklung, Qualifikationsforschung in der Pflege. darmann@uni-bremen.de

Hanses, Andreas, Prof. Dr. phil. habil., Professor für Sozialpädagogik mit den Schwerpunkten Prävention und Gesundheitsförderung an der Fakultät Erziehungswissenschaften der TU Dresden. Schwerpunkte in Forschung und Lehre: Kranken- und Gesundheitsforschung, NutzerInnenorientierte Dienstleistungsanalyse, Biographieforschung und biographische Diagnostik, Professionsforschung. Andreas.Hanses@tu-dresden.de

Heuer, Katrin, Dipl.-Soz., wissenschaftliche Mitarbeiterin an der Fakultät für Erziehungswissenschaften der Technischen Universität Dresden. Schwerpunkte in Forschung und Lehre: Professionsforschung, Biographieforschung und Wissenssoziologie. Katrin.Heuer@tu-dresden.de

Hünersdorf, Bettina, Prof. Dr. phil. habil. Dipl. Päd., Professorin für Theorie Sozialer Arbeit an der Alice Salomon Hochschule Berlin. Schwerpunkte in Forschung und Lehre: Theorie Sozialer Arbeit, Theorie und Empirie von Bildung, Jugend- und Altenhilfeforschung. huenersdorf@ash-berlin.eu

Kelle, Helga, Prof. Dr. habil, Professorin am Fachbereich Erziehungswissenschaften der Goethe Universität Frankfurt am Main. Schwerpunkte in Forschung und Lehre: Schulische und außerschulische Bildungsprozesse bei Kindern, Ethnographie der Kindheit, Geschlechter- und Schulforschung, qualitative Methoden der Sozialforschung. h.kelle@em.uni-frankfurt.de

Nestmann, Frank, Prof. Dr. phil. habil. Dipl-Psych., Professor für Beratung und Rehabilitation an der Fakultät Erziehungswissenschaften der Technischen Universität Dresden. Schwerpunkte in Forschung und Lehre: Beratung, informelle Hilfen, soziale Netzwerke und soziale Unterstützung unterschiedlicher Alters-, Bevölkerungs- und Risikogruppen, Mensch-Tier-Beziehungen. Frank.Nestmann@tu-dresden.de

Ott, Marion, Dr. phil. Dipl. Päd., wissenschaftliche Mitarbeiterin am Fachbereich Erziehungswissenschaften der Goethe Universität Frankfurt am Main. Schwerpunkte in Forschung und Lehre: Ethnographische und diskurs-/machtanalytische Forschung, Kindheitsforschung und Soziale Arbeit. m.ott@em.uni-frankfurt.de

Paul, Kathleen, Dipl.-Päd., wissenschaftliche Mitarbeiterin an der Fakultät Erziehungswissenschaften der Technischen Universität Dresden. Schwerpunkte in Forschung und Lehre: Biographieforschung, Tod und Sterben aus gesellschaftlicher, biographischer und professioneller Perspektive, Soziale Arbeit und Sterbebegleitung. kathleen.paul@tu-dresden.de

Richter, Petra, Dr. phil., wissenschaftliche Mitarbeiterin an der Universität Bremen, Fachbereich Human- und Gesundheitswissenschaften, wissenschaftliche Mitarbeiterin an der Fachhochschule Kiel, Fachbereich Soziale Arbeit und Gesundheit. Schwerpunkte in Forschung und Lehre: Qualitative Forschungsprojekte im Kontext von Krankheits- und Gesundungsprozessen, qualitative Sozialforschung, Gesundheitskommunikation. petra.richter@fh-kiel.de

Sander, Kirsten, Dr. phil., wissenschaftliche Mitarbeiterin an der Fakultät Erziehungswissenschaften der TU Dresden.

Schwerpunkte in Forschung und Lehre: Ethnographische Geschlechter- und Professionsforschung Biographieforschung, Interaktionsordnung und Interaktionsanalysen, Gesundheitsförderung in der Sozialen Arbeit Kirsten.Sander@tu-dresden.de

Schmacke, Norbert, Prof. Dr., Hochschullehrer am Fachbereich Human- und Gesundheitswissenschaften der Universität Bremen, Leiter der Arbeits- und Koordinierungsstelle Gesundheitsversorgungsforschung. Schwerpunkte in Forschung und Lehre: Patientenperspektive, neue Versorgungsmodelle, Qualitätsmanagement und Health Technology Assessment.
Norbert.Schmacke@uni-bremen.de

Schmidt-Semisch, Henning, Dr. phil., M.A., Dipl. Kriminologe, Professor am Fachbereich Human- und Gesundheitswissenschaften der Universität Bremen. Schwerpunkte in Forschung und Lehre: Sucht- und Drogenforschung, Gesundheitsförderung und Prävention, Soziologie sozialer Probleme und sozialer Kontrolle. schmidt-semisch@uni-bremen.de

Schorb, Friedrich, Mag. Soz., wissenschaftlicher Mitarbeiter im Studiengang Public Health der Universität Bremen. Schwerpunkte in Forschung und Lehre: Problemkarriere des Übergewichts, Selbstführungsdiskurse in der Sozial- und Gesundheitspolitik, Soziale Ungleichheit und Gesundheit. schorb@uni-bremen.de

Stamer, Maren, Dr. Public Health, Dipl.-Päd., wissenschaftliche Mitarbeiterin in der Arbeits- und Koordinierungsstelle Gesundheitsversorgungsforschung in Bremen. Schwerpunkte in Forschung und Lehre: Qualitative Forschungsprojekte in der Versorgungsforschung. mstamer@uni-bremen.de

Vogd, Werner, Prof. Dr., Lehrstuhl für Soziologie an der Fakultät für Kulturreflexion der Universität Witten/Herdecke. Schwerpunkte in Forschung Lehre: Organisationssoziologie, Medizinsoziologie, Systemtheorie und rekonstruktive Sozialforschung. werner.vogd@uni-wh.de

Wesenberg, Sandra, Dipl.-Päd., wissenschaftliche Mitarbeiterin an der Fakultät Erziehungswissenschaften der Technischen Universität Dresden. Schwerpunkte in Forschung und Lehre: Mensch-Tier-Interaktionen, psychische Auffälligkeiten im Kindes- und Jugendalter, Alter und Demenz. Sandra.Wesenberg@mailbox.tu-dresden.de

Witte, Nicole, Dr. rer.soc., Dipl. Vwl., wissenschaftliche Mitarbeiterin am Methodenzentrum Sozialwissenschaften der Georg-August-Universität Göttingen. Schwerpunkte in Forschung und Lehre: Interpretative Methoden der empirischen Sozialforschung. Nicole.Witte@sowi.uni-goettingen.de

Wyssen-Kaufmann, Nina, Master of Arts/lic. phil. I, Diplom-Sozialarbeiterin, Diplom-Journalistin und Kommunikationswissenschafterin, Social Service Manager. Professorin für Soziale Arbeit an der Berner Fachhochschule Soziale Arbeit. Schwerpunkte in Forschung und Lehre: Geschichte und Theorien Sozialer Arbeit, Theorie-Praxis-Transfer, Fall- und Forschungswerkstätten, rekonstruktive Sozialforschung, Gesprächsanalyse. nina.wyssen@bfh.ch

Zündel, Matthias, Prof. Dr. phil., Professor für Pflegewissenschaft an der Evangelischen Hochschule in Berlin. Schwerpunkte in Forschung und Lehre: Pflegeforschung, Bewegung und Bewegungskonzepte in der Pflege, Ethik, Theorie- Praxisvernetzung. zuendel@eh-berlin.de

Printed by Publishers' Graphics LLC